中央大学学術図書（53）

池庄司敬信著

ロシア体制変革と護持の思想史

中央大学出版部

はしがき

本書は、著者がこれまで諸種の学術雑誌や定期刊行物などで発表してきた論文の中から、書名の『ロシア 体制変革と護持の思想史』のテーマに添うものを取り上げて編んだものである。考察の範囲としては、一九世紀の初頭から、ほぼ第3四半期にかけて展開された思想が取り上げられている。読者の便宜を考え、本書の概要を目次に沿って説明しておこう。

序章においては、国家の中枢に在りながら、専制・農奴制を厳しく批判したA・H・ラヂーシシェフと、アレクサンドル一世の側近として、専制に「近代国家」的色合を添えようと骨折ったM・M・スペランスキーを取り上げて、ロシアにおける近代的政治思想の濫觴を概観する。

第一編では、先ず第一章で、デカブリスト（通常「十二月党員」と訳される）の思想と行動を考察する。デカブリストたちは、ロシアがフランス啓蒙思想を積極的に受容した時代の影響を受けて育ち、青年時代にはナポレオンに対する「祖国戦争」に従軍し、パリ駐留の間に自由・平等・友愛の神髄をつぶさに学んで帰国し、祖国の専制と農奴制を変革しようとした。

第二、三章では、デカブリストが自らの生命を捧げた「大儀」を引き継いで、「ロシア共同体論」と「人民の中へ！」の理論を構築し、次の世代のナロードニキ（人民主義者）に対して、先駆者としての役を果したA・И・ゲールツェンとH・П・オガリョーフの二人を取り上げた。そして第四章では、ラズノチーネツ（雑階級人）を代表する青年В・Г・ベリンスキーの哲学的模索を取り上げ、第五章では、上記三者のいわば「父の世代」に対する、「子の世代」（トゥルゲーネフ）からの批判者、Н・Г・チェルヌィシェーフスキーの変革理論の展開を考察した。

第二編では、М・А・バクーニン、П・Л・ラヴローフ、П・Н・トカチョーフ、Н・К・ミハイローフスキーを取り上げ、ナロードニキのイデオローグとその理論のヴァリアントを検証し、ロシア思想史におけるナロードニキ主義の位置について考察した。

第三編では、ナロードニキの運動が、その理論の純粋性や実践に携わる活動家の献身的な努力にもかかわらず、結局は挫折への道を歩んだその跡を辿る。ナロードニキの運動では、理論それ自体、運動の在りよう、人民の本性、社会の変動についての見直しなどが繰り返される。それは、活動家内部における激しい戦いでもあった。結局、多数のものは、変革の理論の再構築を主張し、社会革命から政治革命へと転換し、唯一の可能で有効な手段としてテロルを選ぶ。

第四編では、テロルを否定し、大衆行動にも幻滅する少数派が、亡命先スイスで、マルクス主義を吸収する状況を見る。Г・В・プレハーノフは、その象徴的存在であった。

第五編　ロシアにおいては、体制変革の思想が展開されるのと同じ時期に、自由主義や保守主義の思想も展開された。自由主義理論は、四〇年代に注目を浴びた西欧派の中から芽生えてきた。だが、自由主義の芽は、体制変革派と擁護派の挟撃に遭って、その後十分な思想的、実践的な運動を展開することは出来なかった。専制を擁護しようとする理論は、ニコラーイ一世の時代にС・С・ウヴァーロフらによって、「官許イデオロギー」として構築された。この思想は、以後、ロマーノフ王朝が没落するまで、専制統治の理論的支柱であった。後年、その屋台骨を担ったのが、К・П・ポベドノースツェフであった。

この本を上梓するに当たっては、多くの組織や人々のお世話になった。中央大学出版部の矢崎英明氏を初め担当の方々には、遅れがちであった私の仕事を、忍耐強く待って、手際よく処理して戴いた。中央大学研究助成課にも、種々ご迷惑をお掛けした。

また、財団法人櫻田会からは、このテーマの研究に対して、二度にわたって助成して戴いた。

さらに、下條慎一講師には、拙著を刊行する度に何かと骨折って貰っているのだが、今回はこれまでにも増して、長期にわたって、校正や関係部所との連絡など、面倒な仕事に関わって戴いた。

各位に改めて衷心より御礼を申し上げる次第である。

二〇〇一年八月六日

池庄司　敬信

ロシア体制変革と護持の思想史

目次

第二編　ナロードニキ主義

序章　近代的政治思想の起こり

一　ロシアにおける解放思想の先駆者
——アレクサーンドル＝Ｈ＝ラヂーシシェフ——

ロシアにおいて農民解放の思想があらわれてくるのは、断片的あるいは部分的な形をとるものをあげるならば、かなり早い時期であるということができる。けれども、それが、ある程度体系化され、しかも、のちの農民——人民——解放運動や思想と結びつくものとしてあらわれてくるのは、一八世紀の後半からである。そして、その先駆者的役割を担った思想家が、Ａ・Ｈ・ラヂーシシェフであった。

ラヂーシシェフの解放思想は、当時のロシアにおいて展開された農民運動から多くの刺戟を受けて形成されたものである。その当時のロシアの農奴農民が抑圧のもとに呻吟する悲惨な情景や、農奴主の農民に対する専横を見聞きすることによって、彼は「放埒に抵抗し」、専制と農奴制に対して農民を擁護する立場に立つようになった。ラヂーシシェフが生きた時代は、フランス革命の時代でもあった。このフランス革命という大きな歴史的事件や、イギリスその他のヨーロッパ諸国から北アメリカへ入植した人びとの独立運動、さらにさかのぼれば、一七世紀のイギリス革命などが彼の思想形成に大きな影響を与えた。また、ラヂーシシェフの思想形成、とくにその唯物論的世界観の形成には、ロシアにおける唯物論哲学の伝統もあずかって力があった。彼は、M・B・ロモノーソフに続いてロシアの唯物論哲学を発展させた哲学者でもあった。

ラヂーシシェフは、ロシア解放の思想を数多くの著作のなかで展開した。なかでも、もっとも有名な著作が『ペテルブルクからモスクワへの旅』であり、これはすでにわが国においても翻訳されていて、ラヂーシシェフの名は、わが国では、この翻訳によってひろく知られるようになった(1)。その他、『公務のためにトボーリスクに住む友への手紙』や専門的な法律論文『市民法典草案』、『法規覚え書き』、『善行と褒賞について』、『立法の経験』などにおいても、彼は、大胆に、ロシアにおける専制と農奴制の非合理性を指摘している。

これらの著作によってラヂーシシェフが展開した解放思想は、内容的にみれば革命的民主主義思想であった。革命的民主主義という用語は比較的馴染みが薄いと思われるので簡単な説明を加えておくと、それは、一般的には、一連の国ぐにや民族において、プロレタリアートの革命運動があらわれる以前に形成された農民その他の勤労者階級の革命的イデオロギーを指す言葉である。革命的民主主義は反封建的志向性をもつが故に「民主主義」的であるが、それはまた、しばしば農民社会主義的な特徴をもっている。

ともかく、ラヂーシシェフの著作があらわれたことは、ロシアにおいて革命的民主主義思想が出現したことを意味するものである。ロシアにおいて、それ以後にわたって展開された革命的民主主義思想を民族的遺産として評価するレーニンは、ラヂーシシェフの解放思想史の舞台への登場をつぎのように書いている。「ツァーリの刑吏、貴族や資本家どもが、美しいわが国をどのような暴行と抑圧と愚弄にさらしているかを見たり感じたりすることは、われわれにとってなによりも心の痛むことである。これらの暴行がわれわれのあいだ、大ロシア人のあいだに反撃を呼び起したこと、この社会からラヂーシシェフやデカブリストや七〇年代のラズノチーネツ（雑階級人）の革命家を輩出させたことを、われわれは誇りとする。(2)」

以下、ラヂーシシェフによって主張された先駆的な農民解放の思想を検討してみよう。

ラヂーシシェフ（1749-1802）は、サラートフ県のある村の貴族の家に長男として生まれた。彼は、幼少の頃から、モスクワ大学の教授たちのもとで家庭教育を受け、のちには、貴族幼年学校で教育された。一七六六年から七一年までのあいだ、ラヂーシシェフは他のロシア人学生たちといっしょに、ライプチッヒ大学で学んだ。この大学で、彼は、フランス啓蒙主義者やその他の西ヨーロッパの哲学者の思想を積極的に研究した。この時期において、ラヂーシシェフらロシア人学生の特別の注意をひいたのは、エルヴェシウスの『知性論』であったといわれている。このようにして、ラヂーシシェフの教養は、彼がライプチッヒ大学で学んだために、主としてドイツ的な性格を帯びていたけれども、彼の政治思想は、多くフランスの思想家の影響によって形成されたものである。ロシアに帰国後ラヂーシシェフは、元老院、軍総司令部などの政府機関に勤め、そのかたわら文筆活動に従事した。

一七九〇年に、『ペテルブルクからモスクワへの旅』が匿名で出版された。この書物の出版は、ロシアの専制と農奴制に対して大きな打撃を与えるものであった。ラヂーシシェフは、旅行記の体裁をとって叙述した本書の中で、ロシアの政治・社会体制に対する厳しい批判を行った。発展の速度が遅く、富の偏在のいちじるしい経済状態、農奴制に打ちひしがれている農民大衆の極度の貧困状態、非能率的な国家機構、役人の贈収賄の実態、ツァーリの無法な検閲など、この当時のロシアの国家・社会生活のあらゆる側面が、この書物によって明るみに出された。

『旅』は、たちまち、エカチェリーナ二世の注目するところとなった。エカチェリーナ二世は、細かい書き込みをしながら注意深く読んで、この書物の著者は「プガチョーフよりもはるかに危険な反逆分子である」と判断した。というのは、この著者は、ただたんに農奴制の廃絶を要求したばかりでなく、代議制度の導入や出版の自由などを要求したからである。ラヂーシシェフはただちに監禁され、死刑を宣告された。のちに、エカチェリーナ二世の「恩赦」によって罪一等を減じられ、シベリアのイリムスク監獄へ一〇年間の流刑となった。

エカチェリーナ二世のあと王位についたパーヴェル帝の治世に、ラヂーシシェフはシベリアから帰国することを許され、ついでアレクサーンドル一世の時代になると、彼はペテルブルクへ召喚されて、法典編纂委員会の仕事を命じられた。こうして、ふたたび政府の仕事に従事するようになってからも、ラヂーシシェフの基本的な国家・社会観は変わることがなかった。ラヂーシシェフの存在を許容できないと考えた政府は、彼を迫害し、再度のシベリア流刑をもって威嚇した。これ以上権力に対して抵抗を続ける力を、精神的にも肉体的にもなくしてしまったラヂーシシェフは、やがて、「子孫はわたしのために復讐するであろう」(3)という、農民に対する期待をこめた悲痛な言葉を残して、自ら生命を断った。

ラヂーシシェフの解放思想の哲学的基礎は唯物論であった。彼の主張するところによれば、いっさいの知識の根底は「物質世界」であって、「精神世界」は「物質世界」から導き出されるものである。言いかえれば、存在が一義的であって意識は派生的なものであった。人間の認識作用について彼は概略つぎのように述べている。自分の考えを集中せよ、想像力をかきたてよ、そうすれば君は、肉体的機関によって思考することができる。物体のほかに、いったい何を想像することができるのか。言葉と音声によって君の思索を明るみに出せ。そうすれば、物体が君の面前に完全にあらわれるであろう。なぜなら君は物体であり、その他のすべては臆説だからである。このような根本的な考え方から、ラヂーシシェフは一連の唯物論哲学の命題を証明しようと努める。

たとえば彼は、空間と時間の客観性の承認から出発して、物質の存在をその中での永久の運動として捉えようとした。彼は、運動は世界に存在し、物体の属性である、なぜなら、それは物体から切り離すことはできないからであると述べている。もっとも、この当時においてはまだエネルギー不滅の法則が発見されていなかったという条件も手伝って、ラヂーシシェフによっては、運動は純粋に力学的な位置変換と理解され、それ故に、運動の根源の問題は未解決のままに残されることになった。

認識論の領域においては、ラヂーシシェフはデカルト学派の「生得観念」を排して、感性、経験を重視した。判断を経験への補足と理解し、思想を「事物の相互関係によって産出される、われわれの概念の変化」と理解するラヂーシシェフの立場からは、人間の理性によって世界を認識し、自然を合法則的に把握してその秘密を見ぬくことが可能であった。それればかりでなく、このような見地からは、その当時の多くの哲学者たちが考えたのと同じように、社会現象をも「自然法則的」に把握できるものと考えられた。われわれは、他の生物と人間の構造との類似性を見つけだし、人間は本質的には他の生物と共通な法則にしたがうものであることを示すことによって、人間を卑しめるものではない。どうしてそうでありえないだろうか。人間は物質的ではないのか、と彼は言っている。

人間の生活にとって自然の環境は大きな影響力をもつものであるけれども、それらと並んで、人間の精神に対しては慣習や風俗も強く作用する。ラヂーシシェフは、エルヴェシウスと同様に、社会発展のうえで大きな役割をはたすものは、「不可欠の必要」つまり、物質生活上の要求であると考え、欠乏が工夫の第一の教師であると考えた。それ故に、人間は、この必要性をみたすために共同の生活を行わなければならず、共同生活によってのみこの目的を達することができるのである。

『善行と褒賞について』という論文の中で、彼はこの点に触れて、人間は「単独では虚弱で肥満し衰弱しているが、連帯の中ではほとんど万能となって、あたかも神のように奇蹟を行う」(4)と述べている。問題はこの連帯の関係である。ラヂーシシェフによれば、人間はこの世に生まれでるときは、他のすべてのものと平等であり、その第一の権利は自分の不足をみたすのに必要な物を使用することであった。したがって、これらの目的を達する手段として形成される人間相互の連帯すなわち社会は、すべての人間が対等の関係を維持できるように構成されなければならず、しかもまた、人民の一般的権利を防衛する義務を負わなければならない。

かくしてラヂーシシェフは、国家の存在意義や役割を社会成員とくにその弱者を擁護することにあると考え、これを「自然法」や「社会契約」の理論によって根拠づけようと試みた。彼においては、「自然法」や「社会契約」は、社会外の人間の孤立した存在と同じく、ただたんに想像上の抽象概念にすぎなかった。彼はこの抽象概念を、人間と社会・国家との本質的な関係を究明するために用いた。「自然法」や「社会契約」の当為命題と、ロシアの専制・農奴制の現実とのあいだには、あまりにも大きな隔たりが存在していた。

一八世紀末の農奴制ロシアを具体的に観察することから出発したラヂーシシェフは、やがて、ロシアに伝統的に存在していた「啓蒙君主」に対する期待を断ちきり、地主・農奴制国家を完全に否定するようになる。彼が『旅』やその他の著作の中で行った専制批判は、まことに語調するどいものであった。

ラヂーシシェフは、農奴制が、人間の共同生活の本来の姿だとする考え方にまず反論する。彼によれば、奴隷制が生ずるのは、アリストテレスが考えたように人間の本性に基づくものでもなく、モンテスキューが考えたようにその原因が天候にあるのでもなくて、それは社会・政治的諸条件に根ざすものであった。彼はつぎのように述べている。

奴隷状態は、実生活の一種であり、人びとがやむをえず落ち入っている事態であって、その原因は、経験の不足であり、あるいは人間の本性を正当に適法に高めることに反対するものの暴力である。……奴隷状態は、人間の理性と情緒を無力にし、軽蔑と抑圧——永遠の精神の力をおしつぶす——というもっとも重い枷を課するものである。

それ故に、農奴制は「自然法」の原則に反する。人間が他の人間を隷属させることは、残忍な風習であり、犯罪ですらある。農奴制においては、農民は「法律上は死人であり」働く家畜と同じ状態におかれている。そこでは、奸知と暴力が農民からすべての権利を奪ってしまっている。農奴制は非合理的であるばかりでなく、非生産的でもある。農民は、ただ自分の土地のみを熱心に耕作するからである。(5) このようにみてくるならば、これまでにしばしばロシアの農民を襲った飢饉は、たんに気候条件の結果ではなく、「農奴制の悪しき結果」(6) として生じたものである。

ラヂーシシェフによって描かれた農奴農民の生活状態は、きわめて陰惨なものであった。地主貴族の貪婪の犠牲にされ、思いのままに略奪された農民の前には、奪うことのできない空気のみが残されていた。地主や貴族は、農民の生命さえも奪うことができた。法律は貴族が農民の生命を奪うことを禁じていた。けれども、生命を奪うには瞬間的に行う方法ばかりでなく、長い時間をかけて、徐々に奪う方法もあったのである。(7)

農民の生活を犠牲にし、農民の労働の成果を奪うことによって自らの富を蓄積してきた地主は、ラヂーシシェフによれば、野蛮人であり、市民の名に値しないものであった。(8) 彼は、これらの富は即刻、直接それを作りだした農民に返還されるべきこと、強奪によって生きてきた地主貴族は法によって罰せられるべきことを主張した。(9)

以上の説明でも理解されるように、ラヂーシシェフの「自然法」思想の内容は、ブルジョア的性格をもつものではなくて農民的性格を有するものであった。彼は、人間のもつ「自然権」の中でとくに「自衛の権利」が重要なものであると言っている。彼によれば、人間は、権力がその自然権を侵害するような法を制定し、生命、名誉、財産の不可侵性を保障しない場合には、社会契約を破棄する権利を有する。言いかえれば、人民は圧政に対して蜂起する権利を生得的に備えているのである。

ラヂーシシェフは、農奴制を改革し農民を解放することについて、ツァーリの恩寵に期待することの幻想性を、

『公務のためにトボーリスクに住む友への手紙』のなかでつぎのように明らかにしている。「……この世の末までも、ツァーリが王位についていながら、自分のなんらかの権力を自発的に譲歩したという例はありえないし、またないであろう。[10]」ここから、論理的に、ラヂーシシェフのプガチョーフの反乱に対する共感と、農民解放運動としてのその反乱に対する高い評価が生まれてくる。彼は、農民大衆を解放の客体としてばかりでなく、その主体としても捉えた。これがかれをその当時のロシアやヨーロッパの啓蒙思想家と区別する点である。

ロシアに存在する専制国家は、ラヂーシシェフの見解にしたがえば、早晩、不要になって破滅すべき運命にあった。人間の自然権としての「報復の権利」が行使されるべきときが、ロシアにとってもっとも幸福なときとなるはずであった。彼によれば、ツァリーズムが人民を抑圧する中で重要な精神的役割を果たしている教会も批判されなければならなかった。専制権力を補佐する教会を非難し、それのもつ宗教的偏見を摘発することは、農民を解放して彼らに自由を享有させるために、どうしても行わなければならない課題であった。

すでに触れたように、ラヂーシシェフは、農奴制の悲惨な状態から農民を救う方法として、農民蜂起に期待をよせていた。苦悩から自由は生まれる。そして、ロシアにおいては、苦悩はすでにその極限にまで達していた。彼は、農民の苦しい、長年にわたる抑圧のあとの爆発は、恐しいものとなるだろうと考えていた。彼はつぎのように書いている。「……もしも、つらい羈絆によって苦しめられてきた奴隷たちが、絶望的に激怒して、彼らの自由にとって障害となっている鉄鎖でもって、われわれの頭、無慈悲な彼らの支配者の頭を打ち砕き、われわれの血でもって彼らの畑を真紅に染めるならば、国家はそれによってなにを失うであろうか。たちまちに、彼らのあいだからは、さんざんに虐げられた民族を擁護するための偉大な若者たちが解放されるであろう。[11]」

農民革命と、その結果樹立されるべき人民の権力について構想をもっていたラヂーシシェフは、フランス・ブルジョア革命や北アメリカ国民の独立運動に熱烈な共感を示しながらも、それらの中に含まれている非人道的な側面を見過ごすことをしなかった。彼は、独立をかちとったアメリカのブルジョアジーがニグロの奴隷状態を廃止しなかったことや、革命の萌芽が少数の支配者によって利用されたのをみて、憤激の面持でこれを非難している。

「これらニゼールやセネガルの、炎熱の河岸からきた不幸な犠牲者たちこそ、自分の家や家族からもぎとられ、彼らの未知の国へ移されて、よき秩序という重い権標のもとに、彼らの労苦をさげすんでいるアメリカの、実り豊かな畑を耕作するのである。そしてわれわれはこの荒廃の国を、その野原がいばらのしげみにおおわれず、さまざまな植物が繁殖しているが故に、幸福な国と呼ぶべきであろうか。数百人のおごれる市民が奢侈にふける一方で、何千という人が、確実な生計も寒暑をふせぐ自分の家も持たない国を、幸福な国と言うべきであろうか。[12]」これらの言葉の中に、ラヂーシシェフの国境を越えたアメリカの被抑圧民族への深い思いやりがあらわれており、そしてまた、彼らを解放することが必要だという主張があらわれている。

ラヂーシシェフは、封建制の束縛から人民を解放したフランス革命の思想を歓迎しながらも、革命権力によって行われた反人民的政策については批判を加えている。また彼は、イギリス・ブルジョア革命の過程で果したクロムウェルの役割を高く評価しながらも、彼がイギリス人民に対して十分に自由を保障しようとしなかったことについては不満であった。彼はあくまでも、歴史の経験を批判的に摂取しようとする態度をくずさなかったのである。

したがって彼は、西ヨーロッパにおけるブルジョア革命の教訓を多く学びながらも、こうした革命の成就によって、理性、正義、一般的善行がこの世を支配するようになるといったようなことを、楽観的に信ずることはなかった。ラヂーシシェフにとっては、人民の解放はただたんに政治的自由との関係で解決されるべき性質のものではなく、さらに進んで、農奴主の抑圧のもとに呻吟する農民をあらゆる搾取から解放することでなければならなかった。

専制権力にとって代わる権力の形体を考えるにあたっては、ラヂーシシェフは徹底した民主主義者であった。「人民の支配」は、小国においてのみならず、大国においても達成されなければならない。それ故に、民主主義は小国においてのみ可能であって、大国では暴力が支配的となると説くルソーの見解は批判されなければならなかった。さらに、「人民の支配」の観点からは、モンテスキューによって主張された、貴族とブルジョアジーの政治的妥協の産物のような、形式的な権力分立も批判されなければならなかった。彼はつぎのように書いている。「モンテスキューやルソーは、その思索によって多くの害悪をもたらした。前者の虚偽は権力の分立にあり……、後者は、歴史の助けを借りないで、善政は小国で可能であり、大国では暴力がなければならない、と思いつきを述べている。(13)」

ラヂーシシェフは、「人民の支配」の具体的な形体として、連邦共和制を構想した。彼は、将来のロシアには、自由な諸都市の自発的な連邦組織がつくり出されるであろうと考えていた。そして、連邦制共和国は、ロシアの中に古くから発達している「民会」によって維持運用されるべきものであった。「民会」が発達していたということは、ラヂーシシェフによれば、ロシア人民が本来的に、「人民の支配」に対する信奉とその能力を備えていることを証拠だてるものであった。

共和国において施行される法律についてのラヂーシシェフの見解も、あくまで貴族・地主から農民を擁護する立場で貫かれていた。彼によれば、公正な法律は、衡立のように、弱い恵まれないものを擁護するものでなければならなかった。この見地からみるならば、エカチェリーナ二世によって施行された法律は、「自然法」に反した地主の専横を「法制化した」ものにほかならなかった。公正な法律のもとでは、すべての市民が身分や階級や職業に隷属させられることなく、完全な行為能力が保障されるべきであった。

刑事法上の諸問題も、ラヂーシシェフによっては、「民主主義」的見地からとり扱われている。彼は、徹底したヒューマニズムの精神でもって、犯罪と刑罰の問題について論じている。彼によれば、刑罰の領域においては、ただ理性と柔軟な法律のみが作用すべきである。なんとなれば、「復讐はつねに厭うべきものである」からである。「正当防衛」権については、ラヂーシシェフはかなり詳細に論じている。これらの理論の特徴は、彼がたんに私人間の関係でこの権利を論じたのではなくて、さらに公的な関係あるいは集団との関係で論じたというところにある。これが、すでに指摘しておいた彼の「自衛の権利」論の内容である。

以上みてきたように、ラヂーシシェフの解放思想は、かなり急進的な性格をもつものであった。彼は、専制を打倒すること、農奴権を廃止すること、共和制的民主主義体制を樹立すること、農民に土地を分かち与えること、一切の権力装置を再編成することをその社会・政治的理想として掲げていた。彼はまた、民族的不平等を正当化しようとする試みに対しても、きびしい批判を行った。彼はさらに、他人の領土の略奪を目的とする、虚栄のための戦争をもはげしく非難した。

ラヂーシシェフの思想は、ただたんに彼の生きた時代の人びとに対してばかりでなく、のちの時代の専制と闘う人びとに対しても多大の影響を与えた。ラヂーシシェフのすぐあとには、彼の強い影響を受けた人びとが活躍する。一九世紀はじめの、『ロシアの啓蒙についての経験』を著したИ・プーニンや、『人民社会の安寧について』という論文を発表したB・ポプガーエフなどがそれである。さらに続いては、ラヂーシシェフの思想は、デカブリストやアレクサーンドル＝C＝プーシキンに対してとくに大きな影響を与えた。一九世紀の中頃に近くなれば数多くの革命的民主主義者がロシアに輩出するようになる。これらの思想家たちはみな、ラヂーシシェフの思想を継承している。ラヂーシシェフがロシアにおいて解放思想の先駆者といわれるゆえんはここにある。

(1) 渋谷一郎訳『ペテルブルグからモスクワへの旅』東洋経済新報社　一九五八年　参照。
(2) В. И. Ленин, Соч. 4 изд. М. 1941–62, т. 21, стр. 85.
(3) В. П. Семенников, Радищев, Очерки и исследования, М., 1923, стр. 2.
(4) А. Н. Радищев, Изб. филос. и обществ. –полит. произведения, Госполитиздат, 1952, стр. 232.
(5) См. А. Н. Радищев, Полн. собр. соч., М. –Л., 1938–52, т. 1, стр. 232.
(6) См. Там же, стр. 232.
(7) А. Н. Радищев, Путешествие из Петербурга в Москву, Гихл, 1961, стр. 150.
(8) Там же, стр. 99.
(9) А. Н. Радищев, Ук. Полн. собр. соч., т. 1, стр. 326.
(10) А. Н. Радищев, Избр. соч., Гихл, 1949, стр. 14.
(11) А. Н. Радищев, Ук. Полн. собр. соч. т. 1, стр. 368–369.
(12) Там же, стр. 317.
(13) А. Н. Радищев : Ук. Избр. соч., стр. 656–657.

二　ミハイール＝スペランスキー
――アレクサーンドル一世治下の国政家――

一

最近、ソヴィエートにおいても、西ヨーロッパ諸国においても、帝政ロシアの政治史・政治思想史の領域での研究が盛んになって、次つぎとその成果が著されてきた。(1) もちろん、ソヴィエートの史学界における祖国の歴史の研究と、西ヨーロッパ諸国におけるロシア史研究とは、その問題意識の所在の点からも、その方法の点からも、多くの相違がみられるのは当然のことであろう。しかしながら、従来、ヨーロッパ政治史・政治思想史の研究領域で、いわば、一つの盲点ともなっていたロシア史のギャップが、問題意識や方法の違いをもちながらも、埋められてきたことは、意義あることと言わなければならない。

ところで、このように相次いで発表された研究の成果にもかかわらず、その歴史的比重の観点から、つとに究明の必要性が痛感されながら、これまで、未開拓のままに過された分野はかなり多い。たとえば、アレクサーンドル一世治世下の政治家ミハイール＝スペランスキー（Сперанский, Михаил Михайлович）についての研究などはその顕著な例である。ロシアにおける「近代的官僚制」の創設者として、また、法典編纂の功労者として、スペランスキーの名は、ロシア史に関するあらゆる文献にみられる。にもかかわらず、スペランスキーについては、これまでほとんど本格的な研究が行われたことはなかった。一八三九年に彼が死んで間もなく、いくつかの記事があらわれている。でもこれらは、友人知己の回想や賞讃の文章であるため、真の意味での歴史的吟味に耐え得るものではない。一八六一年に、M・A・コルフ（M. A. Корф）によって、半公式的なスペランスキーの伝記が公刊されて以来[2]、ロシアにおいてさえも、彼の生涯や政治活動に関しての包括的な研究が発表されたことはなかった。ヨーロッパの言語で書かれた歴史的文献としての若干の論文を除いては、スペランスキーの研究に役立つものはなかったと言ってよい。革命以後のソヴィエートにおいては、一九二〇年と一九三〇年にファテーエフ（A. Фатеев）の論文が公けにされている以外、スペランスキーについては、ほとんど関心が示されていない。したがって、これまでのロシア史研究者の多くは、これらの古い断片的な研究を僅かの拠所として、スペランスキーの政治的・思想的位置づけを行ってきた。そのために、彼の政治思想の「自由主義」的側面を誇張して評価したり、あるいは、彼の活動や著作の大部分を不問に付したままにする傾向があったことは否めない。

一九五七年に公刊された、マルク＝ラエフの『ミカエル＝スペランスキー――帝政ロシアの政治家』（Michael Speransky, Statesman of Imperial Russia, 1772–1839, Hague）は、このようなスペランスキー研究の間隙を補う画期的著作である。著者は、この書物を準備するために、五年間にわたって徹底的な研究活動を続けている。その間、著者はスペランスキーの研究にとって役立つと思われる、あらゆる資料・文献の考証にあたった。そして、鋭い批判的分析の態度をもって理論構成を試みた。その結果、著者は、従来通説とされていたスペランスキーの「自由主義的立憲思想」にかなりの修正を加えることに成功している。それと同時に、スペランスキーの政治活動・思想を、一九世紀初頭のロシアの政治状況の中に浮彫りにするという方法をとることによって、また逆に、当時のロシアの政治過程を分析することにも成果を挙げている。この意味において、マルク＝ラエフの『ミカエル＝スペランスキー』は、ソヴィエート、西ヨーロッパを通じて、スペランスキーに関する最初の本格的な伝記であり、西ヨーロッパの言語であらわされた唯一の研究書であると言うことができよう。

本書の内容は、一、生い立ち、二、アレクサーンドル一世の「立憲主義」、三、一八〇二年より一八一二年までの行政活動、四、ロシアの財政および中央行政の改革、五、改革案、六、失寵と追放、七、哲学的見解と政治理論、八、ロシアの地方統治、九、地方行政の改革案、一〇、不愉快な間奏曲——スペランスキーとデカブリスト、一一、ロシア法典編纂、一二、晩年——むすび、の一二章から構成されている。ここでは、厖大な文献・資料を駆使して構成された著書の内容全体を、余すところなく紹介する余裕をもたないので、スペランスキーの国政改革の仕事と政治思想とに重点をおいて、この書を概観してみたいと思う。

（1）　これまでの研究の主なものを挙げると、V. Leontovitsch, Geschichte des Liberalismus in Russland, Vittorio Klostermann Frankfurt am Main, 1957. G. Fischer, Russian Liberalism, Harvard U. P., 1958. Derek, J. R. Scott, Russian Political Institutions, Praeger, 1958. A. Yarmorinsky, Road to Revolution. A Century of Russian radicalism, Cassell, B., 1957. S. R. Tompkins, The Russian Intelligentsia, Makers of the revolutionary state, Univ. of Oklahoma Press, 1957. J. H. Billington, Mikhailovsky and Russian Populism, Oxford U. P., 1958. J. Lawrence, Russia in the Making, George Allen and Unwin, 1957. В. С. Покровский, История русской политической мысли, Госюриздат, 1954. С. Ф. Кечекьян и Г. И. Федькин, (ред), История политических учений, Госюриздат, 1955. などがあり、政治思想史上の重要な著作 А. Н. Радищев の Путешествие из Петербурга в Москву (1957). が、一九五七年に、L. Wiener によって英訳されている（A Journey from St. Petersburg to Moscow, Harvard U. P.）。

（2）　M・A・コルフによって著わされたスペランスキーの伝記二巻は、スペランスキーの家族の生活や公的活動の資料を提供するという意味で重要であり、マルク＝ラエフも大いにこれに拠っている。Cf. Marc Raeff, Michael Speransky, p. 1. 以下、本書より引用する場合は、ただ頁数のみを記すこととする。

二

ミハイール＝ミハーイロヴィチ＝スペランスキーは、一七七二年に、村の司祭の子として生まれた。彼の生いたちについては、「多くの下層階級から身をおこした著名な人々がそうであるように（p. 1）」殆どはっきりしたことは分らない。それに加えて、一八三四年の火災で、家族の記録や書類を焼失してしまったために、生涯の初期についての詳細な伝記を作ることはきわめて困難である。彼は、多くの優れた政治家や学者の例にもれず、幼時より書物に親しんだらしいが、このことも確かな資料に拠ることができないので、事実であるか、あるいは「将来の偉人を早熟の本の虫にする（p. 2）」信仰的憶測かは分らない。ともかくも、彼は少年時代は平穏無事に過し、近所の子供たちと一緒に、父から初等の教育を受けている。

一二歳のとき、ヴラジーミル神学校に入学した。当時のロシアの学校教育は、貧弱な教育施設と乏しい教育予算の制約を受けて、殆どその成果を挙げることはできなかった。心身ともに貧困な教授陣と、勉学に何らの反応や熱意を示さない生徒によって構成される学校の中で、アカデミックな研究は望み得べくもなかった。学校教育の実態の劣悪さは、現代の教育観念では想像することが困難なほどであったらしい。勤勉で有能で、しかも幸運にめぐまれた極く少数の例外的な生徒のみが、悪条件に耐えて、将来のロシアの指導者としての資質を修得していった(1)。

スペランスキーは、この稀な例外者の一人であった。彼は、経済的条件や生活環境にも比較的恵まれ、勉学に専念することができた。彼の成績は教師や校長にも高く評価され、将来を嘱望されていた。一七九〇年に、学校の推薦をうけて、二年前政府によって設立され、この年に開校したアレクサーンドル＝ネーフスキー神学校に、第一期生として入学した。彼は、この学校においても抜群の成績を挙げ、間もなく教授陣に加えられた。

アレクサーンドル＝ネーフスキー神学校の生活は、彼の研究生活にとってもっとも実り多い時期であった。彼の研究は、形而上学、神学、弁論術、歴史、さらには当時の通俗的作品にまで及んでいる。さらに彼は、フランス語にも精通していたので、それを通して、ヴォルテール、ディドゥロ（Diderot, Denis, 1713–84）等の啓蒙哲学を学び、バウマイステル（Baumeister, Friedrich Christian, 1709–85）、ウィンクラー（Winckler, Johann Heinrich, 1703–70）、デカルト、ロック、ライプニッツ、カント、コンディヤック（Condillac, Etienne Bonnot de, 1715–80）等の哲学を組織的に研究している。彼はまた、自然科学にも精通していた[2]。この領域においても彼は、ニュートンやオイレル（Euler, Leonhard, 1707–83）の古典的自然科学から、フランクリン、プリーストリ（Priestley, Joseph, 1733–1804）、ラヴォアジェ（Lavoisier, Antoine Laurent, 1743–94）等に至るまでの科学的成果を、くまなく渉猟している。スペランスキーの友人L・H・ヤコブは、「彼は、当時の、科学的知識をもった数少ないロシア人の一人であった（p. 12）」と言っている。

このようにして、スペランスキーは、啓蒙主義、合理主義思想を自己の哲学として形成したが、彼の世界観は、困難な問題や複雑な内容を明解に分析して簡明に表現する才能に助けられて、より明確な理論的展開を示した。彼の精確な分析的態度と、難問題を要領よく表現する文章力は、当時の官僚界において、彼を重要な職につける役割をもつのに十分であった。彼の、後年発揮される優れた官僚的資質は、彼の人間形成の時期に、すでに培われていたのである。

スペランスキーの政治活動の根底にあったのは、合理主義の哲学と啓蒙主義の精神であったが、それと表裏をなすものとして、宗教的信仰と神秘主義の哲学が、彼の精神構造の重要な要素となっていた。こうした精神構造は、彼が幼少の頃、祖母の神がかり的な信仰生活の影響を受け、成人してからは、結婚後間もなく妻と死別するという打撃によって、形成されたものであった。この精神的性向は、とくに彼の晩年の生活をつよく支配するようになってくる。

ともかくも、彼の優れた才能と博学な知識は、各方面からの勧誘の対象となった。アレクサーンドル＝ネーフスキー神学校の校長は、彼に終身教員として務めるよう勧めていたし、首都ペテルブルクからは、教区司祭として迎えられていた。彼はこれらの勧誘や甘言を斥けてきた。だが結局、一七九六年、アレクセーイ＝クラーキン侯に秘書として採用されることによって、彼の生涯は方向づけられた。

一七九六年、エカチェリーナ二世の死後、パーヴェルのツァーリ即位とともに、クラーキン侯は元老院総代[3]に指名された。それに伴って、スペランスキーは、一七九七年はじめ正式に官職につき、ここに彼の帝政ロシアにおける政治活動がはじまる。彼は、元老院総代事務局で執務するあいだに、国政の実態を観察し、政治上の諸問題を処理する技術を学んだ。パーヴェル帝は、嫉妬心が強く、気まぐれな性格の持主であったために、元老院総代の地位は不安定で、人事の交替がひんぱんに行われた。スペランスキーは、仕事に対するすぐれた才能や文章力に加えて、上長の機嫌を損なわない技術を身につけていたために、歴代の元老院総代のもとで勤務を続けることができた。一七九九年、首都法制局に転任し、そこで、アレクサーンドル大公に知られるようになった。このようにして、僅かな年月のあいだに、地方の神学校の生徒は、ロシア帝国の中央行政の枢要な地位につくようになったのである。

（1）マルク＝ラエフは当時の教育制度、ピョートル以来の権力者の教育政策、教育予算などを詳細に検討して、学校教育の実態を明らかにしている (pp. 3–7)。
（2）スペランスキーの知的形成に重要な役割をもったものとしては、サムボールスキー А. А. Самборский、ブルエックネル Brueckner、ラヂーシシェフ А. Н. Радищев、カラージン В. Н. Каразин がある。とくにあとの二者は、彼の哲学・政治思想に大きな影響を与えた (Cf. p. 24)。
（3）Генеральный прокуратор сенатов　この地位はパーヴェル帝の時代には首相とほぼ同じであった。

三

スペランスキーの多彩な政治活動は、アレクサーンドル一世のもとにあって開花する。彼は一八〇二年に内務省に入って、非公式委員会（Негласный комитет）のメンバーである新大臣В・П・コチュベーイの配下で、主として教育、経済関係の改革事業に従事するようになった。彼は、次第にアレクサーンドル一世の信頼を得るようになって、つぎつぎと重要な法律案起草に参画するようになる。この頃の重要な法律、たとえば、自由農民に関する法律[1]や、ユダヤ人の身分についての法律、さらには省設置に関する詔勅（Манифест об учреждении министерства）などは、ほとんどスペランスキーの監督のもとでか、あるいは彼自身によって起草されたものであった。一八〇三年には、非公式委員会の命令によって、「ロシアにおける裁判および統治制度の設立に関する覚え書き」（Записка об устройстве судебных и правительственных учреждении в России）をまとめている。この改革案は具体化されなかったが、国政に関しての彼の見解を表明する重要な機会を与えるものとなった。

スペランスキーは、各行政機関と皇帝との連絡を密にすることによって統治の効果を上げることと、各大臣の考えを交換する機能をもたせることを目的として、大臣の年次報告書提出の慣習を作った。また、官報『サンクト＝ペテルブルク雑誌』を定期的に発行して、法令、公的活動を報道すると同時に、政治・経済の論文を掲載して、一般の知的水準の向上を図った。これは、国家が社会の政治・経済的教育を指導し援助する機能をもつとする彼の開明専制思想を具体化する第一歩であった。

アレクサーンドル一世の積極的な教育政策に呼応して、スペランスキーは、教育改革にも大きく貢献した[2]。この教育改革は、フランスの学校制度に範をとり、ロシアの実状に合うように工夫されたものであった。教育の最高の目的は、ロシア帝国の有能な官吏を育成することにあり、その目的を実現するために、教育予算の確立、学校管理の徹底、教師の資質の向上、教育課程の制度化を実行に移すことが重要な課題とされた。

つぎに彼の着手した改革事業は、官吏等級表の改正であった。官吏等級表は、一七二二年ピョートル大帝によって制定された頃には、門地・因襲を打破し、能力に応じて人材を登用する、という革新的機能をはたした。だがそれ以後一度も改正が加えられなかったため、一九世紀初頭になると、能力に代って年期が重視されるようになり、その結果、学習の意欲や向上への刺戟を与えることがなくなって、かえって行政制度の重荷となってしまっていた。スペランスキーはこの制度を改革するにあたって、地位にあるものは、その地位と名誉にふさわしい義務を遂行すること、官職への就任や昇級にあたっては、厳正な試験制度を実施することを制度化した。この改革は、教育を受けないで官職につき、年期によって昇進し、退職後は恩給によって生活しようとする、多くの無能な小貴族の反感を少なからず買うこととなった。

スペランスキーの中央政界における活躍はさらに、法典編纂の事業に及ぶ。ロシアには、一六四九年以来、公私の領域にわたって、拠るべき法典が存在しなかった。ピョートル一世やエカチェリーナ二世の治世においても、制定される勅令や法律には秩序がなく、それらの改正にも統一性が欠けていた。したがって、裁判官すらも、重要な法律について不案内であるような事例も少なくなかった。ロシアにおいては、統一的な法典を編纂することは緊急な課題であった。一八〇一年に設立された法典編纂委員会の一員として、スペランスキーは、精力的にこの仕事に努力する。彼は、ナポレオン法典やオーストリア、プロイセンの法典に範を求めて草案を作成し、一八一二年には、ほぼ第一段階の仕事を完了している。しかし、この法典は実施されなかった。スペランスキーの法典案にはかなりの反対意見があった。反対の主な理由は、スペランスキーが、急進的、革命的、無神論的思想の持主であり、さらには、敵対関係がいっそう激しくなったナポレオンに、ロシアを奴隷化させる意向をもつものである、というものであった。ニコライ＝M＝カラムジーンも、この法典はフランスの法典を翻訳したものであると批判している(3)。スペランスキー自身もこの法典の実施については、あまり積極的ではなかった。この法典は、未完成の部分が多く残されていたし、それに、なによりもまず、ロシア自体の一六四九年以来の法律を体系的に統一することこそが急務である、と考えられたからである。

スペランスキーはまた、アレクサーンドル一世の助言者として、外交の方面にも重要な役割を演じている。一八〇八年、ロシアがフィンランドを併合した際、彼は、フィンランドの政治行政関係を規律する仕事にあたった。彼は、合併国の生活様式、慣習、言語、宗教、文化を尊重しながら、ロシアとの関係が円滑に維持できるよう配慮している。スペランスキーはフィンランドに立憲政体を導入しようと試みたが、これは実現できなかった。彼の併合地域に対する政策には、その地域の特殊性を尊重しながら、漸次ロシア化を進めようとする方針が貫かれていた。これは、彼の漸進主義的なものの考え方の現れであるとみることができる。

彼の外交分野における活躍は、対フランス外交においてもその真価を発揮した。当時のロシアにおいては、対フランス外交こそが、国の外交政策の基調であり、それはまた、内政とも深く絡み合っていた。彼は早くから、フランスとの戦争必至を予知しており、フランスのヨーロッパ諸国に対する政策から独立した外交の樹立を提案し、また、対フランス戦争準備の必要性を早くから警告している。彼の外交政策の基調は必ずしも向仏一辺倒ではなかった。それにも拘わらず彼のフランスに関する知識の豊富さ、あるいは、法典編纂にみられるようなフランスへの依存度の大きさなどから、国内においても、親仏派の雄として非難された。

いま一つ、ロシアの国政の実態が彼の行政手腕に期待した問題として、国家財政の建て直しがあった(4)。エカチェリーナ二世の治世以来、経済構造の変化に伴って、国家財政は悪化の一途をたどっていた。歴代ツァーリの政府はこれに対処するのに、ただ紙幣を濫発するという無策ぶりを示していたので、アレクサーンドル一世の治世最初の一〇年間には、貨幣価値は四分の一に暴落しており、国庫はますます支出超過となって、財政危機を招くようになった。一八〇二年に、財政問題専門委員会が設置された。スペランスキーは、一八〇九年にその委員となり、翌一八一〇年財政改革案を出している。彼はこの案の中で、流通紙幣の吸収、銀の裏づけをもつ銀行の設立等、健全な貨幣制度を確立することによって流通貨幣の安定を計り、農業経済のたてなおし、また、産業の開発、税制の改革、政府の支出の抑制等によって財政の健全化を計っている。彼の財政政策に示された経済理論は、重農主義とアダム＝スミスの理論を混ぜ合せたものであった。それにしても、彼の優れた点は、当時の経済学の成果を、ロシア社会の財政風土に具体的に適用して、改革を推し進めたところにある。彼の財政改革の具体案は、その後のロシア財政政策の基調ともなった。

スペランスキーの策定した財政政策は、アレクサーンドル一世の勅令によって実施されたが、必ずしも成功とはいえなかった。対ナポレオン戦争への準備のため、紙幣流通は抑制し得なかった。また、農民や地方の商人は、税の実質的負担加重のために生活がいっそう圧迫されることになった。「新しい課税を行うものは、たとえその税が必要なものであっても、人気を得ることはできない（p. 104）」地主・貴族も勿論、この改革案には反対した。地主・貴族階級は、彼らの保持する特権や利益を幾分でも縮減したり、奪ったりするような改革は、それが如何なる目的をもってなされるものでも反対するのが常であった。こうして、スペランスキーは、財政改革を遂行する過程においても、多くの敵をつくるようになったのである。

スペランスキーが、皇帝の期待を担って、各方面にわたる制度改革に奮励したということは、ロシアの国家が、全般的改革の必要に迫られていたということを示していた。そしてまた、それぞれの分野での末節的な改革では、けっして国政改革の所期の効果をあげることはできない。諸分野の改革を推し進めるにあたっては、なんとしても、中央行政機構の抜本的改革、統一的再編成が緊急かつもっとも重要な課題となってくるのは理の必然である。

すでに触れたように、アレクサーンドル一世の治世の初め、統治機構確立の最初の仕事として内閣制度が作られた。しかしこれは、改革的な設立というよりも、アレクサーンドル一世のツァーリ即位に関連していがみ合っていた、非公式委員会と元老院との妥協の産物であったために、多くの制度的矛盾や欠陥をもっていた。内閣は、専制君主の統治権を補佐する機関であった。内閣には、政策を決定し、遂行する権限はなく、したがって、政治的責任も明確ではなかった。また各行政官職の連絡や統一もなく、閣僚会議も不規則で、閣僚の連帯や統一も図られてはいなかった。

スペランスキーは、一八一一年、中央政府機構の改革案を起草した。彼はこの草案の中で、これまでの閣僚制度のもつ欠陥を是正し、各閣僚の管掌領域と責任の所在を明確にし、横の関係を確立することによって、行政機能の効率を上げようとした。草案によれば、政府機構は、一、外交関係——外務省、二、外交、安全の確立——陸・海軍省、三、国家経済——内務、文部、大蔵、財務、会計各省、四、民事・刑事裁判組織——司法省、五、国内保安の確立——公安省に分類され、宗教・貿易などの部門にはそれぞれ特殊機関を設置することとした。このような分類は、ただ理論的観点からのみでなく、ロシアの伝統的な国家・政府観をも十分に考慮してなされたものであった。スペランスキーの政府機構の改革は、国家会議の設置とともに、彼のロシア国政改革の構想の中で、実施された数少ない部分であったと言うことができる。この改革によって示された彼の功績は、「国民の繁栄と進歩の観点から、近代国家が教育・指導の機能を果すための制度をもたらした（p. 110）」というところに存する。

一八〇一年以後の、とくに、一八〇八年から一八一二年にかけて追放されるまでのスペランスキーの政治活動は、まことに多方面にわたるものであった。そして、何れの仕事においても彼は常に大きな影響力をもつ立場にあって、ツァーリの政策遂行に貢献した。あらゆる政治・行政の活動はスペランスキーの手を通さなくては実現されないまでになり、追放されるまでの彼は、アレクサーンドル一世のもっとも信頼した側近であり、言わばロシア中央政治の全能者的存在であった。

(1) この法律の正式の名は、「当事者間の明確な合意にもとづく契約による、地主の農民に対する自由の附与に関する勅令」Указ об отпуске помещиком крестьян своих на волю по заключении условий на обоюном согласии основанных.

(2) この改革案の起草者が誰であったかは未だに不明であるが、スペランスキーが大きな影響力をもっていたことは実証される (p. 61)。

(3) 著者は、この非難には若干の誇張があるとしても、スペランスキーの法典がフランス法を模倣したことは、これまでの研究により確かである、と言っている (p. 69)。

(4) 一九世紀初頭のロシア財政に関する研究がほとんどないところに留意しながら、著者は財政問題の詳細な検討の必要性を主張する (p. 62)。

四

スペランスキーの政治活動のうちで、もっとも注目すべきものは、憲法草案作成の仕事であった。アレクサーンドル一世の治世の初期には、皇帝自身国政改革への熱意を示し、立憲政体を実現して国の近代化への歩を進めようとしていた。皇帝の、国政改革に向けての強い意志を受けて、スペランスキーは精力的に新たな国家機構の構想を練った。

一八〇三年に、国政改革の覚え書きを起草したことは、すでに触れた。一八〇九年には、いわゆる憲法草案[1]を起草している。「覚え書き」や「草案」を解釈するにあたって、従来、スペランスキーを自由主義的立憲思想の持主として位置づけるのが一般的であった。同じような評価は、アレクサーンドル一世に対してもなされていた。アレクサーンドル一世は、即位の当初から、憲法制定への熱意を示していたし、幾回かにわたって、下臣に憲法草案の起草を命じている。スペランスキーの草案も、この一連の、アレクサーンドル一世の立憲政策の一環として起草されたものである。たびたび草案が起草されながら、ついに施行されなかった事情は、多くの史家はつぎのように説明している。すなわち、アレクサーンドル一世は自由主義的立憲主義者であったが、彼の性格的弱さから、反動的貴族の抵抗を抑えきれず、目的を達成することができなかった[2]。また、それにも拘らず、彼が終始憲法制定を高唱したのは、前進的世論を和らげるための擬装であり、彼の二重性格の一面を示すものであった。

著者マルク＝ラエフは、史料の考証と理論的考察でもってこの定説に修正を加える。著者はまず、アレクサーンドル一世の性格論に批判を加える。著者によれば、アレクサーンドル一世は強い性格の持主であった。彼は二枚舌を使ったり、接する相手によって異なった表情を示したりしたが、これらは、彼の性格的強さを示すものである。また、アレクサーンドル一世の政策は、アレクセーイ＝アラクチェーエフやメッテルニヒ、プロイセンのフリードリヒ＝ヴィルヘルム三世の王妃ルイーゼらの影響を受けたものではあったが、自主性のないものであった、と言うことはできない。つぎに、アレクサーンドル一世の立憲政策が、世論緩和のための擬装であったという説に対しては、彼の強い性格や、世論に反対して実行した幾つかの政策の例や、人気を失うことを恐れなかった政治的信念を挙げて反論する。そして著者は、アレクサーンドル一世がついに憲法を制定しなかった事情を解釈するにあたっては、平面的な二者択一論を脱する必要があると説いている。

憲法制定が実現しなかった事情を説明する鍵として、著者は、「憲法」の概念を明確にすることが必要であると主張する。アレクサーンドル一世や、体制に則して憲法草案を起草したイデオローグの憲法概念は、近代的立憲国家において用いられたそれとはかなり異なっていた。体制イデオローグにとって憲法とは、行政過程に明確性と秩序を与え、法の支配のもとに政府と国民との関係を基礎づけるための基本法の意味であって（pp. 41-42, 46）、主権の淵源・性格の規定、市民権利の保障、代表政府の組織、権力分立の原則等、近代的立憲制度に不可欠の原理は含まれてはいなかったのである。(3) したがって、専制君主アレクサーンドル一世は、憲法草案の中に、幾らかでも皇帝の大権に制肘を加える要素があれば、これを拒否し、その実施を遅延させてきた。統治の合理性、組織性、統一性を志向する憲法であってみれば、それを実施することによって生ずるマイナスを負担してまで、実施しなければならないという緊迫した必要性に迫られることはなかったのである。

このような憲法思想は、スペランスキー自身の国家観、政治思想の中にも一貫して流れていた。彼は草案において、三権分立の構想を示し、その中枢となる機構として、国家会議を設立する。だがこの国家会議はあくまで、全統治構造の頂点に立つ皇帝の諮問機関として、その大権を補佐する機能をもつだけであった。スペランスキーは、皇帝の大権を損なうことについては細心の注意を払い、歴史主義の立場から、改革があくまで政治状況にそって漸進的になされることを信条としていた。彼の見解によれば、改革はつねに歴史的発展の段階に対応して行われなければならなかった。「時はあらゆる政治的革新の第一原理であり、根源である（p. 139）。」

スペランスキーの微温的な改革論においては、ロシアの国政を抜本的に改革するにあたって当然取り組まなければならない課題についての解答が、与えられているとは必ずしも言えない。たとえば、ロシアに厳然と存在する階級秩序に対しては、彼はかなり楽観的な判断を下している。階級が解消されることについては、彼は望ましいという見解はもっていた。だがそれはあくまで、階級間の不要な抗争によるむだなエネルギーの消費が避けられ、国家の統治が円滑に行われるのであればという程度の期待にすぎなかった。こうした彼の見解は、階級の消滅と矛盾するような、「中間階級」を人為的に育成しようとする意図にも現れている（pp. 123–124）。農奴の解放についても、解放され、権利の主体となった農民が、自らを治めようとしても、彼らにはそれだけの知識や力がない、としてきわめて消極的な態度を示していた。そしてまた、国民に政治参加の権利を付与するにあたっては、はっきりと階級の存在を前提としている。

しからば、スペランスキーの政治思想はいかなる構造をもっていたものであろうか。彼は、あらゆる存在は、神によって究極的に統一されるとする哲学から、社会、国家を説明する。人間の活動は神を認識し、神の世界へ到達するところに終局目標がある。人間の道徳的知識は、神の認識に到達するための要素である。しかし、神の認識と神への接近は、個人の能力では不可能である。人間は社会的動物であるが故に、その目的は制度、組織を通じてはじめて達成され得る。社会は、この高度の目的に到達するための場であり、それ故社会それ自体は、手段方法であって、それ自体目的をもつものではない。社会において人間は道徳的認識をなし得、神に近づくことができるのである。スペランスキーにとっては、社会はまた、個人利益を追求する場でもなく、個人的利益の相互作用の場でもない。個人の機械的・原子的結合体ではない。

さらにみて行けば、スペランスキーによって認識された人間の権利や自由も、近代的な観念とは大きく異なっている。彼にとっても、権利や自由は社会の本質的要因であり、基礎である。だがそれは、担い手たる人間の自然権や、尊厳性から演繹されるものではない。彼によれば、権利と自由とは同義語でもなく、交換可能な言葉でもない。「権利とは他の個人の自由の認識であるが、自由は自己自身の認識である（p. 210）。」自由は、絶対的なものでなく、また、単に他からの束縛がないことを意味するものでもない。自由とは理性の支配に対する個人の従属、つまり道徳的服従の認識に他ならない。「道徳的必然の認識、道徳的必然の物理的必然に対する勝利（p. 211）」こそが自由である。スペランスキーのこのような自由の認識からは、存在や行為の主体としての個人の権利意識や自由の観念は生まれてはこない。彼は、社会が精神的、道徳的、宗教的な目的と価値を備え、調和を保ちながら有機的に発展すると考えて、そこから、個人の存在、権利、自由の概念を導き出してくる。

国家統治の大権も、この政治哲学から演繹される。彼によれば、国家の統治行為は、人間が社会を場として、究極の精神に到達するための、もっとも効果的な手段である。そして、この国家の至高の目的を達成させる最高の適任者が皇帝である。「内面の確信、主権者の良心にのみ基づいて作用する力は、彼の人格的行為の順則の表明であり、その適用に外ならない（p. 213）。」ここにスペランスキーが王政を支持する根拠がある。だが、スペランスキーは王権そのものについては必ずしも詳細な説明をしていない。王が法に背き、王たらざるときの、被支配者の権利については何も述べていない。彼は、専制の強大化は、世論の発展によって制御できると考えていたが、「世論」の概念もかなり漠然としたものであった。彼は、世論の担い手として、少数のエリートを想定していたが、それの権力構造における位置や機能について具体的に論じてはいない。

スペランスキーは、優秀な官僚によって支えられる開明君主の統治が、もっとも理想的な政治の形態であると考えていた。それ故に彼は、慣習や伝統を尊重しながら、皇帝を頂点とする合理的な統治のヒエラルヒーを構築することを、国家改造の目標としていた。そして、あらゆる政治問題を、すべて行政の領域において処理するのが良策と考えていた。この時期のロシアは、近代化へと脱皮するにあたって、多くの課題を抱えていたが、スペランスキーは、これらの課題をすべて、一片の法律によって処理しようとした。政治現象を論理的にのみ観察し、その非合理的、心理的な実態を見通すことをしなかった。「官僚主義の基本的傾向は、すべての政治問題を行政問題に変えるところにある。」(4) その意味で、スペランスキーは官僚主義的思考様式の代表的な担い手であったと言えよう。

このような思考様式や性向が、彼の策定した種々の改革案を、それらが体制順応的性格をもっていたにも拘わらず、実現させ得なかった大きな要因であった。そしてついには、一八一二年、反動的貴族の政治的圧力によって、彼が追放される原因ともなったのである。

（1）スペランスキーの草案は「憲法」конституция の語を避けて、「国家改革案」План всеобщего государственного преобразования、正式には「国家法典への序文」Введения к уложению государственных законов と名づけられている。ここに、その内容とともに、草案の性格が読みとられる。
（2）B. Pares, A History of Russia, p. 299.
（3）このような概念を含んだ憲法思想を、ロシアにおいてはじめて樹立したのはデカブリストであった (cf. p. 41)。
（4）Karl Manheim, Ideology and Utopia, p. 105.

五

スペランスキーの追放生活は、彼の生涯でもっとも強い打撃を受けた悲惨なものであった。彼は、追放生活を経験したことから、それまでの思想に若干の修正を加えるようになった。この変化は、絶対的に信頼をおいていた君主から追放されたことによるところも大きかったが、追放生活中の経験からくるところも少なくなかった。追放生活のあいだ、彼は、政務多忙のために果されなかった読書と思索に専念した。また、中央政界にあっては、ほとんど接することのできなかった地方行政の実態をつぶさに観察することもできた。こうした経験が、追放解除後の彼の地方行政分野での仕事に大いに役立った。

スペランスキーは一八一六年、追放を解かれてペンザ県の知事に任命され、続いて一八一九年には、シベリア総督に就任した。シベリアは当時、行政の困難な課題を多く抱えていた。彼のシベリア総督就任には、彼の国政家としての再起を期待するアレクサーンドル一世の配慮があった。スペランスキーは、追放による地方生活、それに続く地方行政担当の経験から、それまで観念的にしか知り得なかった地方の実態を具体的に学び、政治において地方の占める位置の大きさを改めて知った。彼は、こうした経験をもとにして、一八二一年から翌年にかけて、地方行政の改革案を起草している。

一八二一年、スペランスキーは、シベリアから首都ペテルブルクに帰った。このときから彼の新しい政治生活が始まる。しかし、彼は、政治活動においても、思想の表明においても、一八一二年までのような自負心と積極性を示すことはなくなった。彼は、与えられた仕事には熱心であったけれども、建設的な見解や創造的意見を開陳することはなく、もっぱら技術的に、課せられた職務を遂行するだけになった。

彼の消極的な姿勢にいっそうの拍車をかけたのが、一八二五年のデカブリストの武装蜂起であった。デカブリストの事件は、スペランスキーにとっては、「不愉快な間奏曲（p. 309）」であった。当時の、いくらかでも先進的思想をもった貴族には、デカブリストの中に友人や親戚がいるなど、関わりをもつものが少なくなかった。このような状況の中で、スペランスキーの、追放前の国政改革の思想が、かなり前進的な性格をもっていたことから、彼は、デカブリストと、反デカブリスト的貴族の双方から、デカブリストの同調者とみられた。デカブリストの裁判が始まって、彼は陪審員に任命された。これは、新皇帝ニコラーイ一世の、スペランスキーの忠誠を試そうとする意向も手伝っての人事であったが、彼にとってはこの裁判は、皇帝に対する忠誠を証拠だてる絶好の機会でもあった。だが、その後のスペランスキーは、従来ほどの顕著な働きはしていない。晩年の彼の主な仕事は、ロシア法典の編纂であった。以前にも、彼はこの仕事に従事したことがあった。ニコラーイ一世がデカブリスト事件の苦い経験から、ロシアの法律の速やかな体系化の必要性を痛感し、一八二六年にそのための部会を設置したことで、スペランスキーは再びこの仕事に参画するようになった。彼は、法典編纂の仕事を三つの部門に分けた。第一は、一六四九年以後アレクサーンドル一世の治世にいたるまでの法律を集成することであり、第二は、現行の法律を組織的・系統的に蒐集することであり、そして第三は、蒐集した現行法を土台にして、新しい法典を編纂することであった。彼は、この難事業に辛棒づよく取り組んで、第一部「法律集成」(1)を一八三〇年に、続いて第二部「法律大全」(2)を、一八三三年に完成している。

この法典編纂の事業をもって、彼の国政家としての活動は終わる。それ以後も彼は、国家会議の議員として政治に関与はしたが、ニコラーイ一世とそれほど近い関係にはなかったし、彼自身の影響力も以前ほどではなくなった。彼はただ「年老いた政治家（p. 347）」としての存在となった。一八三九年、スペランスキーは、多彩な生涯を終わった。

スペランスキーは、近代化へ向って動き出した時期のロシア国家のもっとも枢要な位置にいたが故に、彼の生活と活動についての評価は、この時代の帝政ロシアの特徴づけと深く関わっている、とも言えよう。だが、こうした判断を実証するためには、さらに詳細な研究が続けられなければならない。だがともかく、スペランスキーが一九世紀ロシアの政治・行政制度の創設に大きく貢献した国政家であったとは、確実に言うことができる。彼は、理想主義的折衷主義者であり、小心な官僚政治家であった。彼はまた、国家の経済的・道徳的進歩を専制君主の慈善的行為にまつ、という開明専制主義のすぐれたイデオローグであった。

（1）「ロシア帝国法律集成」Полное собрание законов российской империи（略語 ПСЗ）.

（2）「ロシア帝国法律大全」Свод законов российской империй.

六

以上、マルク＝ラエフの著『ミカエル＝スペランスキー』を、彼の主要な政治活動と政治思想を中心に、概観してきた。この本の著者は、スペランスキーの生涯と思想の形成・変化の過程を体系的に跡づけた。この本によって、スペランスキーに関して従来曖昧であった部分が、少なからず明らかにされている。また、この本の著者の歴史研究の方法は、徹底した資料主義によって貫かれている。ここでは仮説、証明、憶測、理論構成が、それぞれ非妥協的に、有機的な連繋を保っている。こうした厳密な方法によって初めて、従来の独断を批判し、定説に修正を加えることができた。さらに、最初に触れたように、著者は、スペランスキーの生涯と政治活動を、帝政ロシアの政治的背景の中で捉えることに意を配っている。これらの点から、本書は、スペランスキーに関する最初の本格的な研究書としての評価が与えられるだけではなくて、一九世紀初頭のロシア史の間隙を埋める役割を担うものであると言うことができる。本書は、書物の各頁および巻末に示された厖大な文献・資料の目録とともに、今後のロシア政治史・政治思想史研究の重要な足掛りとなるものであろう。

第一編　変革思想の展開

第一章　デカブリストの思想と行動

一　まえがき

一八二五年に、専制と農奴制に反対して武装蜂起を組織したデカブリストは、その運動と政治思想の両側面において、ロシアの歴史の上に重要な一段階を画している。デカブリストの運動は、ツァリーズムに対する最初の、組織的な変革運動であって、その後のロシアにおける政治運動や、あるいは巨視的にみた政治過程は、多くの点でこの運動の影響を受けている。そして、デカブリストが内外の先駆者から継承し発展させた思想は、後の世代の思想家や活動家に受け継がれて、ロシア政治思想史における大きな遺産となった。

デカブリストの政治的イデオロギーの核心は、ツァリーズムに対する批判であったが、それは、専制と農奴制との廃止というスローガンに結集された。このスローガンは、ロシアが近代化への過程を歩むにあたって、絶えず解決を迫られた課題に他ならなかったのであり、一八世紀後半から一九世紀前半にかけての歴代ツァーリの政治的関心もここに焦点があり、また、下からの改革運動もこの課題をめぐって展開されてきた。言い換えるならば、専制と農奴制は、この時代のロシア政治の回転軸を構成し、その軸をめぐる回転の態様が、ロシア政治の特質を形成してきたと言えるであろう。

ロシアの政治的近代化は、西ヨーロッパ諸国に比較して、その進度は遅々としたものであり、またその規模も大きいものとは言えなかったが、それでも、一九世紀初頭においては、漸次西ヨーロッパを後追いする過程を進みつつあった。そして、近代化を促進しようとする動きは、強靭なツァリーズム体制とのあいだに摩擦を起こし、政治的緊張状態を断続的に生み出すようになった。デカブリストの武装蜂起は、ロシアにおける政治的近代化過程に生ずる緊張の最初の頂点としての意味をもっている。

デカブリストの武装蜂起は、瞬間的とも言えるほどの短期間の事件であり、しかも、徹底的な敗北をもって終った。デカブリストの政治思想は近代的自由主義国家の形成を指向していたが、その運動には、民主政治の理論や政治指導の原理などの多くの点に欠けるところがあった。その運動は組織性や統一性の面においては明らかに、当時各地で頻繁に起った農民騒擾や鉱山・工場労働者の争議に比較して、進んだ形態をみることができる。だが、ツァリーズムを打倒して立憲政治形態を招来しようとするには、まだ、その実践においても理論においても多くの蓄積を必要とした。「政治思想は、三種類の漸進的な発展形式をもっている。初めにそれは抽象として現われ、若干の人びとの頭脳と書物の中に巣くっている。ついで国民思想となり、会話のなかへ溢れ出る。最後に、国民感情となり、徹底した充足を要求し、抵抗に出会い、革命によって解決される」(1)というM・C・ルーニンの言葉を借りるならば、デカブリストの運動は、これらの段階を同時的に踏み越えることによって、その目的を達成しようとしたところに、失敗の原因をみることができる。

この意味において、デカブリストのもつ政治思想と政治運動との関連は、西ヨーロッパにおける近代初期の自由主義政治思想と運動との関連に類比させて考えることができる。すなわち、ロシアにおいても先行するイデオロギーと運動が乖離するか、あるいは運動がイデオロギーを伴わずして独走しているかのどちらかの形態をとっている。実にこの、乖離した両極の統一こそが一九世紀初頭のロシア変革運動の抱える課題であった。以下、デカブリストの政治思想と運動に検討を加え、ロシアの近代化過程の一断面を究明していきたいと思う。

（1）　M. C. Лунин, Сочинения и письма, Пг., 1923, стр. 14.

二　デカブリスト運動の歴史的背景

アレクサーンドル一世がツァーリに即位した一八〇一年は、ロシアにおいて近代化の萌芽が成長する段階であった。その時期のロシアでは、農奴制が存続する中で、経済・社会・政治・思想等もろもろの分野において、近代への移行が進んでいた。

すでに前世紀後半より進行していた封建＝農奴制の資本主義体制への転換は、一九世紀に入って拍車がかかってきた。工業生産は、木綿工業や製鉄業その他の各部門において、資本制的マニュファクチュアが発達し、工場や労働者の数とともに、生産が増大した。(1) 市場は拡大され、生産品の流通が活発になった。工業の発達や市場の拡大に応じて、人口分布も大きく変動し、都市人口が増大し、商業都市、工業都市が各地に発達してくる。農業は自給自足的生産からしだいに商品生産へと性格を変えていった。農業の変化は、地主・貴族と農奴との関係をも変化させることとなった。(2) 地主・貴族は、新しい経済体制に対処して、自らの経済的力や身分秩序を維持するために、農奴に対する支配と収奪をいっそう強化することが必要となってきた。それは、農奴に対する貢租（оброк）の増加や賦役（барщина）の期間の延長、さらには地主・貴族の農奴に対する権限の拡大といった、一連の反動的な政策となって現れた。

マニュファクチュアの発達に伴う利潤追求の増大と農奴制経済の動揺は、工場・鉱山労働者や農民の生活をますます貧困に追いやった。階級対立と社会的矛盾はますます顕在化し、マニュファクチュアや官営工場（казенная мануфактура）の労働者に不安や動揺を与え、地主・貴族に対する農民の抵抗運動を昂揚させることとなった。農民騒擾は各地に盛んに起こり、中には、ツァーリ体制を根底から揺るがすほどの大規模な運動もあった。(3) この当時の労働運動や農民騒擾は、その殆どが自然発生的で政治意識は乏しく、組織や適切な指導者を欠いていたので、つねに敗北し、所期の目的を達成することはできなかった。(4) けれども、不断の抵抗運動は、ときに工場所有者や地主・貴族に、ある程度の譲歩を余儀なくさせたり、ツァーリの政府に、労働者、農民に対する若干の保護対策を考慮せざるを得ないようにさせるといった効果をあげたこともある。

一方、この新事態に対するツァーリの政策は、たえず、問題を解決する識見と能力とを欠き、国民各層の要望にこたえ得るものではなかった。エカチェリーナ二世の開明専制的統治とパーヴェル帝の暴政のあと、ツァーリの位を襲ったアレクサーンドル一世は、即位の当初においては、自由主義者としての政治改革を朝野より期待されていた。彼は幼時より、祖母エカチェリーナについてルソーの思想を学んだり、スイス人共和主義者ラ＝アルプの教育を受けたりした。また彼は、側近の「若き友人たち」のグループと、常々西ヨーロッパの自由主義思想を研究し、国政改革を論じていた。(5) アレクサーンドル＝パーヴロヴィチの国政改革の構想はすでに皇太子の時代から準備されており、即位と同時に実施されることが予定されていた。その構想の中には、パーヴェル帝の恐怖政治を打破してエカチェリーナ二世の開明的な法令を一部復活することや、私有財産権の不可侵、言論、思想、信書の自由の保障などが含まれていた。彼はさらに、漸進的な改革によって議会政治を認める憲法を与える考えももっていた。若くしてツァーリの地位についたアレクサーンドル一世に、新しい政治状況に対応するための画期的な改革が期待されたのも十分首肯されるところである。しかし、即位後の彼の統治政策は、こうした期待に応え得るものではなかった。農奴関係についての若干の改革や、検閲制度、旅行制限、禁書令などを廃止する政策はとられたが、農奴制解決策や一連の自由を保障する制度的改革は、積極的に遂行されることはなかった。議会の設置、憲法の制定についても、アレクサーンドル一世の在位中幾度か草案が起草されながら、ついに実施されるには至らなかった。(6) かくて彼は、初期の政治改革の構想の殆どを施策に移すことなく、在位の後半においては、国家統治の情熱を失って、反動的君主となってしまった。

ともかくも、アレクサーンドル一世の諸制度の改革、若干の自由の保障、大学の自治の承認などによって、ロシアはある程度近代国家の体裁を整えるようになった。しかしこれは、すでにみてきたように、幾多の社会的矛盾と混乱とを内包したままの、言わば擬似近代国家であったので、早晩なんらかの形で抗争が表面化することは避けられない状況にあった。

しだいに顕在化する社会的矛盾と混乱や、歴代ツァーリの統治政策の不徹底性は、ロシアの多くのインテリゲンツィヤに国家体制変革への関心をもたせるようになった。政治体制変革の思想や社会改造の思想は、前世紀後半よりロシアの土壌に育ってきた。当時のロシアの先進的な思想家は、西ヨーロッパの社会・政治思想の影響をうけ、(7) また重要な政治上の事件、とくに、アメリカ国民の独立運動やフランスのブルジョア革命から多くのものを学んだ。彼らは変革され発展する西ヨーロッパをみる目で、停滞するロシアの現状を批判した。この当時の政治思想家の殆どは貴族の出身であった。「一八世紀末―一九世紀はじめの、ロシアの農奴制を批判する啓蒙主義的イデオロギーの特色は、それが主として貴族社会の先進的な人々のあいだで、部分的にはラズノチーネツ[8]のあいだで発展したということである。[9]」そしてこの特色は、デカブリストの思想や運動においても例外ではなかった。

貴族階級出身の反農奴制的思想家のうちでもっとも代表的人物は、Ａ・Ｈ・ラヂーシシェフであった。ラヂーシシェフは、フランス啓蒙主義や西ヨーロッパの自由主義思想の影響をうけ、民主主義権力を革命的な方法で樹立する必要性を理論的に基礎づけようとした。彼は「自然法」と「社会契約」の理論を拠り所として、ロシアの農奴制、専制政治、官僚、裁判官の腐敗を徹底的に批判した。[10]ラヂーシシェフの政治思想は一九世紀初頭の前進的貴族に大きな影響を与えた。デカブリストの政治思想は、ラヂーシシェフの思想の多くを発展的に継承したものであった。[11]

以上みてきたように、経済的発展に伴う諸矛盾の激化、これに対処する統治者の政策の不徹底性、さらには、貴族階級を主な担い手とする国政改革思想の成長などが、ロシアの近代への移行過程における危機的状況を増大させた。そして、この状況をさらに決定的に推し進めたのが、一八一二年の「祖国戦争」とその後に締結された神聖同盟および国内におけるアラクチェーエフの強権政策であった。

ナポレオンのロシア侵攻に対する祖国戦争は、国内に愛国心を喚起し、国家的統一と団結を強化させることとなった。この戦争に参加した多くの貴族出身の将校は、対ナポレオン同盟軍としてフランスはじめ西ヨーロッパ諸国に転戦し、駐在した。これは、彼らがそれまで観念的に理解していた自由主義や立憲主義の思想を、検証し確認する機会でもあった。昂揚された愛国的情熱と、祖国を西ヨーロッパ諸国と比較して検討する真剣な態度が結びついて、彼らはいよいよ国政改革への具体的実践に着手するようになる。

一方、戦後アレクサーンドル一世のイニシャチブで締結された神聖同盟は、主唱者の意図に反して、各国において王政復古や革命鎮圧の役割を果すことになり、その影響はロシアにも直接間接に暗影を投げかけることになった。

国内においては、祖国戦争の結果経済は疲弊し、莫大な損害や飛躍的な軍事費支出の増加によって、国家財政は危機に瀕した。この危機を打開するために、アレクサーンドル一世は、祖国戦争のとき陸軍大臣を務めたアラクチェーエフを起用した。アラクチェーエフは貴族の特権の復活拡大、ラズノチンツィヤや商人の権限の縮小、検閲制度の復活、政治関係図書の出版禁止、屯田兵制度の実施、文部行政の改変など一連の政策を強硬に遂行することによってこの危機を乗り切ろうとした。アラクチェーエフの政治は、貴族インテリゲンツィヤをはじめ、広範な国民大衆のあいだに不満と反抗の気分をかもし出し、革命の気運はついにその頂点に達した。

デカブリストの武装蜂起は、右のような政治的背景のうちに、貴族インテリゲンツィヤによって行われたブルジョア民主主義的革命運動であった。

（1）あまり正確なものではないが、当時の統計によれば、鉱業をのぞく大小の工場数は一七六〇年に約二六〇ほどであったのが、一八〇四年には二、四二三、一八二〇年には、四、五七八と急速に増加し、そして工場に働く労働者の数も、一七六〇年の四五、七〇〇人が一八〇四年には九五、二〇〇人、一八二〇年には一七九、六〇〇人と増加している。Ｐ・Ｉ・リヤシチェンコ著、東健太郎訳『ロシア経済史』慶應書房、一九四〇年、上巻三一二頁参照。

（2）資本制マニュファクチュアの発達に伴って労働関係も農奴的労働から自由契約労働へと移行していった。しかしこの変化によって労働者は身分的には農奴として労働の賃収入は資本制関係において二重に圧迫されることになる。この点に関しては、飯田貫一著『ロシヤ経済史』御茶の水書房、一九五三年、参照。

（3）И・И・イグナトーヴィチの統計によると、一九世紀第一・四半期に、年度不明分を含めて合計二八一件の農民騒擾が発生しており、一八一六—一八二〇年の五年間には八七件発生している。См. М. В. Нечкина, Движение декабристов В 2 томах, АН СССР, 1955, Том I, стр. 72.

（4）См. История философии, Академия Наук СССР, 1957, Том I, стр. 673.

（5）このグループには、ストローガノフ П. Строгонов、ノヴォシーリツェフ Н. Новосильцев、コチュベーイ В. Кочбуей、チャルトルィスキー А. Чарторыский 等の自由主義者がいた。
（6）主なものだけでも、スペランスキー М. М. Сперанский が一八〇三年と一八〇九年の二回にわたって草案を作成し、一八〇四年にはローゼンカムプフ G. A. Rosenkampf が、そして一八一八年にはノヴォシーリツェフがそれぞれ草案を起草している。Cf. M. Raeff, Michael Speransky, Statesman of Imperial Russia, 1772–1829, Hague, 1957, pp. 38–39.
（7）当時、ロシアの思想家のあいだではエルヴェシウス、ルソー、モンテスキューの著作が広く読まれ、J・ロックの書物がロシア語に飜訳されたりしている。その他、西ヨーロッパの哲学者、科学者の著作も広く読まれた。см. История философии, Академия Наук СССР, 1957, Том I, стр. 632.
（8）разночинец 雑階級人。一九世紀前半に聖職者、官吏、町人あるいは農民などの出身者によって形成された小市民層で、貴族階級にも商人階級にも属さない。
（9）История философии, Академия Наук СССР, 1957, Том I, стр. 628.
（10）ラヂーシシェフは彼の政治思想を『ペテルブルクからモスクワへの旅』Путешествие из Петербурга в Москву（1790）や頌詩『自由』Вольность（1781–1783）で展開した。
（11）История философии, Академия Наук СССР, 1957, Том I, стр. 640, 674.

三　デカブリスト運動の発端

デカブリストの最初の秘密結社は、一八一六年に結成された「救済同盟」（Союз Спасения）である。この同盟は別名「真実にして忠誠なる祖国の息子たちの会」（Общество истинных и верных сынов отечества）とも言い[1]、祖国戦争に続く一八一三年から一四年にかけての西ヨーロッパ遠征から帰国した、貴族インテリゲンツィヤ出身の将校を主要メムバーとして結成された。発起人は、A・ムラヴィヨーフ（Муравьев, Арександр Николаевич）、H・ムラヴィヨーフ（Муравьев, Никита Михайлович）、トゥルベツコーイ（Трубецкой, Сергей Петрович）、ヤクーシキン（Якушкин, Иван Дмитриевич）、ムラヴィヨーフ＝アポーストル兄弟（Матвей и Сергей, Муравьев-Апостол）等であり、間もなくペーステリ（Пестель, Павел Иванович）も加わった。彼らは終始デカブリスト運動の理論的、実践的イニシャチブをとったが、参加者三〇名の殆どが二〇歳代の若い青年将校であった。

この結社の組織は、イタリアの「カルボナリ」（Carbonari）やギリシアの「ヘタイリア＝フィリケ」（Hetairia Philike）等その当時ヨーロッパで広く活動していた解放運動の組織や、ドイツの「道徳会」（Tugendbund）の組織や運動から多くのものを学んだ。結成当初においては、明確な綱領をもたず、政治結社というよりは文化団体の性格が強かったし、また、かなり宗教的色彩を帯びていた。翌一八一七年はじめに、ペーステリによって救済同盟の規約が書かれた。この規約には、結社員が公共のために、ロシアの幸福のために、全力をあげて活躍する旨前文でうたわれ、目的として、立憲君主制のもとに議会政治を設定することや農奴制を廃止することが定められている。[2]

専制政治がロシアの近代的発展を妨げ、専制政治を支える農奴制度がロシアにとっての大きな恥辱であることを、西ヨーロッパ諸国との具体的な比較検討をすることで知っている結社のメムバーが、この規約に賛成したことは至極当然であった。だが、この目的を達成する手段や方法については見解が分れていた。ペーステリを代表者とする急進派は、農奴制の廃止や憲法の制定を、強力なクーデターによって実現しようと考え、また、後に詳細に検討するように、政治改革は共和政体を樹立することによってはじめて達成されると考えているので、たえず、救済同盟の枠から外れようとする傾向があった。H・ムラヴィヨーフを中心とする漸進派は規約の目的とする立憲君主政体の樹立を目指し、しかもその目的達成については、なおツァーリの政治的識見と手腕に期待を寄せていた。[3]

間もなく、救済同盟は組織の内部的統一と組織の強化、拡大を図り、国民各層の広範な支持を得るために、組織全般について検討を加える必要に迫られた。そこで救済同盟は解散し、一八一八年に「福祉同盟」（Союз Благаденствия）に改組された。(4) この改組は、結社内部の漸進派が勝利をおさめた結果であって、同盟の綱領には、穏健な目的やプログラムが定められた。またそれと並行して、救済同盟当時には三〇名ほどであったメムバーの数も、二〇〇名ほどに増加し、(5) さらに、モスクワをはじめ四カ所に支部ができ、「緑灯会」（Зеленая лампа）などいくつかの文化団体も外郭団体として参加するなどして、運動の規模は広がっていった。(6)

福祉同盟の綱領には、強力な政府を戴き、かつ、この政府によって幸福なロシアを作り上げるために、真の道徳的規範と教育とを国民のあいだに普及することが主なる目的として定められた。(7) また、A・ムラヴィヨーフは、福祉同盟の当面達成すべき課題として、農奴制の廃止、全市民の法の前の平等、政府の業務の公開、裁判の公開、酒類専売の禁止、屯田兵制度の廃止、傷病兵の待遇改善、兵役年限の短縮、聖職者の生活改善、平時兵力の縮小などをあげている。

福祉同盟は、デカブリストの漸進派の意見が優勢であったため、組織、活動において規模を拡大することはできたが、目標達成の方法としてかかげていたツァーリとの協調は、アラクチェーエフの反動体制が強化されるにしたがって、幻想にすぎないことを自覚せざるを得なくなってきた。福祉同盟のメムバーの中にはしだいに急進派へ接近するものが出てきた。急進派の指導者ペーステリも、反動体制に対処するためには組織を強化し目標を明確にすることが必要であることを痛感した。彼は、一八二〇年のペテルブルクにおける同盟幹部総会で、立憲共和国の案を提出して採択された。「これは救済同盟の立憲君主制の改革案に比較して、大きな一歩前進であった。」(8) しかし、この新提案の採択に際して、同盟内の漸進派と急進派との対立は表面化し、翌一八二一年のモスクワにおける総会で「動揺分子を排除するために」福祉同盟は解散を宣言した。

同年三月、キーエフでペーステリを指導者として、「南方結社」が結成された。南方結社はペーステリの筆になる「ルースカヤ＝プラーヴダ」をその組織綱領とした。翌二一年秋には、ペテルブルクを中心として「北方結社」が結成された。H・ムラヴィョーフが北方結社の主要なメムバーの一人であって、彼の書いた「憲法草案」は、この結社の主要な理論的武器となった。ペーステリの「ルースカヤ＝プラーヴダ」も、H・ムラヴィョーフの「憲法草案」も福祉同盟の国家改造の理念を継承し、農奴制の廃止と専制の打倒とを基本目標として、きたるべき国家形態の展望を示している点では共通性をもっているが、南北両結社分立の原因となった改革の具体的構想についてはかなりの相違がみられる。

しかし北方結社も、K・Ф・ルィレーエフが指導者となるにおよんで、ムラヴィョーフ憲法の枠内に止まることができなくなり、ペーステリの両結社合同への働きかけなどもあって、しだいに南方結社の線に近づこうとする傾向を示した。この傾向は、ツァリーズムが反動化する過程と併せて考察するとき、エリートの政治行動が大衆と乖離して急進化する過程を示すものとして、興味深いところである。

いずれにしても、ペーステリやH・ムラヴィョーフによって体系づけられた国家理論は、デカブリストの政治思想の理論的結実としての意味をもつと同時に、ロシアにおける近代初期の政治思想の一段階を形づくるものとしての意義をもっている。以下、「ルースカヤ＝プラーヴダ」にあらわれるペーステリの国家理論を検討することによって南方結社の政治思想を、そしてまた、「憲法草案」におけるムラヴィョーフの理論を通して、北方結社の政治思想を浮彫りにしてみよう。

(1) М. В. Нечкина, Движение декабристов В 2 томах, АН СССР, 1955, Том I, стр. 141.
(2) Там же, стр. 163.
(3) B・ペアズによれば、両派の他にニコラーイ＝トゥルゲーネフ Николай Иванович Тургенев を中心とする一派があった。H・トゥルゲーネフは農奴解放に最大の関心をもっていて、その達成は専制政治のもとでも可能であるし、不可能の場合には他の方法を主張する人々と協力して活動するという態度を示していた。Cf. B. Pares, A History of Russia, New York, A. Knop, 1953, p. 327.
(4) М. В. Нечкина, Вышеуказ., Том I, стр. 185.
(5) Там же, стр. 195.
(6) Там же, стр. 190.
(7) Там же, стр. 190, 208.
(8) Там же, стр. 288.

四　南方結社の国家理論

デカブリストの急進派によって結成された南方結社は、一八二二年のキーエフにおける幹部総会で、ペーステリの書いた「ルースカヤ＝プラーヴダ」を審議し、一年間の検討の期間をおいて、翌一八二三年の同じくキーエフにおける幹部総会で、南方結社の綱領として採択した。[1] したがって、「ルースカヤ＝プラーヴダ」は、南方結社の政治的性格をあらわすものであることは勿論であるが、それと同時にデカブリストの政治思想を体系的に展開した代表的著作の体裁をも整えている。[2] ペーステリ自身も「ルースカヤ＝プラーヴダ」を執筆するにあたっては、ただ南方結社の綱領に止まることなく、全デカブリストの政治理念を明示することを意図し、多くの時間と労力とを費やしている。この意味において、「ルースカヤ＝プラーヴダ」は彼のそれまでの諸論文に示された政治理論の集大成ともいうべきものである。

「ルースカヤ＝プラーヴダ」において展開されるペーステリの政治思想は、ラヂーシシェフの思想と同じく、自然法思想の流れを汲み、社会契約説を基礎として構成されている。彼は国家と国民との関係について、「政府は国民の幸福のために存在し、ただ国民の幸福以外にその存在と成立についての何らの理由をもたない」(3)と述べて、本来的に与えられている国民の権利や自由が、国家権力によって不当に抑制さるべきでないことを主張している。そして、この原理を保障するためには、まったく新しい共和政体が創設されなければならないと考えた。彼は、政治の発展過程を分析した結果、立憲主義は単に中途半端な手段であって絶対主義の仮面にすぎないとし(4)、「ロシアにおいては、共和主義以外にはなんらの安泰も幸福も見出すことはできない」(5)という見解に達していた。専制政治を打倒して、真に国民の幸福のために相応しい共和政体を樹立するには、まず武力革命（военный переворот）によって、現存の体制を根底から破壊する必要があり、その後に強力な独裁権力を備えた最高臨時政府（верховное временное правление）を設立することが必要とされた(6)。この最高臨時政府の独裁は、権力を掌握して一〇―一五年のあいだに民主的憲法の制定を準備し、新しい憲法のもとに国民会議を招集するまでの過渡的政治形態である。しかもペーステリは、革命を完遂し、共和政体の樹立を確実なものとするために、皇帝とその家族全員を弑逆し撲滅することを提案している。この提案は、デカブリストのもっともラディカルな意識の一面を示すものとして注目されるところである。

さて、かくして新しく樹立された政府は、なによりもまず、すべての国民に法の前の平等を実施しなければならない。なぜなら、「すべての国民は、当然に法の前に平等に造られたものであり、そして、法の前の平等を犯す一切の法令は堪えがたい悪権力であるが故に、必ず破毀されるべきものである。[7]」そしてまた、「神の法は平等な方法ですべての国民のために定められており、それ故に、すべての住民はそれを実現する平等の権利を有している[8]」からである。すべての国民の法の前の平等を実現するためには、現存する階級制度は廃止されなければならない。ペーステリは、階級秩序が廃止されて国民がひとしく「市民」（гражданин）という名で呼ばれるべきことを主張している。当時のロシアにおいては、貴族、農奴の他に商人、町人、農民の身分階層秩序が厳然と存在し、貴族階級の特権や自由は、下層階級の権利と自由を抑圧することで維持されていた。このような、ただ一部の階級の不公正な自由のためにのみ存在し、「国家構成員の若干のものに利益を与え、他の者には、如何なる場合でも、何らの理由なく……拒絶する[9]」ような階級的特権は廃止されなければならなかった。富める者に特権を許与することは、もっとも有害な貴族階級をつくることとなる、とペーステリは指摘している。「富裕有産者はまさに無分別であり有害である。なぜなら、彼らは自らが存在するという理由で富を所有し、あらゆる欲望や思考をただ金銭の方向へむけてしまい、[10]」風俗の腐敗を引き起こすからである。

法の前の平等を実現するためには、特権階級を廃止することと併せて、自然法と矛盾する農民の身分制度も同時に廃止されなければならない。そして、農民の解放は土地付きの解放となってはじめて実質的な効果を生ずるものであった。ペーステリの農民解放の構想はつぎのようである。すなわち、私有地の一部を除いて、その大部分が解放される。解放された土地は社会に帰属することとされて、売買や私的所有は禁じられ、農民家族の生活の手段として適当な広さの耕区に分割、供給される。この社会的土地の耕区は郷（волость）の構成メムバーに分配されるのであるが、それは、一年間の期限をきって利用に供されるものである。期限経過後には改めて、耕作者の希望によって、継続的使用あるいは他の土地への変更が考慮される仕組になっていた。なお、地主は土地の一部を私有することが許される

が、その土地については売買、譲渡が認められることとなっていた。(11)

右のような土地制度の抜本的改革は、漸進的な方法や微温的手段をもってしては、現存の強大な勢力に対抗して到底実現することはできない。この計画の達成は、革命直後に設立される最高臨時政府の、最初にしてもっとも重要な課題の一つであり、この課題遂行のためにも、最高臨時政府は強力な権力を組織することが必要とされたのである。(12)

農民解放、農地改革と関連して、ペーステリは屯田兵（военные поселения）制度も即刻廃止されるべきであることを主張した。(13)屯田兵制度は各地に頻発するようになった農民騒擾を抑圧し、膨張する軍事費を節減することを目的として、一八一〇年以降、とくに祖国戦争後各地に設置されたものである。その数は一八二六年までに三〇万に増加し、ツァーリ軍隊の総数の三分の一を占めるようになった。屯田兵に対しては厳格な規律と強制的労働が課せられたために、「各々の善意な人間を苦悩と恐怖で充たして」(14)いったし、屯田兵が配置された地方においては農民との関係もうまくいかず、そのため、屯田兵と農民の双方に少なからず動揺が起こっていた。

最高臨時政府のつぎの任務は、ペーステリの見解によれば、市民の自由を保障することであった。言論、出版、信教の自由はすべての市民に保障されなければならない。もっとも、これらの自由が新体制を破壊し、ツァリーズムを復活させるために利用される場合には、制約を受けることも止むを得ないが、自由の保障はすべて法令の形式をもって制度化される必要があるとされた。(15)自由の権利としての保障とその国家権力との競合という政治哲学の課題は、ペーステリの政治思想においても、十分な解答が与えられているとは言えない。

右のようにして、旧体制が根底から破壊され、国家構成員がすべて経済的、社会的に平等な基盤に立つことができ、言論の自由その他の政治的自由が保障されて、はじめて、新しい国家組織の建設に一歩を進めることができる。ペーステリによる、この段階にきたとき達成されるべき新しい国家構造の鳥瞰図はつぎのようなものであった。(16)

新しい国家の最高権―立法権は、一院制の国民会議（народное вече）に帰属する。

国民会議の議員は、二〇歳に達した市民から選挙によって選ばれる。選挙、被選挙の資格を財産によって法律的に制限することは、市民平等の理念と相容れないものである故に、このような法律は制定すべきでない。普通選挙の制度こそが、もっとも教育があり、議員たるに相応しい人物の選択を保障するものである。

つぎに執行権は統治府に属する。統治府は五名で構成され、構成員は国民会議から五年毎に選ばれる。構成員の中の一名は互選によって任期一年の大統領に選ばれ、国家の長となる。大統領は任期終了後、統治府を離れて国民会議に所属する。代って、国民会議から統治府に一名補充されると同時に、統治府においては後任の大統領が選任される。

ペーステリの構想した統治権は、右のように、立法権と行政権を明確に区別するものであった。これは、モンテスキューの理論の影響を受けたものであったが、権力分立論としては、後にみるH・ムラヴィヨーフの理論ほど徹底したものではなかった。

さらにペーステリは地方政治を重視して、その制度改革の構想を示している。主眼とされた点は、地方政治においても中央政治と同じく、市民の自由と権利とが最大限に保障されなければならない、ということであった。当時においては、地方の権力は殆ど地主に掌握されていた。地方地主は、土地と農奴に対する経済的支配に加えて、制度的に保障された司法権、警察権を保持していた。国家制度の改革にあたっては、このような、地方の封建＝農奴体制を根底から立て直すことが不可欠の急務であった。ペーステリは、地方制度を改革するにあたって、地方に古くから伝わる集会や組織の長所を温存し、新しい体制に適合すべく改組する方法を考えている。地方政治の段階を、郷（волость）、郡（уезд）、県（губерния）に分けて、それぞれに会議を設立する。郷においては、永くその地域に住んでいるすべての市民によって構成される郷会議が召集され、郷会議は郷の代官会議を選ぶ。そしてこの代官会議が、郡会議と県会議の代表者を選出する。代官会議や郡会議は、年一回、それぞれの管轄地域の行政について関係者より説明を聞き、住民からの批判や不満をとり上げて研究したり、官吏を選挙によって補充任命したり、さらには、「社会的利益」に貢献すべく提出された諸種の企画に対して許可を与える。

地方制度に合理的な改革を行うと、いきおい全国家的領域にわたって、行政区劃に著しい変更を加えることになる。そして、変更された新しい行政制度をより効果的に統轄することと、民心を一新し、愛国的情熱を昂揚することとを目的として、首都の変更が当然考慮されなければならなくなる。「ルースカヤ＝プラーヴダ」によれば、新国家の首都はニージニー ノーヴゴロトに移転するのが適当と考えられていた。此の地に移転する理由として、ペーステリは、この都市がロシアの中心にあること、貿易、商取引に便なること、陸上貿易においてヨーロッパとアジアとを結ぶ地点であること等を挙げて、つぎのように述べている。「ロシアの異民族からの解放は、ミーニンやポジャールスキーによってこの町に端を発した。」そして、「ニージニーノーヴゴロトの古い時代についてのあらゆる追憶が、自由と先祖――先祖の暴君に対してではない――への率直な愛情の息吹きを感じさせる。[17]」

ロシアにおいて民族問題は、古くより統治者にとっての大きな政治的課題であった。歴代のツァーリは、強権による支配を政治の基本方針とする傾向が強く、また、外国人がツァーリの位に即くという場合もあって、民族問題に対しては積極的解決策が講じられたことは、あまりなかった。資本主義経済の発展と、近代的政治・社会形態の成長とともに、この問題は漸次解決の必要性が増大してきた。ペーステリも、此の問題に着眼し、「ルースカヤ＝プラーヴダ」において多くの紙幅を割いているが、必ずしも十分な解決が与えられてはいない。彼は国家形態に関しては、強力な中央集権国家の擁護者であった。彼は、ロシアのように「広大な領域と、そこに住む厖大な数の種族やさまざまな民族を抱えている」[18]国には、連邦制度を適用すべきではないと考えていた。彼は、連邦制度には旧来の侯領(удел)の制度を復活させる危険性が潜んでいることを懸念していたのである。封建的な諸侯が割拠し、権力を強大化して、中央権力から分離し、「さまざまな言葉を話す」[19]という理由だけで独立することは、ロシア国家にとっても、住民にとっても喜ぶべき現象ではなかった。むしろペーステリの見解によれば、強力な中央集権国家を建設するためには、すべての民族のみならず、各民族のもつ文化や言語までも、一つの国民に混合し、徹底的な「ロシア化」を図ることが必要であった。したがって、民族的独立国家の建設は、例えばポーランドのように、市民の平等が保障され、平和的政治組織が確立されて、しかも、ロシアとのあいだに国境不可侵が相互に保障されるような、緊密な同盟関係が確保される確実な条件がある場合にのみ、例外的に、その権利が認められることになる。制度的側面からだけでなく、国家形態論の論理的帰結としても、ペーステリは、民族の発展自体について否定的な見解をもっていた。それぞれの民族に民族としての権利を認めることは歓迎すべきことではなかった。民族の利益は「民族の権利によっては守られない。なんとなれば、権利は利益に対しては仮想的なものであり、実在するものではないからである」[20]と解釈されていた。

ペーステリの理論はさらに発展して、市民法の組織化にまで及ぶ。貴族、地主の保護立法や権利保障の規定はあっても、農民、農奴に対する権利規定は殆ど皆無であり、あったとしても空文化されてしまって顧られないのがツァーリ体制下の実状であった。彼は無階級、無差別の市民社会秩序を保全するために、市民法の単一組織的な立法を提案している。市民法を制定し、それによって、「国家における強力な、真に緊密な政治的結合を作りださなければならない」[21]と彼は主張する。

ペーステリの権力分立論を補完する意味で、彼の司法制度についての見解をみておこう。この点については、彼が

「ルースカヤ＝プラーヴダ」よりも前に書いた論文「国家統治についての覚え書き」において述べられている。[22] 彼はこの中で、裁判官の職の安定の保障と、弾劾裁判による裁判官の解職の制度を設立することをはじめ、訴訟経緯を記録する文書の作成、裁判公開制の実施、陪審制度の設置を提唱している。そして、これらの公正な裁判手続を踏んでのみ罪刑の確定がなされるべきことを強調している。

以上が南方結社の指導者ペーステリの国家改造論の大要である。ペーステリの理論によって代表される南方結社の政治思想は、北方結社のそれと比較して、急進的であり共和主義的であり、さらには社会主義的でさえあった。その政治思想は、農民や、当時成長しつつあった小ブルジョアジーのイデオロギーとしての性格も備えていた。また、ペーステリの国家理論や戦略・戦術論の多くの点は、ジャコビニスムとの親近性をも示している。これと比較して、北方結社の綱領的文書を作成したH・ムラヴィヨーフの思想は、デカブリストの穏健派を代表するものであり、地主・貴族の自由主義的イデオロギーとしての特色をあらわしている。H・ムラヴィヨーフは、イギリスの政治制度に大きな共鳴を抱きながら、立憲政体を漸進的に確立しようとする理論を展開する。約言するならば、ペーステリとH・ムラヴィヨーフとの距離は、デカブリストの政治思想の幅であり、運動の振幅とみることができるであろう。そこで、つぎにペーステリの思想との対比に視点をおいて、H・ムラヴィヨーフの政治思想を概観することが必要となる。

（1）　Восстание декабристов, документы, Том VII, стр. 9.

（2）　デカブリストの政治思想に関する著述は、本章で紹介するものの他つぎのようなものも参考にした。Эйдельман Н. Апостол Сергей. Повесть о С. И. Муравьеве-Апостоле, Политиздат, 1975., Дружинин Н. М., Декабрист Никита Муравьев, М., 1933. Кондратий Федорович Рылеев, Полное собрание сочинений, Акад. М. -л., 1934.

（3）　Восстание декабристов, документы, М., 1958, Том VII, стр. 116.

（4） T. G. Masaryk, The Spirit of Russia, George Allen & Unwin, L., 1961, vol. I, p. 99.
（5） M. B. Нечкина, Движение декабристов, Том I, стр. 283.
（6） Восстание декабристов, документы, Том VII, стр. 118.
（7） Там же, стр. 152.
（8） Там же, стр. 116.
（9） Там же, стр. 153.
（10） Там же, стр. 152.
（11） Там же, стр. 166-167.
（12） ゲールツェンは、ペーステリの土地分配理論の社会主義的性格を評して、「社会主義以前の社会主義者」と言っている。A・И・ゲールツェン「ロシアにおける革命思想の発達について」(Du devéloppement des idées révolutionaires en Russie) 金子訳一〇〇頁。
（13） Восстание декабристов, документы, Том VII, стр. 162-164.
（14） Там же, стр. 162.
（15） См. История политических учений, под редакцией С. Ф. Кечькьяна и Т. И. Федькина, 1955, стр. 425.
（16） Там же, стр. 425.
（17） Восстание декабристов, документы, Том VII, стр. 129.　なおミーニン K. Минин（?-1616）やポジャールスキー Д. M. Пожарский（1578-1612）は、一六一一年ポーランド軍のロシア侵攻に対して解放軍を組織した人物。
（18） Там же, стр. 126.
（19） Там же, стр. 127.
（20） Там же, стр. 121.
（21） Там же, стр. 137.
（22） Там же, стр. 219.

五　北方結社の国家理論

ニキータ＝ムラヴィヨーフは、彼の国家理論を「憲法草案」の中で展開する。[1] H・ムラヴィヨーフもペーステリと同様に、自然法思想と社会契約説とを政治思想の基盤としている。そして、その基盤に立って、すべての人間の法の前の平等、階級差別の撤廃、官吏等級表の廃止、[2]人頭税の廃止を主張し、言論、出版、集会、結社、信教の自由を保障すべきことを提唱する。しかしながら、彼の自由や平等の主張は、国家組織論や政体論にもみられるように、ペーステリの理論と比較すれば、穏健な論調で貫かれている。H・ムラヴィヨーフの理論は、専制権力がなお依然として強力な地盤を確立している封建＝農奴制のもとにあっては、もちろん革新的なイデオロギーであったけれども、権利保障規定を「下から」の改革案として提示するものとしては、やや微温的にすぎる憾みがあったと言えよう。こうした論調は、立憲君主制や制限選挙制の提唱とあいまって、彼の政治思想の、支配層のイデオロギーとの親近性を示すものとみることができる。言い換えるならば、この点に、ブルジョア民主主義を追求する貴族階級のイデオロギーの特色が窺える。

H・ムラヴィヨーフも、ペーステリや他のデカブリストと同じく、専制と農奴制に対しては徹底的な批判を加える。彼は「憲法草案」の前文でつぎのように述べている。「あらゆる人民とあらゆる時代の経験は、専制の権力が統治者にとっても社会にとってもひとしく災厄をもたらし、権力はわれわれの神聖な信仰の原則とも調和せず、理性の原理とも結びつかない、ということを証明した。一人の人間の専横を統治の基礎と認めることはできず、すべての権利が一方にあって、すべての義務が他方にあるということにも同意できない。無思慮な服従は恐怖のみを基礎としており、それは道理をわきまえた命令者にも聡明な執行者にも相応しくないことである。……すべてのヨーロッパの国民は、法律と自由を獲得しつつある。彼らのすべてにまして、ロシア国民は法律をも自由をも獲得する権利がある。」(3)彼は農奴制度については、「農奴の身分や制度は廃止されるであろう。ロシアの土地に緊縛されていた農奴は独立し始めている」(4)と、農奴解放の傾向と課題を指摘している。解放され、平等の権利と自由を獲得する国民が政治社会における主人であると認められることは、H・ムラヴィヨーフの見解においても不可欠の要件であった。彼は国民こそが権力の唯一の根源であり、主権者であることを強調してつぎのように言う。「ロシアの人民は自由で独立していて、如何なる人や如何なる家族の所有物でもないし、またあり得ない。」(5)

西ヨーロッパの政治思想や政治制度を多く学んでいるH・ムラヴィヨーフは、改革されるべき国家に、権力分立の理論を適用しようと考えた。このことは、ペーステリの国家理論についても言えることはすでに指摘されたところであるが、H・ムラヴィヨーフの説はペーステリのそれと異なって、最高の権力機関たる国民会議（народное вече）を二院から構成されるものとしている。これは、H・ムラヴィヨーフの場合においては、立憲君主制論の論理的帰結であって、イギリス議会政治にみられる上院の機能を重視し、強力な一院制の最高会議を置くことによって生ずる君主の統治権との摩擦を避けようとしたものである。

H・ムラヴィヨーフの案によれば、下院としての国民代表議院（палата народных представителей）は四五〇人の議員によって構成される。議員は五万人を一地域の単位とする選挙区から選ばれる。選挙権には財産的資格条件が課せられ、五〇〇《ルーブリ》以上の不動産または、一、〇〇〇《ルーブリ》以上の動産を所有する者に投票権が与えられることになっていた。上院は最高議会（верховная дума）という名称で呼ばれ、議員はロシア帝国を構成する一三の国（держава）

と二つの州（область）から計四二名選ばれる。議員の被選挙権は、年齢三〇歳以上で九年間市民権を有しているという資格に加えて、高度の財産的資格が必要とされた。

二院構成の国民会議は毎年一二月に開会される。両院の会議は公開され、会議の議事録は官報で公表される。法律制定の発議権は国民代表議院の議員に属する。すべての法律案は両院を通過しなければならないが、法律上の効力をもつためには皇帝の承認（одобрение）を必要とする旨提案には示されている。

皇帝の法律承認権についてみると、皇帝は法律を発効させるにあたって、停止的拒否権（отлагательное вето）はもっているが、絶対的拒否権（абсолютное вето）はもたない。すなわち、皇帝は、両院を通過した法律に対して、直ちに無効とする権限は有さず、その法律案をとり扱った議院へ差し戻す権限を有するわけである。差し戻された法律案は両院で再度審議し、各議院で三分の二以上の賛成を得て採択されれば、その法案は再度皇帝の承認を得ないでも法律としての効力をもつこととなる。

H・ムラヴィヨーフの「憲法草案」によれば、国民会議の権限はかなり強大である。最高議会は、大臣、最高裁判所裁判官（верховная судья）その他の高官に対して弾劾する権限を有している。この弾劾裁判には、国民代表議院の三分の二以上の賛成を必要とする。さらに国民会議は、公共的なあるいは個人的な恩赦権、国民会議の権限を凌駕する連邦各国の代表機関に対する解散権をもち、租税の設定および外債の処理、官吏の職務遂行過程の確認などの職務を執行する。

右のごとく広範囲にわたって強大な権限をもつ国民会議も、憲法改正の権限はもっていない。憲法の制定や改正は、そのために特別に召集される構成国会議（державный собор）において審議されなければならないとされている。

専制政治の打倒がデカブリストの主要な政治目標であっただけに、国家組織の中で君主の位置をどのように設定するかは、Ｈ・ムラヴィヨーフにとっても大きな課題であった。彼の「憲法草案」に示された君主は、世襲君主として、執行権の行使者である。君主は、「ロシア政府の最高の官吏（чиновник）である。[6]」したがって、君主は即位し、統治権を行使するにあたっては、憲法を遵守する旨の宣言をしなければならない。君主は内閣（министерство）を監督する。君主の肉体的または精神的な病気、死亡、世襲権の放棄などによって職務執行不可能になる場合は、国民会議によって摂政職（регентство）が任命される。

その他の皇族に対しては、市民と差別されるなんらの特権も附与されることはない。「いわゆる《宮廷》（двор）は、秩序だった世界には存続することはできない。[7]」君主制の承認が権力分立の観点からなされたものであってみれば、身分的特権をもち、しかも、周囲に特権階級を増殖させる可能性をもつ「皇帝一族」は払拭される必要があった。したがってまた、宮廷官位（придворные чины）や、皇室財産を管理する皇室財産寮（кабинет）も当然廃止される。

国家の首長、執行権の主宰者としての君主は、家族をも含めて公私の費用として年俸二〇〇万ルーブリを支給される。年俸の支出に関しては誰に対しても報告の義務を負わない。君主は側近の勤務者を雇い、勤務者に官位を授与することはできるが、それに要する費用は右の年俸の中から賄われる。その他、君主を拘束するものとしては、君主がロシアの領土をおきざりにする権利をもたないとする規定がある。君主が国外へ出立することは、国土を永久に等閑にすることを意味し、退位すべきものとみなされていた。

Ｈ・ムラヴィヨーフの草案によれば、司法権は独立し、その最終的権限は最高裁判所（верховное судилище）に属する。最高裁判所は、一五万ルーブリ以上の財産所有者の中から、国民会議によって選ばれる五名ないし六名の裁判官によって構成される。司法制度確立の根底には、司法権の行政権からの分離独立、弁護士の裁判への参加および、刑事、民事事件の陪審裁判の原理が想定されていた。その他、Н・ムラヴィヨーフの「憲法草案」には、被疑者の逮捕、拘留等の手続についての規定があり、罪刑法定主義の理念に則って市民を不当な国家権力による抑圧から保護しようとする意図が窺われる。

国家形態に関しては、Н・ムラヴィヨーフは、強力な中央集権的単一国家を主張したペーステリと異なって、連邦制度の擁護者であった。彼によれば全ロシアは、先に触れたように、一三の国（держава）と二つの州（область）からなる連邦国家の形態が、統治効果の点から理想的であった。(8) 連邦を構成する個々の国は独立した憲法をもたず、国の統治や組織については、連邦憲法によって統一的に決定される。しかし、個々の国は代表機関をもって、国に必要な立法権を行使する。ただし、この立法権が連邦憲法の枠を越え得ないことは前述したとおりである。個々の国の執行権は、その国の統治者によって執行される。統治者は、国の代表機関によって登録された候補者の中から、連邦の国民会議によって任命される。

Н・ムラヴィヨーフの構想した連邦制度に対して、実質的には中央集権的な単一国家の理念を広大で民族構成の複雑なロシアに適用するにあたって、統治の効果を上げるために、些細な部分を代表する「国」の自治という形態で粉飾するものである、という批判もなされている。(9) がともかく、広大な領土と多様な民族とを包括するロシアにおける国家形態、地方政治制度の問題について、Н・ムラヴィヨーフがペーステリときわめて対蹠的な理論を展開している点は、ようやく台頭しつつある民族問題の複雑性を反映するものとして注目されるところである。

Н・ムラヴィヨーフは、土地問題に関しては積極的提案をしていない。彼ももちろん、ペーステリや他のデカブリストと同じく、農奴制廃止論者であった。しかし彼は、ペーステリと違って、土地問題をとり上げないならば、農民の解放や階級差別廃止が達成され得ないとは考えなかった。彼は、農民に分割地を与えることを提案してはいるが、地主・貴族の土地所有の問題は等閑に附したままであった。こうした点に、Н・ムラヴィョーフや彼によって代表される北方結社の保守的性格をみることができるであろう。

以上、ペーステリの「ルースカヤ＝プラーヴダ」と、Н・ムラヴィョーフの「憲法草案」を通して、デカブリストの政治思想をみてきた。国家形態や農地問題等について、両者の見解にはかなりの隔たりがみられ、戦略・戦術論においても異なる点が少なくないが、それにも拘らず、両者の提案の中には多くの共通点がある。専制政治の打倒、農奴権や屯田兵制度の廃止、体刑の禁止、一連の自由の保障等を提唱することでは、両者は同じであった。これらの提唱は、いわばデカブリストの最大公約数的提案であり、彼らの政治行動はこれらの目標のもとに結集されたわけである。しかし、両結社とも、体制変革の運動論、つまり大衆行動の問題については、殆ど論ずることをしなかった。この点については、デカブリストのいま一つの結社、「統一スラヴ結社」の理論とあわせて検討してみたいと思う。

（１）　Н・ムラヴィョーフの憲法草案は二つあって、後の案は前の案に比較すると条文がふえている。そのテキストは、Избранные социально-политические и философские произведения декабристов, М., 1951, Том I. および、Н. Дружинин, Декабрист Никита Муравьев, М., 1933.

（２）　一七二二年、ピョートル一世によって制定されたもので、すべての官職を一四の位階 чины に分ち官吏の勤務・昇進を規制した。

（３）　Избранные социально-политические и философские произведения декабристов, М., 1951, Том I, стр. 295.

（４）　Н. Дружинин, Декабрист Никита Муравьев, М., 1933, стр. 322.

（５）　Там же, стр. 304.

（6） Там же, стр. 334.
（7） Там же, стр. 337.
（8） マサリクは、H・ムラヴィヨーフの連邦制度案がアメリカ合衆国の制度を拠り所とし、連邦を一三に分ける案も合衆国の独立当初の州の数からヒントを得たものであると言っている。T. G. Masaryk, The Spirit of Russia, vol. I, p. 98.
（9） История политических учений, под редакцией С. Ф. Кечекьяна и Т. И. Федькина, 1955, стр. 429.

六　統一スラヴ結社の政治思想

デカブリストの南方結社、北方結社の他に、もう一つ、「統一スラヴ結社」があった。この結社は、組織や理論において、南方・北方両結社より異なった特色をもっていた。[1]

統一スラヴ結社は、主として俸給生活をする下級軍人貴族や、資本主義的社会構造の発展から疎外された没落小地主貴族の子弟によって組織され、他に民主主義的な団体も含んでいた。そのため、この結社は、南・北両結社のメンバーと比較して、国民大衆との接触も密接であり、反権力意識も強かった。

統一スラヴ結社の掲げた政治目標のうち、専制政治と農奴権の廃止は、南・北両結社の政治綱領と共通する点であるが、国家形態に関しては独自の理論を展開している。この結社は連邦制の樹立を主張するが、その内容は、H・ムラヴィヨーフの連邦論よりも民主主義的であった。統一スラヴ結社の提案するところによれば、連邦を構成する国家を共和国とし、それぞれの独立した共和国が同等の権利をもって、自由意志の連邦的同盟に組織されるのが、ロシアの国情にもっとも適合した政治形態である。そして、それぞれの共和国は連邦の会議（конгресс）に統一される。連邦の会議は連邦内のすべての国にとって必要な法律を制定するが、各国は固有の問題については独自に法令を制定する権限をもつ。(2) このような国家形態の理論は、諸種の民族と広大な国土をもつロシアにおいて、一方における国家的統一の要請と、他方での民族的、地域的利益の擁護との二律背反を、合理的に調整しようとする狙いをもつものであった。

統一スラヴ結社の民主主義的思想は、政治改革の方法に関する見解にもっとも端的に示されている。この点を検討するにあたって、南方結社と北方結社の戦術論をみておくことが有意義である。南方結社も北方結社も、それぞれ独自の思想的基盤に立って、政治形態や統治過程の見取図を示した。そして、これらの構想を実現する段取りも異なっていた。しかし、目的を達成する方法、すなわち変革の主体的担い手についての考え方は、両結社とも同じであった。両結社においては、変革を遂行するもっとも効果的な方法は、革命的意識をもった将校の指揮に従う、従順な軍隊の武装蜂起をもって革命を決行することだとされた。ここには民主主義を実現する場合に不可欠の、政治過程への民衆の参加という基本的な問題がとり上げられていなかった。南方結社のペーステリは、国民大衆を政治に参加させることの必要性を早くから主張していた。(3) 個々のデカブリストの中にも、「国民と一緒ならば何でもできるが、そうでなければ何もできない」（Н. Крюков）、(4) と考えていた者もあった。しかしこのような考えは、結社の綱領に採択されるまでには熟していなかった。

デカブリストが「民主」主義を政治理念として追求する過程において、民衆を主体的担い手として評価しなかった条件はいくつか考えられる。まず指摘される点はデカブリストのエリート意識である。デカブリストは、すでにみてきたように、貴族階級の出身であり、その殆どは啓蒙思想の影響を受けていた。彼らの意識は、体制の変革や国民大衆の解放を指向するが、その意識の背後には、民衆を上から教育し指導するという選ばれた者としての姿勢がみられた。生活基盤の違いからも、教養の程度からも、国民大衆は彼らが教化し啓蒙する対象ではあり得ても、到底共通の目的を達成するために協働する要素となり得ない異質的存在であった。このような意識は、例えばИ・Д・ヤクーシキンが、ロシアの福祉を増進するために、貴族が農民を解放し、学校を拡充して下層階級を教育するという構想を説明する中に(5)、世論創造における下層階級の役割をほとんど評価していなかったことにもみられるところである。啓蒙主義的エリート意識は、イギリスやフランスの空想的社会主義者にもみられるが、デカブリストの思想にはとくに顕著にあらわれていた。

事実、この時期におけるロシアの国民大衆は、まだ変革の担い手とはなり得ない段階にあった。ようやくマニュファクチュアが発展し、工場生産が徐々に成長しつつある社会構造では、ブルジョアジーの成長もみられなかった。また、ひんぱんに起きる鉱山労働者や農民の騒擾も、すでに指摘されたように、自然発生的であり、目的意識をもたず、適切な政治指導や組織をもつことはなかった。このような状態において、啓蒙思想家や運動の指導者が、国民大衆を政治改革の担い手として期待することは困難であった。それに引き替え、軍隊は、組織と訓練において、変革を遂行するのにもっとも相応しい集団であった(6)。デカブリストの殆どは、実戦の経験ももっていた。彼らが指導力を最大限に発揮しうるものとして軍隊組織の活用を考えることは、極めて自然な帰着であったと言えよう。「われわれの革命は、……一滴の血をも必要としないであろう。というのは人民の参加なしに軍隊だけでそれが行われるからである」と南方結社の活動家の一人M・П・ベストゥーゼフ＝リューミンは述べている(7)。

さらに、デカブリストに武装蜂起を選ばせる条件として、ツァーリ権力の内部でしばしば展開された「宮廷革命」(дворцовые перевороты)の歴史的教訓がある。帝位継承をめぐっての宮廷革命は、一七二五年ピョートル一世

（Петр I）の死後一七六二年までの三七年間に五回も起きており、[8] エカチェリーナ二世もピョートル三世を犠牲にして帝位につき、アレクサーンドル一世も、反パーヴェル勢力によるパーヴェル帝暗殺の後ツァーリの位を襲っている。政治権力が正当性を喪失し、権力機構が硬直して、反権力的勢力の存在を許容する柔軟性を失ったとき、権力は内部からの武力による変革を引き起こしやすいという政治の論理は、[9] ロシアの宮廷革命の歴史の中に貫かれていた。デカブリストの秘密結社が、革命を遂行するもっとも効果的な手段として武装蜂起に訴えようとしたことも、十分首肯されるところである。

このような南・北両結社の戦術論と比較して、統一スラヴ結社の理論は近代的な性格をもっていたと言うことができる。統一スラヴ結社は、軍隊に対する指導も両結社より積極的であった。彼らはただ単に、兵士に、指揮官に個人的に服従することを煽動し、兵士の立場の重要性を説明するだけではなくて、大変革の目標を理解させる努力をしている。[10] さらにまた、統一スラヴ結社は、明確な政治目標を民衆の前に提示して、民衆と協力して広範な大衆組織的運動を展開することの必要性を訴えている。統一スラヴ結社のИ・И・ゴルバチェーフスキーは、政治変革における民衆の役割を評価してつぎのように言っている。「いかなる革命も、全国民の同意と協力がなければ首尾よく達成することはできない。この故に、なによりも先ず国民に市民生存の新しい様式を準備させ、その後に国民に革命を起こさせなければならない。……国民は道徳的となり、教育を受け、生産的とならなければ自由ではない。武力革命は、より早く目的に到達する、がその結果は危険である。それは揺籃ではなくて、その名によって実現する自由の墓場である。[11]」そして、国民全体の福祉と平安を増進するために、貧困を取り除く産業を開発し、不道徳の気質を是正して隣人愛を育てる道徳を普及させ、悪に対して闘う時にもっとも信頼できる戦友の教育を推し進めることを、結社の当面の任務としている。[12]

統一スラヴ結社によって示された国家論や政治論は、詳細な理論展開や、思想としての十分な発展をみることはなかったけれども、その理論の中には、ロシアにおける民主政治論の萌芽をみることができる。

一八二五年夏の終りに、統一スラヴ結社は南方結社と合流した。これより先、南方結社はポーランドの秘密結社と連絡をつけて運動の規模を拡大し、一八二四年には南・北両結社の合同が討議されている。ようやく組織を拡大強化してきたデカブリストの結社は、目的を達成するための具体的行動の機会を窺うようになってくる。

(1)　См. М. В. Нечкина, Движение декабристов, Том II, стр. 133.
(2)　История политических учений, под редакцией С. Ф. Кечекьяна и Т. И. Федькина, 1955, стр. 430.
(3)　См. А. И. Герцен, «О развитии революционных идей в России», Собр. соч. в 30 томах, Москва, 1956. Том VII, стр. 200.
(4)　История философии, Академия Наук СССР, 1957, Том I, стр. 681.
(5)　Восстание декабристов, документы, Том III, стр. 50.
(6)　T. G. Masaryk, The Spirit of Russia, vol. I, p. 97.
(7)　Академия Наук СССР, Всемирная История VI, Госполитиздат, М., 1959, стр. 167.
(8)　Ключевский, В., Курс русской истории, 1937, Том IV, стр. 270.
(9)　Cf. C. Brinton, The Anatomy of Revolution, 2nd ed., pp. 132–134.
(10)　М. В. Нечкина, Движение декабристов, Том II, стр. 133.
(11)　Очерки из истории движения декабристов, под редакцией Н. М. Дружинина и Б. Е. Сыроечковского, М., 1954, стр. 508.
(12)　Там же, стр. 507.

七　デカブリスト運動の経過

アレクサーンドル一世の死によって、デカブリストは包懐する自己の思想を具現する機会を得た。一八二五年一一月一九日、アレクサーンドル一世はクリミア旅行の途中、タガンロークで悪性の熱病のために急死した。(1) 彼には子がなかったために、パーヴェル帝の制定した帝位継承法（правило престолонаследия）によれば、次弟のポーランド総督コンスタンチーンがツァーリの相続権者であった。ところが、コンスタンチーンは、アレクサーンドル一世の在世中、すでに帝位継承権を放棄し、それで弟のニコラーイが継承者となっていたことが、アレクサーンドル一世の遺書によって明らかとなった。(2) この、コンスタンチーンの継承権放棄の顚末には不明朗な印象が残っていたし、また放棄の妥当性についても疑問があった。ニコラーイはこの間の事情をアレクサーンドル一世の死後はじめて知った。近衛連隊のあいだであまり人気のなかった彼は、以後ツァーリの位をめぐって生ずるかも知れない紛争を慮って、改めて帝位継承権を辞退する旨公表して法的効力をもたせるようコンスタンチーンに要求した。そこで、コンスタンチーンの駐在するワルシャワと、ニコラーイのいる首都ペテルブルクと、タガンロークとのあいだを書簡が往復し、ようやくニコラーイが即位することに決定をみた。その間三週間の空位状態が生じた。

デカブリストは、準備していた武装蜂起の計画を早めて、この空位期間に行動を起こすことを決めた。だが、準備が十分整わない中に、結社メムバーの密告によって計画が官憲に知られた。そして、ペーステリらの主要指導者が未然に逮捕されるなどの不利な事態が発生したため、秘密結社は急遽行動を起こすことを余儀なくされた。北方結社は、新ツァーリに対して宣誓式の行われる一二月一四日を武装蜂起決行の日と定めた。

デカブリストは、ツァーリ廃止後ただちに全ロシア国民に向かって布告を発することが必要だと考えていた。武装蜂起の前夜に、北方結社のメムバーは、ツァーリ打倒後設置される最高臨時政府によって遂行される綱領を盛った「ロシア国民への宣言」(Манифест к русскому народу)を書いた。(3) 宣言には、これまでの政府の廃絶、既存の所有権の廃止、階級制度の廃止と法の前の平等の実施、言論・出版・良心・職業の自由の保障および、裁判の公開、陪審制の採用等が、もっとも緊急かつ重要な政策として掲げられている。これらの箇条は、デカブリストの秘密結社の組織綱領にも見られたもので、これまでは、結社内部の理念としての性格をもっていたが、宣言においては、より広範囲に国民に布告するものとして、より明確に端的に示されている。宣言にはさらに、国民各層とくに軍隊の兵士の共感を呼ぶような箇条、例えば、すべての階級に均等に兵役の義務を課し、兵役義務年限を短縮すること、常備軍を廃止し、人民軍を設置すること、人頭税(подушная подать)を廃止し、それに伴う滞納金を破棄すること、酒と塩の専売を廃止すること等が示された。また、国家制度に関しては、国民代表機関の選挙を実施し、憲法を採択し、それに基づいて新しい法制度を整備することが謳われた。

この宣言は、封建・絶対主義的なツァーリ体制に対する公然たる宣戦の意味をもつものであり、またロシアの歩むべき方向を明確に示すものであった。そして、宣言に掲げられたそれぞれの箇条は、ツァーリ体制下に蔓延している病巣の診断でもあって、ロシアが新しく生まれ変わるためには、これらの病巣は徹底的に駆除されなければならなかった。だがこの宣言は、蜂起の直前に作成されたため、国民各層のあいだに納得と共感をもって迎えられることもなくて、その効果を発揮しないままに終ってしまった。

一八二五年一二月一四日、北方結社は首都ペテルブルクにおいて武装蜂起を決行した。近衛大尉A・A・ベストゥーゼフらに引率されたモスクワ連隊の兵士約三、〇〇〇人が元老院広場に集結した。兵士は将校の教唆と煽動のもとに、新ツァーリ、ニコラーイ一世に対する宣誓を拒否し、一斉に「コンスタンチーン万歳、憲法万歳」と叫んで、コンスタンチーンのツァーリ即位と憲法の制定を要求した。この一斉蜂起の見通しに関して、デカブリストの指導者は楽観的判断を下していた。彼らは、軍隊の示威によってツァーリを威嚇することができ、ツァーリは流血の惨事を避けるために、憲法制定を承認するであろうと予測していた。また彼らは、軍事行動に関しても詳細な作戦計画を立てていた。しかし叛乱軍の総指揮官になる予定であったトゥルベツコーイ近衛大佐がついに広場に現れなかったので、指揮系統の統制がとれず、軍隊は行動を躊躇し混乱した。騒動が拡大して庶民のあいだに広がることを恐れたニコラーイ一世は、デカブリストの期待に反して、自ら、配下の軍隊に、叛乱軍に対する一斉砲撃を命じた。北方結社の軍隊はこの砲撃にあって、なんら反撃もできず、多数の死傷者を出して、叛乱はその日のうちに鎮圧されてしまった。

ペテルブルクにおける北方結社の蜂起後間もなく、トゥリチーンにおいて南方結社も武装蜂起した。これは、南方結社のメムバー、セルゲーイ＝ムラヴィヨーフ＝アポーストルの指揮によるチェルニーゴフ連隊の叛乱であったが、これには統一スラヴ結社のメムバーも多数参加した。(4) 叛乱は一八二五年一二月二九日より翌二六年一月三日まで続き、一時はワシリコフ市を占領することもあったが、これもツァーリの軍隊によって鎮圧されてしまった。

デカブリストの叛乱は、純粋に軍隊の叛乱であり、未遂のクーデターであった。この蜂起は、叛乱軍の勢力や政治状勢からすれば、成算は初めから乏しいものであった。またこの叛乱には、官僚や首都の民衆はなんら関わりをもつことがなかった。ペテルブルクの蜂起では、労働者や市民の群が、叛乱軍の側で、ニコラーイの軍隊に向かって抵抗運動を始めようとしたが、デカブリストの軍隊はあくまで民衆の参加を歓迎せず、彼らを同盟軍に組織することはなかった。やがてツァーリの軍隊が発砲するにおよんで、群衆はやじ馬のままで終わることとなった。さらに、北方結社の蜂起の場合、肝腎の軍隊そのものも革命遂行の条件を欠いていた。兵士は、ただ将校の教唆と煽動によって行動したのみであって、彼らは、自らの進むべき方向も要求すべき権利も自覚してはいなかった。兵士は、指揮官の号令に合わせて、一斉に「コンスタンチーン万歳、コンスティトゥーツィヤ（конституция 憲法）万歳」と叫んだが、彼らは、コンスティトゥーツィヤとはコンスタンチーンの妻の名前であろうぐらいにしか理解していなかった、という逸話が広く伝わっているが、(5) これは、デカブリストの指導者と兵士との意識の落差を端的にもの語るものである。また、この軍隊を指揮する将校のあいだにも、かならずしも緊密な連絡がとれてはいなかった。こうした不利な条件の積み重ねも、デカブリストの蜂起の失敗の要因となった。叛乱は容易に鎮圧され、いたる所でその残り火は踏み消された。

北方結社の武装蜂起失敗の翌日から、デカブリストの大量検挙が始まった。南・北両結社のメムバーは言うまでもなく、さかのぼって、救済同盟や福祉同盟の結社に名を連ねていたものはすべて逮捕されて、一八二六年六月一一日までの半年間にその数は五七九名に上った。(6) その中、北方結社のメムバー六一名、南方結社のメムバー三七名、統一スラヴ結社のメムバー二三名が裁判に附された。(7) 被告の中には、貴族一二一名、将軍二名、大佐二三名が含まれていた。裁判の結果、П・И・ペーステリ、セルゲーイ＝ムラヴィヨーフ＝アポーストル、М・П・ベストゥーゼフ＝リューミン、К・Ф・ルィレーエフ、П・Г・カホーフスキーの五名は四つ裂の刑、三一名斬首、三三名無期懲役と判決されたが、のちに罪一等を減じられて、五名は絞首刑に処せられ、他はシベリアへ無期、有期の流刑となった。(8) かくして、文学、芸術、哲学の最高級の人びと、すなわち当時の「ロシアにおける真の文化的な貴族」の中のエリートと言われる人びとは殆ど放逐されて、デカブリストの蜂起は終った。

（1）M. B. Нечкина, Движение декабристов, Том II, стр. 204.
（2）コンスタンチーンは身分資格をもたないポーランド女性と結婚したことを主な理由として、説得されて帝位継承権を放棄していた。その「声明書《マニフェスト》」は元老院他二カ所に保管されてあったが、国家会議（Государственный совет）に保管されてあった「声明書《マニフェスト》」には、アレクサーンドル一世の「予が要求するまで参議院に保管すること。ただし、予の死去せるときは、臨時会議において、他の一切の行事に先んじて開封すること」の文言が表記されてあった。См. Там же, стр. 217.
（3）Там же, стр. 232.
（4）Там же, стр. 345.
（5）Там же, стр. 323. その他、デカブリストの蜂起に関する多くの著述にこの逸話は紹介されている。例えば、B. Pares, A History of Russia, A. Knop, New York, 1953, p. 321. Vernadsky, G., A History of Russia, Yale U. P., 1961, p. 209.
（6）M. B. Нечкина, Вышеуказ., Том II, стр. 394.
（7）Там же, стр. 402.
（8）Там же, стр. 405.

八　あとがき

デカブリストの運動は、ツァーリの膝下ペテルブルクで、しかも、近衛連隊の将校、兵士の武装蜂起という形でなされたものであるだけに、ツァーリを驚愕させただけではなく、全ロシアに大きな波紋を投げかけた。しかしデカブリストは、運動そのものからは何も得るところはなかった。デカブリストは何を破壊し何を創造したかという設問には、彼らは、少なくとも可視的には何も破壊しなかったし何も創造しなかった、という回答が導き出される。デカブリストは近代的デモクラシーの理念を掲げて公然とツァーリ体制に挑戦した。彼らの挑戦は、ロシアにおけるデモクラシーの萌芽を成長させる役割をもっていた。だが、ロシアには、近代化への道を歩むにあたって求められるあれこれの条件がまだ成熟していなかったため、その挑戦の意図は達成されなかった。デカブリストは、すでに指摘したように、国民を解放の客体としてのみ把握していた。国民のための政治は、国民によって担われるときに初めて実現され得るものである。そして、国民が客体から主体へと転化する場は、こうした挑戦の過程そのものの中に存在する。このような発想はまだ生まれてくる状況ではなかった。

デカブリストは性急に自説を主張しようとしたあまり、目的の達成については確固たる見通しをもたなかった。ペーステリは、その失敗の原因をはっきりと認めて、「わたしの失敗は、種子をまく前に収穫を得ようとしたことにある」と処刑台の上で言っている。他のデカブリストも、「わたしは前から、われわれの計画が失敗することを知っていた。私はまた、私の生命を犠牲にしなければならないことも知っていた。……実りの時はずっと後になってくるであろう」(1)と言っている。彼らの運動は、強い使命感に支えられていたが、政治状勢の判断や運動の理論はこの使命感を支えるだけの論理性をもち得なかった。

デカブリストの周到さを欠いた蜂起は、かなりの冒険となって、年月を費やして構築してきた組織や理論を徒花に終らせてしまった。そして、この政治的「未熟性」は、彼らの意図に反して、ニコラーイ一世の反動的統治を招来することともなった。こうした結末を分析して、デカブリストはロシアの民主主義の発展に寄与するところがなかったと批判する史家もある。(2)しかし、デカブリストの果たした役割は客観的に評価されなければならないであろう。

ペーステリやH・ムラヴィヨーフの憲法草案は、スペランスキーやH・H・ノヴォシーリツェフの草案と並んで、ロシアにおける立憲思想の胎動期を形成した。また、デカブリストの目標とした法の前の平等の実現や農奴解放の思想は、一二月一四日以後の、いっそう反動化したツァリーズムのもとでも、継承されていった。デカブリストの運動のすぐ後の時代には、自らデカブリストの後継者をもって任ずるA・И・ゲールツェンやH・П・オガリョーフをはじめ、多くの思想家が輩出して、民主主義思想が成熟していった。デカブリストは民主主義・自由主義の「火つけ」役を演じたのであり、ゲールツェンの言葉を借りれば、彼らは「未来の嵐の若い舵手」（молодые штурманы будущей бури）なのであった。

　ロシアにおける解放運動の歴史は、担い手の階級や運動の性格に応じて、三つの段階に区別される。第一は、ほぼ一八二五年から一八六一年までの貴族の時期、第二は、一八六一年から一八九五年までの、ラズノチーネツあるいはブルジョア民主主義派の時期、そして第三は、一八九五年以後社会主義革命にいたるまでのプロレタリアの時期である(3)。そしてこの、最初の段階を画したのが、デカブリストの運動であった。言い換えれば、デカブリストの運動は、まさに、ロシアにおける解放運動の濫觴であったのである。

　デカブリストは、ラヂーシシェフによって輪郭が描かれたロシア解放の目論見を継承し、より明確な形でつぎの世代へ申し送る役割を果たしたばかりでなく、ツァリーズム体制下のロシアの中に、専制と抑圧に対して公然と抵抗し得る国民が存在することを、自ら立証した。デカブリストは、種子をまかないで収穫を得ようとして失敗したが、彼らのこぼした種子は成長していった。この種子がいかなる形で実るかは、章を改めて検討がなされる。

（1）E. Lipson, Europe in the 19th and 20th Centuries, Adam & Charles Black, L., 1949, p. 26.

（2）V・レオントヴィチは、（一）デカブリストの中には自由主義者もあったが、多くは急進主義者であった。（二）デカブリストの蜂起は、ニコラーイの反自由主義的統治政策を生みだし、ロシアにおける武力的革命行動の源となった、などの理由から、デカブリストはロシアにおける自由主義の発展に寄与するところは少なかったと評価している。Victor Leontovitsch, Geschichte des Liberalismus in Rußland, Vittorio Klostermann, Frankfurt am Main, 1957, SS. 85–86.

（3）Ленин, В. И., Полн. собр. соч., изд. 4-е. том 20, стр. 223.

第二章　A・И・ゲールツェンの政治思想

一　まえがき

ロシアにおける一八四〇―五〇年代は、政治思想の発展のうえに一つの大きな時期を画している。デカブリストの武装蜂起によって、序幕を「飾られ」たニコラーイ一世の統治は、これまでに比べて反動的な傾向をいっそう強くもつものであった。この時期には、アレクサーンドル一世の強権政治家A・A・アラクチェーエフは遠ざけられ、法典が編纂され、さらには、幣制改革、保護関税政策や、農民に対する若干の保護立法が行われた。しかしこれらは、すでに進行しつつある漸進的産業革命とそれに伴う農奴制経済の崩壊に挺入れし、ツァーリ体制を新しい情勢に適応させるための、中途半端な「上から」の改革であった。一方、このような「改革」を進めながらツァーリ政府は、激化する農民蜂起や改革運動に対しては、徹底して強圧政策をとった。一八二六年に「皇帝直属官房第三課」が設置され、この機関によって、言論、とくに政治的見解の表明は厳しく取り締まられた。

ニコラーイ一世の、パーヴェル帝の治世にも劣らぬ弾圧政治のもとにあっても、ロシアの民主主義思想は根絶されることはなかった。デカブリストの武装蜂起以来、前進的な貴族インテリゲンツィヤは、より強く専制と農奴制に関心を向けるようになった。かくして、三〇年代の哲学思想の発展を経て、В・Г・ベリンスキー、ゲールツェンやН・П・オガリョーフらの革命的民主主義が形成された。(1)

革命的民主主義は、ツァーリ専制のいっそうの強化と、それに抵抗して起こる農民運動の高まりの中で、ラヂーシシェフやデカブリストの改革思想を発展的に継承したものであった。

これらの思想家のうち、とくにゲールツェンは、自らデカブリストの後継者をもって任じている。本章においては、革命的民主主義の内容と、一八四〇—五〇年代のロシアにおける前進的貴族の改革思想を把握する足掛かりとして、ゲールツェンの政治思想を考察しようと思う。

(1)「一般的に革命的民主主義とは、プロレタリアートの革命運動が現れる以前に、一連の国や民族の中に形成された、農民その他勤労階級の革命的イデオロギーである。それは封建制（しばしば同時に民族的圧迫）に対して闘う彼らの利害と志向を表現している」（山内昌之・中村義知「ロシアにおける革命的民主主義」今中次麿他編政治学講座　理論社　一九五五年　第四巻一一五頁）。だが、その国家論、組織論、社会制度論等は、この語を用いる人の中でかなりの違いが見られる。

二　思想形成

А・И・ゲールツェンの思想は、激しい情熱をもって、全生命を専制に対する闘争と農奴の解放に捧げようとする不断の努力の過程で形成された。彼の思想の発展過程も、当時の革命的民主主義者のそれと同じように、けっして直線的な、首尾一貫したものではなかった。彼の思想は、ブルジョアリベラリズムと革命的民主主義のあいだを揺れ動いている。それにも拘らず、彼の思想の根底には、ロシアを農奴制と専制から解放しようとする信念が横たわっていた。

彼の、この反体制的思想の萌芽は、すでに幼年時代に芽生えてくる。富裕な貴族の子弟として育ったゲールツェンは、家庭の内や外で接する農奴の生活の状態を、深い同情の目をもって見ていた。当時の悲惨な農奴の生活は、感じやすい少年が農奴の運命に思いを寄せるようになるのに十分なものであった(1)。そして、この多感な少年に決定的な衝撃を与え、専制を打破し、農奴を解放しようとする意識をはっきりと目覚めさせたのが、デカブリストの反乱とその処刑であった。デカブリストの反乱が鎮圧され、首謀者が処刑されたとき、ゲールツェンは一四歳であった。彼は、この事件についてつぎのように書いている。「反乱の裁判についての物語り、モスクワにおける恐怖は、わたしに深い感銘を与えた。わたしにとって新しい世界が始まった。そしてそれは、ますますわたしの全精神構造の中心となった。どうしてこうなったのかは知らない。だが、事態をわずかに、きわめてぼんやりとしか理解しなかったが、わたしは、散弾と勝利、監獄と鉄鎖の側にはいないということを感づいた。ペーステリや彼の同志の苦悩は、決定的にわたしの内心の眠りを覚ませた。(2)」そして彼は、幼少の頃からの親しい友であったニーク＝オガリョーフと、雀が丘に立って、デカブリストが処刑される理由となったその大義名分のために、自分たちの生命を捧げることを神に誓ったのである。E・H・カーは、この二人について書いた伝記の中で、「学生によってなされた誓約にして、これくらい忠実に履行されたものはなかった(3)」と述べている。

ゲールツェンの哲学思想が理論体系をもって形成されたのは、モスクワ大学の生活においてであった。彼は、一八二九年モスクワ大学物理数学科に入学した(4)。当時のモスクワ大学は、ロシア文化の中心の一つであった。と同時に、ロシア社会の先進的な知識人が集まる所でもあった。大学においては、幾人かの教授、中でもМ・Г・パーヴロフ教授の哲学の講義などが、多くの青年学徒に強い感銘を与えた。ゲールツェンは、モスクワ大学に、窮屈な国の検閲と監視から抜け出そうとする〝弾力性〟を感じていた。大学の若者の中には、デカブリストの考え方や試みを理解し、自由を愛するプーシキンの詩と、西欧の思想家や哲学者の進歩的思想に深く傾倒するものが多くいた。彼らは、西欧で激しく展開された革命的事件や、ロシアの農民運動の成り行きをじっと見守っていた。

学生たちは、大学の中で、二つのサークルに結集した。一つは、Н・В・スタンケーヴィチを中心に、В・Г・ベリンスキー、В・П・ボートキン、М・А・バクーニン、К・С・アクサーコフ、М・Н・カトコーフらによって作られた。ここでは主として、I・カント、F・シェリングらドイツ観念論や、文学芸術の問題が研究された。だが、このサークルの、ロシアの思想・文化の歴史における功績は、ヘーゲルの哲学を研究したことであった。ゲールツェンは、後に、彼らのヘーゲル研究について、ヘーゲルの『論理学』全三部、あるいは他の著作で「数夜の死にもの狂いの議論で取り上げないものは一節もなかった」と回想している。(5)

だが、ゲールツェン自身は、オガリョーフらと、もう一つのサークルを作った。このサークルが課題としたのは、デカブリストとフランス革命を宣伝し、サン＝シモン主義を研究し、(6)そして何よりも、いっさいの暴力と、政府の暴政への憎悪を説くことであった。(7)ヘーゲルの研究においても、このグループは、スタンケーヴィチ＝サークルの見解に同調することはできなかった。ゲールツェンは、独自の方法で、「ヘーゲルを乗り越え」ようと努力を重ねた。そして彼は、ヘーゲルの弁証法を「革命の代数学」と解釈するようになる。彼はモスクワ大学の在学中に、「自然における人間の地位について」（О месте человека в природе）（一八三二年）を発表し、続いて、「コペルニクスの体系の解析的叙述」（Аналитическое изложение системы Коперника）と題する学位論文を提出している（一八三三年）。

ゲールツェンは、一八三四年に国事犯として逮捕され、「社会にとってきわめて有害な、大胆な思想家」であるとして、数年間、ヴャトカやヴラジーミルに流刑となった。それ以後没年に至るまで、彼はほとんど毎年のように著作を発表している。これらの著作において、彼は、革命的民主主義の思想を展開したが、とくにその哲学的基礎は、一八四〇年代の著作において形成されたとみることができる。

（1）ゲールツェンの幼少時代の生活は、彼が一八五二年から書き始めた自伝的作品、『過去と思索』によって詳細に知ることができる。

（2）А. И. Герцен, «Былое и думы», Ук. Собр. соч., том VIII, стр. 61.

（3）E. H. Carr, Studies in Revolution, 1950.　音田正己訳『革命の研究』社会思想研究会出版部　六九頁。

（4）ゲールツェンが大学の物理数学科に入学するようになる動機としては、少年時代に従兄から自然科学についての影響を受けていたことが挙げられる。Cf. T. G. Masaryk, The Spirit of Russia, 1955, Vol. I, p. 386.　別に大した動機はないようだとする研究者もある。Cf. E. Lampert, Studies in Rebellion, 1957, p. 174.

（5）А. И. Герцен, «Былое и думы», Ук. Собр. соч., том IX, стр. 18.

（6）См. А. И. Герцен, «Былое и думы», Ук. Собр. соч., том VIII, стр. 161–162. и «Дневник 1843г.» Ук. Собр. соч., том II, стр. 266–267.

（7）См. Г. В. Теряев, А. И. Герцен–великий мыслитель, предшествемник русской социал–демократии, ВПШ и АОН при ЦК кпсс, М., 1962, стр. 21.

三　哲　学

ゲールツェンの哲学は、自然哲学における唯物論と歴史哲学における人格主義の混合として形成された。

ロシアにおける唯物論哲学の発展は、M・B・ロモノーソフ、A・H・ラヂーシシェフ、さらには、デカブリストの諸著作によって、重要な段階が画されているが、ゲールツェンの思想は、この哲学の潮流をさらに推し進める役割を担うものとなった。そして、この哲学の潮流は、当時のロシア社会において、農奴制・専制・教会の三つの城砦の官許的イデオロギーであった観念論哲学、宗教と対立して、農民解放と民主主義への道筋を指し示す役目を果すものであった。

ゲールツェンの自然哲学においては、その時代の自然科学の成果が十分に摂取されている。これは、彼の大学における専攻が物理数学であったということと密接な関係があったが、それのみでなく、自然科学と哲学との総合はゲールツェンの世界観形成にとっての重要な課題であった。彼は、「自然科学を欠いた哲学は、哲学を欠いた自然科学と同様に、不可能である」と言っている(1)。彼の唯物論哲学はまた、彼の反体制的政治意識と密接な関係をもって成長してきた。彼の哲学は、あくまで、封建＝農奴制の基盤の上に成長しながら、けっして世界の哲学と無縁ではなく、それらをよく継承し、発展させたものであった(2)。

すでに触れたように、ゲールツェンは、ヘーゲルの哲学を高く評価し、これを批判的に摂取した。彼はヘーゲルの哲学を「革命の代数学」として取り扱った。それと同時に、彼は、ヘーゲルの哲学の方法と体系のあいだに存在する矛盾を見逃すことをしなかった。[3] 彼によれば「……ヘーゲルは、ライプニッツと同様に一時的なもののすべて、現存するもののすべてを、思想と精神の犠牲にしている。彼が養育され、彼が母乳とともに吸収した観念論のために、彼は、彼自身が非難攻撃したその一面性にころげ落ちている。彼は精神と論理によって、自然を制圧しようとつとめている。彼は、自然の個別的創造物を、すべて幻影と見なそうとしており、いっさいの現象を高いところから見下している。ヘーゲルは、具体の領域に到達するために、抽象の世界から出発している。しかし、抽象の領域は、具体的なものを前提とし、そこから抽象されるのである。[4]」

認識の基礎を物であると考えるゲールツェンは、自然の過程をつぎのように見ている。すなわち、自然の過程は、「……人間に依存しない独自の性質を有している。それらは、人間が存在しないときにも存在していたし、人間が出現したとき、それらは人間にとって関係がなかった。それらは終わりがなく限界がない。それらは不断にいたるところで発生し、消滅している。[5]」そして、この存在の原理を理解することこそが、真の認識に他ならない。「……思考の法則は、意識された存在の法則である。[6]」

このような認識の立場からは、存在の認識を不可能とする不可知論や、懐疑論は排斥されなければならない。経験や感性的知覚は、客観的存在を認識する重要な機能である。「観念論にはある実体のような部分が属しているが、自然は現象の世界ではないのかどうか。フィヒテを思い出してみよう。彼は、自分の我の背後に自然を見てとることをしなかった。観念論の中にしばしば見いだされることは、自然全体が素晴らしい仮説にはめ込まれ、自分の思想よりもむしろ自然の方が不具にされているということである。[7]」しかしながら、自然に存在の一義性を認め、それを認識する過程として、経験や感性的知覚を重視したゲールツェンも、この過程を過大に評価したわけではない。彼は、「経験偏重」の方法には「個々の木の背後に森を見る」ことのできない欠陥が存在することをはっきりと指摘している。

ゲールツェンにとって、哲学は諸科学の中の一科学ではなかった。哲学は諸科学を統一し、正確な判断を得るための総合的な科学であった。しかも、この正確な哲学的認識は、社会活動を通じてのみ可能となる。「科学の問題は、あらゆる社会問題と結び付いている」と考えるゲールツェンの哲学は、思弁哲学やディレッタンティズムとは相容れないものであった。[8] 従来の哲学の不毛性は、彼によって当然厳しく批判されなければならない。従来のスコラ哲学では、「……権威に寄り掛かった、無内容な、卑俗な討論が真理として受け取られていた。形式が飾り立てられ、凝っていて、難解であればあるほど、それだけその著者は高く評価された。アリストテレスについての下らぬ注釈書が書かれた。才能、エネルギー、生活の多くがきわめて無駄な論争に費やされた。……自主的にものを考える習慣のない中世の識者の、弱い、怠惰な、形式的な能力は、生命のないその形式主義を自ら捨て去ることができなかった。識者のこのような能力は、行為を語ることの出来る、人間らしい言語をもたなかった。結局、行為について語ることは、識者の能力としては恥であった。というのは、行為を戯事と考えていたからである。[9]」

ゲールツェンはこのように、「思想の独自性を火の如く嫌い、」自然を卑しんだスコラ哲学に批判を浴びせている。彼がスコラ哲学に対して行った批判の基本点は、スコラ哲学が、机上の空論の性格をもっているということ、つまり、スコラ哲学者が書物を唯一の拠り所として、自然と生命の両方から同時に関係を断っている、ということにあった。彼はこうしてスコラ哲学者を、限界の狭い、一方に偏したものとして、鋭く批判した。彼の表現を借りれば、このような学問的態度をもつものは、「科学の仏教徒[10]」であった。彼によれば、「戦陣にあって」大きな社会的事業をなすものこそ真の学者に値するものであった。

ゲールツェンの哲学や、情熱的な学問的態度は、彼の歴史観にも反映している。彼は、歴史を、激しい運動を通して前進する過程として把握している。「……時代遅れとなったものに執着することは現代を妨げる。……立ち止り、後を振り返るすべてのものは、ロトの妻のように石と化し、路上に置き去りにされる。歴史は不断に一つの党——運動という党——に属している。[11]」

しかしながら、ゲールツェンの歴史哲学は、彼の自然哲学に見られる唯物論的な基調と直ちに結び付くものではなかった。彼は、自然哲学の領域においては、ヘーゲルの弁証法とフォイエルバッハの唯物論とを受け入れ[12]、弁証法的唯物論にかなり近い考え方をもっていた。だが彼の歴史哲学は、唯物論ではなかった。ソヴィエート連邦の歴史家たちは、B・И・レーニンの特徴づけに従って、ゲールツェンは、弁証法的唯物論に接近しながら、「史的唯物論の前で立ち止った[13]」と言っている。

ゲールツェンの歴史哲学は、彼の人格主義的人間観を基調としている。自由を、人間にとってもっとも重要な価値と考えた彼にとって、あらゆる価値の中の最高の価値、絶対に犠牲にされてはならない価値は、人間人格であった。この人格主義をもって、彼は、歴史や社会を解釈し、歴史主義や決定論を批判する。[14]

彼によれば、歴史には、自然の合目的性や必然性に反して、特定の目的や意味が与えられてはいない。歴史は、それ自体として一定の計画に従って展開されるものではない。「歴史においては、すべてが即興であり、すべてが意志であり、すべてが即席に（ex tempore）である。行く手には終局もなければ、何らの予定ルートもない。あるのは、諸々の条件であり、神聖な不安であり、生命の炎であり、そして、自分の力を試せ、途のある限り、自分の行きたいところへどこまでも進めという、戦士に対しての永遠の呼びかけである。[15]」それ故に、人類、世界史、国家、民族、階級、教会など、さらにまた、歴史的運命、歴史法則、歴史的使命、進歩などのような、人間の良心を麻痺させるような魅力ある抽象観念のために、個人の権利が犠牲に供せられてはならない。歴史が人間に価値や意味を付与するのではなく、反対に、人間が歴史に価値や意味を与え、それによって歴史を解釈するのである。「人間は生まれながらにして自由である。しかるに至るところで鉄鎖につながれている」というルソーの命題は、「魚は飛ぶために生まれている。しかるに永久に泳いでいる」[16]と言うに等しい無意味な命題として批判されなければならない。未来が予定された曲目を演奏するという必然性はどこにも存在しないのである。[17]

このようにして、ゲールツェンは歴史と社会において、個人の存在をあくまで基礎に置き、個人の目的意識、価値観を歴史の主体的な動因とみている。そして、この目的意識や価値観は、偏見のない科学的知識に依拠したものでなければならないと考えている。なぜならば、偏見ある道徳的評価は、歴史的事件や事実に影響力をもたないし、応用もされないからである。

だがゲールツェンは、人間人格が、自然や社会の力、また、決定論の力に優越する力をどこから得るかについては、十分理論的に説明してはいない。がともかく、このような理論的弱さを部分的にもちながらも、彼は、人格主義的歴史哲学を基調において社会の発展を考える。あらゆる歴史の運動は、相次いで奴隷の身分からの、相次いで権力からの、不断の解放以外のなにものでもない。それまでは、運動は、理性と活動との最大の一致――人間が自分を自由だと感ずる一致――にまで到達しないのである。[18]」そしてこの解放と調和の状態こそ社会主義社会にほかならなかった。言い換えるならば、人間の主体的意志が社会主義社会への動因であり、しかも社会主義において人格は自己を完結するのである。ゲールツェンは、こうして、歴史の主体的担い手を、理論的な弱さをもってはいたけれど、究極的には、人民農民の中に見出した。おそらくゲールツェンが歴史の発展における人民大衆の役割を理論づけた最初の思想家であったであろう。

以上見てきたような哲学・歴史観を土台として、ゲールツェンは、ロシアとヨーロッパの政治社会に対して批判を加える。

（1）　А. И. Герцен, «Письма об изучении природы, письмо первое, Эмпирия и идеализм», Ук. Собр. соч., том III, стр. 93.

（2）　См. В. С. Покровский, История русской политической мысли, вып. IV, Госюриздат. 1954, стр. 22.

（3）　Cf. J. Maynard, Russia in Flux, 1949, p. 68.

（4）　А. И. Герцен, «Письма об изучении природы, письмо первое, Эмпирия и идеализм», Ук. Собр. соч., том III, стр. 119.

（5）　Там же, стр. 130.

（6）　Там же, стр. 111.

（7）　А. И. Герцен, «О Месте человека в природе», Ук. Собр. соч. том I, стр. 24.

（8）　ゲールツェンの特徴は、彼が人間の任務と歴史の意義とを実践においてでなく、知識において見んとする病弊を「ドイツ病」deutche Krankheit と名づけたところにある。ラドロフ著『ロシア哲学史』野村訳四四頁。

（9）　А. И. Герцен, «Письма об изучении природы, письмо пятое Схоластика», Ук. Собр. соч. том III, стр. 226.

（10）　А. И. Герцен, «Дилетантизм в науке», статья четв., <Буддизм в науке>, Ук. Собр. соч. том III, стр. 69.

（11）　А. И. Герцен, «Письма из Франции и Италии, Письмо тринадцатое», Ук. Собр. соч. том V, стр. 202.

（12）　ゲールツェンが唯物論哲学を形成する上に大きな影響を与えたのは、フォイエルバッハであった。ゲールツェンは、一八四二年に流刑地ノーヴゴロトで、フォイエルバッハの『キリスト教の本質』を読んで深い感銘を受けた。См. А. И. Герцен, Полное собрание сочинений и писем, том, XIII, Пг., 1919, стр. 20.

（13）　レーニン『ゲールツェンの追想』前掲全集第一八巻一〇頁。

（14）　N. Berdyaev, The Russian Idea, New York, 1947.　田口貞夫訳　『ロシア思想史』創文社　一九五八年　四七頁。なお、ゲールツェンの歴史哲学については、勝田吉太郎「ゲルツェンの政治思想　その歴史哲学を中心として」（『法学論叢』第六五巻第六号所収）参照。
（15）А. И. Герцен, «С того берега», Ук. Собр. соч. том VI, стр. 36.
（16）Там же, стр. 94.
（17）См. Там же, стр. 27.
（18）А. И. Герцен, «Письмо о свободе воли», Ук. Собр. соч., том, XX, стр. 441–442.

四　専制・ブルジョア国家批判

（一）

デカブリストに対する弾圧裁判をもって始まったニコラーイ一世の統治は、兵営と官房をその支柱とし、いかなる政治思想であってもそれが「下から」の改革を指向している場合には、これを抑圧することをその基礎としていた。しかも、国家統治の構造は、合理的で厳正な規律をもつものではなかった。

すでにみてきた、アレクサーンドル一世のときに企画された法典編纂の事業が、再びスペランスキーを中心として進められた。一八三〇年には、「ロシア帝国法律集成」（Полное собрание законов российской империи）が、つづいて「ロシア帝国法律大全」（Свод законов российской империи）ができあがり、ロシアはこれによってピョートル一世以来の法典をもつようになった[1]。しかし、これらの法典の編纂は、地主国家の保塁や農奴制、さらには富農の権利の存続を目的としたものであった。それ故に、こうした事業による制度的な改革や統治構造の合理化は、期待することはできなかった。よしんばある程度の改革の要素がその中に見られたとしても、政府の硬直した統治政策と、行政事務の形式性の故に、その実現は殆ど不可能に近いものであった。

さらに、農奴制擁護者の退嬰的な精神、安易な拘束・強制方策の追求によって、統治機構はますます夾雑なものに変わっていった。内閣は単なる事務所に変わり、官吏はゆすりとなり、小仕事人となった。文官職も軍人も、魂が抜け、杓子定規的思考の型にはまっていった。彼らは賄賂への執着のみ強く、命令や委任を越えて、自ら判断によって業務を執行しうる人物ではなかった。そして、このような型の官僚こそが、ツァーリによって優れた官僚という評価を与えられていたのである。

ゲールツェンは、ロシアの専制国家体制をつぎのように定義した。すなわち、ロシアの国家体制は、「警察の無頼漢、いつも飢えている、ドイツ風に冷酷な行政官、絶えず酔っ払っている無知な裁判官、相も変わらず卑劣な貴族の、犯罪、職権濫用、買収からなる生けるピラミッドである。これらはすべて、掠奪や捕獲の集団によって結ばれ、銃剣をもった六〇万の生きた機械によって支えられている。[2]」そしてゲールツェンは、ロシア帝国の、「最高の曹長」ニコラーイ一世によって統治される警察・官僚主義的統治機構、官吏の権力欲や愚鈍さを分析し、専制政治の不毛性と反動的性格を、持ち前の痛烈な言辞でもって批判する。[3]

それと同時に彼は、専制政治によって、課税、刑罰、徴兵の抑圧を受け、恐怖に追いやられる農民の状態を鋭く観察する。「貧しい貧しいロシアの農民……彼らは……通常、けっして肉を食わない。彼らはやっとパンを手に入れる。もし金ができたら、キャベツを食べる。彼らは毎日、家族とともに餓死を免れている。貯えについては考える余地もない」と書き、「我々は剣闘士を驚き怪しむ、が果たして生涯の後に我々は、我々の凶暴な残忍さを、我々の中の人民に対する愛情の欠乏を、驚き怪しまれないであろうか[4]」と自省すると同時に、ニコラーイの治世は永劫に呪われるであろうとまで言っている。[5]

ゲールツェンは、専制を改革し、農民を解放することを目的として、一八五三年、ロンドンに「自由ロシア印刷所」(Вольная русская типография) を設立し、一八五五年には雑誌「ポリャールナヤ＝ズヴェズダ」(北極星) を、五七年からは「コーロコル」(鐘) を発行した。これらの刊行物、とくに「コーロコル」は、ロシア国内の抑圧された政治状況において、重要な情報伝達の役割を果たした。(6)「コーロコル」は「どこでも、なんでも、いつでも、弾圧に対しては解放の立場に、偏見に対しては理性の立場に、狂信に対しては科学の立場に、保守的政府に対しては発展する人民の立場にあることを……鳴り響かせる」(7) ことを刊行の基本方針とし、無意味な法令や分裂策動家の愚かな圧迫によっても、あるいは高官の着服や元老院の無教育によっても侵されないことを宣言した。

ゲールツェンはオガリョーフとともに、この刊行物を通じて農民の地主からの解放や、印刷の検閲からの解放、さらには、納税階級の体刑、過酷な課税からの解放を要求した。だが、彼の主張は、その初期の段階においては、かなり微温的な性格をもっていた。彼は、政治の改革や農民の解放を、農民や進歩的なラズノチーンツィにではなく、ツァーリ政府に訴えた。(8) ゲールツェンは、少なくとも一八五九年までは、農民の土地つきの解放は自由主義的貴族階級の援助のもとに、ツァーリによって遂行されることが可能であると信じていたのである。(9)「上から」の改革は、それでも早急に着手することが必要であった。さもなければ、「百姓が自ら決意し、血の川が流れる」ことが懸念されたからである。

しかしながら、一八六一年の「農民改革」(10) や、それに続く、アレクサーンドル二世の政府による一連の積極的な政治・経済改革は、結果的には、ゲールツェンをして「ガリラヤ人よ、汝らは勝てり」と叫ばしめ、他の多くの思想家の希望と期待を打ち砕いて、彼らの改革思想をより急進化させることとなった。(11) オガリョーフは、「コーロコル」に載せた「新しい農奴制の検討」(Разбор нового крепостного права) と題する論文の中で、総括的結論として、「古い農奴権は新しいものに取って代わられる。全体として農奴制は廃止されない。人民はツァーリに騙されている」[12]と述べている。

ゲールツェンは、しだいに啓蒙主義的改革から、農民を主体とする革命的な方法の主張へと移っていった。弾圧政策は農民の蜂起を惹き起こす。そして、弾圧を伝家の宝刀とする政府は、新たに起こる農民の蜂起に対して弾圧の政策をもって臨む。この悪循環を観察するゲールツェンは、ツァーリ政府の「分別」に対して、ついに期待を抱くことができなくなった。彼は、カザーニ県スパスキー郡ベーズドナ村で起きた農民騒擾に対する凶暴な弾圧に関してつぎのように書いている。「……ロシアの土地はロシア人の血で真紅に染まった。五〇の農民の死体が地上に横たわった。八〇の重傷者が何らの救助も受けることなしに家で死んだ。アントン＝ペトローフの死刑から、新しい統治の峻烈な時代が始まった。以来、その時代は途切れないで続いている、がそれだけではない。この死刑から勇敢な、ロシアにおいて前代未聞の抗議が、公然と、個人的にではなくて全人民的に始まった。」[13]

そしてゲールツェンは、革命的ラズノチーンツィの中に、専制政治を覆す力を見出すようになる。「おお、ロシアの土地の働く者よ、受難者よ。わたしの言葉が君のところに届くなら……わたしは君に、ペテルブルクの宗務院やドイツ人のツァーリによって君のところに配備された、君の魂の牧夫たちを軽蔑するように教えたのだが。……君は、地主を憎み、小役人を憎み、彼らを恐れている——まったく結構だ。しかし、君はまだツァーリや主教を信じている……彼らを信じてはならない。ツァーリは彼らと一緒で、彼らはツァーリのものなのだ。ベーズドナで殺された若者の父であり、ペーンザで殺された父の息子である君は、今こそツァーリを見るのだ。……君の牧夫たちは——君と同じように無知であり、君と同じように貧しい。……君の主教の身体は、四八の奇跡を行いはしない。彼らへの祈りは、歯の痛みを癒しはしない。だがしかし、彼らについての生きた思い出は、一つの奇跡を——君の解放を——成し遂げることが出来るのだ。[14]」

（1）Marc Raeff, ibid., p. 325.

（2）A. И. Герцен, «Русский народ и социализм ; Письмо к И. Мишле», Ук. Собр. соч. том VII, стр. 329.

（3）例えば、ヴャトカの総督チュファーエフや憲兵軍団長で「皇帝陛下直属官房」第三課（中央秘密警察）の長官ベンケンドルフなどは、ゲールツェンの鋭い批判の俎上にのせられた代表的人物であった。См. А. И. Герцен, «Былое и думы, Глава XV», Ук. Собр. соч. том VIII, стр. 236 и «Du développment des idées révolutionnaires en Russie», Ук. Собр. соч. том VII, стр. 81, 92（Перевод с французского, стр. 211, 223）.

（4）В. С. Покровский, Вышеуказ., стр. 30.

（5）А. И. Герцен, «Былое и думы, Глава VI», Ук. Собр. соч. том VIII, стр. 148.

（6）「コーロコル」はロシアに送り込むことを目的として、一八六五年までロンドンで発行され、以後しばらくジュネーヴで発行された。その発行部数は最盛時に四、〇〇〇―五、〇〇〇部であったと言われている。ロシア語で発行された。

（7）А. И. Герцен, «Предисловие ⟨к "Колоколу"⟩», Ук. Собр. соч. том, XIII, стр. 7-8.

（8）А. И. Герцен, «Лакеи и немцы не допускают», Ук. Собр. соч. том, XIII, стр. 198-199.

（9）Vgl. V. Leontovitch, Geschichte des Liberalismus in Rußland, Vittorio Klostermann Frankfurt am Main, 1957, S. 139.

（10）アレクサーンドル二世の農民解放の計画は、当初は、チェルヌィシェーフスキーからさえも、「平和と創造とを約束する繁栄は、アレクサーンドル二世に、ヨーロッパのどの君主も受けないような王冠を授けるであろう」と歓迎されている。Vgl. V. Leontovitch, a. a. O., S. 139.

（11）一八六一年の農奴解放は、しだいに成長してきた近代的経済構造に対応して、農奴制を再編成し、専制的支配を再構成する意味をもっていた。改革の結果も、雇役 отработка や分益小作 испольщина の形で農奴制は残存し、しかも農民の耕作地は以前よりも減少した。さらに、土地買戻操作 выкупная операция によって、農民の課税負担は加重されることとなった。この解放によって、農民は、人格はある程度解放されたが、土地からも「解放」されることになり、次第にプロレタリア化していくこととなった。東健太郎訳前掲書上巻三四九頁以下参照。

(12) Н. П. Огарев, «Разбор нового крепостного права», Избранные социально-политические и философские произведения, Госизд. полит. лит. М. 1956, том I, стр. 478.

(13) А. И. Герцен, «Письма к противнику», Ук. Собр. соч. том XVIII, стр. 286.

(14) А. И. Герцен, «Ископаемый епископ, допотопное правительство и обманутый народ», Ук. Собр. соч. том XV, стр. 135–138.

(二)

ツァーリに対して開明専制的改革を期待し、そしてその結果に大きな失望を抱いたゲールツェンは、すでに見てきたように、しだいに、改革の担い手を「下から」の人民大衆に見出すようになってくる。だが、彼の見出す改革の担い手は、西ヨーロッパの歴史の舞台に登場してきたブルジョアジーではなかった。また、彼の指向する新たな国家の形態も、ブルジョア的民主主義国家ではなかった。彼が非西欧・反ブルジョア的思考を強める大きな契機となったのが、一八四八年、フランスで起きた革命的事件であった。

ゲールツェンは、一八四八年までは西欧派（Западники）の論客として、スラヴ派（Славянофилы）の主張を、非歴史的で反動的な排外主義であると攻撃し、ロシアも近代ヨーロッパの過程を進むと論じていた。ところが彼は、一八四七年の初め、家族と共にモスクワを離れてパリに移住し、そこで、翌四八年六月に、労働者とブルジョアジーの激烈な闘争と、権力の労働者に対する仮借ない弾圧を目撃した。これは、彼のヨーロッパに対する幻想を打ち破るに十分な事件であった。彼はこの時の情景をつぎのように書いている。『『ナショナル』紙（Le National）派がパリに勝った後の、六月二六日の夕方、わたしたちは、短い規則的な間隔をおいた一斉射撃を聞いた……。わたしたちはお互いに顔を見合わせた。皆の顔が青ざめていた……。『銃殺しているのでは』と異口同音に言い、互いに顔を背けた。わたしは窓ガラスに額を押しつけた。このような瞬間は一〇年間にわたって憎しみを燃え上がらせ、生涯の復讐を招く。こうした瞬間を許すものに災いあれ。[15]」

ブルジョア権力の反労働者的性格を見たゲールツェンは、専制政治に対するブルジョアジーの闘争の中に現れたその改革的側面をも否定的に受け止めた。そしてさらに、ブルジョア国家のもつ形式性や内包する矛盾、例えば自由の形式性や、その宣伝された原理と実態との矛盾を鋭く洞察した。ブルジョア国家には、「法秩序も、真理も、自由の仮面すらも存在しない。いたるところに、世俗的異端糾問の無制限の支配があり、法秩序に代わって戒厳状態が存在する。一つの道徳的原動力、すなわち恐怖が、いっさいを支配している。[16]」このようなブルジョア国家は、その反人民的側面において、国際的連帯性を有している。「一見したところ互いにもっとも敵意を抱いている諸政府が、一つの全世界的警察に合体している。ロシアの皇帝は、フランス人に対する自分の憎悪を隠しもしないで、パリの警察長官を表彰する。ナポリの王は共和国の大統領に勲章を授与する。[17]」

このようにみてくるならば、ブルジョア政府もその反人民的性格の点においては、ツァーリ政府とそれほどの差異はなくなってくる。したがって、ブルジョア国家の法律も、その本質においては反人民的性格を有するものであり、その意味では、ツァーリの法律と大同小異である。ゲールツェンはM・ミシュレに宛ててつぎのように書いている。「君らの法律と我々の勅令との違いは、ただ標題の決まり文句だけである。勅令は、『ツァーリは命じ給うた』という威圧的な真理でもって始まる。君らの法律は、言語道断な虚偽、つまりフランス人民の名の皮肉な悪用と『自由・友愛・平等』の言葉でもって始まる。ニコラーイ帝の法典は臣民と対立し、専制の利益となるよう目論まれていた。ナポレオンの法典もまったく同じ性格をもっている。(18)」

ブルジョア議会主義共和国は、形式的なものであって、単にブルジョア的自由の存在を宣言するものにすぎず、なんらの現実性を与えるものではない。ブルジョア国家が普遍的な原理を憲法の華麗な文言として宣言することは、西ヨーロッパの生活の実態と矛盾するものであった。二院制の議会制度は、政治への国民の虚偽的な参加の組織に他ならなかったし、とくに上院は、封建貴族やブルジョアジー全体の利益のあからさまな表現形態であって、あらゆる改革運動を故意に妨害するものであった。

このように、反人民的性格をもつブルジョアジーの権力は、微温的な改革手段をもってしては人民の利益を擁護するものに変えることは出来ない。そして、ブルジョア国家の制度的欠陥は、戒厳状態や弾圧によっても、共和制によっても、死刑によっても、慈善によっても、あるいはまた「耕地の分割」によっても、つまり、絶対主義支配の経験や政策からブルジョアジーが借りてきたボナパルチスムによっても救うことは出来ない。こうしてゲールツェンは、国家・社会の改革を、経済的諸問題の解決から取り組もうとする。「国民生活の大洋の底から、静かに、だが力強く、まさにその経済問題が起こってきた。だが反対に、無産者の立場から提起された革命的観念論の、パンによる取り替えが起こってきた。闘争は疑いないところであり、不可避的なものであって、その特徴は示すことのできるものであった。貧しい人々は凶暴である。が、財産を擁護する小市民も凶暴である。ブルジョアジーの期待はただ一つ無教育の大衆である。闘争は始まった。誰が勝利を得るか容易に予言することは出来ない……新しい原理が勝利をおさめる。(19)」

ツァーリの開明専制の虚偽性に失望し、ブルジョア国家の反人民的性格に幻滅を感じたゲールツェンは、ロシアの政治的改革の主体的担い手を農民に求めるようになる。

(15) А. И. Герцен, «С того берега», Ук. Собр. соч. том VI, стр. 43.　外川訳『向こう岸から』現代思潮社 一九七〇年 六三頁参照。
(16) А. И. Герцен, «Русский народ и социализм», Ук. Собр. соч. том VII, стр. 309.
(17) А. И. Герцен, Там же.
(18) А. И. Герцен, Там же, стр. 333–334.
(19) А. И. Герцен, Полн. собр. соч. и писем, том, V, стр. 522–524.

五　ロシア社会主義

すでに見てきたように、ゲールツェンの歴史観・社会観は人格主義をその基調としていた。そして彼は、個人の自由の実現の過程をヨーロッパの歴史に検証しようとしていた。一八四八年の六月暴動（Journées de Juin）以来、彼は、ヨーロッパはすでにこのような期待に応えるものでないばかりでなく、すでに滅亡しつつあるとして、ヨーロッパの文明に対する幻想を、自ら「死刑」に処した。そして彼は、ロシアの中に、古くから存在しながら、しかも、来たるべき社会へ向かっての若々しい萌芽、すなわち、自由の形成の実際的条件を備えている農村共同体に着目する。農村共同体は彼にとって、西ヨーロッパにおいて死滅しつつある個人的自由を、受け入れ、発展させ得る現実的存在であった。この自由と、農村共同体の結合こそが、彼によって生み出された「ロシア社会主義」論の骨子となるものであった。

ゲールツェンの「ロシア社会主義」の特色は、農村共同体と農民を理想化したところにある。この意味では、彼の農奴制の考察は、七〇年代の思想家、とくにナロードニキによって発展させられた理論の先駆的役割を担うものであった。

ゲールツェンはまず、農村共同体がロシアの歴史の中に存続しているという事実を重視した。「共同体はロシア人民を、蒙古の蛮行や皇帝の文明から、また、西ヨーロッパ風に染まった地主や、ドイツ風の官僚主義から救った。農村共同体組織は、激しく揺り動かされたけれども、権力の干渉に耐えた。共同体はヨーロッパにおける社会主義の発展まで、無事に生き永らえた。この事情が、ロシアにとって限りなく重要なことである。」(1)もちろん彼にとっても、農村共同体が、ただ存続し得たという事実だけで、社会主義の条件として十分なものであるとは考えられなかった。(2)重要なことは、それが現実に、社会主義的諸関係の核（ядро）を内包している、ということであった。農村共同体の中に存在する社会主義共同体の萌芽は、「若く、発育不完全なように見えるけれども、このことから、我々がこの未熟な事業を解体しなければならない、ということは引き出されない。反対に、それを継続させ、発展させ、形成していくことが必要なのである。」(3)しからば、ゲールツェンの考察した、農村共同体に内包される社会主義的諸関係の核とはどのようなものであったろうか。(4)

彼はまず第一に、ロシア農民の道徳的素質と高度の勤労資質をその中に見出した。農民は農村共同体において、きわめて親密な人間関係を維持していた。共有地の協同作業を積極的に行うことは勿論のこととして、貧窮者や老病者を援助し、一部耕地の協同耕作や特定の者への委託耕作によって共同の穀物その他必要物資を備蓄し、これで孤児や寡婦の援助を行ったりした。さらにはまた、土地の借り入れ、塩の購入、水車場の借り入れ等多くの作業も、農民相互の協力によって行われた。農村共同体に働く農民は、お互いに欺くことは滅多にないし、彼らのあいだでは、ほとんど無条件の信頼が支配している。したがって、農民を土地つきで解放して後も、共同体が分解するとか、富農、中農、貧農への階層分化が生ずるとかいった恐れはない。まさしくこのような素質こそが、将来の社会主義発展への重要な要素となるものであった。つまり、ゲールツェンにとって社会主義は、何よりもまず、無制限な相互信頼の上に築かれた、原始的な人間関係の牧歌的な支配を意味するものであった。

つぎにゲールツェンの見た社会主義の核として、土地の共同利用の慣習がある。農村共同体においては、土地の共同管理、協同耕作、さらに、土地の納税負担に応じた分配、定期的な「割り替え」等が慣習的に制度化され、しかもこの制度が前述のような農民の相互信頼に支えられて、円滑に機能していた。ゲールツェンは、かねてより主張していた農民の土地つきの解放と平等の土地利用を理論化するための現実的根拠を、この制度に見出した。彼は、この原理に立脚して、地主的土地所有の根絶、農奴権の廃止、農民への土地の分配、農民の自治の創設を主張する。彼はこの理論枠組みによって、なんら法律が存在せず、あらゆる政治が買収によって汚され、「人格は無で、勢力がすべてである」ようなツァーリの統治のもとで、抑圧され、搾取されているすべての農民に、等しく土地を所有させ、利用させることが正当化されると確信するようになった。

第三に、農村共同体の農民の中に見られる反権力的性向と、農村共同体に残存している自治の慣習は、「ロシア社会主義」の現実的素材となるものであった。

ゲールツェンの見解によれば、農奴制ロシアにおいて支配階級の代表者――貴族、商人、官吏――の利益と農民の利益とは、けっして両立し得るものではなかった。「……政治と社会のすべての要素は、人民にとってまったく無関係であり、本質的に敵対的である。農民は、言葉の正確な意味において法の外に存在する。裁判は彼にとって擁護者ではなく、すべての農民の現存の事象の秩序への参与は、農民にかけられた二重の課税によって制限されている。そしてその課税を、農民は労働と血によって納めるのである。(5)」農民はこのようなツァーリの裁判を否認する。また、官吏や貴族を信じない。なぜなら、ツァーリの行政や貴族の裁判を、強奪的で野蛮であると考えているからである。「人民は、法と権利についての人民固有の観念が反映した制度のみを尊重する。[6]」そして、ツァーリの法律が反人民的性格をもっているが故に、人民は「彼の共産主義から本能的に、自然に流れ出るもの以外に、別の道徳はもっていない。この道徳はきわめて人民的である……。明白な地主の不公正は、彼をよりいっそう人民の権利や共同体機構に結び付ける。[7]」ロシアの農民は、自ら共同体秩序を尊重し、現存の事物の秩序に対して消極的な態度をとる純朴な人民である。農民は、迫害に打ち勝とうと努めるけれども、農村共同体の外で起こる一切のことに無関係であろうと努める。

地主に抑圧された農民は、ツァーリの裁判においては自分自身を弁護人と考えているので、ツァーリの裁判を軽蔑し、彼らのあいだに生ずる一切の争いを穏便に終わらせようと努める。一九世紀四〇―六〇年代には、共同体の中にまだ独自の共同体裁判が存続していて、その裁判では、老人あるいは全「農村共同体」が隣人間の些細なあつれきを審査し、解決していた。そしてその決定は、ロシアの裁判を忌避するすべての農民によって尊重され、履行された。つまり、農村共同体は、自らの共同体的慣習を保存することによって、ツァーリ政府から自身を句切っていたのである。[8]

農村共同体に見出される農民の自治は、とくに、新しい国家構造を基礎づける要素として重要であった。ゲールツェンは、この点についてつぎのように説明する。「農村共同体以外に、論理的には、大集団における共同体の結合、全人民的な地域的な事象としての集団の結合（国家）は存在しない。国有村は実際に郷に結合される。それらは、村長の他に代表者、農村警吏、村の巡査、自治長を選び、それに加えて二人の老人を裁判所へ選び出す。こうした手続はすべて、完全に徹底して不文法ではあるが、スラヴ人みんなの胸の中に生きている人民的な権利意識から出発する。」[9]

ゲールツェンの社会主義は、以上見てきたような、農村共同体の諸々の要素を軸とし、農民による土地の解放、農民の土地に対する権利の設定を目標にして、地主的土地所有の完全な廃止のために闘う農民の、平等への志向を公式化したものであった。[10] それは、言わば農村社会主義であり、同業組合的な性格をもつものであった。[11] こうした社会主義を、ゲールツェンはつぎのように要約している。「我々は、土地と農民生活や、耕地の実際的分与と適当な再分割や、共同体的所有と共同体的統治から始まり、労働者の組合とともに、全面的に努力し、科学が支持している経済的正義に向かって進む社会主義を、ロシア社会主義と名づける。」[12]

ゲールツェンの社会主義は、彼の熱烈な自由への志向や、農民解放と専制政治の打破についての不動の信念と固く結び付いていた。それにも拘らず、その空想性と楽観主義の面においては、西ヨーロッパの空想的社会主義者との共通性をもっていたと言えよう。このようなゲールツェンの社会主義に対しては、すべてのロシアのナロードニキ主義と同じように、「一かけらの社会主義も存在しない。これは、西ヨーロッパの四八年の社会主義の種々の形態と同じように、ロシアにおけるブルジョア的農民民主主義の革命性をおおった、心のお優しい麗句であり、おめでたい夢である」[13] という批判も加えられたりする。

しかし、ゲールツェンのロシア社会主義の理論は、農民を解放し、社会主義的諸関係を実現する主体的担い手を、「下から」求めたという点において、西ヨーロッパの空想的社会主義者と区別される。もっとも、彼は、「下から」の担い手を、労働者階級にではなくて、他ならぬ農民に求めたのである。このことは、彼の理論の発展過程の当然の帰結であったといえよう。当時のロシアは、ようやく漸進的な産業革命を経験している段階であって、そこにはまだ、組織体としての労働者階級を見ることは出来なかった。それに何よりも、ロシアにとっては、農奴制農業経済の解決こそが緊急の課題であり、しかも、この解決の現実的担い手は、農民以外に存在しなかったのである。

ゲールツェンは、すでに見てきたように、変革と農民の関係を探し求めた。農民の胸中こそ重苦しく脈打っていた。農民は、憲法の条文や権力の分立については、何も知らない。だが農民は、富裕な所有者、公証人、高利貸しをよく知っている。彼ら農民は、労働者から学ぶことによって、古い社会体制を変革することが出来る。そしてこれこそが、真の人民大衆の革命となるべきものであった。[14] このように見てきたゲールツェンは、はじめてつぎのような理論づけをすることが出来た。「ロシアの未来を代表する人間は、フランスにおけるそれが労働者であるのとまったく同様に、百姓（мужик）である。[15]」

以上見てきたゲールツェンの思想には、一八四八年を中心とする西ヨーロッパの革命的状況と、専制との闘争の独自のプログラムをもつことを特徴づけられていた農民解放前のロシアの政治状況とが反映していた。[16] この意味において、ゲールツェンの社会主義は、この段階における政治運動にとって、きわめて重要な理論的武器の役割を果した。

ゲールツェンによって創造された「ロシア社会主義」の理論は、さらに、H・Γ・チェルヌィシェーフスキーやH・A・ドブロリューボフによって、農民革命の理論として発展させられた。彼らの理論の根底には、ゲールツェンによって初めて定義された、農民生活の共同体的特色に関する命題が横たわっていた。この「ロシア社会主義」の理論は、つぎのように位置付けることができるであろう。「農民共同体の中から社会的再生が生まれることが出来るし、かつ生まれなければならないとする、農民共同体の奇跡的な力に対する信仰——この信仰に対しては、我々の見るように、チェルヌィシェーフスキーにも全然責任がないこともない——も、それ相応のことをした。すなわちそれは、ロシアの英雄的な前衛たちを鼓舞し、その活動を高めている。二〇〇人あるかないかの数でありながら、その献身と英雄的な勇気をもって、ツァリーズムをしてすでに降伏の可能性と条件とを考えざるをえないところまで追い詰めた人々、この人々がロシア国民を革命のための選民だと考えたとしても、我々は別に彼らと争おうとは思わない。[17]」

（1）A. И. Герцен, «Русский народ и социализм», Ук. Собр. соч. том VII, стр. 323.
（2）См. А. И. Герцен, «О развитии революционных идей в России», Ук. Собр. соч. том VII, стр. 242–243.
（3）А. И. Герцен, Избранные философские произведения, том II, стр. 263.
（4）См. А. И. Герцен, Полн. собр. соч. и писем, том X, стр. 120.
（5）А. И. Герцен, «Русский народ и социализм», Ук. Собр. соч. том VII, стр. 320.
（6）Там же, стр. 321.
（7）Там же, стр. 322.
（8）См. В. С. Покровский, История русской политической мысли, вып. IV, 1954, стр. 43.
（9）Избранные философские произведения, том II, стр. 255–56.
（10）См. В. И. Ленин, «Памяти Герцена», Ук. Полн. собр. соч., том XVIII, стр. 12.
（11）T. G. Masaryk, The Spirit of Russia, 1955, Vol. I, p. 418.
（12）Полн. собр. соч. и писем, том XIX, стр. 127–28.
（13）В. И. Ленин, Там же, стр. 11.
（14）См. Полн. собр. соч. и писем, том XVIII, стр. 114.
（15）А. И. Герцен, «Русский народ и социализм», Ук. Собр. соч. том VII, стр. 326.
（16）В. И. Ленин, Там же, стр. 10.
（17）エンゲルス「『ロシアの社会関係』へのあとがき」マルクス＝エンゲルス選集　大月書店　一九五四年　第一三巻一六六―一六七頁。

六　国家論

（一）

個人の人格的存在を基調として構成される社会観・歴史観を持つゲールツェンは、国家や法律の理論的究明にあたっても、この基本的な立場を変えてはいない。彼は、国家の成立の説明の根拠として、「理性的利己主義」（разумный эгоизм）を設定する。

ゲールツェンによれば、国家は人間の自発的な協力の結果として生ずる結合体であって、その基礎には、人間の生得的な社会性（общественность）と理性的利己主義が存在する。「……理性的利己主義と社会性（親密な関係や愛情）――善でもないし悪でもないのだ――は、人間生命の基本的な詩であって、それらがなければ歴史も発展もないであろう。(1)」

ここにいう「理性的利己主義」については、ゲールツェンは、「社会性」という用語とともに、必ずしも厳密な概念規定をしてはいない。(2)彼によれば、「理性的利己主義」とは、発展した、文化的な、思索する人間の利己主義であり、言い換えるならば、独立と自己の価値の意識をもった人格の属性と考えられる利己主義である。

したがって、「理性的利己主義」は、「純粋な」利己主義と区別されなければならない。なぜならば、「純粋な利己主義」は、人間を集団的結合から分離させ、ヒューマニズムに敵対させ、動物の水準にまで引き下げるからである。「人間の中の社会性を根絶してみよ。そのとき汝は凶暴なオランウータンとなるであろう……。(3)」このように概念づけられる理性的利己主義によって、人間は、個人性と社会性とを調和させることが出来る。そして、この調和の過程において、人間は「共同生活的存在」となるのである。

共同生活的存在としての人間の具体的な社会関係、すなわち、社会に対する個人の関係は、時代によって変化する。その変化発展の反映として時代の交替があるのであり、そしてここにこそ、歴史過程の基本的意味が存する。このように見てくるとき、ヨーロッパは、個人と国家との間の二律背反を解決したとはいえない。ただこの問題を提出するにとどまったのである。(4) 現実的存在として、個人的利益と社会的利益との関係を解決しうる条件は、すでに千年も昔から存続し、ヨーロッパから教えられるまでは、その貴重性を知ることの出来なかった農村共同体である。そして、個人的利益と社会的利益とが、より高度の感覚において結合する関係は、農村共同体を核として発展させられる社会主義的関係に他ならない。ここにおいて、「現代の国家構造は社会主義の抗議のもとに陥落する。(5)」

現代の国家構造の陥落ということは、ただちに、国家それ自体の消滅を意味するものではない。消滅するのは、あくまで現在の国家構造でなければならない。なぜならば、国家は形式であり、その内容は人類の歴史によって変わるからである。ゲールツェンはつぎのように説明する。「国家は、それを通じて、広範囲におよぶあらゆる人類が共同生活を遂行するところの形式である。国家は絶えず環境とともに変化し、もろもろの要求に適応する。それはどこにおいても個人の完全な隷属からはじまり、一定の発展段階を超えると、どこにおいても個人の完全な解放をめざすようになる。(6)」

国家はそれが形式であるという意味において、支配のための道具であり、支配の態様は、国家権力を掌握するものが何であるかによって決まる。「国家は、それ自体決まった内容をもたない。それは、反動にも革命にも同じように、力をもっている側に奉仕する。これは、共通の軸の回りの車輪の組み合わせであって、いずれの方向にも向けることが出来る。なぜならば、運動の統一が与えられているからであり、運動が一つの中心に結び付いているからである。社会救済委員会（комитет общественного спасения）は、君主政体の破壊を目指すもっとも強力な国家権力を代表していた。[7]」

ゲールツェンは、国家を右のような本質的性格をもっていると考察するが故に、徹底的な無政府主義を主張するバクーニンと訣別することとなった。[8] 国家を悪と規定し、それの速やかなる廃止を説くバクーニンの「無定形主義」と「総破壊主義」に対して、ゲールツェンは批判を加える。「国家は過渡的な形態である、ということから、この形態がすでに過去のものである、ということは引き出されはしない。実際、現在は苦しみを引き起こしているが、後にはおのずからおさまるところの動脈や心臓をさらけ出すことなしに、いかなる国民から余計な包帯としての国家の保護を取り除くことが出来るだろうか。[9]」いわんや、国家が強力な軍事的性格を備えているときにはなおさらのことである。「常備軍の廃止と武装解除が遠い夢であるときに、無国家的制度の迅速な不可避性について語ることが出来るであろうか。そして、成人の大半が国家からの脱退の条件であるというとき、国家を否定することに何の意義があるのか。[10]」

彼にとっては、国家は形式であり、支配のための道具であるが故に、それは社会主義的諸関係を維持するために必要であり、この目的をより効果的に達成するためにも、国家の機能は最大限に利用されることが必要であった。彼は言う。「我々は、社会主義の発展は、ただ共和主義的自由のあるところでのみ、完全な民主主義的平等のあるところでのみ可能である、ということを深く確信している。社会主義を志向しない国家は、おそらく我々にとっては無意味であろう。[11]」

右に見てきたように、ゲールツェンは、国家を、彼の志向する社会主義的諸関係を維持し発展させる機能をもつものとして把握している。だが、国家の構造と機能を変革する方法については、彼は基本的には啓蒙主義的であり、空想主義的であった。彼は、すでに見てきたように、社会の建設における農民の役割を重視しているが、国家を変革する方法に関しては、「労働者にも雇い主にも、百姓にも地主にも、平等に向けられた宣伝」によるべきことを説いている。

それに加えて、彼は、政治の発展段階に応じて変わる国家の形態や、利用されるべき権力の機構等については、十分な理論的究明をしてはいない。彼が「北極星」誌（полярная звезда）で農奴制解放に関する公開質問状を、アレクサーンドル二世に宛てて書いたときにも、例えば立憲制の問題については一言も触れることはなかった。これには、彼の視線が多くの場合、政治現象よりも社会現象に向いていたという事情と、すでに見てきたような、一八四八年や一八六一年の打撃的経験のために、国家権力に関して、やはり十分な積極的な考察の態度をとることができなかったという理由が考えられる。この点に関しては、当時、アレクサーンドル二世の政府のみでなく、革新的思想家の間でも、農奴制の改革と国家制度（立憲制度）の問題は結びつけて考えられる情勢ではなかったということもあわせて考察されなければならないであろう。[12] それにしても、ゲールツェンの国家論は、革命段階における最高臨時政府の設置や共和政体について詳細に論じたペーステリや、立憲君主政体を主張したH・ムラヴィヨーフの国家論に比較して、理論的発展があったとは言えない。

（1）А. И. Герцен, Избранные философские произведения, том II, стр. 121.
（2）Cf. T. G. Masaryk, The Spirit of Russia, vol. I, pp. 401–403.
（3）А. И. Герцен, Там же.
（4）А. И. Герцен, Собр. соч., том VII, стр. 112.
（5）А. И. Герцен, Избранные философские произведения, том II, стр. 128.

（6）Там же. стр. 314.
（7）Там же. стр. 128.
（8）五〇年代の初期においては、ゲールツェンはバクーニンとほとんど同様に無政府主義的に、直接の課題は現存の秩序とその価値を破壊し、新しい世代に、その廃墟の上に建設させることであると、しばしば書いてはいた。けれども、その頃においてさえも、無分別な革命を助長し、見境なしの蛮行を許す用意はなかった。後に、六〇年代において、とくに一八六九年の「古い友への手紙」の中で彼は、新しい価値がゆっくりと成長して、その上に社会が再建されることが必要であり、すべてのものを、代わりのものが出来るより前に、あまりにも早く転覆するのは危険であるということを強調している。G. D. H. Cole, A History of Socialist Thought, Vol. II, p. 45.
（9）Там же. стр. 315.
（10）Там же.
（11）А. И. Герцен, «Ответ на призыв польского республиканского центрак русским»（1868), Полн. собр. соч. и писем, том XX, стр. 136.
（12）B. Pares, A History of Russia, New York, 1953, p. 361.

（二）

つぎに、民族と国家の問題に関するゲールツェンの見解を見ておこう。国内政治を考察する場合に、つねに抑圧される人民大衆の立場に視座を設定していたゲールツェンは、民族問題の究明にあたっても、被抑圧民族を擁護しようとする立場に立っていた。彼の膨大な著作の中でも、民族問題に関する論文はかなりの部分を占めている。これら論文において、彼は、あらゆる民族的迫害に反対し、独立した存在としての民族の権利を擁護している。

彼は民族の「非歴史性」（неисторичность）と「無価値性」（неполноценность）を主張する立場には強く反対する。彼によれば、「歴史に登場する民族の中には、優れた集団と呼ばれるに値する民族がいないのと同じように、動物の群れと考えられるような民族はいない。」[13]

ロシアの革新的思想家が国際問題を考察するとき、ポーランド問題はとくに重要であった。ゲールツェンもこの問題については、時に応じて積極的な主張を展開している。彼によれば、ツァーリ政府のポーランドに対する民族的抑圧は、ツァリーズムのロシア国内の人民への抑圧と軌道を同じくするものであった。それ故に、被抑圧民族の抵抗は、抑圧権力に対する国内の人民の抵抗と同一の路線で推進されるという性格をもたなければならない。つまり、ポーランドの反ツァリーズム闘争は、ロシアにおける農民運動の高まりと結合すべきものであった。ゲールツェンは、一八六三年のポーランド蜂起の準備に対しては、当初は、ロシアの国内の状況からみて、時期尚早と判断し[14]、また、この人民の蜂起がポーランドの小貴族階級（шляхта）の蜂起に変貌する危険を見て取って、これに反対した。しかし、それにもかかわらず、ポーランドの人民や革命家がツァーリの専制と民族的圧迫に対して蜂起したときは、彼は、その蜂起を支援した。なんとなれば、「ポーランドは、国家的生存に対して、ロシアに関係のない、奪うことのできない権利をもっている」[15]からであり、ポーランドは、住民が占有し、他と区別される民族的特殊性を有する、自然に構成された一定の歴史的領土の上に成り立つ国家として、独立する当然の権利をもっているからであった。

ロシアとポーランドの関係は、きわめて密接である。「ロシアとポーランドをお互いに、そしてすべての共同体と結び付けている連帯性は、排斥することは出来ない。この連帯性は明らかなものである。」[16]それ故に、ポーランドのロシアからの分離は、どんなことがあっても一つの民族の他の民族からの排除を伴うべきではないということが強調されなければならない。ポーランドはもちろんロシアから分離独立することは出来る。「だがしかし、……仮にポーランドが親しくロシアを理解したとしても、それは官吏や制服を着たもののロシアではない。土地を耕作し、制服によって迫害されたもののロシアを、思索し、やっと意見を述べ始めたもののロシアを理解するのみである。」[17]このように見てくるとき、両民族の連帯性を強化発展させるためには、ポーランドの無条件な自由を承認し、これと自由なロシアとの結合という関係が樹立されることが必要である。「ポーランドは何を望むか。ポーランドは自由な国家であることを望む。ポーランドはロシアと結び付く準備は出来ている。だが、それは自由なロシアとである。ロシアと結び付くために、ポーランドにとって完全な自由が必要である。ツァーリ＝ロシアによるポーランドの併合は、不合理であり、暴圧である……。[18]」

以上見てきたポーランドの例や、また、ウクライナその他の民族問題の考察を通して、ゲールツェンは、各民族の独立、自由な民族の連邦への自発的な結合を、基本的命題として定式化した。この定式によれば、すべてのスラヴ民族の国家を統一し、ロシアの人民を社会的・国家的迫害から解放する強力な民主主義国家を形成するためには、まず、ロシア自体が自由な国家に改革されることが必要であった。このような、ロシアの解放された人民を含む連邦の各邦の維持は、「同等の権利と固有の利益の、はっきりとした自覚の上に[19]」基礎付けられるものである。自由な民族の自発的な連邦が維持され、それと同時に、各民族によってそれぞれの国家的独立が保持される場合に、民族問題についての正しい解決が導き出されるのである。

民族と国家形態の問題は、すでにデカブリストによってもとり上げられた。ペーステリは、単一国家の形態を構想した。彼は、強力な中央集権的単一国家を建設するために、ポーランドを唯一の例外として、各民族を混合し、「ロシア化」することが必要であると主張した。Н・ムラヴィョーフの提唱した連邦制度論は、領土支配的色彩を多分に帯びていた。これらの理論と比較して、ゲールツェンの民族理論は、かなりの前進を示したものといえよう。

(13) А. И. Герцен, Избранные философские произведения, том II, стр. 145.

(14) Cf. B. Pares, op. cit., p. 375.
(15) А. И. Герцен, Полн. собр. соч. и писем, том IX, стр. 463.
(16) А. И. Герцен, Избранные философские произведения, том II, стр. 141.
(17) А. И. Герцен, Полн. собр. соч. и писем, том XVI, стр. 517.
(18) Там же, стр. 463.
(19) А. И. Герцен, Полн. собр. соч. и писем, том XI, стр. 467.

七　むすび

ゲールツェンの思想は、ときにかなりの動揺を示した。また、彼の思想の根底には、かなり貴族的性格が残っていた。このような弱さをもちながらも、彼の思想は、とくに彼がロシア語で直接大衆に訴えかけるという方法をとったことによって、当時の農民運動や被抑圧民族の運動にきわめて大きな思想的役割をはたした。彼の専制政治批判は、ツァーリ自身の統治にもある程度の影響力をもっていた。彼の農民社会主義の理論は、すぐ後の世代の農民革命の理論として発展させられた。彼の民族論は、ロシアにおける民族に関する理論的遺産となった。

こうして、ゲールツェンは、デカブリストのもっていた「貴族的限界」の枠をひろげ、ロシアにおける一九世紀前半期の貴族的解放思想の一発展段階を形成すると同時に、つぎの世代すなわち、ラズノチーネツの時代の政治思想の展開への道をひらいた。

第三章　Н・П・オガリョーフの政治思想

一　はじめに

一般に、一九世紀四〇―五〇年代のロシアにおける革新的な政治思想は、А・И・ゲールツェン、Н・П・オガリョーフ、М・バクーニン、В・Г・ベリンスキーの四人の思想家によって代表されるといわれている。これら四人の政治思想家のうち、オガリョーフとゲールツェンとは、政治思想家としても、また、政治的実践家としても、きわめて密接な関係にあった。二人の協力関係は、一八二五年のデカブリストの反乱以来、一八七〇年にゲールツェンがパリで客死するまで続いている。また、二人の思想にはロシアの革命的民主主義者としての、多くの共通点が見出される。とくに、二人が共同で編集し発行した「コーロコル」（鐘）紙に発表された論文や批評の中には、両者の見解を容易に識別し難いようなものもある。このような、オガリョーフとゲールツェンの密接な関係を説明するにあたって、オガリョーフを、ゲールツェンの協力者的位置においたり、あるいは、ゲールツェンの「イデオロギー的陰影」(1)として評価したりするのが一般である。ゲールツェンの、精力的な著作活動やロシア思想史に残した足跡をみるとき、このような二人の思想家の関係づけはある程度肯綮に当っている。

だが、オガリョーフとゲールツェンの親近性を、しばしば、ゲールツェンの思想を主軸として強調することによって、ややもすれば、前者の思想を後者の巨峰の影に掩ってしまうという嫌いが生じないでもない。オガリョーフの思想は、すべてゲールツェンの思想的影響のもとに形成されたものではないし、またゲールツェンの思想の高峰の影に隠れてしまうものでもない。オガリョーフは、絶えずゲールツェンと協力して理論的・実践的活動を行い、つねによい伴侶ではあったけれども、彼自身やはり、創造性に富んだ一人の思想家であったし[2]、彼の政治理論は、当時の他の政治思想家の理論と比較しても、多くの点で特色を有していると言うことができる。たとえば、後に検討するように、彼は国家論や社会論の領域において、ゲールツェンと並んで、多くの創造的な理論を展開しているが、それに止まらずこれらを、運動や政策・綱領、あるいは組織の理論として具体化しようと試みている。また、これとの関連において、彼の土地社会主義、農民革命の理論が、のちにナロードニキの理論として発展せしめられるのは、かれの理論のもつ創造性の然らしめるところであった。約言するならば、オガリョーフのゲールツェンとの結びつきは、前者の後者に対する協力者的関係として成り立つというよりは、創造的な二人の思想家の密接な共同作業として維持されたとみる方が適切であると言えよう。このような点を念頭におきながら、一九世紀四〇年代以降のロシアにおける革命的民主主義の発展を究明する作業の一環として、オガリョーフの政治思想を考察してみたい。

本章は、オガリョーフの思想形成を跡づけることを目的としていない。それ故に、初めに、彼の生い立ちと思想形成を概観しておきたいと思う。

ニコラーイ＝プラトーノヴィチ＝オガリョーフ（Николай Платонович Огарев）は一八一三年に、地主貴族の家に生まれた。オガリョーフが最初に経験した大きな社会的事件が、デカブリストの反乱とその処刑であり、彼はこの事件から、生涯に決定的影響を及ぼすほどの大きな精神的刺戟を受けた。デカブリストが処刑されたとき、彼がゲールツェンと二人で雀が丘に立って、デカブリストが生命を捧げた大義のために自分たちの生涯を捧げようと誓い合ったことは、よく知られているエピソードであり、また、この誓いが終生守られたということについては後世の史家から賛辞が贈られているところである。(3) さらに、少年時代のオガリョーフの世界観の形成には、デカブリストの諸作品や、デカブリストに対する崇拝の気持ちを培うような作品、たとえば主として、プーシキン、グリボエードフ、K・Φ・ルィレーエフ等の詩や小説が大きな影響を与えている。オガリョーフは、政治・社会・哲学の分野にわたって、数多くの論文を発表したばかりでなく、詩や小説等の文学作品においてもすぐれた才能を示している。彼は、これらの文学的作品や詩のジャンルを通しても、ツァーリ、農奴主義、専制に対する痛烈な批判を展開するが、これらの作品には、彼自身も追憶的に語っているように、デカブリストの詩人ルィレーエフの影響が十分に認められる。(4)

オガリョーフは一八三〇年、モスクワ大学に入学した。大学では、一年前に入学していたゲールツェンとともに、若い進歩的な仲間を糾合して学生グループを組織する。大学内で彼は、大学当局の反動的な施策や「無学」な教授たちの、教育に反対する学生のデモンストレーションに参加したり、スングーロフの革命的な学生グループと結合したり、あるいはまた、学生運動によって逮捕された仲間の救済運動を積極的に展開したりした。そのため彼は、警察の監視下におかれ、ついに一八三四年には、反ツァーリ的言動のかどで逮捕され、五年間ペンザ県に流刑となった。流刑地においては、学問的知識を吸収することに努力するとともに、コーカサスを訪れてデカブリストの流刑者と接触をもったりした。この時期の経験や研究、とくにデカブリストとの邂逅によって、彼の革命的民主主義思想の基礎が確立されたとみることができる。(5) 一八三八年、流刑を終ってのち二年間をモスクワで、つづいて数年間を外国で過し、この間、ヘーゲルやフォイエルバッハらのドイツ哲学や、自然科学、経済学、歴史などを学んだ。

一八四六年に、オガリョーフは、相続した一、八〇〇人以上の農奴を土地つきで解放した。(6) このこと自体が当時のロシアにおいては農奴制に対する傲岸不遜な態度となるものであった。[7] この間、彼は進歩的な集団を組織し、公然と地主的土地所有制や地主・農奴主義者の生活状態を非難し続けた。このような言動が原因となって、彼は一八五〇年に、ふたたび仲間とともに逮捕されペテルブルクに送られ、禁固刑に処せられた。一八五三年には、すでに国外にいるゲールツェンの書いた檄文「ユーリエフ・デーニ、ユーリエフ・デーニ」（Юрьев день, Юрьев день）[8]を流布したという嫌疑により告発されたが、これは証拠不十分で公訴取り下げとなった。

一八五六年に、ロンドンに向けて出発する許可をとり、ロンドンでは、ゲールツェンと協力して「コーロコル」の発行に参加し、間もなく政治的亡命者の立場に変わった。というのは、彼はツァーリのロシアへ帰国せよとの命令を拒絶し、欠席裁判をされて、「一切の財産を没収」し、永久にロシアから追放するという旨の宣告を受けたのである。以後、ロンドンを中心にして、彼の亡命生活は一八七七年の死亡のときまで続いた。この間、ロシア国内との連繋を密にしながら、彼はロシアの解放とその運動の組織づくりのために積極的な活動を展開した。晩年には、ロシアの国民新聞「前進」（Вперед）とも密接な関係をもち、この新聞の特派員となったりしている。

（1）M. Malia, Alexander Herzen and the Birth of Russian Socialism, Harvard U.P., 1960, p. 6.
（2）См. Н. Г. Тараканов, « Мировоззрение Н. П. Огарева», Н. П. Огарев, Избранные социально-политические и философские произведения, Госполитиздат том I, 1952, стр. 6.
（3）Cf. E. H. Carr, Studies in Revolution, Frank Cass & Co. Ltd., 1962, p. 57.
（4）Н. П. Огарев, «Предисловие К 〈Думам〉 К. Ф. Рылеева», Ук. Избр. соц-полит. и филос. произвед. том I, стр. 348.
（5）См. В. С. Покровский, История русской политической мысли, вып. IV, Госюриздат 1954, стр. 59.
（6）См. Н. Г. Тараканов, « Мировоззрение Н. П. Огарева», Н. П. Огарев, Ук. Избр. соц.-полит. и филос. произв.,

том I, стр. 8.

（7）Г・В・プレハーノフは、この当時の「教養ある地主たち」が、人々に自由を与えることによって自分の財産を失うことをまったく恐れなくなっており、地主自身にとって重荷と感じられる農民との相互に不利益な関係を変えることが望ましいということを理解しはじめているという事情を、当時の大臣ペロフスキーの報告を引用して説明している。プレハーノフ著石川郁男訳『ロシア社会思想史序説』未來社　一九六一年　二二二頁。

（8）Юрьев день とは聖 Георгий Юрий の日の意味で、ロシア旧暦一一月二六日にあたる。往昔この日の前後一週間は、農奴は一地主から他の地主への住替えが許されるものとされた。これに因んでゲールツェンは、農民解放の檄文の標題としてこの言葉を用いた。

二　専制・農奴制の改革

オガリョーフの政治思想の中心的課題は、専制と農奴制に対する批判と、その変革であった。そして、オガリョーフの思想の根底には、すべての理論は、それが反権力的闘争の武器として利用されるためには、現代の科学的認識に立脚しなければならず、観念的理論や現実性をもたない主張は、徹底的に排斥されなければならないという考えが貫かれていた。彼によれば、科学は――オガリョーフの場合科学の中に哲学も含まれている――その研究の対象として、自然や社会をすべてそのあるがままの現象として把握しなければならないし、科学が確実性を打ち立てるためには、理論と現象とが完全に一致することが不可欠であった。[1] このような思想的立場から、彼は、ドイツ観念論とくにカント、ヘーゲル、シェリングの思想を、具体的活動からまったく遊離したものとして、あるいは、ツァーリ専制のイデオロギー的武器として利用された結果ロシアに広く普及したものであるとして批判する。彼によれば、「哲学の諸問題は、人民の観念から生ずる自然な要求を構成するもの」でなければならないにも拘らず、「形而上学は、それらを自らの調和のうえに解決するにすぎない」(2)ものであった。

したがってまた、このような哲学的観点からは、ツァーリ体制の重要なイデオロギー的支柱である宗教に対しても、批判が加えられなければならない。オガリョーフによれば、宗教は、とくにロシアにおいては、観念論と密接に融合して、政治構造・社会体制の本質を科学的に認識することを著しく妨げていた。その意味でまさに、「神秘主義は怠慢をもたらす。天上の力に対する期待は、現世の事物を秩序づけるのを妨げる」(3)ものであった。

理論と現象とが完全に一致するためには、すなわち理論が科学性を備えるためには、現象を厳密に分析し、現象に内在する本質問題に対して鋭い洞察力を働かせることが必要である。オガリョーフは、理論が科学性を備えるための方法として、まず、ツァーリ専制や農奴制に対して、歴史的観点からの批判的検討を加えることが必要であると考えた。彼は、こうした検討ののち、現代の国家も結局は、古代の奴隷制国家と同様に搾取国家であって、個人または少数の者が、残余の人民の労働と人格を犠牲にすることによって、自らの安寧を図り、財を蓄積し、こうして蓄積された財が、支配力に転化するのだという結論に到達する。「歴史をよくみるならば、その市民的すなわち国家的発展は、この範囲を出ることがなかったか、あるいは、このような基本的条件に基づいてさまざまに繰り返されたのであって、この方向や目的から、これと似た方法や手続きから外れることはなかった。例として、せめて、いわゆる進歩的国家たるギリシアやローマをとり挙げよう。これらを新しい共和国、君主国（立憲的および専制的）や帝国と比較してみたまえ。」(4)

国家が本質的に少数の富裕者の利益に資する制度となっているということは、ロシアにおいても例外ではなかった。いなむしろ、専制・農奴制のロシアこそ、その最たるものであると言われなければならなかった。オガリョーフは、一八五〇年代の後半における、ロシアの革命的情勢の高まりに呼応して、この時期、精力的に著作活動に従事した。彼の主眼とするところは、農民解放を中心視座にすえての、封建＝農奴制とツァーリ専制に対する批判であり、それと併せての、農民革命の理論的な研究であった。農民解放がツァーリ政府の政策の具体的日程に上ってきた頃にはとくに、彼のツァーリ専制と農奴制に対する批判は、痛烈の度を加え、暴露的性格さえも帯びてきている。そして、ロシアの大地主貴族は、徹底的に批判の俎上にのせられている。

オガリョーフの批判によれば、貴族はロシアの社会構造においては、明らかに寄生的存在であり、社会的機能としては無為・無策・無能である。貴族は人民の運命に関心を払うことは決してないし、しかも彼らは、彼らの気まぐれや我儘を満足させるために強制する農奴の苦役から得た巨額の富を費消することにのみ習熟している。貴族はすべて、都市で高度の教育を受け、極く少数の例外を除いては、無教養の農奴から血と汗の結晶を搾取することによって生きている。この寄生的貴族を体制的に支えているのは、自身が地主であり、貴族と複雑に絡み合っている暴君を頂点とする官僚警察的統治構造である。そればかりではない。人民に向ける銃剣と笞で武装した地方官僚、地方警察、司法機関も人民を搾取する。約言するならば、農奴制ロシアの全統治構造は、掠奪を土台として構成されているのである。「行政的掠奪は一切の限度を超えている。役職は買収され、人間も買収される。すべての官吏は官吏でないすべてのものを掠奪し、圧迫する。(5)」このような状態にあっては、人民は、官僚に対してはもちろんのこと、無教養なカーストを構成する商人階級に対しても、なにも期待することはできない。農民自身も、このような社会関係の中に置かれて、極端な貧困に陥っており、彼らは賦役と貢租、笞刑以外に知るものはなにもない。農民をこのような生活状態から浮かび上らせ、農奴労働の不利益やその生産性の低さを改善し、農村経済に土地耕作の正しい文化的な方法を導入するなどして、収穫量を高めることが不可欠であり、そしてこれの実現は、農奴制を廃止することなくしては不可能である。

オガリョーフは農奴制を改革する方向と原型とを、ロシアの社会に古くから存在する共同体の中に求めようとした。ロシアには、古くより、右にみたような搾取と専制の権力と並行して、というよりも、権力の抑圧を免れ、あるいはそれに抵抗して、国家を改革する現実的基盤が存在していた。この現実的基盤とは、共同体であり、共同体的土地所有と共同体的労働の観念に他ならない。オガリョーフは、当時としては革新的な思想を表明した著作『一般的問題についての私信』（Частные письма об общем вопросе）において、空想的社会主義思想の発展を概観し、その中で、共同体的（社会的）所有と共同体的労働の観念が、古代の共同体の中にもみられることを指摘している。(6)

だがオガリョーフは、共同体的関係を究極の目的としてのみ捉え、評価していたのではない。彼は、ロシアの発展にとって、広汎な産業の開発が不可欠の条件であることを説き、ロシアの工業、商業、手工業および財政の急速な発展の不可避性を理解した歴史家を、実際に重要な仕事をした者として評価した。そして彼自身も、ロシアの経済的水準を高めるために、鉄道の敷設、通信手段の改善、商業の発展、市の定期的な開設、日常必需品の輸入に対する関税のひき下げ、専売の廃止、農民のための広汎な信用業務の組織化、予算案の修正、過重租税の是正等が必要であるということ、そして、このような政策の遂行が、人民の物質的・精神的生活水準を引き上げるのに役立つ、ということを繰り返して主張している。(7)つまり、オガリョーフの見解としては、共同体的土地所有関係の確立が、このような社会発展、産業開発の前提条件として必須のものであり、またそれと同時に、右のような産業開発を伴ってはじめて、共同体的社会の発展も期待されるのである。もっともなことながら、オガリョーフは、共同体を、現状のまま理想化したり、それをたんなる郷愁として称揚したりすることはしていない。彼は、共同体の中に、重要な欠陥として、農民相互間の不平等が存在していることを指摘するのを忘れてはいない。「わたしは、力が不平等の場合に税の平等を、労働と資本の不平等の折に土地の平等を唱えるような変わったことを知らない。われわれの共同体は搾取の平等である。[8]」このような不平等な関係が除去されてはじめて、共同体は前述のような社会発展の条件となり得るものであった。

（1）　Н. П. Огарев, «Письмо к автору 〈возражения на статью “Колокола”〉», Ук. Избр. соц.–полит. и филос. произв. том I, стр. 316.

（2）　Н. П. Огарев, «Частные письма об общем вопросе, письмо второе», Ук. Избр. соц.–полит. и филос. произв. том I, стр. 696–697.

（3）　Н. П. Огарев, «Разбор книги корфа», том I, стр. 210.

（4）　«Литературное наследство» тт. 39, 40, изд. Академии Наук СССР, 1941, стр. 363.

（5）　Н. П. Огарев, «Русские вопросы, статья первая», Ук. Избр. соц.–полит. и филос. произв. том I, стр. 112.

（6）　Н. П. Огарев, «Частные письма об общем вопросе, письмо первое», Ук. Избр. соц.–полит. и филос. произв. том I, стр. 688.

（7）　См. В. С. Покровский, Вышеук. стр. 65.

（8）　«Литературное наследство» тт. 39, 40, изд. Академии Наук СССР, 1941, стр. 293.

三　改革の内容

さて、すでに触れたように、封建・農奴的従属関係の存在は、道徳的に許しえない罪悪であるばかりでなく、ロシアの社会的発展にとっての一大障碍でもあった。ロシアの革新的思想家にとっては、この障碍を除去することがなによりもの急務でなければならなかった。オガリョーフも、この問題の解決が自分に与えられた課題であると考え、社会改革の原型を、右に述べたような共同体のもつ諸特徴に見出そうと努めている。だが、これを原型として、後に検討するような社会関係を樹立する方法は、初めから一貫性をもったものではなかった。彼の思想の発展過程も、ゲールツェンや他の当時の革新主義者のそれと同じく、貴族的、啓蒙主義的改良思想から革命的民主主義思想への段階を経ていると言える。この思想的発展の過程には、一八六〇年代のロシアの諸々の事件と、Н・Г・チェルヌィシェーフスキーの思想がとくに強い影響を与えているとみることができよう。

オガリョーフは前々から、農奴制の根絶が、ツァーリの命令によって、つまり上からの改革では、徹底的に遂行され得ないということを知っていた。彼は、ツァーリ体制そのものが、農奴制をその経済的基盤として存続しており、ツァーリそのものが同じ地主であるところでは、換言するならば、国家権力がとりもなおさず農奴所有者の権力であるところでは、農奴制の根絶は権力の自己否定を意味するものに他ならない、と考えていたのである。彼は一八四七年に、雑誌「聖ペテルブルク通報」に「チハチョーフ氏の意見についての意見」と題する論文を発表し、賦役労働を存続させることの必要性や、農民に対する地主の「後見」の必要性を論証しようとする地主・農奴主義者の主張に対

して、反論を行っている。(1)

だがしかし、オガリョーフは五〇年代においては、農民を土地つきで解放する具体的な方法としては、政府によって地主の土地を買い上げ、地主に対する補償のために手形を振出し、それを漸次返済する制度として特別銀行を設立することを提案している。彼は、この時期においてはまだ、土地の無償解放を提案することも、あるいはそれを実現するために人民自身のもつ力を評価することもしてはいない。(2)この時期におけるオガリョーフの見解には、ツァーリの開明専制的統治に対する期待が残っていたし、また農民の改革へのエネルギーの評価においても、依然として農民の意識の中のツァリーズム崇拝の幻想が根絶されないあいだは、農民革命を導くことは困難である、という判断が大きく働いていたのである。したがって、改革の思想も啓蒙主義的あるいはエリート主義的性格を帯びていたと言える。これは、オガリョーフが、五〇年代に、デカブリストの遺志を継承することを目的とし、その変革の理論を受け継いで構想した「全ロシア秘密結社」(Обще-российское тайное общество) の計画の中にも十分窺われるところである。

だが、このような、啓蒙主義的ないしエリート主義的な変革の思想は、政府の抑圧の増大と国内・国外における反ツァーリ意識の高まりに応じて、しだいに急進的な傾向を帯びてくる。すでに触れたように、一八五六年にオガリョーフはロシアを去り、ロンドンにおいて亡命活動を始めるが、その頃には、「コーロコル」紙に最初に載せた論文で示したよりもはるかに革新的な論調で、農奴制の速やかな変革が必要であることを説き、それを達成するための秘密結社の組織の計画について述べている。同じ年に発表されたかなり大部の論文「ロシアの諸問題」(3)の第一部においては、農民解放の事業がもはや猶予できないことを指摘し、しかもこの解放は、農民に対する土地の強制的な分配によって遂行されなければならないことを、П・И・ペーステリの、「ルースカヤ＝プラーヴダ」(Русская правда)(4)を引用しながら論じている。

ツァーリ政府によって進められた農民解放の準備は、初期の段階では、オガリョーフやゲールツェンによって肯定的に受け止められていた。その準備段階においては、改革の具体的内容について、まだ十分に知りえなかったという事情もあるが、ロシアの人民全体のツァーリに対する信頼と期待は、宗教的雰囲気にも手伝われて、まだ相当に強いものがあったし、国内・国外の革命的民主主義者の殆どの者も、この改革を歓迎していた。(5) このような条件を考慮に入れても、なお、オガリョーフのツァーリの開明専制的統治への期待は、まだこの時期には払拭されていなかったとみることができる。彼らが、「コーロコル」紙上で、改革案の作成を依頼された県委員会の貴族委員に忠告して、委員会に農民代表を加えるべきことを要求したのが、この段階における彼らの見解の積極的側面であった。

政府や貴族委員会の手になる改革案が発表され、革新的な世論がこれに対して鋭い批判をあびせたとき、オガリョーフは、ゲールツェンとともに「コーロコル」に拠って、農民階級を断乎擁護する論陣を張った。「この勅令全体は結局なにを証言しているのであろうか。それは、ただ一つのことである。つまり、明らかに、問題が厄介であるということ、すなわち、貴族が農民の解放につよく反対するということ、そして、皇帝が、結局は、政府の全般的な農民解放の方法、すなわち財政的方法、ロシアの農奴の全体的な土地つきの買い戻しの方法に縋らざるを得なくなる、ということである。(6)」そしてオガリョーフは、農民が農奴であったときに耕作していた土地は、当然、農民のものとして農民に譲渡するのが理に適っていること、封建的な課税制度は撤廃されるべきことを骨子とする、自らの農民改革案を公表している。(7)

この時期のロシアにおける変革の情勢の成熟と相俟って、オガリョーフの農民解放・専制批判についての見解は急進化の傾向をたどる。彼は、改革案が貴族の代表者のみによって作成され、地主だけが農民の立場を決定するのは不公正であること、それ故に、貴族委員に問題の満足すべき解決を期待することはできないことを強調した。一八五九年には、貴族委員会の活動を鋭く批判する論文を「コーロコル」に発表し、「筆者への手紙」(Письмо к автору «Возражения на статью “Колокола”») という論文においては、貴族委員たちが農民を欺くつもりでいる、とあからさまに告発している。(8)

ツァーリの農民解放政策に対する批判が強まるにつれて、オガリョーフ自身の農民解放の具体的見解も、一八五九年以降、それまでの、地主への補償を伴う方法から、無償・無条件の方法へと変わってくる。同年の終りに、彼は、「小ロシアの地主の書簡への返事」の中で、この見解を明確に示した。それによれば、農奴制自体が農民を強制的に土地に緊縛するものであり、地主による土地の無法な強奪を基礎としているものであるが故に、地主の土地を買収することはそもそも違法である。したがって、農民の土地つき解放は地主に対する無補償・無条件でなされるべきである。けだし、農民に土地を与えることは、「掠奪されたものに対する財産のささやかな返還であり、強奪のあとの懺悔である」(9)としても十分とは言えないであろう。「買い戻し操作」(Выкупная операция) は、地主による再度の農民掠奪以外のなにものでもない故に、断乎排斥されなければならない。

オガリョーフのこのような主張にも拘らず、本質的には新たな社会状況に対応しての農奴制を再編成する性格をもち、革新的思想家たちの期待を裏切った「農民改革令」は公布された。オガリョーフは、「新しい農奴制の検討」(Разбор нового крепостного права) と題された論文で、憤慨の面もちでもって、「改革」の実態を分析した。彼は、「二月には布告に署名がなされ、四月には無防備の農民の血が流れ、五月には新内務大臣の通達が、県知事に、賦役が〝賦役でない〟ことを人民に対して説明するよう指令している」(10)(傍点イタリック) と述べて、布告に対する返答として蜂起した人民に対する武力弾圧や、「一時的義務農民」(временно обязанный)、貢租、さらには賦役労働

(отработка) をすべて農奴制でも賦役でもないとする官僚の欺瞞的解釈を非難した。そして、ついに彼は公然とツァーリに対して、「あなたは百姓の血を憐れまないで、解放のひと遊びをしたくなったのか、アレクサーンドル＝ニコラーエヴィチよ。さあ、気をつけなさい。血にむせぶことがないように」[11]と抗議し、結論として、農民がツァーリに欺されていることを指摘している。彼は、その後も、徹底した農民解放が不可欠であることを繰り返し強調している。「解放を真のものにし、現在の半農奴・半奴隷がなくなり、土地が分割されたり、売られたりしないで、人民に与えられるようにしなければならない。なんとなれば、土地は地主貴族や国庫のものではなくて、人民のもの、共同体のもの、自治体のものであるからだ。」[12]

ツァーリに対する期待が裏切られる一方で、農民の抵抗運動が高まるのを知ったオガリョーフは、次第に、ロシアの農民に、変革の担い手としての可能性を見出すようになる。ロシアの改革は、なんとしても人民自らの力によらなければ達成することはできない。そしてそのためには、人民が、社会構造の矛盾と自分の置かれた被抑圧的立場を十分に自覚し、それを抜本的に変革するために、潜在的エネルギーを組織することが必要である。だがそれを可能にするためには、農民を教育し、農民に科学的知識を宣伝する目的をもって、ロシアのインテリゲンツィヤが人民の中へ入っていくことが必要である。ここにおいて、オガリョーフは、「群衆の中へ入ろう。彼らとともに苦しもう。彼らの共感をよび起こさせよう。彼らを高めよう」[13]とインテリゲンツィヤに対して、人民の中へ進むアピールを始める。インテリゲンツィヤが人民の中へ入ることは、ロシアの全人民にとっては、ロシアを変革するために必要であったばかりではなく、インテリゲンツィヤ自身にとっても自己を解放するために必要であった。オガリョーフはインテリゲンツィヤの役割、学問の意義についてつぎのように述べている。「貧しい者や貴族でない者に門戸を鎖している学の殿堂に入るすべての富裕者や貴族は、自分を哀れだと感ずるであろう……。彼らに大学を閉鎖させよう。このことは純粋な学問を滅びさせることにはならない。大学の若者たちを地方に分散させよう。なにか価値ある人間は誰でも、どこへでも学問を携えていくであろう。授業を目的とする政府の学問ではなくて、人民の教育を目的とする生きた学問を。この学問は普遍的なものであって階級の区別をしない。われわれには渡り歩く教師が必要である。学問の伝道者は宗教のそれと同じように、特別に彼らのために建てられた教会に止まって閉じこもることはできない。彼らの動機は伝道であり、彼らの場所はあまねく存在する。……全ロシアに広まった大学の若者は、さまざまの階級のあいだにあって統一した使節として活動するであろう。自由な人間となるためには人民の中へ行くことが必要である」[14]。

人民の中へ入り、人民とともに高まる運動を具体化しようとして、オガリョーフは、従来から計画していた結社を組織するために積極的に活動し、一八六一年に「土地と自由」(Земля и воля) 結社の設立に関わる。彼の書いた「人民に何が必要か」(Что нужно народу) と題する論文が、この結社の行動綱領となった。この結社は、ペテルブルクとロンドンの密接な連携によって設立されたものであった。またオガリョーフは、この結社を通して、チェルヌィシェーフスキーら国内における仲間と、いよいよ密接な関係をもつようになった。

さらにオガリョーフは、「国民会議」(Земский собор) を召集する計画もたてている。この会議には人民の代表者が参加すべきものとされていた。オガリョーフの見解によれば、この会議の召集をツァーリに請求することは、すべての社会階層の代表者の義務であった。そして、政府が「国民会議」の召集を拒否するときには、一連の諸都市、地方の人民の武装蜂起によって専制を打倒すべきことが考えられていた。この準備を徹底し、所期の目的を完遂するためには、いちだんと積極的に、宣伝・教育の活動が為されなければならない。オガリョーフは、この点を重視して、農民、勤労者、小市民さらには学生と、広汎な層を対象とする評論誌「民会」(Общее вече) を創刊したのである。

（1）См. Н. П. Огарев, «Замечание на замечание Г. Чихачева», Ук. Избр. соц.-полит. и филос. произв. том I, стр. 101-105.
（2）См. Ш. М. Левин, Общественное движение в России в 60-70-е годы XXI Века, стр. 71.
（3）この論文は一八五六年から一八五八年にわたって、「ポリャールナヤ＝ズヴェズダ」誌と「コーロコル」紙の両方に発表されている。См. Н. П. Огарев, Ук. Избр. соц.-полит. и филос. произв. том I, стр. 810.
（4）П・И・ペーステリの「ルースカヤ＝プラーヴダ」の概要については、本書第一章を参照されたい。
（5）本書第二章参照。
（6）Н. П. Огарев, «Еще об освобождении крестьян», Ук. Избр. соц.-полит. и филос. произв. том I, стр. 273.
（7）См. Н. П. Огарев, «Что нужно народу?» Ук. Избр. соц.-полит. и филос. произв. том I, стр. 530-534.
（8）См. Н. П. Огарев, «Письмо к автору 〈Возражения на статью "Колокола"〉», Ук. Избр. соц.-полит. и филос. произв. том I, стр. 309.
（9）Н. П. Огарев, «Ответ на письмо малороссийского помещика», Ук. Избр. соц.-полит. и филос. произв. том I, стр. 342.
（10）Н. П. Огарев, «Развор нового крепостного права», Ук. Избр. соц.-полит. и филос. произв. том I, стр. 468.
（11）Там же, стр. 470.
（12）«Литературное наследство», тт. 39, 40, изд. Академии Наук СССР, 1941, стр. 328.
（13）Н. П. Огарев, «Письма к соотечественнику», Ук. Избр. соц.-полит. и Филос. произв. том I, стр. 373. Cf. F. Venturi, Roots of Revolution, Weidenfeld & Nicolson, 1960, pp. 109-110.
（14）F. Venturi, op. cit., p. 231.

四　西欧国家批判

農奴所有地主の農民に対する専制的支配を永続させようとするロシアの農奴制秩序を間断なく批判したオガリョーフは、西ヨーロッパの国々の政治・社会構造をつぶさに研究した。そして彼は、専制がロシアの人民にとって災厄であるのと同様に、ヨーロッパの勤労大衆にとっては、資本主義の体制は災厄であり、多くの否定的側面をもっている、ということをあきらかにした。

彼の説くところによれば、ブルジョアジーは、その成長の初期においては、人民の利益を犠牲にして封建領主に抵抗するが、封建領主を打倒するか、あるいはそれと妥協することによって権力を掌握するやいなや、人民を相手として、自らの権力を擁護するようになる。ヨーロッパにおける民主主義は、現象形態は、国によって異なっており、国家の機構や代表議会の制度も同じではない。にも拘らず、その背後にあって、権力を掌握しているのが、富裕地主、商人、銀行家、店主等を含むブルジョアジーであるということは変わらない。(1) それ故に、ブルジョア憲法によって宣言された「自由」は形式的なものであり、人民にとっては何の役にもたたず、お笑い草でしかない。議会組織も本来機能不全の存在である。オガリョーフは、ブルジョア国家のもつ欠陥を、具体的な国を例に挙げてつぎのように指摘している。

イギリスのブルジョア革命は、ブルジョアジーと封建領主との妥協の産物であった。その結果は、すべての財は中産階級に集中し、経済・社会的には、中産階級のブルジョア化と人民の貧困化という二極分解が進むにも拘らず、法的・形式的には両者の同権を謳うことになったのである。工業や農業に利己的利益を追求するイギリスのブルジョアジーは、自らの利益に反しない秩序を新しく打ち立てた。この秩序の中では、些細な生産の改善さえも、常に人民の利益を縮小する方向で考えられ、安価な製品の追求は、勤労者に低賃銀という犠牲を払わせて、安易な利潤追求として行われるにすぎなかった。このような経済的差別のあるところでは、人民のいかなる教育についても語ることはできない。イギリスにおいては、学問は少数の人々の占有するところであり、大多数の人民は無学・無教養のままに放置されているのだ。

議会は、かくして、財産と教養を備えた少数の市民の代表者の集まる場所であり、彼らの富を、より豊かにするために役立つあらゆることを、公に許諾するための機関である。このことは、イギリスの裁判制度についても言えることである。大規模所有者の仲間から選ばれる陪審員、法外な裁判費用、裁判官の買収、さらに加えて、中世から存続する判例の複雑な積み重ねやその詭弁的性格は、大部分の人民にとっては理解の範囲を超えたものである。ただ人民にとって理解し得ることは、裁判所や裁判が、少数者のためにのみ存在するということだけである。市民の自由についてみても、多忙な庶民にとっては、図書館は縁遠く、貧しい大衆にとっては、出版の費用がかかりすぎるために、思想の自由や出版の自由は存在しないに等しい。「個人の自由」について謳う法律は、空虚な形式にすぎない。かくて、イギリスの革命は、「住民の大部分にとって、市民の自由がゼロに等しいような、新しい種類の奴隷制度」(2)を生みだしたのである。

アメリカの場合はどうか。この国においても事態の本質は変わらない。富の獲得と蓄積を崇拝し、個人的成功を礼賛し、地位と権力を追求する社会風土においては、「合衆国の市民は、勝手気ままな財産所有者、自由奔放に振る舞ってきたブルジョアジーとして、良心に基づく裁判さえ不要となるほど徹底した無法にまでいきついた。なぜなら、決闘やあるいは殺人によって事件を決着させることができるからである。」[3]しかもアメリカは、憲法に宣言されている自由・平等と極端に矛盾する奴隷制度が存在するのである。

奴隷制度に対する批判は、すでに、A・H・ラヂーシシェフによってなされ[4]、その後デカブリストによっても行われた。それらを受けて、オガリョーフは、アメリカにおける奴隷の悲惨な現状、すなわち、農場主のニグロに対する嘲弄と侮蔑、さまざまの横暴、法の外に置かれたニグロの耐え難い苦悩を描写し、アメリカにおける奴隷制度を徹底的に弾劾している。

イギリスやアメリカにみられるようなブルジョア国家のもつ欠陥は、フランスにおいてもみられる。一七八九年の革命と、その後の政治過程においても、ブルジョア社会における平等の形式的性格は変らない。

以上のような分析に基づいて、オガリョーフは、西ヨーロッパのブルジョア国家・社会の存在を、「すべて存在するものは理性的である」という命題によって正当化しようとするロシア・ヘーゲル学派の試みに対して、痛烈な皮肉をこめてつぎのように答えた。「ヨーロッパの歴史の発展は、すべてのものが本性において理性的である……のと同じく理性的である。だがその発展は、一定の条件のもとで結合した三単位の酸素と一単位の硫黄が硫酸をつくるということと同じく、十分理解されてはいない。まだ誰も、硫酸を絶対的な真理とはみなしていないのである。そしてわれわれは、ヨーロッパに創設されたような、集中的にまたは分割的に相続された私的土地所有の事実を、真理と認め、それをなにか人類によって意識的に仕上げられたもの、なにか社会生活の不可欠の（sine qua non）条件として役立つ価値あるもの、なにか学問の基礎となる価値あるものと認める十分な理由を、なにも見いだしていないのである。」[5]そしてまた、ロシアの農奴制擁護論者の、西ヨーロッパを無批判に模倣しようとする態度に対しても、その態度が、「地主貴族の外国のあらゆるものに対する卑屈な根性、ヨーロッパの精神活動ではなくて、その低俗な側面の模倣[6]」にすぎないとして批判を加える。このような彼の西ヨーロッパ観を、すでにみてきた彼の社会改革の理論と併せて考えるとき、オガリョーフを、いわゆる西欧主義左派として位置づけることには、かなりの無理が伴うことが理解される。オガリョーフは、ロシアの農奴制・専制への賛辞に対して抗議し、資本主義ヨーロッパのまえに拝跪する西欧主義に対して批判を加えた革命的民主主義者として位置づけされることが必要である[7]。このことは、以下に述べるようなオガリョーフの国家観や国家変革の理論を検討することによって、さらに明らかとなる。

（1） Н. П. Огарев, «Ответ на письмо малороссийского помещика», Ук. Избр. соц.-полит. и филос. произв. том I, стр. 327.
（2） Н. П. Огарев, «Русские вопросы, статья третья, крестьянская община», Ук. Избр. соц.-полит. и филос. произв. том I, стр. 148.
（3） Там же, стр. 167.
（4） См. А. Н. Радищев, Ук. Путеш. из Петерб. в Москву, стр. 93–94 и т. д.
（5） Н. П. Огарев, «Ответ на письмо малороссийского помещика», Ук. Избр. соц.-полит. и филос. произв. том I, стр. 329.
（6） Н. П. Огарев, «Предисловие 〈к сборнику "Русская потаенная литература XIX века"〉», Ук. Избр. соц.-полит. и филос. произв. том I, стр. 443.
（7） См. Н. Г. Тараканов, «Мировоззрение Н. П. Огарева», Н. П. Огарев, Ук. Избр. соц.-полит. и филос. произв. том I, стр. 11.　なお、西欧主義、スラヴ主義と革命的民主主義との思想的相剋に関しては、世界大思想全集　河出書房　哲学・文芸思想篇　二七　一九五九年　に収められた金子幸彦氏の「解説」参照。

五　国家観と国家変革の思想

それでは、オガリョーフの、国家観と国家変革の思想について概観してみよう。彼の、国家観や国家変革の思想は、一つのまとまった著作として発表されたものではない。一八五〇年代から一八六一年の農民改革の前後にかけて、つぎつぎと発表された幾つかの論文の中で形成されたものである。またそれは、B・C・ポクローフスキーの表現を借りれば、「疲れを知らぬロシアの革命勢力の組織者が、ロシアの専制に対して行った闘争の、具体的・歴史的状況から直接生まれたものである」(1)と言うこともできよう。

まず、オガリョーフの国家の概念からみていこう。彼は国家をつぎのように定義している。「国家とは、抽象的な歴史・地理的概念であって、その生きた現実、生きた肉体はすなわち人民であり、人民の内的構成であり、そして人民の国境内の土地領有である。抽象的な概念として、国家はあらゆる状況に適応することができたし、事物についてのあらゆる見解に適応することができた。抽象的な概念は、つねに人々に、無意識的にあるいは意識的に、事実や正義に対して嘘をつく極端な便宜を提供する。すべての政府、すべてのスコラ哲学者、すべての教説が抽象的な概念を用いた。(2)」抽象的な概念が、封建・専制君主や貴族によって用いられるときには、つねにそれは祖国の概念と混淆し、支配のための手段として利用されるのである。ヘーゲルの国家観はその抽象性の故にも、批判が加えられなければならない。オガリョーフによれば、ヘーゲルは、プロイセンの農奴制君主を正当化しようと努めて、抽象的な概念を理念の段階にまで高め、そして国家の理念から学問的ドグマを作りだした。「彼は、人間的で、誤りのないものの現れを国家の理念に起因するとした。つまり宗教的なもの、理性的なもの、どちらも同じことであった。」[3]

このような抽象的概念は、国家の実態を十分把握し、説明するものではない。国家の概念は、もともとある程度抽象的な概念ではあるが、これをより科学的なものとするためには、ロシアにおいては、ルーシにおける共同体的土地所有形態や、村落的・共同体的秩序を引き継いでいる地方自治体（земство）と比較しながら考察することが必要である。そうすることによってはじめて、国家の概念は、人民の利益と一致することになる。

君主の所有権、換言すれば、君主が自分の土地を官僚に分配し、「ツァーリの土地」で働く住民に、租税や賦役を要求する権利は、一六四九年の「法典」（Уложение）で整備され、さらに、「ロシア帝国法律大全」（Свод законов Российской империи）において強化された。[4] これらの法律は、前述のような、ロシア人民に固有な、共同体的秩序や土地所有の観念とは対立するものであった。それ故に、人民の道徳や法の観念と相反するツァーリの立法や土地制度の緊縛から農民を解放すること、一切の生活形式を、共同体的土地所有を基盤とする地方自治の秩序の上にとり戻すことが、ロシアの社会変革者の課題でなければならなかった。

オガリョーフは、すでに触れたように、ロシアの変革者がこの課題を遂行するためのプログラムを、一八五七年ごろから作りはじめ、最終的には一八五九年に仕上げて、これに「理想」という標題をつけている。このプログラムを通して、彼は、変革者の組織、行動を具体的に示すとともに、将来実現されるべき国家の像を画いている。

オガリョーフの示したプログラムによると、ロシアにおける秘密の革命組織は、「共同体的土地所有を基盤として、社会平和を創設する」ことをその直接の課題とし、そのために、専制の打倒、農民の解放、農民共同体の自治を確立することが目標とされていた。[5]

農民の自治を実現するためには、ロシアは共和制を採用し、中央政府をもった連邦（同盟）に組織されなければならない。ロシアを連邦に分割するにあたっては、地理的条件や民族的特徴、さらには産業発展の諸要素を十分考慮することが必要である。オガリョーフは、それらのうちとくに民族的特徴を重視している。彼の連邦国家論を検討するに先立って、ここで彼の民族観について概観しておきたい。彼は民族問題に関して、ゲールツェンと同様に、大きな関心を払っており、この問題について、多くの論文で所説を展開している。それらに示されたオガリョーフの民族観はつぎのとおりである。各々の民族は、その生活状態や地理的環境の如何を問わず、すべて国家統治のもとにあっては等しく平等の取り扱いを受けなければならない。ツァーリの専制はロシアの人民を抑圧し搾取するが、それは、地理的条件のもとでは、民族的差別の形態をとって現れている。ロシアにおいて、民族的無差別の原理を実現する政治形態として連邦共和国を樹立するのは、このような不合理な民族支配を根絶することに他ならない。それなるが故に、ロシアにおける革命の問題は、民族問題と結合することによって、解決の糸口が引きだされる。つまり、反ツァーリ闘争は、民族自決の闘争と、勤労人民の反農奴・専制闘争と結合することによってはじめて所期の効果を収めることができるのである。

オガリョーフの民族に関する、右のような見解は、個々の事件についての評論の中にも、はっきりと示されている。たとえば、彼は、一八六三年のポーランド人民の蜂起に際しては、ロシアの革命的民主主義者や人民も、連帯して反ツァーリ運動を起こすことが必要であると力説した。「……ポーランドの解放、隣接地域の解放と、ロシアの解放は切り離すことはできない……。われわれはもちろん、兄弟のように、あとで分かれることは自由である。だがわれわれは、他方を抜きにして一方を解放することはできない。(6)」それ故に、解放運動のための結社も、それぞれの民族的特徴を十分生かして結成され、ロシア人民の周囲に、全体として密接に結合することが大切である。「ポーランドの結社も、リトアニアやウクライナの結社も、そしてロシアの結社も、全体の力を構成するようそれぞれの力を示さなければならず、それ故に、一緒に働かなければならない。[7]」

オガリョーフは、このような民族観に立脚し、地理的条件や産業発達の諸要素を考慮にいれながら、ロシアを、(1)ヨーロッパ・ロシア、(2)バルト海沿岸、(3)ポーランド・リトアニア、(4)白海沿岸、(5)ヴォールガ地方、(6)ウクライナ、(7)新ロシアすなわち黒海地方、(8)ウラル、シベリア、(9)黒竜江地方の九つの州に分割し、それを連邦的同盟として統一するのが妥当であると主張する。

ロシアを連邦的同盟に統一するというオガリョーフの主張の根底には、右のような民族観に加えて、現存の中央集権的官僚支配を徹底的に除去しなければならないとする見解が横たわっていた。彼は、新しく構成される連邦共和国の中央政府の権限や機能に関しても、厳しい制約を設けるべきだと考えていた。

中央政府の機構や機能についてみれば、それは構成員選出の制度や、政府の人民に対する責任と義務の原理を基礎としている。中央政府すなわち中央人民委員会の構成員は、地方自治体から、言わばつみ上げ方式によって選出され、これら構成員によって、中央政府の長としての大統領が選ばれる。中央政府は、貨幣の発行・信用業務、鉄道の敷設と経営、すべての陸上・海上および河川交通路、郵便や電信、外国貿易等について任務と権限とをもつべきものとされた。そして、これらの任務を遂行する行政およびそれに要する歳費に関しては、これを公開し、人民の意向を尋ねることが義務づけられている。この点についてオガリョーフの表現を直接引用すれば、「中央政府は、任期があり、すべての活動において公開で有責でなければならない。それ故に、政府の任期が満了し次第、政府の構成員は、その不法行為に関していずれかの州からの要求があれば、州から任命された陪審員によって刑事裁判されることがある。[8]」

つぎに、立法機関は、すべての階層からなる国民会議（Земский собор）として構成される。国民会議は、本質的

につぎの各項の原理を遂行すべく具体的な改革を実行しなければならない。すなわち、
一、住民や土地に対する地主の所有権を廃止することによる農奴制の即刻の廃止
二、農民になんらの追加の納税義務を負わせることなく、国庫収入から地主に貨幣報酬を与える立法によって、土地を共同体（農民共同体）に譲渡すること
三、平等と、一切の身分的差別の根絶を実施すること
四、一切の官吏制度を廃止して、人民から選出された者による人民統治の制度を実施すること
五、新しい人民裁判の確立
六、連邦の組織

オガリョーフは、右のような「理想」を実現するために全ロシアの秘密結社を設立するプランを、詳細につくり上げた。彼のプランによると、まずロシア国内に一連の支部をおき、国外にも支部を設置し、それらの支部に支えられた指導的革命中央部を設定する。国外の支部は、ロシア国内で活動する結社のために、印刷物による宣伝活動を活発に行い、また、国内の結社の結合を支援する役割を担うものとされた。

結社は、ペテルブルク、モスクワ、カザーニ、ハーリコフ、オデッサ、キーエフ、デールプト等の大学所在都市と、ワルシャワ、ジトーミル、オレンブールク、ザヴォールジエ等の軍事都市およびカフカース地方にその中央部を設けなければならない。各々の中央部はその管轄区域で結社を組織する義務を有すると同時に、各結社は相互に密接な連絡をとらなければならない(9)。このようなオガリョーフのプログラムの中には、変革過程において、知識人と並んで軍隊の果たす役割の重要性についての彼の認識が示されている。ツァリーズムに対する人民の蜂起は、一時に、数多くの地点で起こされなければならず、それを効果的に実行するために、結社は多くの場所に出先機関をつくり、蜂

起運動の陣頭指揮をとる必要がある。もっとも、オガリョーフは、反ツァーリ闘争をたんなる混乱と流血によって遂行しようとしたのではなかった。むしろそのような事態を極力回避し、「分別ある秩序の中で、けっして血を流さず、またけっして破壊を招かず」[10]に事を運ぶように意を配っている。このような彼の戦術論を十分効果あらしめるためには、前記の、各地域における結社と並んで、強力な組織と統制力を備えている軍隊が重要な役割を担うべきものであった。そこで彼は、軍隊の中に結社を組織し、革新的思想をもつ将校をこれに吸収し、この将校によって、兵士に武装蜂起の意義、兵士の任務を教育することの重要性を、極力主張したのである。[11]

以上に示されたオガリョーフの国家観や変革の理論は、ラヂーシシェフやデカブリスト、とくに南方結社のペーステリによって、現存の専制農奴制国家に対置された共和制国家理論を、さらに発展させたものであることが容易に見て取られる。

（1）В. С. Покровский, История русской политической мысли, вып. IV, Госюриздат, 1954, стр. 78.
（2）Н. П. Огарев, «Расчистка некоторых вопросов, статья первая, государственная собственность», Ук. Избр. соц.–полит. и филос. произв. том I, стр. 596–597.
（3）Там же, стр. 598.
（4）Свод законов Российской империи の成立経過については本書序章二を参照されたい。
（5）Н. П. Огарев, «Идеалы», Ук. Избр. соц.–полит. и филос. произв. том II, стр. 54.
（6）Н. П. Огарев, «Ответ на 〈ответ "великоруссу"〉», Ук. Избр. соц.–полит. и филос. произв. том I, стр. 539.
（7）Там же.
（8）Н. П. Огарев, «Идеалы», Ук. Избр. соц.–полит. и филос. произв. том II, стр. 55.
（9）Н. П. Огарев, 〈О тайных обществах и их объединении〉, Ук. Избр. соц.–полит. и филос. произв. том II, стр. 68–.

（10） Н. П. Огарев, «Цель русского движения», Ук. Избр. соц.-полит. и филос. произв. том II, стр. 63.

（11） 実際に軍隊の中に秘密の結社が組織されていたことが、新しい史料によってあきらかにされている。См. «Литературное наследство», том 61, изд. Академии Наук СССР, 1953, стр. 512–517.

六　おわりに

オガリョーフの著作の中には、二つの思想的傾向が認められる。その一つは、ロシア変革運動の貴族主義的な段階からラズノチーンツィへの移行の時期[1]に相応する傾向であり、その二つは、一八六一年を転機とする、反ツァーリ闘争のプログラムに実現された思想の発展過程に相応する傾向である[2]。彼は、このような思想的傾向を示しながらも、一貫してツァーリ専制に対する抵抗と農民階級擁護の姿勢を保持し、積極的にロシアを変革する活動を展開したのである。この意味で彼は、「社会をさまざまに解釈したのみ」でなく、それを変革しようとしたロシアの革命的インテリゲンツィヤ[3]の、先駆的役割を担った思想家であると言うことができよう。

オガリョーフのこのような思想と行動の積極的側面を評価し、それを正当にロシアの思想史の中に位置づけようとした最初の思想家は、当時オガリョーフとともに活動したチェルヌィシェーフスキー（Н. Г. Чернышевский）であった。チェルヌィシェーフスキーとドブロリューボフ（Н. А. Добролюбов）を通して、彼の土地社会主義やナロードニキ主義は発展的に継承され、やがてロシア全土に広がる運動の理論的基盤を提供することになる。

彼は、死の瞬間まで、ロシアの将来に大きな希望をもっていた。この希望をあらわす彼の言葉をもって、本章の結びとしたい。「どこに彼らは、未来の詩人はいるのか。それともまだ生まれていないのか。どこから彼らは現れるのか。自己を否定する貴族の中からか。自らを拒否する官吏の中からか。それとも、すべての階層の相続人たる人民の中からか。わたしは知らない。だがわたしは、彼らが何になるかは知っている。(4)」

（1）　См. В. И. Ленин, Ук. Соч. том 20, стр. 223.

（2）　См. В. С. Покровский, Вышеуказ., стр. 60.

（3）　Cf. M. Malia,What is the Intelligentsia, R. Pipes ed., The Russian Intelligentsia, Columbia Univ. Press, 1961, p. 1.

（4）　Н. П. Огарев, «Предисловие 〈к сборнику “Русская потаенная литература XIX века”〉», Ук. Избр. соц.–полит. и филос. произв. том I, стр. 467.

第四章　ラズノチーネツの登場

――B・Γ・ベリンスキーの場合――

一　ラズノチーネツ登場の社会的背景

一八世紀の後半に、A・H・ラヂーシシェフによって始められたロシア解放思想の展開は、一八二〇年代のデカブリストの運動をあいだに挟んで、四〇年代に入って一つの盛期を迎える。この時期の代表的な思想家としては、A・И・ゲールツェンやH・П・オガリョーフ、さらにM・バクーニンが挙げられる。これら思想家の基本的な特色は、彼らがすべて貴族階級の出身者であったということである。このことは、彼らによって展開された政治思想の内容をも、あるいは、具体的に行われた解放運動の性格をも特徴づけている。こうした点から、ロシアにおける一八四〇年代は、解放思想および運動の「貴族的段階」であったと言うことができる。(1) そしてまた、このような思想家の特徴づけは、当時のロシアにおける社会・政治的諸条件とも密接な関連を有している。

この時期のロシアの社会は、約言するならば、専制=農奴体制の中に、新たな産業や流通が起こってくる段階にあった。国内における商取引や対外貿易はしだいに活発となり、それとあいまって、商品生産は増加の一途を辿った。

また、工場の数も漸次増加し、雇用労働者の数も増えていった。一方においてこのように、近代産業が起こりつつありながら、その経済・社会体制の基調は依然として農奴制農業経済であった。そのため、当時のロシアの社会には、新たな矛盾がしだいに醸成されてくるようになった。

すなわち、この時期においては、農奴制はロシアの経済・社会的発展にとって、段々と障碍となってき、巨大企業の創設やプロレタリアートの形成にとってブレーキの役割を果たすようになっていた。このような社会的矛盾は、当時のロシアにおける基本的な階級であった農奴主と農民の対立の激化をもたらした。この時期には、国内の広汎な領域において、農民騒擾が頻発するようになり、またその規模も拡大し、抗争も熾烈の度を加えるようになってきた(2)。

そうは言いながら、真の意味における人民大衆の革命的な運動は、やがてくる「農民解放」の時期まで存在しなかったと言ってよい。四〇年代においては、すでに触れたように、ツァリーズムに対して勝利を収め得るような人民大衆の闘争の中核となるプロレタリアートは、ようやく生れ始めたばかりであった。そしてまた、ようやく社会勢力となりつつあったブルジョアジーは、ロシアの歴史を通じてそうであったように、ツァーリの専制権力に対抗し得る勢力とはなりえなかった。ロシアのブルジョアジーは、少なくとも二〇世紀初頭までは、支配階級たる地主＝農奴主に対して迎合的な態度を示し、概して農奴制国家を支持してきた。また農民は、統一性も組織ももたず、政治意識も低かった。それ故に、ようやく頻発し、激しさを加えてきた農民騒擾も、個々の地主や役人に対する抵抗ではあり得ても、矛盾の原因たる農奴制や専制国家そのものに対する抵抗を準備する段階にまでは至らなかった。社会改革の運動を理念的に支える政治思想は、個々の思想家の頭脳の中には生れ育ってはいたが、まだ、広汎な人民大衆の共感を呼ぶところまでには、滲透してはいなかった。

したがって、このような社会的条件のもとでの反ツァーリ・農奴解放の運動は、主として、ロシア国内の悲惨な封建・農奴的社会関係を認識した貴族出身の知識人によって担われていた。つまり、この時期において、農奴制を批判し、その根絶を主張しえた唯一の社会勢力は、これら貴族出身の知識人であったのである。デカブリストの武装蜂起が失敗した後ゲールツェンが登場するまでの時期の解放運動を分析して、レーニンは、「農奴制ロシアは踏みにじられ、逼塞していた。抗議は、人民の支持をもたない、力のない、とるに足りない少数の貴族によって行われた。しかしながら、貴族のうちでもっともすぐれた人たちは、人民が目覚めるのを助けた」[3]（傍点隔字体）、と述べている。

　このように、ロシアにおける四〇年代の解放思想の盛期は、貴族的性格をもつ運動の盛期であったが、またそれは同時に、貴族思想家と並んで新しい社会階層――ラズノチーネツ――がロシア解放思想・運動の歴史の舞台に登場する時期でもあった。ラズノチーネツ（разночинец）とは、多様な階層の出身者を意味し、商人（купечество）、町人（мещанство）、聖職者や小貴族、下級官吏あるいはまた、ときとして「教養ある社会」へ足を踏み入れた農民等多様な社会階層出身の知識人を指す言葉である。[4]

　ラズノチーネツのそもそもの起こりは、ツァーリ政府が、ロシアの国力の発展を企図して、国家有為の人材の養成を計画し、貴族以外のすべての階級に対しても大学の門戸を開放したところにあった。大学の門に入ったこれら諸階級出身の若者は、そこで、当時支配的であったドイツ哲学やフランスの社会思想を研究し、西ヨーロッパの発達した文化を摂取する。そして、これら青年学徒の中で、真に学問を研究し真理を探究しようとした者は、いきおい、新たに修得した思想をもって、ロシアの社会関係の現実を批判するようになる。ラズノチーネツは、いわばツァーリ政府の国家発展政策の鬼子とも言うべきものであった。

　ラズノチーネツが貴族階級と並んでロシア思想史の舞台に登場してくる情景を、ゴーリキーはつぎのように描写している。「……誇りと、自恃の力を持った人びとがすでに現れていた。彼らは、過去の廃墟につまずかず、自分の道を進んでいた。そして当時の自分の道は、ただ一つ、人民の方へ、農民大衆の方へ、つまりまず第一に、農奴制に反対してのみ、あり得たのであった。デモクラチックな立場をとることが必要であった。時勢がすべて彼らをその方へつきやり、また西ヨーロッパの歴史がそれを指し示していた。

過渡期にはつねに人間の二つのタイプが、とくに際立ってくる。一つは、死滅しつつあるもののすべて、すでにその役割を終ったもののすべてを完全に一身に体現している人びとである。……もう一つのタイプはもっぱら、未来への希求によって生きており、古い習慣とはまったく縁がなく、それには敵対的である――これは、我われにとってはベリンスキーであり、ドブロリューボフであり、チェルヌィシェーフスキーである。」(5)

こうして、しだいに社会勢力として台頭したラズノチーネツは、革命的民主主義の思想を、貴族の段階からより大きく前進させ、その立場を、貴族思想家よりもいっそう、人民大衆に近づける役割をはたした。ラズノチーネツが「貴族をすっかり押しのけて」(6)ロシア解放運動の担い手となるうえで、先駆的役割をはたしたのが、ベリンスキーであった。

先駆者には先駆者なるが故に歩まなければならない苦難の行程がある。そしてまた、先駆者の確立する思想には、後継者によって学ばれ、より豊かに発展せしめられる多くの萌芽が宿されている。B・Г・ベリンスキーが、晩年に至って、貴族的段階から一歩進んだ革命的民主主義の思想を確立するまでの複雑な思索の過程や、最終的に形成される反封建・農奴制思想は、以後に続く多くのラズノチーネツ・インテリゲンツィヤの思想と行動を象徴的に表現している。これらの諸点を視座にすえながら、以下、ベリンスキーをとり上げて、その思想の形成過程と基本的構造を検討してみよう。

（1）レーニンはロシアにおける解放運動の歴史を、ロシア社会の三つの主要な階級に照応させて、（一）およそ一八二五年から一八六一年までの貴族の時期、（二）ほぼ一八六一年から一八九五年までのラズノチーネツまたはブルジョア民主主義派の時期、（三）一八九五年以後のプロレタリアの時期の三つの主要な段階に区別している。См. В. И. Ленин, Ук. Соч. том. 20, стр. 223.

（2）統計によれば、四〇年から五〇年までの一〇年間の農民騒擾は三五一件におよび、それまでの一〇年間の件数の二倍半近くに増加している。См. И. Игнатович, Крестьянские волнения первой четверти XIX века. «Вопросы истории», No. 9, 1950 г., стр. 49.

（3）В. И. Ленин, Ук. Соч. том. 19, стр. 294–295.

（4）レーニンは、ラズノチーネツを、官吏や商人や農民に属する自由主義的および民主主義的ブルジョアジーの代表者たち、と定義している。См. В. И. Ленин, Ук. Соч. том. 20, 223.

（5）М. Горький, История русской литературы, М. 1939, стр. 153.　山村房次訳『ロシア文学史』（岩波文庫版）上　一九五八年　三一七頁。

（6）В. И. Ленин, Там же.

二　ベリンスキーの思想発展段階

В・Г・ベリンスキーは、一九世紀四〇年代において、ラズノチーネツの革命的民主主義思想の創始者としての役割をはたし、ツァーリ・ニコラーイ一世の反動政治のもとにあって、農奴制＝専制に対する抵抗運動の激励者として重要な役割をはたした。

ベリンスキーの果した役割や影響力を評価するに当っては、他の思想家の思想・活動を評価する場合と同様に、その時代の政治的・社会的諸条件との関連においてそれを行うことが必要である。彼の生み出した革命的民主主義の思想は、農奴制の重荷で圧し潰されている農民の気分を十分に反映したものであった。しかしながら、彼の思想は、貴族革命家、とくにデカブリストの場合にみられるように、(1)狭い階層の所有物に止まるようなことはなかったにしても、それでもなお、ラズノチーネツの内輪の所有物たる枠をこえて、人民大衆にまで深く滲透するまでには至らなかった。また、彼自身も、当時の他の革命的民主主義のイデオローグと同様に、一連の運動の指導者とはならなかったし、なることもできなかった。ベリンスキーの時代のインテリゲンツィヤにとって、公然たる政治運動を行う途はことごとく閉されていたのである。

公然たる政治運動を閉していた主な制約として、つぎの二つが指摘される。その一つは、すでにみてきたように、この時代には、農奴制を変革することのできる社会勢力がまだ存在しなかったということである。少数のインテリゲンツィヤによって生み出される思想は、人民大衆の国民感情にまで成熟したとき、はじめて革命的なエネルギーとなる。(2)少数の指導者の指導性は、多数の人民のエネルギーと結合してはじめて政治的効果を発揮する。当時のロシアにおいては、このような社会的エネルギーはようやく芽生え始めたばかりであった。

制約の二つとしては、ツァーリ権力の、反体制思想や運動に対する弾圧が挙げられる。ベリンスキーは、つとに大学在学中に、ツァーリ政府による弾圧の洗礼を受けている。一八二九年モスクワ大学哲学部の語学文学科に籍を置いたベリンスキーは、一八三二年に大学から、「健康のすぐれざる故、しかもまた能力のすぐれざる故」をもって除籍処分に付された。処分の真の理由は、彼がシラーの『群盗』からヒントを得て戯曲『ドミートリー＝カリーニン』を発表し（一八三〇）、その中で、農奴制を非難したことにあったのであり、そのために彼は、ツァーリ政府のさしがね

によって、大学から追放されたのである。それ以来ツァーリのベリンスキーに対する弾圧は、彼の死後にまで及んでいる。(3)

このような過酷な条件のもとで、専制＝農奴体制やそれを擁護するイデオロギーに対して闘争を続けようとするとき、もっとも現実的で効果的な手段が文学であり、社会批評であり、そして文芸批評であった。ベリンスキーが近代的なタイプの批評の先駆者となったことは、けっして偶然ではない。(4) ベリンスキーは、文芸批評や社会批評に全精力を傾注し、批評論文の形式を駆使して、ツァーリ政府の専制＝農奴制擁護の政策や、ツァーリ体制のイデオロギーである「専制・正教・国民性」の三位一体論に対して、批判を展開した。

以上みてきたような諸条件の中での、ベリンスキーの思想活動の役割と影響とを考察するとき、彼が短かった生涯のあいだに、精力的に発表した多くの論文が、農奴制擁護者やブルジョア自由主義者に対するイデオロギー的闘争の、強固な拠り所となったこと、そして、彼の思想が農奴制に反対する農民に対して力強い息吹きを与えたことの意義の重要性を認識させられる。

けれども、ベリンスキーが、ラズノチーネツの革命的民主主義の先駆者たるにふさわしい思想を確立するまでの過程は、けっして単純なものではなかった。海軍軍医で、のちにペーンザ県の田舎町チェムバール（現在のベリンスキー市）の郡医であった、いわば典型的なラズノチーネツを父としてもつ家庭に育ったベリンスキーは、とくに大学を逐われて以後若くして死ぬまで、生活の苦しみを味わい続けたが、思想形成の面でも苦難の連続であった。彼の思想の営みは、啓蒙主義から革命的民主主義へ、理想主義から空想的社会主義へ、観念論から唯物論への激しい動揺の過程を辿った。彼は思索の過程で、ドイツ観念論、フランス啓蒙主義、空想的社会主義、さらには、ラヂーシシェフやロモノーソフの思想の影響を強く受け、バクーニン、ゲールツェン、オガリョーフらとの知的交流からも多くのものを学んでいる。

彼の、複雑な、ときとして矛盾を示すような思想形成の過程については、すでにこれまで、多くの思想史家が種々の解釈を試みている。(5) たとえば、Γ・B・プレハーノフは、ベリンスキーの著作活動や社会活動を高く評価しているが、ベリンスキーの思想発展過程については、必ずしも当を得た分析を行っているとは言えない。彼は、ベリンスキーの思想発展段階を、「シェリングの時期」、「フィヒテの時期」、「ヘーゲルの時期」、「ヘーゲル左派の時期」、「フォイエルバッハの時期」と五段階に区分している。(6) なるほどこのような時期区分やそれぞれの標題づけは、ベリンスキーがとくに精力を傾けて研究し、とくに大きな影響を受けた時期を示してはいる。だが、このような分析態度は、結果的には、ベリンスキーの思想形成の過程が、あれこれの思想を無批判に受けいれ解釈することから出発したのではなくて、何よりもまず、ロシア農民の利益と要求、ロシア社会の現実的土台から出発したのだということ、さらに、それぞれの発展段階において、ベリンスキー自身の理論の主体性・独自性が存在していたという事実を見落すことになる。(7) しかもまた、このような分析方法は、ロシアにおける解放思想の連続的な側面をも見過してしまう恐れがある。

ベリンスキーの思想形成の過程は、その中を一貫して流れている彼の「最後の言葉」を探求しようとする基本的な姿勢を中心視座にすえて分析するときにのみ、もっとも正しく把握されうるであろう。このような視点に立って彼の思想形成を概観するならば、その過程はつぎの四段階に区分することができよう。(8)

第一段階は、一八三〇年から一八三七年までの時期である。この時期のベリンスキーは、弁証法的観念論を哲学的基盤として、啓蒙主義の立場から、農奴制に対するイデオロギー闘争を展開した。彼は、この時期、我われをとりまく世界が永劫の絶対精神の具現以外のなにものでもないと考えていた。がまた同時に、彼は、世界の唯一の実体たる

「神」は、不断の運動の中で、自然の個々の現象として現れるとも考えていた。彼はこのような考えを、『文学的空想』（一八三四年）においてつぎのように言い表わしている。「まったく無限な、美しい神の世界は、単一の、永劫の理念（単一の、永久の神の理念）の息吹きに他ならない。(9)」「……この理念にとっては、休息は存在しない。理念は間断なく生きている、すなわちそれは、間断なく、破壊のために創造し、創造のために破壊している。理念は、輝く太陽に、壮麗な遊星に、徘徊する彗星に具象化する。それは……人間の意思にも、天才の調和ある創造にも、躍動し息吹いている。(10)」

この時期の初め頃のベリンスキーの思想は、多くの点でシェリングの観念論に類似している。けれども、合理的に整序された理想の社会を描き、そこから現実の社会を批判することでは、ベリンスキーはシェリングよりも積極的であった。彼は、ロシアの社会は、道徳や教育の進歩、人間意識の変化によって改革され得ると考え、人民大衆に対する啓蒙がそのために必要な方策であると考えていた。

一八三六年から三七年にかけて、ベリンスキーはフィヒテの哲学を研究した。(11)フィヒテの哲学は、ベリンスキーにとっては、彼が思索していた「合理的に整序された公正な社会」に理論的根拠を与え、実生活において実現可能な「実践の哲学」である、と考えられた。だが、やがてベリンスキーは、フィヒテの哲学が、現実を批判し、拒絶することはできても、それに代る新しいものを生み出すことはできず、社会を新しく改造する方法を示すものではないと考えるようになった。フィヒテ哲学の「不妊の思惑」に幻滅を感じたベリンスキーは、この観念論の「抽象的理想」を批判するようになり、そこから思想発展の第二段階へ入っていく。

思想発展の第二段階は、一八三七年から三九年の終りまでの時期に当たる。この時期ベリンスキーは、これまでと変らず啓蒙主義者であり、弁証法的観念論者であった。だが彼は、農奴制廃止の現実的条件を把握することができなかったために、この現実に対する闘争を一時拋棄し、これと「和解」した。ベリンスキーは、『モスクワの観察者』(Московский наблюдатель) の編集者となった一八三八頃年から、現実との和解をはっきりと宣言し、翌三九年に公表した『ボロディノー記念日』においては、ヘーゲルの「すべて現実的なものは理性的であり、理性的なものは現実的である」という命題を無批判に受け入れている。

もともとヘーゲルのこの命題には、一つには、ヘーゲル自身がプロイセンの絶対主義国家を擁護したような現状肯定の判断と、いま一つには、ヘーゲル左派からマルクスやエンゲルスによって導き出されたような革命志向の判断が宿されている。エンゲルスは、『ルートヴィヒ＝フォイエルバッハとドイツ古典哲学の終焉』の中で、ヘーゲルのこの命題に革命的意味づけがなされうることを示して、つぎのように述べている。「……ヘーゲルの命題は、ヘーゲルの弁証法そのものによってその反対物に転化する。すなわち、人類の歴史の領域で現実的であるすべてのものは、時とともに不合理的なものとなるのであり、したがってそれは、すでに本来の定めからいって不合理であり、はじめから不合理性を担っているのである。そしてすべての人間の頭脳の中で合理的であるものは、どんなにそれが現存する見かけだけの現実性と矛盾しようと、現実的になるよう定められているのである。現実的なものは理性的であるという命題は、ヘーゲル的思考方法のあらゆる規則にしたがって、すべて現存するものは滅亡に値するという他の命題に変わるものである。[12]」

観念論者であったベリンスキーは、エンゲルスの右のような結論を導くことはなく、存在を現実から、必然性から切り離すという、ヘーゲル自身が行ったと同じ方法でもって、当時の社会秩序の存在を正当化している。

しかしながら、この現実との「和解」の時期においても、ベリンスキーは、社会を単に、静止し固定したものとしてのみ把握してはいなかった。この時期においても彼は、すべての新しいもの、すべての前進運動は、それが古いものの否定から、経験の結果として、古い理念から直接論理的に導き出される新しい理念として生起する場合にのみ、現実的である、と書いている。[13] このような社会観からは、社会の急激な変化は望ましいものではなく、内的必然性から生ずる有機的な発展が望ましいものと考えられていた。彼はつぎのように述べている。「若木を早期に実らせるために、どの程度まで接木したらよいかについては、われわれは語ることはできない。けれども、改革の問題については、このような接木が破滅的なものであるということを、はっきりと主張することができる。ここにおいては、有機的な発展が必要なのであり、そしてこれに必要な条件は厳密な連続性である。変化や改良の必要性は、環境それ自体によって示されなければならないし、そしてこれらの変化や改良は、これらの環境それ自体の目的によってもたらされなければならない……。この種の問題においては、真髄は発展の中に存在し、連続性によって条件づけられた有機的なものでなければならない。すなわち、葉は芽より先には出ず、果実は花より先には実らないのである。」[14]

ベリンスキーの思想発展は、現実との「和解」の時期を克服して、やがて一八四〇年から四四年に至る第三段階に入る。この時期を一言で特徴づければ、啓蒙主義、弁証法的観念論を批判して、空想的社会主義、革命的民主主義へと傾斜していった時期であると言える。彼の思想変遷に影響を与えた外的条件としては、この時期に活発に行われた西ヨーロッパ諸国やロシア国内の階級闘争、彼自身、三九年以来ペテルブルクに移住し、そこでツァーリ専制の「現実」をつぶさに観察する機会をもったことなどが挙げられる。このような条件の中で、彼はゲールツェンやオガリョーフと交流をもち、これらの人びとから多くの刺激を受けた。

四〇年代に入ると、ベリンスキーはこれまでの自分の思想を、悔悟にも似た心情をもって徹底的に反省し、自分がこれまで拠り所としていたヘーゲルの哲学に対して批判を加えるようになった。彼は、「存在するものは理性的である。刑吏は存在する。そしてこのような人間の存在は理性的であり、現実的である。とはいえ、刑吏は忌わしいし、嫌なやつである」[15]と述べて、ヘーゲルの「現実的なるもの即ち理性的なるもの」という命題を批判し、ヘーゲル哲学全般に対しても、「わたしは、ヘーゲルの哲学が、偉大な哲学であるけれども、ただ一時的なものにすぎないということ、その絶対的結論はなんらの価値を有しないということ、つまり、それと和解するよりは死ぬ方がましだという疑念を長いあいだ抱いていた」[16]とはっきり否定的態度を表明した。

C・M・キーロフは、『偉大なる探求者』という論文において、ベリンスキーが現実を理念と矛盾する幻影であるとして否定するのを助けたのがフィヒテであり、抽象的命題によってベリンスキーにロシアの悲惨な現実と和解することを余儀なくさせたのがヘーゲルであるとしても、どちらも、ベリンスキーの思想が発展する過渡的段階としての一時的役割を担ったにすぎないと述べ、ベリンスキーの思想形成におけるドイツ哲学の役割を正当に分析している。[17]キーロフの説明によれば、ベリンスキーが晩年になって「現実性とは近代社会の相言葉であり、最後の言葉である」と言うとき、これはもはやフィヒテ的な「卑俗な現実」でもなければ、ヘーゲルの言う「理性的現実」でもなかったのである。それはベリンスキー自身、「現実性は土壌から生ずる、そしてすべての現実性の土壌は社会である」と述べているとおり、「社会性の理念」に基づくものでなければならなかった。

以上みて来た思想の発展段階を経て、ベリンスキーは、一八四五年以後四八年の死去に至るまでの彼の革命的民主主義の確立の時期を迎える。ここに至るまでの過程で示された、ベリンスキーの、過去の自己の思想に対する批判と新しい世界観の受容は、けっして単に「外的影響」にのみ負うものでもなければ、彼の「世界観の不安定性」や「情熱的性格」によって説明しつくされるものでもない。ベリンスキーの思想の変遷は、彼が不断に、よりすぐれた理論すなわち、世界を解釈するばかりでなくその変革の方法を示す理論を探究し続けた過程として捉えるとき、はじめて正しく説明し得るのである。[18]激しい思想の変遷の過程で、彼は革命的民主主義の理論を組み上げてきた。

それでは、このようにして組み上げられてきたベリンスキーの革命的民主主義の思想はどのようなものであったろうか。主として四〇年以後の、ベリンスキーの革命的民主主義思想確立の時期をとり上げて、検討してみよう。

（1）デカブリストの思想の特質については、本書第一章参照。
（2）См. С. Б. Окунь, Декабрист М. С. Лунин, ЛГУ, 1962, стр. 155–156.
（3）ベリンスキーの死後、ペトラシェーフスキー＝サークルの一斉検挙が行われた際、彼のゴーゴリ宛の書簡が警察当局に見つかった。警察署長ドゥーベリトはベリンスキーがすでに死んでいることを非常に残念がり、「我われは彼を要塞監獄の中で朽ちはてさせてやるんだったのに」と放言したと伝えられている。См. В. С. Покровский, История русской политической мысли, вып. IV, Госюриздат, 1954, стр. 86.
（4）См. М. Иовчук, «Великий русский мыслитель», В. Г. Белинский, Избранные философские сочинения, Госюриздат полит. литературы 1948, том I, стр. 9.
（5）マサリクは、ベリンスキーの思想発展過程を厳密に年代をおって規定し、客観的な裏づけをすることは容易でない、と言っている。Cf. T. G. Masaryk, The Spirit of Russia, vol. I, p. 351.
（6）См. М. Иовчук, «Великий русский мыслитель», В. Г. Белинский, Ук. Избр. филос. соч., том I, стр. 15–16.
（7）См. Там же.
（8）См. М. Иовчук, «Великий русский мыслитель», В. Г. Белинский, Ук. Избр. филос. соч., том I, стр. 16–17.
（9）В. Г. Белинский, «Литературные мечтания», Ук. Избр. филос. соч., том I, стр. 67.　以下、この選集からベリンスキーの文章を引用する場合には、論文の標題と巻数・頁数のみを註記する。
（10）Там же.
（11）この時期のベリンスキーの代表的論文は『道徳哲学体系の試み』«Опыт системы нравственной философии»（1836）である。
（12）Friedrich Engels : „Ludwig Feuerbach und der Ausgang der klassischen deutschen Philosophie“.　松村一人訳『フ

ォイエルバッハ論』（岩波文庫版）一六頁。

（13）См. М. Иовчук, «Великий русский мыслитель», В. Г. Белинский, Ук. Избр. филос. соч., том I, стр. 23.
（14）Там же, стр. 24.
（15）В. Г. Белинский, «Письмо к В. П. Боткину, 10–11, декабря, 1840», том I, стр. 565.
（16）В. Г. Белинский, «Письмо к В. П. Боткину, 1 марта, 1841», том I, стр. 572.
（17）См. М. Иовчук, «Великий русский мыслитель», В. Г. Белинский, Ук. Избр. филос. соч., том I, стр. 26.
（18）См. Там же.

三　ベリンスキーの社会・歴史的見解

すでに触れたように、ベリンスキーの唯物論哲学と革命的民主主義の思想は、なによりもまず、ベリンスキーがそれまで傾倒し、拠り所としていたヘーゲル哲学に対する批判を通して確立された。ベリンスキーの、ヘーゲルの観念弁証法に対する批判の現実的基盤は、言うまでもなく、専制＝農奴制ロシアの社会であった。彼は、ロシアの真の進歩が、すべての人類の発展と同じく、農奴制の根絶なしには不可能であることを強調してつぎのように述べている。「……現代のすべての社会的基礎は、もっとも厳格な修正と急激な再建とを求めており、それは早晩訪れてくるであろう。人間として不幸に満ちた個人個人が、非理性的な現実のいまわしい足かせから解放されるときが……。」(1)

このように社会的現実の非合理性を痛感するベリンスキーは、もはや、ヘーゲルとともに現実を理性的であるとみていることはできない。彼は、「不協和は協和の一条件であると言われる。これは音楽狂にとってはきわめて役に立ち、愉快であり得るだろう、だがもちろん、自己の運命として不協和の思想を表すことを運命づけられているものにとっては、けっしてそうではない」(2)と述べて、ヘーゲルの命題が、ロシアの社会体制をそのまま是認し、擁護する客観的機能を果たしているのを激しく批判した。ベリンスキーにとっては、観念論は全体に対して個人を、世界精神に対して生きた人間の個性を、犠牲にするものに他ならなかった。主体・個人・人格の運命は、全世界の運命あるいはシナ帝国（すなわちヘーゲルの Allgemeinheit）よりも重要である、と考えた彼は、ヘーゲルに対してつぎのように語りかけている。「ひとはわたしに言う。精神を通して何物にも妨げられない自己満足を得るために、あなたの精神のあらゆる宝を開発せよ。慰めを得るために泣け、喜びを得るために悲しめ、完成を求めて努力せよ、発展の梯子の絶頂まで昇れ、しかしつまずいて落ちると悪魔にさらわれる……と。わたしは、エゴール＝フョードロヴィチ（ヘーゲル）に感謝を捧げる。わたしはあなたの哲学の寝帽子を尊敬する。けれども、たといあなたの哲学的俗物根性には十分敬意を払っているとしても、わたしはつぎのようにあなたに告げることを光栄に思う。すなわち、かりにわたしが発展の梯子の絶頂にまで昇ることを許されたとしても、そこでもなおわたしは、生活や歴史のさまざまな犠牲、偶然、迷信、異端審問、フィリップ二世等々のあらゆる犠牲について、納得のいく説明を求めるであろう。さもなければ、わたしは、梯子の絶頂から真逆さまに墜落した方がよい。わたしは、血を分けた兄弟たち、わたしの骨を骨とし、肉を肉とした兄弟たちの一人一人に心の平和が与えられないかぎり、幸福など贈りものとしてでも欲しくはない。」(3)ベリンスキーは、歴史の発展を、ロシアに生きる人間の現実を基盤として把握したのである。

人間の観点から歴史の発展をみるとき、そこでは発展の輪が完結するということはあり得ない。ベリンスキーは、人類の、技術や文化を発展させる活動は無限であると確信していた。彼は、「……いまや発展は極点に達し、もうこれ以上進むことはできないのだから、いまここで発展は止まるべきだ、と考えることは一層愚かなことであろう。人類の発展には際限がないし、人類は、立ち止まれ、満足せよ、これ以上進むところはない！　と自分自身に言うことはけっしてないのである」(4)（傍点イタリック）、と述べている。

しからば、際限なく発展を続ける人間の社会は、どのような法則性を示すのであろうか。ベリンスキーによれば、社会はそのあらゆる部分が相互に関係をもちながら発展するものであり、その多様な現象形態の中に、普遍性が貫かれるものである。彼は、この点を自然現象と対比してつぎのように説明している。「自然現象を観察する科学者の目は、現象の多様性の中に普遍的、不変的法則、すなわち理念を発見する。理念にしたがう科学者は、自然現象の分類を、もはや、知覚のための人為的簡易化とはみないで、低い種類から高い種類への段階的発展とみる。言い換えるならば、運動、生活と考えている。人間生活の本質的形態を構成する社会現象は、本当に自然現象よりも興味が少なく、理性的でないのであろうか。」(5)

社会発展を、このように法則的に把握するとき、歴史学の正しい位置づけと評価がなし得る。ベリンスキーは、歴史を、人間の社会生活の形態が発展する過程と理解した。歴史の中にこそ、人類の知的発展と道徳的進歩の明白な証拠が見出される。すなわち、歴史の問題は「……民族や個々の人間にとって生死の問題」(6)なのである。したがって、この過程を対象として研究する歴史学は、彼によれば、人類の過去の生活のあらゆる面を包含しており、それ故にまた、その将来の道を教示する偉大な科学であり得た。社会の発展過程をその対象とする歴史学は、発展過程の連続性、すなわち、その過程で死滅するものと生起するものとの関連性を究明することを、自らの課題としなければならない。ベリンスキーは歴史学の課題をつぎのように定義づけている。「世界史の課題は、人類が未開の状態から現在の状態へ進んだ発展の情景を描くことである。このことは、現代と、時間の暗やみの中へ失われた過去との密接な結びつきを予想する。――約言するならば、すべての事件を通して経過し、それらを相互に結びつけて、ある全体的な統一的性格を付与するところの切れ目のない糸を予想する。[7]」

歴史を人類の社会的発展と捉えるベリンスキーにとっては、個人の利益や主導権は、歴史発展の原動力となり得るものではなかった。彼は、歴史における人民大衆の役割を高く評価し、それを過小評価しようとする試みに対しては厳しい批判を加えた。「人民を、不断に働かせ空腹にしておかなければならないような、無教養で粗暴な群集としか考えずに、彼らを軽蔑する人々、このような人々は反駁に値しないものである。そんなことをするのは、愚か者か、ろくでなしか、それともその両方かである。[8]」人民大衆は、現段階においてはまだ、歴史の運命を決定しはしないとしても、やがて近い将来そうするようになるであろうとは、ベリンスキーの確信するところであった。「人民は子供である。けれどもこの子供は、成長しつつあり、力強さと理性を十分に備えた大人となることが約束されている……。人民はまだ弱い、けれども彼らのみが、『教養ある』社会階層の中では消えてしまった国民生活の灯や、新鮮な熱狂的確信を、自分自身の中に保持しているのである。[9]」

ベリンスキーが歴史の中でこのように位置づけた人民は、ただ単にその精神的・道徳的側面においてのみ社会発展の原動力となるものではなかった。ベリンスキーは、社会発展における人間の精神的側面やイデオロギーの意義を不当に軽視することはなかったけれども、それ以上に、物質的側面の重要性をはっきりと認識していた。彼は、道徳的完成の出発点が、なによりもまず物質的必要性であるということ、そしてまた物質的必要性が道徳的行為の挺子であるということを強調する。[10]

歴史における個人の役割や主導性は、右のような、社会の法則的な発展の中ではじめて位置づけられ、評価され得る。これはまた、歴史発展における必然性と偶然性の論理とも関連をもつ問題である。ベリンスキーは、この問題について、つぎのような例を挙げて説明している。「もちろん、歴史の範囲において、あらゆる微細な、つまらない、偶然的なことは、実際にあったのと違うということはあり得たかも知れない。しかし、諸国民の将来に影響を与えるような大事件は、それがまさにあり、またそう考えられるもの以外ではあり得ない。もちろんそれは、それらの主要な意味に関してであって、その現れの細目に関してではない。ピョートル大帝は、おそらく、ペテルブルクを現在のシリッセリブールクのところに、あるいは少なくとも現在の所よりもう少し高い所、つまり海からもう少し遠い所に建設することはあり得た。すなわち、レーヴェリ（現在のターリン）やリーガを新しい首都とすることはあり得た。これらすべてにおいては偶然やさまざまの事情が大きな役割を果たしたのである。しかしながら、事の本質はそこにあったのではなく、我われにヨーロッパとたやすく便利に往復する手段を与えてくれるところの、海岸の新しい首都が必要だということにあったのである。この考えの中にはなんら偶然的なものはなかった。[11]」

歴史発展の合法則性について、ベリンスキーは別の論文『芸術の理念』においても、つぎのように強調している。「人類におけるあらゆる重要な出来事は、その時代に起こるのであって、その前にも後にも起こりはしない。すべての偉大な人間は、その時代に事業を行い、その時代の問題を解決し、自分の活動によってその時代の精神をあらわす。現代においては、十字軍の遠征も、異端審問も、大権を握る司祭の世界統治も不可能である……。[12]」（傍点イタリック）。

ベリンスキーの見解によれば、歴史の前進運動は、対立物の闘争に基づいて起こるものであった。彼は歴史を考察して、社会が階級に分裂し、相互のあいだに和解し難い闘争が展開されるという結論を導き出しているが、階級間の闘争を惹き起こす原因については、マルクスやエンゲルスが把握したような、経済的条件の中にそれを見出すことはなかった。彼は、ローマ社会の階級構成を研究して、この社会の階級闘争は、その政治構造によって惹き起こされると説明している。ローマ社会は、戦争の勝利者、侵略者を先祖にもつ貴族と被征服者の子孫である平民の階級に分裂し、両者のあいだに反目・闘争が展開された[13]。彼によれば征服という事実が、階級闘争の原因であったが、それはまた国家成立の原因でもあった。このような国家観の中には、後にL・グムプロヴィッツやF・オッペンハイマーらの展開する国家実力説の先触れと思わせる点を見出すことができる。

ベリンスキーが、ヘーゲル的歴史観から離れて、ロシアの現実を土台とした歴史観に立つようになる過程で、強い影響を与えたのは、すでに指摘した通り、ゲールツェンやオガリョーフらの、ベリンスキーの近くにいた革命的民主主義者であった。ゲールツェンは、ヘーゲル哲学を「革命の代数学」と受け止めていたが、このような考え方を、現実を厳しく批判していたベリンスキーが受け入れるのは、さして困難なことではなかった。ベリンスキーはまた、これらの思想家を通してL・フォイエルバッハの唯物論哲学を知った。彼は、フォイエルバッハの思想から、精神と物質、主観と客観の関係を認識する方法を学び、神、ツァーリ、英雄、民族等の概念を一括して理解することが妄想であるということを学んだ。この過程で、彼はまた、マルクスやエンゲルスの初期の作品を読む機会も得た。

一九世紀四〇年代に入ると、マルクス、エンゲルスの著作がロシアに入りはじめた。当時マルクス主義の思想がロシアに入るのを媒介する役割を担ったのは、П・B・アーンネンコフであった。彼はマルクスやエンゲルスと文通もしており、マルクスがアーンネンコフに宛てた、歴史の唯物論的解釈を説明した書簡は、彼の親しい友人たちのあいだでさかんに研究されている。アーンネンコフと親しい友人であったベリンスキーは、彼を通して、『独仏年誌』に発表されたマルクスの『ヘーゲル法哲学批判序説』や『ユダヤ人問題』などを読んでいる[14]。

これらの論文から種々の影響を受けたベリンスキーは、合理的に整序された公正なる社会を、社会主義社会に見出すようになる。彼の革命的民主主義思想は、当時のロシアの革命的民主主義者のそれや、さらには、西ヨーロッパの空想的社会主義者の思想と比較して、より明確なことと、より急進的なことを特徴としている。彼の空想的社会主義は、ツァーリ体制や西ヨーロッパの資本主義国家に対する批判を通して独自に確立されたものである。そこでわたしたちは、彼の社会主義理論を検討するに先だって、彼によって行われた専制＝農奴制と資本主義体制に対する具体的な批判をみておきたいと思う。

（1）В. Г. Белинский, «Письмо к В. П. Боткину, в январе 1841», том I, стр. 27.
（2）В. Г. Белинский, «Письмо к В. П. Боткину, 1 Марта, 1841», том I, стр. 573.
（3）Там же.
（4）В. Г. Белинский, «Руководство к познанию новой истории для средних учебных заведений», том II, стр. 146.
（5）Там же, стр. 137.
（6）Там же, стр. 138.
（7）Там же, стр. 143.
（8）В. С. Покровский, История русской политической мысли, вып. IV, стр. 98.
（9）В. Г. Белинский, «Парижские тайны», том II, стр. 111.
（10）См. В. Г. Белинский, «Руководство к познанию новой истории для средних учебных заведений», том II, стр. 149–150.
（11）В. Г. Белинский, «Взгляд на русскую литературу 1846 года», том II, стр. 287.
（12）В. Г. Белинский, «Идея искусства», том I, стр. 241.
（13）См. В. С. Покровский, История русской политической мысли, вып. IV, стр. 98.
（14）初期マルクスの論文がベリンスキーに与えた影響については、たとえばマサリクはそれを否定的に評価し、ポクローフスキーは積極的に評価して両者の評価はまったく対立的である。Cf. T. G. Masaryk, The Spirit of Russia, vol. I, pp. 365–366. См. В. С. Покровский, История русской политической мысли, вып. IV, стр. 95. ベリンスキーの四〇年代の革命的民主主義思想を考察するとき、ポクローフスキーとともにその影響を積極的に評価すべきであると思われる。

四　ベリンスキーの専制＝農奴制および資本主義体制批判

ベリンスキーは、その短い生涯を農奴制の圧迫から農民を解放するための闘いに捧げた。一九世紀四〇年代ロシアのインテリゲンツィヤにとっては、農奴制を廃止することがもっとも緊急の課題となっており、他の政治的諸問題もすべてここから生じここに帰着するものと受け止められていた。社会階層からいって、農民により近接しているラズノチーネツの出身であるベリンスキーは、農民の苦悩、農民の備えている未来への可能性を身をもって感じとり、それを様ざまな作品を通して表現した。彼は、基本的な権利を奪われている農民や、その他すべての「働く人々」を擁護し、強権と邪悪が支配する社会秩序や、それを擁護するイデオロギーを、徹底的に憎悪し非難した。ベリンスキーの著作においては、彼の思想的後継者であるH・Г・チェルヌィシェーフスキーやH・A・ドブロリューボフによって練り上げられたような「農民革命」の理論は、まだ仕上げられはしなかった。だが、ベリンスキーの行った精力的な批評活動は、やがて、ロシアに現れる「百姓の民主主義者」の作品の先駆的役割を果たしたのである。我われが、ベリンスキーの農奴制批判の活動を検討する場合、すでに触れたように、彼が最初に『ドミートリー＝カリーニン』を発表して以来死ぬまで続いたツァーリ政府の苛酷な弾圧の中で、専制や農奴制に対する批判を公然と腹蔵なく行うことがきわめて困難であったという事情を想起する必要がある。

さて、ベリンスキーは、このような条件の中でもっとも効果的な伝達手段と考える文芸批評を通して、自らツァーリ体制を攻撃すると同時に、当時の著作家たちに対しても、著作を通してロシアの人民大衆の生活の実態を活写し、それによって農奴制に対する抗議を強めるよう呼びかけている。彼の文芸批評の視点が、社会性を高く評価するところにおかれているのも、十分首肯されるところである。

ベリンスキーは、人民の立場に立ち、ヒューマニズムを貫こうとする作品を高く評価した。たとえば、Д・В・グリゴローヴィチの小説『不幸なアントン』は、彼が非常に高く評価した作品である。彼は、グリゴローヴィチの文学的才能を、かならずしもすぐれているとは認めていないが、(1)この作家の、農民生活の実態や農民の心理を把握する能力を高く評価している。ベリンスキーはこの作品を、感動の面もちをもってつぎのように評している。「……アントンは普通の百姓で、機敏でもなく、ずるくもないにも拘わらず、言葉の完全な意味において悲劇的な人間である。この小説は感動的であり、これを読んで思わず、悲しくも厳粛な想いがこみ上げてくる。(2)」

ベリンスキーの、ツァーリ専制に対する批判がもっとも激しい形で現われているのが、有名な「ゴーゴリ宛の書簡」(一八四七年)である。彼はこの書簡の中で、専制的秩序を擁護しようとしたゴーゴリを徹底的に批判したが、その批判を通して、農奴制のみならず、西ヨーロッパやアメリカの資本主義体制に対しても攻撃を加えている。

周知のごとく、ゴーゴリは『検察官』や『死せる魂』によって、ロシア社会の現実を痛烈に批判し、それを通してロシアの社会が意識的に目覚めることに多大の貢献をした。だが、ゴーゴリ自身の世界観は、もともとかなり保守的な性格の強いものであった。彼の思想の保守性は晩年になってとくに著しくなり、反動的性格をも加えてきた。晩年になると彼は、ロシアの社会問題は、社会的・政治的方法によってではなく、道徳的・宗教的方法によって解決されなければならないと考え、古い習慣や儀式は、古来の賢人たちによって確定され、父から子へ、神聖なものとして継承されているものであるから、これを素直に実行することが必要である、と主張するまでになった。彼のこのような、官許イデオロギーへの「転向」は、保守的なスラヴ主義者たちからさえも、否定的な態度で迎えられた。

かつては、プーシキンと並べてゴーゴリの作品を高く評価し、好意的に語っていたベリンスキーは、ゴーゴリの思想的転向に憤激して、それを批判する書簡を書いた。けだし、ゴーゴリほどベリンスキーから厳しい批判を受けた作家は、ロシアの中に見当らないのである。

この書簡でベリンスキーは、ロシアの現実についてつぎのように述べている。「ロシアは、アメリカの農場主たちが、ニグロは人間ではないと主張することによって狡猾にも利用するような理由ももたないで、人間が人間を売る国、人間が自分で自分の名前を呼ばないで、ヴァーニカ、ヴァーシカ、ステョーシカ、パラーシカなどという呼び名で呼ぶ国、そしてさいごに、個人、名誉および財産に対するなんらの保障がないばかりでなく、警察制度さえもなく、あるのはただ、官吏の悪党や強奪者の大きな団体だけである国の、もっとも恐ろしい様相を呈している。(3)」このようなロシアにおいては、「もっとも切実な、当面の国家的な問題は、農奴制の撤廃、体罰の廃止、せめて今すでにある法律のできるだけ厳正な実施である。(4)」В・И・レーニンは、この書簡について、これがベリンスキーの文学活動を総括したものであり、「今日までも大きな、生きいきとした意義を保っている検閲無視の民主主義的出版物のもっともすぐれた著作の一つであった(5)」と言っている。

専制を批判するベリンスキーは、同じような批判的態度をもって、西ヨーロッパの資本主義社会を眺めた。彼は、西ヨーロッパに失望し、資本主義制度を全面的に否定しようとしたゲールツェン(6)とは異なって、資本主義社会の封建制社会に対する優越性を認めている。ベリンスキーの、社会制度に対するこのように客観的な観察態度は、彼のヘーゲルの哲学に対する姿勢にもみられる。彼はヘーゲル哲学を厳しく批判しながらも、ヘーゲル哲学の方法のもつ積極的な側面を、つぎのように正当に評価している。「ヘーゲルの哲学は普遍的生活のすべての問題を包括していた、そしてもしこれらの問題に対する哲学の解決が、過去の、人類が十分に経験した時代に属するものによってしばしば示されるならば、その理由で、その哲学の厳密な、深遠な方法は、人間理性の自覚に大きな道を開くであろう……。ヘーゲルはかれ独自の方法を修正するときにだけ、その適用を誤ったのである。(7)」

ベリンスキーは、歴史の中でブルジョア的発展段階が、それなりに必然的であることを、つぎのように明らかにしている。「わたしは、ブルジョアジーが偶然的な現象ではなく、歴史によって惹き起こされたものであるということ、それは、茸が生えたように昨日現われたものではないということ、そして最後に、それが自身の偉大な過去、自身の輝かしい歴史をもっていたし、人類のために大きな役割を果たしたということを知っている。(8)」こうして彼は、ブルジョアジーがその発展の初期に、封建制度との闘争において担った進歩的役割のはっきりとした位置づけを行い、そのうえで、ブルジョア社会の欠陥に対して容赦なく批判を加えたのである。

ベリンスキーは、ブルジョアジーが「権力へしのび寄る」過程で、多くの人民を犠牲にし、バリケードで闘って死んだ人民の屍を踏み台にして勝利を獲得したことを指摘するのを忘れてはいない。彼によれば、勝利を収めたブルジョアジーは、自ら貴族にとって代り、法について論じ、道徳を説教することによって自らの権力の安定を図る。がしかし、人民に対しては、ただ餓死する権利を残しておくのみである。かくして、「……いまやブルジョアジーは、意識的に人民を飢餓や資本の奴隷としてしまった。(9)」

このようにして確立された資本主義社会は、その形成が歴史的必然であったという同じ論理によって、その存在もまた過渡的性格をもつものでなければならない。ベリンスキーは、ブルジョア社会が過渡的存在である理由を、その社会の経済構造・政治制度・市民道徳の中に見出している。

まずブルジョア社会の経済的特質については、彼はつぎのように述べている。「ブルジョアジーが存在し、そしてそれが強力であるあいだは、それは当然存在するし、存在しなくなることはあり得ない、ということをわたしは知っている。わたしは、工業が害悪の大きな根源であることを知っている。がまた同時に、それが社会にとって幸福の大きな源である、ということも知っている。本来それは、ただ資本の支配の結果として、すなわち資本の労働に対する圧制の結果として生ずる悪にすぎない。[10]」言い換えるならば、近代的産業は、資本と労働とのあいだに合理的な関係が生まれるとき、社会の発展に多大の貢献をするようになる。不合理な関係はやがて根絶され、新しい関係にとって代られなければならないであろう。このようなベリンスキーの経済構造についての分析の中に、我われは、生産力と生産関係との矛盾に関するマルクス的洞察との類似性を見出すことができるのである。

しからば政治制度についてはどうであろうか。ベリンスキーは、一九世紀の西ヨーロッパにおいて、人間の英知が結晶したものと称賛されていた議会制度に対して痛烈な批判を加える。ロシアにおいては、チーチコフは死せる魂を買い集めるが、「ちがった衣服をまとっているにすぎない同じチーチコフたちが、フランスやイギリスでは、死んだ魂は買い占めないで、自由な議会の選挙に基づいて、生きた魂を買収する」[11]（傍点隔字体）。選挙ばかりでなく、議会内での投票や、国家の役職の配分に至るまで、すべて売買される国家の法律が、すべての国民の法の前の平等を規定しているとしても、それは単なる偽善にすぎない。「立憲・ブルジョア的文明」社会の法律は、富裕者による貧困者の、資本家による労働者の掠奪の自由を擁護する役割をはたす。「不正は、あれこれの個別的な法律の中に潜んでいるのではなくて、フランス法の全体系の中に、社会機構全体の中に潜んでいるのである。[12]」

資本主義社会においては、利益が行為の唯一の価値基準であるが故に、そこでは市民道徳は廃れる一方である。「小市民・財産所有者は実利に積極的な人びとである。彼らのお気に入りの規律は、すべて自分のものは自分のためにということである。彼らは市民法に則って正当であることを欲し、人類や道徳の法については知ることは欲しない。彼らは、彼らによって定めた賃銀を、正直に雇人に支払う、そして、たといこの賃銀が雇人をその家族とともに餓死から救うには不十分であったとしても、そして雇人が絶望のために盗人かあるいは人殺しとなったとしても、彼らの良心は驚きはしない。まさしく彼らは法規にしたがっているのである」[13]（傍点隔字体）。

資本主義社会の欠陥をこのようにみてくるとき、それらの中に、資本主義制度を過渡的存在たらしめる条件が浮び上ってくる。言い換えるならば、「国家にとっての悲劇は、ブルジョアジーが単独で支配者となるときである。」[14] ベリンスキーは、ロシアにおいては専制制度を、西ヨーロッパにおいてはブルジョア国家体制とプロイセンの君主国家体制とを、あわせて否定し、これらに代って、国民の幸福を実現し得る社会制度を探求した。「正しい理論」の長いあいだの探求の結果、彼は社会主義の理論に到達した。

（1） См. В. Г. Белинский, «Взгляд на русскую литературу 1846 года», том II, стр. 321.
（2） В. Г. Белинский, «Взгляд на русскую литературу 1847 года», том II, стр. 497.
（3） В. Г. Белинский, «Письмо к Н. В. Гоголю, 3 июля, 1847», том. II, стр. 514. なお、ヴァーニカ、ヴァーシカ、ステョーシカ、パラーシカはそれぞれイヴァーン、ヴァシーリー、ステパーン、ペラゲーヤを卑しめた呼称である。
（4） Там же.
（5） В. И. Ленин, Соч. том 20, стр. 223-224.
（6） А・И・ゲールツェンの資本主義社会に対する批判については、本書第二章参照。
（7） В. Г. Белинский, «История малороссии», том I, стр. 500-501.
（8） В. Г. Белинский, «Письмо к В. П. Боткину, декабрь, 1847», том II, стр. 546-547.
（9） Там же.
（10） Там же, стр. 550.
（11） В. С. Покровский, История русской политической мысли, вып. IV, стр. 104.

（12）　Там же.
（13）　Там же.
（14）　В. Г. Белинский, «Письмо к В. П. Боткину, декабрь, 1847», том II, стр. 550.

五　ベリンスキーの空想的社会主義

すでに触れた如く、ベリンスキーの革命的民主主義を構成する柱として、社会主義の理論がある。彼の社会主義理論は、当時のロシアの革命的民主主義者や、西ヨーロッパの空想的社会主義者の理論とも異なった独自的な面をもっているけれども、概して言えば、それは空想的社会主義であった。当時の専制ロシアの条件のもとで、ベリンスキーは経済・社会構造について十分な検討を加えることができず、生起する諸問題を科学的に論ずることはできなかった。しかしながら、ベリンスキーが、ロシアと西ヨーロッパの社会を批判的に分析して、社会主義社会を理想とする社会と結論づけ、それの実現の必然性を論じたことは、ロシアにおける革命的民主主義の発展への大きな貢献であったと言うことができる。

ベリンスキーは、四〇年代のはじめから、フランスの空想的共産主義者の社会観、カベー、ルイ＝ブラン、ジョルジュ＝サンドの著作、さらには空想的社会主義者フーリエ、サン＝シモンの思想について研究を進めた。彼の研究態度には、彼が非難攻撃する社会に代る新しい社会についての理論、それを実現するための方法を見出そうとする意欲が横溢していた。かくして彼は、一八四一年九月のボートキン宛の書簡の中で、つぎのように述べるような思想的境地にまで到達した。「わたしは苦労してやっとのことで古い思想と袂別し、それを徹底的に否定して、改宗者のあらゆる空想をもって新しいものへと転ずる。かくてわたしはいま新しい極端の中にある、それはわたしにとって、思想の中の思想、存在の中の存在、問題の中の問題、信念と知識のアルファとなりオメガとなった社会主義の思想である。それは、すべてのものの源泉であり、原因であり、また目的でもある。それは、問題であり、またその解決でもある。それは〔わたしにとっては〕歴史も、宗教も、哲学も併呑する。……社会性、社会性――さもなければ死だ！これが私の座右の銘である。個人が難渋しているときに、普遍的に生きるということが何であろうか。民衆が泥沼の中でのたうち回っているときに、この世の天才が天国に生きるということが何であろうか」[1]（傍点イタリック）。

ベリンスキーは、自ら社会主義者であることをこのように宣言したが、彼のえがく社会主義社会の具体的内容については、かならずしも詳細に論じてはいない。彼は、搾取や財産的不平等の存在しない社会を夢みてはいたが、社会主義社会においては経済的諸関係が改善されることと並んで、法的平等関係が確立されることがとくに必要であると考えていた。これについて彼はつぎのように書いている。「誰も焼かれることなく、誰も首を切られることのない時代が、罪人が恩寵や救済として命乞いをすれば、この人は死刑にならなくて、現在では死刑がこの人に対して行うような刑罰の役割を、生活が行うようなときが、そしてまた、無分別な形式や儀式がなくなり、感情に基づいた契約や約定がなくなり、負債や義務がなくなり、意志が意志に譲歩せずして愛にのみ譲歩するときが……富める者や貧しいものがなくなり、ツァーリも臣民もなくなり、それに代って同胞、人間が存在するようになるときがくるであろう。」[2]

ベリンスキーの人間平等観は、ヘーゲルがプロイセンの君主制を賛美したのを批判したつぎの文章にも窺うことができる。「ヘーゲルは立憲君主制を理想的な国家であると夢想している――なんとつまらない観念であろうか。それは違う。どのような君主も存在すべきではない。君主はけっして同胞ではないからである。君主はつねに、むなしい儀礼によるものであるにしても、同胞から超然としておろうとするし、人びとは単なる形式のためであるとしても、君主に敬礼する。人間は兄弟であるべきであり、たとい外面的、形式的な優越性の亡霊によるものであるとしても、お互いに侵害し合うべきではない。(3)」

しからばこのような公正な社会すなわち社会主義社会は、どのようにして実現されるであろうか。ベリンスキーは、それは平和的手段によっては達成されないと考えていた。彼は、社会主義社会が「……時が来ると、暴力的変革なしに、血を流すことなしに、ひとりでに起こり得ると想像するのは馬鹿げたことである。人間どもは、彼らを暴力で導かなければならないほど愚かである。それに、数百万人の屈辱や苦難にくらべて、数千人の血がどれだけのことがあろうか(4)」と述べている。ベリンスキーは、同じ文章の中で、彼が壮厳な建築や神聖な権威をもつ中世期を理解はするけれども、それでもやはり、過去の歴史の全時代よりもフランス革命の時期、すなわち、「知性や人間性」がもはや異端者や魔女を火炙りにしないで、貴族・王党派・聖職者その他の敵を断頭台に運んだ宗教の衰退の時期を好ましいと思うと述べて、革命による社会変革の方法を歴史的に正当化しようとしている。(5)

また彼は、さきに引用した「ゴーゴリ宛の書簡」で、ロシアの変革が、単なる説教や祈禱によって達成され得るものではないことを強調し、ロシアの革命的民主主義のための直接行動のプログラムをつぎのように提起している。「ロシアは、自己の救いを神秘主義、禁欲主義、虔信主義の中にではなく、文明、啓蒙、人道主義の成功の中にみる……。ロシアに必要なのは説教でもなく（ロシアはそれを十分に聞いた！）、祈禱でもなく（ロシアはそれを十分に唱えた！）、幾世紀ものあいだ、泥と塵の中に失われている人間の尊厳の感情を民族の心におよび醒ますこと、教会の教義にではなく、良識と正義に合致した法および法規を、できるだけ厳正に実施することである。(6)」

社会主義社会を暴力によって実現しようとするベリンスキーの理論は、西ヨーロッパの空想的社会主義者の理論に比較して、かなりラディカルな性格をもっていると言うことができる。西ヨーロッパの空想的社会主義者は、社会主義の具体的構想についてはベリンスキーよりもはるかに詳細に叙述しているものが多くある。だが理想とする社会を実現する方法については論ずることがないか、あるいは論ずるとしても、君主やブルジョアジーの「良心」に訴え、人民に対しては教育を普及させることによって漸進的に社会を改良していくことを主張するものが多かった。西ヨーロッパの空想的社会主義者は、政治権力の分析、それに対する闘争の意義をそれほど重要視していなかったように思われる。

「われわれロシア人は、われわれの政治や国家の意義を疑うことはできない」(7)と言うベリンスキーは、国家が人民と一体であるとき、それは人民の繁栄と福祉に大きな作用をするが、人民と離反するとき、人民に苦悩と災厄をもたらすということ、それ故に、新しい社会の確立は、革命による人民の政府の樹立と結びつけて考えなければならないということを理解していた。彼はこのような観点から、以前には熱心に研究したルイ＝ブランの改良主義やジョルジュ＝サンドの抽象的な空想主義に対して、晩年には失望の感慨をこめながら、これらの理論はただ単に人民大衆を解放のための闘争から切り離すだけの、実りなき夢にすぎない、と批判するのである。

以上の如く、ベリンスキーの空想的社会主義は、革命的な色彩を強くもっていた。この点が、まさしく彼の革命的民主主義思想の特徴であるが、それはまた、当時のロシアの農民の生活の実態や、彼らの、未来の生活についての希望を反映したものでもあった。ベリンスキーは、ロシアと西ヨーロッパを通じて、革命的変革による民主権力の樹立と社会主義社会の実現を構想した、最初の空想的社会主義者であったと言うことができる。

ベリンスキーの、空想的社会主義を柱とする革命的民主主義の思想は、彼の思想的後継者であるチェルヌィシェーフスキーやドブロリューボフによって発展させられていった。けれどもそれは、革命的民主主義の枠を越えて、科学的社会主義に転化することはなかった。この頃すでに西ヨーロッパにおいては、マルクスとエンゲルスによって、科学的社会主義の理論が展開されていた。これらのことをもって、直ちに、ロシアにおける思想発展が後進的であると言うことはできない。繰り返し述べてきたように、当時のロシアは、政治・経済・文化の面において西ヨーロッパとは大きく異なっていたのである。ロシアにマルクス主義が浸透するのは、なお半世紀近くの歳月のあいだ、幾多の政治的・イデオロギー的格闘を繰り返して後のことであった。けだし、ベリンスキーは、ラズノチーネツの革命的民主主義形成の先駆的役割を担ったのである。

（1） В. Г. Белинский, «Письмо к В. П. Боткину, 8 сентября, 1841», том I, стр. 585, 589. См. В. А. Малинин, М. И. Сидоров, Предшественники научного социализма в России, М. 1963, стр. 47.
（2） В. Г. Белинский, Там же, стр. 590–591.
（3） В. Г. Белинский, «Письмо к В. П. Боткину, 27–28 июна, 1841», том I, стр. 582–583.
（4） В. Г. Белинский, «Письмо к В. П. Боткину, 8 сентября, 1841», том I, стр. 592.
（5） Там же, стр. 590.
（6） В. Г. Белинский, «Письмо к Н. В. Гоголю, 3 июля, 1847», том II, стр. 513–514.
（7） В. Г. Белинский, «Взгляд на русскую литературу 1846 года», том II, стр. 295.

六　むすび

ベリンスキーは、ツァーリ専制に対して絶えず徹底した批判を浴びせたが、ロシアそのものを非難し攻撃することはなかった。彼は西ヨーロッパの資本主義社会を痛罵したが、偏狭な排外主義者ではなかった。「われわれは、ヨーロッパ的なものがアジア的でないという理由だけでヨーロッパ的なものに恍惚となるのを止めるときだ。そして、人間的であるという理由だけでそれを愛し、尊敬し、それを希求し、このことを基礎として、人間的なものをもたないすべてのヨーロッパ的なものは、人間的なものをもたないすべてのアジア的なものを拒否するのと同じく、それを拒否するときなのである」[1]（傍点イタリック）、と主張するベリンスキーは、人間的なものを多く備えた人民大衆の、熱烈な擁護者であった。

彼は、ロシアの農民の悲惨な生活を、リアルに観察した。また同時に、人民の中に潜む無限の可能性をも深く信じていた。彼は、人民の将来についてつぎのように予言している。「われわれは、自分たちの孫や曾孫をうらやましく思うであろう。彼らは一九四〇年のロシアをみることを運命づけられている――その時のロシアは、教養ある世界の先頭に立ち、法が制定され、科学が進歩し、芸術が発達して、教養ある人類のすべてから、敬虔な尊敬を受けるようになっているのである。[2]」

ロシアにおける革新的な社会・政治思想の発展に与えたベリンスキーの影響について、チェルヌィシェーフスキーはつぎのように評価している。「数千の人びとが彼のおかげで人間となった。時代全体が彼に教育された。……いたるところに彼はいる！　いままで我われの文学は彼によって生きてきたのである。」[3] またドブロリューボフも「ロシア文学になにが起ころうとも、それがどのようにはなやかに発展しようとも、ベリンスキーはつねにロシア文学の自慢であり、名誉であり、誇りである」[4] とベリンスキーに対する賛辞を惜しんでいない。これらの評価や賛辞は、ラズノチーネツの思想と行動を生み出す役割を果たした人物に贈られるにふさわしいものである。

（1）В. Г. Белинский, «Взгляд на русскую литературу 1846 года», том II, стр. 293.
（2）М. Иовчук, «Великий русский мыслитель», В. Г. Белинский, Избр. филос. соч., том I, стр. 51.
（3）Н. Г. Чернышевский, Соч. том II, стр. 520.
（4）N. A. Dobrolyubov, Selected Philosophical Essays, M. 1956, p. 171.

第五章　Н・Г・チェルヌィシェーフスキーの「ロシア社会主義」論

一　はじめに

ロシアの農奴解放思想の歴史において、Н・Г・チェルヌィシェーフスキーの名は、いわゆる「六〇年代」の社会・政治運動とつよく結びついている。ロシアの六〇年代は、チェルヌィシェーフスキー自身も指摘しているように、農奴解放の問題が、社会・政治思想や運動の中心におかれた時期である。(1)

ロシアにおいては、封建・農奴制は一八世紀末より徐々に解体しはじめ、それに代わって、しだいに資本主義的諸関係の発達がみられるようになった。一九世紀の四〇年代に入ると、封建・農奴制と、増大する生産力との矛盾は、生活全般を危機的な状態に陥れた。一八五九年から六一年にかけては、社会的混乱は革命を誘発するところまで進み、ついには、この危機を打開するために、ツァーリ政府によって農奴制が廃止された。この時期の社会構造上の変化を概観するならば、つぎのようである。

一八世紀末より、ロシアの国内で商品や貨幣の交換が発達し、内外の貿易が拡大されるようになった。このことは、農村の自然経済組織を、従来の自給品の生産から商品の生産へと変えさせたことを意味する。地主は、穀物その他の農業生産物を市場に出して販売することに力を入れ、酒類の醸造、ラシャ、亜麻などの生産の組織もしだいに優勢となってきた。

さらに、鉄製品の生産、樹脂やタールの精製、塩の採取なども、農村経済の中で徐々に大きな比重を占めるようになってきた。これらの新しい生産部門の発達は、ロシア国内のあちこちの地域の生産の専門化を促し、それに伴って生産品の取引きを活発にし、定期市場を発達させた。たとえば、ニージニーノーヴゴロトやクールスクなどの都市、あるいは、ウクライナ各地の市場は、この時期に発達したものである。

右のような経済構造上の変化は、地主の農民に対する収奪の強化と農民の貧窮化、階層分化をもたらすようになった。地主は、商品＝貨幣関係が経済構造の中でしだいに重要性をもつようになると、より多くの貨幣を得るために、農民に対して貢租や賦役の増加を強要した。そのため、農民は零落した。地主の収奪から逃れるために、都市へ流出するものも増大した。

地主・貴族による収奪と抑圧の強化のために、破滅状態にまで追いつめられた農民は、しだいに、地主・貴族に対する抵抗を強めるようになる。農民蜂起は、一九世紀の四〇年代の終わり頃から、その件数も増加し(2)騒擾の形態も尖鋭化してきた。ツァーリ政府は、蜂起した農民に対しては、弾圧をもって臨んだ。一九世紀五〇年代末のロシアには、しだいに革命的な状況がつくり出されていった。

農民騒擾の増大、階級的対立の激化は、ロシアにおける革命的民主主義思想の展開に影響をもたらした。地主＝農奴主、貴族、官僚とそのイデオローグつまり農奴制擁護者や自由主義者は、現存の封建的土地所有形態と農民の農奴的従属関係を維持しようと、さまざまな試みを続けた。これに対して、革命的民主主義者は、農民大衆を貧困や隷属状態から解放するための努力を重ねた。まさに農民解放の問題が、この時代の社会・政治思想の中心に位置していた。

一八六一年の「農民改革」は、ロシアの危機的状況を打開するために、ツァーリ政府によって、いわば「上から」推し進められた改革であった。クリミア戦争の敗北、甚だしい財政的困難、農民の暴動の圧力に押されて、政府は、農民を解放することを余儀なくされた。ツァーリ自身が、下から解放が始まらないうちに、上から解放しなければならないという状況を認めたのである。

こうして遂行された一八六一年の改革は、いきおい、中途半端な改革とならざるを得なかった。この改革によって、農民に対する強い経済外的強制は緩和されることとなった。けれども、地主的土地所有の形態は、依然として存続されることとなった。この改革は、貧困な状態におかれている農民の立場や要求を無視して、ツァーリ体制を維持し、地主階級の利益を擁護することを主眼として推し進められたものであった。この改革によって、農民は、地主から「解放」されたばかりでなく、土地からも「解放」されてしまった。(3)

素っ裸になるまで収奪された農民は、それ故に、この「農民改革」を文字通りのものとして受け入れることはできなかった。改革の勅令が公布されたのちに、それの反農民的本質を知った農民は、あちこちで激しい抗議の運動を起こした。農民騒擾の発生件数は、勅令の公布された六一年に比較して、翌六二年には二倍以上に増えている。

農民運動の昂揚と並行して、地主貴族や自由主義者など、ツァーリ体制を擁護しようとする陣営と、革命的民主主義者の陣営との思想的対立も激化してきた。この時期の革命的民主主義者の側にあって、理論的指導者の役割を果したのが、チェルヌィシェーフスキーである。

地主貴族や自由主義者は、ツァーリ体制を賛美し、その多くはヘーゲルの国家哲学を有力な拠り所として、国家権力の「独立性」や「超階級的性格」を強調した。彼らによって展開される体制擁護論の根底には、農民を「下層階級」として位置づけ、それを蔑視しようとする従来からの見解が根強く横たわっていた。自由主義者と極端な農奴制擁護者のあいだには、たとえば農民の要求に対して譲歩する場合の手段と手続きなどをめぐって、意見の食い違いもみられた。にもかかわらず、このような土地所有関係や専制を根底から変革することを主張する革命的民主主義者に対しては、自由主義者と農奴制擁護者は一致して反対し、現存の体制を維持しようと努めたのである。

ゲールツェンやオガリョーフ、ベリンスキーやチェルヌィシェーフスキーらの革命的民主主義者は、農奴制擁護者や自由主義者の理論に対して、はげしい攻撃を加えた。「……彼らは農民に味方し、評判倒れの〝農民改革〟がはなはだしく狭量できわめて貧弱であること、改革がまったく農奴制的性格を有していること、を理解していた。これらの、当時きわめて少数であった革命家の先頭に立っていたのが、Н・Г・チェルヌィシェーフスキーであった」[4]と、チェルヌィシェーフスキーの位置づけをするВ・И・レーニンは、チェルヌィシェーフスキーの活動についてつぎのようにも書いている。「チェルヌィシェーフスキーは、ゲールツェンのあとにつづいて、人民的な見解を発展させ、ゲールツェンより大きく前進した。チェルヌィシェーフスキーは、はるかに徹底した、戦闘的な民主主義者であった。彼の著作からは、階級闘争の息吹が感じられる……。彼は非凡な、偉大な資本主義批評家であった。」[5]チェルヌィシェーフスキーは、六〇年代の思想家であったが、視点をかえれば、五〇年代末から六〇年代はじめは、チェルヌィシェーフスキーの時代であったともいうことができる。

チェルヌィシェーフスキーは、専制・農奴制に対する批判、「農民改革」に対する批判、自由主義者や農奴制擁護者との論争などを通して、自己の社会・政治理論を構築していった。彼の体制批判は、当時の広範な人びとに大きな影響を与えたし、彼の社会・政治理論は、空想的性格をもちながらも、ロシアの社会科学的理論の歴史の中に、貴重な足跡を残した。本章においては、チェルヌィシェーフスキーの専制・農奴制批判と共同体的社会主義理論を中心として、彼の革命的民主主義思想の特徴を浮き彫りにしてみたいと思う。

(1) Cf. M. Grigoryan, N. G. Chernyshevsky's World Outlook, N. G. Chernyshevsky, Selected Philosophical Essays, M. 1953, p. 6.
(2) 一八二六年から三四年までのあいだに発生した主な農民蜂起の件数は一四五であるのに対して、一八五五年から六〇年までのあいだでは、その数は四七四件に達している。См. В. Г. Баскаков, Мировоззрение Чернышевского, Москва, 1956, стр. 12.
(3) 「農民改革」の詳細については、菊地昌典著『ロシア農奴解放の研究』御茶の水書房　一九六四年を参照されたい。
(4) В. И. Ленин, Ук. Соч., Т. 17, стр. 96.
(5) В. И. Ленин, Ук. Соч., Т. 20, стр. 224.

二　「農民改革」批判

すでに触れたように、チェルヌィシェーフスキーの政治活動と著作活動の重要な課題は、専制と農奴制に対する批判であった。この当時の他の革命的民主主義者と同様に、チェルヌィシェーフスキーは、農奴制の存在を、ロシアにおける諸悪の根源と把握した。その理由は、彼自身の見解によれば、農奴制のもとにあっては、まず、大部分の財産関係が、理性や公正の理念と合致しないものとなっているからである。さらに、この財産関係を基礎として、法を制定し執行する立場にあるものは、自らの利益を擁護するために恣意的に権力を行使するのに対して、農民やその他の階層のほとんどのものは、法の外に置かれているからである。(1)

チェルヌィシェーフスキーによって書かれた、農民問題に関する論文や著作は多くある。その代表的なものとしては、『共同体的土地所有に対する哲学的偏見の批判』（一八五八年）、『農村生活の新しい条件について』（一八五八年）、『地主領農民の生活秩序』（一八五八年）、『粗野な庶民の怠惰』（一八六九年）などがある。これらの著書や論文を通して、チェルヌィシェーフスキーは、農民解放の急務、専制に対する農民の抵抗運動の理念、農民革命の方法などを明らかにしようと努めた。わたしたちは、その内容を理解するにあたっては、なによりもまず、これらの著書や論文が、当時の厳しい検閲制度のもとで執筆されたということを念頭においておくことが必要である。

よく知られている通り、当時のロシアにおいては、あらゆる表現活動に対しては、「皇帝陛下直属官房」第三課（III отделение «собственной его величества канцелярии»）の厳重な監視が行われていた。チェルヌィシェーフスキー自身が、彼の編集していた『同時代人』誌（«Современник»）の協力者Ａ・Ｃ・ゼリョーヌィに宛てて書いているように、「農村関係の改革の思想と少しでも結びついていれば、それとどんなに関係のない主題であっても、それについて語ることは不可能であった。(2)」ツァーリ専制の施策や農民問題を語ろうとして、慎重さを欠いた文言を用いたために、検閲当局に捕えられ、ペテロパーヴロフスク要塞監獄につながれたり、終身の流刑に処せられたりしたインテリゲンツィヤはけっして少なくなかった。チェルヌィシェーフスキーも、活発に続けた出版活動のために、一八六二年には逮捕されて要塞監獄に監禁され、六四年から二〇年間の流刑生活を送らなければならなかった。

こうした苛酷な検閲の網の目をくぐりながら自分たちの思想を表明するために、革命的民主主義者は、さまざまの表現方法を用いた。たとえば、アレクサーンドル二世について述べようとするときにはブルボン王朝やメッテルニヒについて述べ、ロシアのことを語る代りにオーストリア、ハンガリーあるいはドイツについて語るといったような、人名・地名を代用する方法がとられた。あるいはまた、政治の問題を哲学の用語で論じたり、政治的活動を道徳行為として説明するといった抽象化の方法も用いられた。(3) さらには、センテンスのつなぎ方とか句読点の打ち方といった、文体にもできるだけの工夫をこらして、自分の思想を最大限に読者に伝えようとする努力がなされた。(4) それ故に、チェルヌィシェーフスキーの著作にかぎらず、この時代の多くの思想家の著書や論文を読む場合には、執筆者のおかれた社会的情勢を十分把握するとともに、用いられた言葉に含まれている寓意を理解することが必要である。

さて、こうした厳しい条件のもとで執筆された上述の論文の中で、チェルヌィシェーフスキーは、農奴制と専制とが不可分に結びついていて、両者は同時に改革されるべきであることを明らかにしようと努めている。彼はつぎのように述べている。「その本質からみて農奴制は専制をもたらし、いかなる法律によってもそれは規制されない。それは不可避的に破壊を導く。というのは、専制はいかなる法律とも共存することはできないからである。……民事および刑事訴訟を満足に処理する形態は、農奴制のもとでは不可能であった。ということは、換言するならば、農奴制は、よい統治のもとでは存在不可能であるということだ。(5)」「悪い行政」や「悪い裁判」は農奴制によって支えられている。そしてまた、農奴制それ自体は、その昔の「悪い統治」から生じたものである。

農奴制が非難されなければならない理由の一つは、それが「人民のエネルギー」を衰弱させ、ロシアの後進性の原因をつくっているということにあった。チェルヌィシェーフスキーは、もちろん農奴制以外にも、ロシアの人民に備わっているエネルギーを枯渇させる原因が多くあることを指摘している。国民が抱いている教育への熱望や、それを普及させようとする識者の努力が、ツァーリ政府によって削がれていること、人民の知識・判断力の欠如、無法が官僚の利得を許すような政治組織、官僚の無責任の体系、これらすべてがその原因となるものであった。

人民のエネルギーを衰弱させ、彼らを極端な貧困状態に陥れる「悪い統治」は根本的に改革されなければならない。チェルヌィシェーフスキーは、その必要性を、一八五八年に、たとえば『徴税代理制度』という論文の中で、つぎのように比喩的に主張している。「農婦や娘たちは、毎年何回か痩せた畑で草刈りに精出す、しかも雑草は毎年新しく伸びる。我われは草刈りが必要でないことを確信している。我われのところに〝悪い草は畑から取り出す〟という諺があるのは、それなりのわけはある。けれども、我われは、これらの農婦や娘たちの同じような仕事は、彼女らの夫たちが、そのひどく荒れた耕作地を改良することが必要だという確信をもつようにならないあいだは、依然としてダナイドのままであると思う。(6)よく耕された土地には、やはり雑草の種子は少ないし、しかもその種子は、他の丈夫な穀物の成長のために抑えつけられている。(7)」

「農民改革」の準備段階から実施の時期にかけてのチェルヌィシェーフスキーの活動は、ロシアにおける革命運動の歴史の中で、とくに大きな意義を有していた。彼は、農奴制は根本的に変革されなければならないことを主張するが、それを達成する第一歩は、農民を「土地つき」で解放することでなければならないと考えていた。土地は当然のこととして、それを耕作するもの、すなわち農民の所有とならなければならなかった。

チェルヌィシェーフスキーは、さきに引用したゼリョーヌィ宛の書簡の中でこの点についてつぎのように述べている。「〝土地耕作者のおのおのが土地所有者であるべきで、日雇い農夫であってはならない。自分自身のために働くべきであって、借地人や地主のために働くべきではない〟という原則は、ほんとうに維持できないものかどうかを聞かせて下さい。……解放がいつ行われるかわたしは知りません、けれどもそれは行われるでありましょう。農民の大多数のものが、土地をもたない水呑百姓に変わってしまうというような事態が惹き起こされないよう望まれるところであります。(8)」こうしてまず、土地耕作者が土地所有者であるという基本原則を確認したうえで、チェルヌィシェーフスキーは、理想的な土地耕作の形態として、土地の共同体的所有ないしは国家的所有、国有地における共同労働、生産用具や生産物の農民への分配など、具体的な構想を組み立てていく。

彼の構想する基本原則に立脚するならば、農民に分与されるべき土地は、それぞれの農民が不自由のない生活の糧を得るに足るだけの広さのものでなければならなかった。[(9)] そして「不自由のない生活」という言葉の中には、凶作の苦難からも解放されるという意味が含まれていた。さらに加えて、これらの土地を十分に活用するためには、森林、草刈り場、牧場などといった「付属物」も、土地と併せて分与されることが必要であった。

このような見地に立って、ツァーリ政府によって実施されようとしている「農民改革」案をみたとき、この案は、チェルヌィシェーフスキーには、まことに不合理な内容のものであると考えられた。まずなによりも、政府の改革案で示されている土地の「買い戻し操作」（выкупная операдия）が、彼には理解しえないところであった。チェルヌィシェーフスキーは、農民が土地を「買い戻す」ということは、「買う」ことと同じであると考えた。太古の昔から土地を耕作している農民が、今になって何故にその土地を買わなければならないのか。この根本的な問題に対してツァーリ政府の示した改革案は、十分な説得力をもつものではなかった。地主が農民から「買い戻し費」を請求し、それに直ちに応じるだけの経済的能力をもたない農民が、「奉仕義務農奴」（временно обязанный）として、実質的には従来と変わらない貢租や賦役を強制される根拠は、理論的に合理的なものとは考えられなかった。[(10)]

ツァーリ政府は、その根拠として、従来から存在していた農奴権を承認する法律、これらの法律を改正して施行しようとする新しい法律を示すに過ぎなかった。「国家的な問題を、詭弁的な法の規則でもって決定することほど悪いことはない。法の規準は、これらの問題にとっては、あまりにも狭すぎる……。この規準は、そのままにしておく方がよろしい。それはただ、訴訟ずきにとってのみ役に立つ。重要な問題は、良心にしたがって、健全な思想にしたがって決定されなければならない。」[11]

買い戻し操作を重要な骨組みとする改革は、農民の願望に反するばかりでなく、ロシアの国全体にとっても、けっして利益になるものではなかった。なんとなれば、それは、農奴制を存続させる「改革」に他ならなかったからである。農奴制を根絶することによってはじめて、産業や貿易は発達し、国庫の収入は増大し、司法権は確立され、統治は簡単かつ公正となる。約言するならば、国家は再生し、民族全体が利益を得るようになる。そうだとするならば、この改革に要する費用を農民だけが負担することは不公平である。全国民的な規模での発展に必要な経費であるならば、全国民が分担するのが至当であり、しかもそれは、経済的能力に応じて分担するのがもっとも合理的である。チェルヌィシェーフスキーは、このように、利益と負担の均衡といった理由からも、農奴解放が農民の犠牲によって行われるべきでなく、富裕者階級の負担において遂行されるべきことを主張した。

ツァーリ政府によって遂行されようとしている、農民改革は農民の期待や願望に反した内容のものであるが故に、ロシアの政治秩序を大きな混乱に陥れる危険性を十分に含んでいた。チェルヌィシェーフスキーは、農民改革について書いた覚え書きの中で、この危険性についてつぎのように予言的に述べている。「国王は、国内に騒擾が起こるのを欲するはずはない。だが、農民を土地なしで解放することは、不可避的に激しい騒乱を惹き起こす。なんとなれば、わたしの確信するところによれば、ロシアの農民は土地なしの解放を理解することも、受け入れることもできないからである。そしてもし、……農民が、自分たちが土地なしで解放されたことを知るならば、彼らは、このような災厄を地主の奸計のせいにするであろうし……そして一人のこらず蜂起するであろう……。」[12]

六一年の「農民改革」に対しては、当時の多くの進歩的な革命的民主主義者も、一時的にではあったにせよ、賛意を表明したり、それに期待をかけたりしている。このような雰囲気の中で、早くから、その改革の「幻想」的性格を鋭く指摘し、それを厳しい検閲制度の中で、公然と非難したということは、注目に値する。チェルヌィシェーフスキーによってこの時期に書かれた論文のそれぞれが、農民問題を真剣に考えようとする若い雑階級知識人《ラズノチーネツ・インテリゲンツィヤ》の多くのものにつよい影響を与えたということも、彼の問題の本質に対する洞察力の鋭さからみて、十分に首肯されるところである。

（1）См. Н. Г. Чернышевский, Избранные экономические произведения, Т. I, стр. 418. В. С. Покровский, История русской политической мысли, вып. 4, стр. 142.

（2）Н. Г. Чернышевский, «Письмо к А. С. Зеленому», (Первая половина июня 1857 г.), Пол. собр. соч. Т. XIV, стр. 346.

（3）См. В. Г. Баскаков, Ук. Соч., стр. 35.

（4）検閲下での論文執筆の苦心については、たとえば、チェルヌィシェーフスキー著『哲学の人間学的原理』（岩波文庫版　一九五五年）に収められている、訳者松田道雄氏の解説を参照されたい。

（5）Н. Г. Чернышевский, «Суеверие и правила логики», Полн. собр. соч., Т. V, стр. 708-709.

（6）ギリシア神話のアルゴス王ダナオスの五〇人の娘。いずれも結婚の夜夫を殺して地獄に墜ち、永劫に底なし桶で水を汲む苦役を課せられた（『ギリシア・ローマ神話』岩波文庫版上　一九五七年　二二六頁参照）。

（7）Н. Г. Чернышевский, Избранные экономические произведения, Т. I, стр. 688.

（8）Н. Г. Чернышевский, «Письмо к А. С. Зеленому», (Первая половина июня 1857 г.), Полн. собр. соч., Т. XIV, стр. 348.

（9）Н. Г. Чернышевский, Избранные экономические произведения, Т. I, стр. 333.

（10）См. Н. Г. Чернышевский, «Устройство быта помещичьих крестьян, No. XI, Материалы для решения крестьянского вопроса», Полн. собр. соч., Т. V, стр. 737.

(11)　Н. Г. Чернышевский, Избранные экономические произведения, Т. II, стр. 61.
(12)　Н. Г. Чернышевский, «Записки об освобождении крепостных крестьян», Полн. собр. соч., Т. V, стр. 138.

三　資本主義論

すでにみてきたように、チェルヌィシェーフスキーは、専制・農奴制を徹底的に批判攻撃した。彼は、ただ単にロシアの農民が、この体制の羈絆から脱することを夢想していただけでなく、その時期が遠からず訪れるであろうことを確信していた。この場合、問題は、農民大衆が行きつくところはどこか、言い換えるならば、農奴制ロシアの社会・政治構造の中に、どのような形で資本主義の要素が介入してくるかということであった。そして彼にとっての課題は、資本主義のもつ害悪をいかにして防ぐか、ロシアの社会に、人間の理想的な共同生活の形態をどのようにつくるかということであった。

チェルヌィシェーフスキーは、のちにみるように、究極的には、資本主義的社会構造を拒否して、「ロシア社会主義」と一般に名づけられる独自の農民社会主義の理論を展開する。けれども彼は、自分の理想を追求するあまり、ロシアの社会に、現に形成しつつある資本主義の諸関係を無視するような「非科学的」な態度はとらなかった。彼は、いま展開されつつある歴史的現実を直視し、それに対する批判の上に立って自己の改革案を提示しようとする。彼にとっても、ロシアにおける資本主義の発展は不可避であったのである。

「ロシアは、生産に資本が関与する経済発展の時期に入っている。生産者階級の活動の性格や彼らの生活状態そのものは、必然的にそこから大きな修正を蒙らざるをえない。我われはすでに、これらの修正が、人びとや生産物の移動の性質からみて、どのように大きいものであるかを知っている。荷馬車や多様な家父長的裁判の代りに、わずかの機関車や汽船が存在しているが、それらの数は間もなく、ひじょうに多くになるであろうし、それ故に、われわれの見なれている荷馬車《オボース》……河川用平底荷船《バールカ》などは、やがて、ほとんど全面的に姿を消してしまうであろう。貿易の性質は、幾分かはすでに、かなり著しく変化しつつあり、そしてすみやかに変化してしまうであろう……。しかしながら、なによりも著しいのは、わが国の基本的な力を構成し、わが国民のかなりの部分にとって生存の手段として役立っている経済――すなわち農業――の変化である。[1]」

近い将来において、ロシアに資本主義体制が発展していくならば、農業の分野にも工場経営の原理による搾取の形態が確立されるであろうというのが、チェルヌィシェーフスキーの予測であった。ロシアは、いままで、二〇年ないしは二五年のあいだ、この原理から遠ざけられていたと考えることができる。けれども、農業資本主義が確立されるならば、そのときには、広大な地域にわたって、「百姓の経済が、資本家の競争によって完全に押し潰されてしまうであろう。[2]」

チェルヌィシェーフスキーは、生産力の発展という見地からみれば、農奴労働よりも自由労働の方がはるかに生産性が高い、ということを承知していた。彼はむしろ、自由労働こそ民族の富を生産し、増加させる唯一の形態であるとして、それを積極的に評価している。

この当時、アメリカ合衆国において、奴隷制廃止の問題が政治上の大きな争点となっていた。ロシアの農奴制擁護論者たちは、アメリカにおいて奴隷制が廃止されれば、生産に不可欠の労働力を確保することが困難となるし、かりに確保しえたにしても生産性は著しく低下するであろうと考えて、奴隷制の廃止は経済発展を妨げるものであると主張した。チェルヌィシェーフスキーは、このような主張は大きな誤りをおかしているとして農奴制擁護論者に反論を加えている。彼の説くところによれば、アメリカ合衆国において、奴隷制度を廃止することは、けっして農園所有主を破産させることにはならない。なんとなれば、奴隷労働に代って適用される自由労働こそが、農園の生産性を大いに高めて商品の価格を安くし、世界の市場での競争に耐える可能性を生みだすからである。

こうして、チェルヌィシェーフスキーは、ロシアの社会に資本主義的諸関係が発展することを、ただ単に必然的な傾向として受けとめていたばかりでなく、その構造の中には、社会の進歩のための重要な要素が含まれているということをも明確に認識していたのである。彼のこのような資本主義体制に対する態度は、同じ「ロシア社会主義」者でありながらも、西ヨーロッパに失望し、資本主義体制を全面的に否定しようとしたA・И・ゲールツェンとは大きく異なっていた。

チェルヌィシェーフスキーの資本主義に対する態度は、同じラズノチーネツ出身の革命的民主主義者であったベリンスキーの資本主義観から影響を受けたものである。ベリンスキーは、歴史におけるブルジョア的発展段階がある意味において必然的であることを、つぎのように説明している。「わたしは、ブルジョアジーが偶然的な現象でなく、歴史によって惹き起こされたものであるということ、それが、茸が生えるように昨日現われたものではないということ、そしてさらに、ブルジョアジーが自分の偉大な過去、自身の輝かしい歴史をもっていたし、人類のために大きな役割を果したということを知っている。(3)」ベリンスキーは、ブルジョアジーが、発展の初期に、封建制度との闘争の中で果たした進歩的役割をはっきりと位置づけ、そのうえでブルジョア社会の欠陥に対して容赦のない批判を加えた。チェルヌィシェーフスキーの資本主義体制に対する批判も、基本的にはベリンスキーの方法を受け継いだものであった。

チェルヌィシェーフスキーは、資本主義体制は、たしかに、ヨーロッパに大きな進歩をもたらしたけれども、それはまた同時に、勤労者大衆の零落という犠牲を伴っていたということを指摘している。社会の繁栄が、社会構成員の一部の犠牲によって生みだされるということは、合理的な社会観に適合しないものである。それればかりではない。このような仕組みを内包している限り、資本主義の将来はけっして楽観的ではありえない。

「工場生産においては、すべての利益は資本家の手に集中する。そして、各の資本家に数百の労働者、プロレタリアが相応するが、この人たちの生活は不幸である。けっきょく、土地耕作も工場生産も個人個人の無制限な競争の支配下にある。生産の規模が拡大すればするほど、生産物の価格は安くなる。なんとなれば、大資本家は小資本家を抑圧し、小資本家は少しずつ大資本家にその地位を譲り、大資本家の雇用人の部類へと移行するからである。そして雇用労働者間の競争によって、労賃はますます低下する。かくして、イギリスやフランスにおいては、一方に数千の富裕者が生まれ、他方には数百万の貧乏人が生まれた。宿命的な無制限競争の法則に従って、富裕者の富は増大して、ますます少数者の掌中に集まることになり、その反面、貧乏人の状態はますます苦しいものとなっていかざるをえない。(4)」

西ヨーロッパの資本主義的文明を無批判に称賛し、それに対して卑屈に追従しようとするロシアのブルジョア自由主義者や、西欧主義者《ザーパドニキ》は、このような見地からは、厳しく批判されるべきものであった。彼らは、「たとえば、現代において、イギリスやフランスがきわめて幸福な土地であると考えており、そして、これらの国ぐにの安寧に魅惑されて、しばしばその場に不相応に、まさしくこれらの国のきわめて醜悪なところ、たとえば、不自然な欲求や奢侈の極端な発展を称賛している。このすこぶる有害な虚飾のために、きわめて多くの者がまどわされているのである……。(5)」

これらの自由主義者や西欧主義者は、西ヨーロッパの資本主義諸国において喧伝される「自由」を、なによりもまず重要な観念として称賛する。しかしながら、これらの人びとは、「自由」の観念をあまりにも狭く、形式的にのみ解釈していた。チェルヌィシェーフスキーは、自由を問題とするときには、ただ単にその字義にのみ捉われるようなことがあってはならず、その言葉の現実的意味、言い換えるならば、それを権利として規定する法律の実際的機能の面をあわせて考察しなければならないと説く。こうした観点に立ってみるならば、自由主義者や西欧主義者は、自由の保障をそのたてまえとする法律上の決定のすべてが、その決定を利用する物的手段をもっているものに対してのみ価値を有するのだということを理解していないことが分かる。「わたしも、読者たるあなたも、金の食器で食事することは禁じられてはいない。遺憾ながら、わたしもあなたも、おそらくはこのいきな思想を満足させるための手段をもつことはけっしてないであろう。[6]」

むしろ、西ヨーロッパの資本主義諸国においては、「自由」の観念、とくにその法制度化は、ブルジョアジーが労働者大衆を組織的に搾取することを隠蔽し合理化する手段として役立つものであった。チェルヌィシェーフスキーの眼には、「自由」の観念によって促進される資本主義社会の不合理な側面こそが重要な問題として映ったのである。彼は言う。「より巨大な資本をもつものが富裕になり、その反面、他のすべてのものは零落する。自由そのものから、すべての人を隷属させる百万長者の独占が生まれる。土地は負債に苦しめられ、自分自身かつては主人公であった手工業者は、雇用労働者に変わる。投機の精神は社会を熱狂的な冒険へと惹きつけ、商業恐慌を招く。各人の利益は、他人の利益と矛盾する……。市場には、はけ口のない商品があふれ、工場は閉鎖され、労働者は食べ物もないままに放っておかれる。科学上の発見はすべて隷属の手段として利用されるし、隷属は進歩そのものによって強められる。プロレタリアは、単なる機械のハンドルにされてしまい……つねに物乞いすることを余儀なくされる。六〇年のあいだ、プロレタリアは、生活のためのいっさいの手段をもたないままである。彼らの娘は飢餓のために身売りをする。彼らの息子は、七歳のときから工場の汚れた空気を吸う。(7)」

自由や権利を法によって規定するにあたっては、それがすべての人に対して適用され、すべての人にとって利益となるやり方でもってなされなければならない。そのためには、まず、大半の人民の現実の生活条件を改善していくことこそが必要である。すなわち、人民の利益を擁護することを目的とする法であるならば、流行病、貧困あるいは犯罪を生みだす社会的原因を除去することをその課題としなければならないのである。「……安全を守るためには、ただ刑罰法規だけでは不十分である。(8)」けだし、「貧乏のどん底にまで落ちこんだものは、窃盗に心を向けるのが通常である。それ故に、国家に安全を守る義務があるとするならば、国家には、だれも貧乏のどん底に落ちこまないように配慮する義務がある。(9)」

一方に千人のぜいたく者が存在しているときに、他方に、百万人の赤貧洗うが如きものが存在していることを、あまりにも不合理であると考えるチェルヌィシェーフスキーは、西ヨーロッパの資本主義諸国を、ロシアの歩むべき手本として称賛するわけにはいかなかった。ロシアにおける専制と農奴制を徹底的に攻撃する彼は、自国政府の政策に対する批判と、資本主義社会構造の分析を通して、ロシア国民の追求すべき未来社会、それも、ロシアの現存の社会を土台として実現することの可能な理想社会として、「農民社会主義」を構想する。

（1）Н. Г. Чернышевский, Избранные экономические произведения, Т. I, стр. 148–149.

（2）Н. Г. Чернышевский, «Ответ на замечанил г. Провинциала», Полн. собр. соч., Т. V, стр. 153.

（3）В. Г. Белинский, «Письмо к В. П. Боткину, декабрь, 1847», Избранные философские сочинениl, Т. II, стр. 546–

547. なお、ベリンスキーの革命的民主主義思想の特徴については、本書第四章を参照されたい。
（4） Н. Г. Чернышевский, Избранные экономические произведения, Т. I, стр. 104–105.
（5） Там же, стр. 102.
（6） Н. Г. Чернышевский, Избранные философские сочинения, Т. II, стр. 320–321.
（7） Н. Г. Чернышевский, «Июльская монархия», Полн. собр. соч., Т. VII, стр. 157.
（8） Н. Г. Чернышевский, «Экономическая деятельность и законодательство», Полн. собр. соч., Т. V, стр. 584.
（9） Там же.

四　社会発展段階

チェルヌィシェーフスキーの社会主義理論は、農民解放の問題が、国中いたるところでさかんに論じられている時期に、専制と農奴制に対する批判を通して形成されたものである。また、この時期は、西ヨーロッパにおいては、資本主義的収奪に対するプロレタリアートの抵抗が、一段と激しくなった時期でもあった。チェルヌィシェーフスキーは、すでにみてきた通り、資本主義社会に多くの不合理が存在することを指摘し、このことから、ロシア人民を直ちに解放する途は、彼らに西ヨーロッパの過程を歩ませるところにはなく、社会から搾取一般をとり除くことにあるという結論に到達した。そして、この搾取のない社会が農民共同体を基礎として組織される社会主義社会に他ならなかった。

彼は、ロシアに現存している半封建的な農民共同体を通して社会主義へ移行することが可能であると考えていた。

言い換えるならば、彼は、ロシアに農民共同体が存続しているが故に、ロシアは、西ヨーロッパと同じような資本主義の不幸な段階を経過することなく、社会主義段階へ移行することが可能であると考えていたのである。

もっとも、チェルヌィシェーフスキーは、農民共同体的生活様式が、なにもロシアに固有な存在ではないことは十分に承知していた。彼は、ヨーロッパのすべての民族が、その昔、共同体的生活の経験をもっていたということ、そしてまた、現在においても、このような生活様式は、家父長的慣習に近い諸関係がまだなくなっていない民族の中には存在しているということを指摘している。「われわれは、共同体的土地所有が、わが国の固有な、本来的な特徴であると考えることはないのであって、むしろ、それを、それぞれの民族の生活の中の、一定の時期の人類共通の属性とみることが必要である。この太古の残滓を維持することを、われわれはなんら誇りとするにはおよばない。それは概して、古いものはなにも維持する必要がないのと同じことである。というのは、古いものを保持しているということは、歴史の緩慢な発展と無気力だけを……示すものだからである。」(1)

西ヨーロッパは、個人個人の一面的な排他的専有への欲求のために、つとに、共同体的な事物の秩序を失ってしまった。けれども、その西ヨーロッパにおいても、その後の社会の発展の中で、「個人の権利」を現実的に保障しようとする考え方がしだいに芽生えた。そして、このような考え方が、幾多の苦しい試練を経て、土地や生産手段を共同で利用しようとする新たな思想、すなわち社会主義の思想として形成された。したがって、西ヨーロッパにおける社会主義思想の形成は、個々の人間の権利を保障しようとする、以前からの目的志向の継続であり、拡大であり、補完であるということができる。社会主義思想家の主張は、直接生産に従事する者が、その生産物の所有者となるような制度の確立こそが個人の権利をもっとも確実に保障することに他ならない、というところに力点がおかれていたのである。(2)

しかしながら、共同体的土地所有の形態を早くから失い、個人の権利を無制限に追求することに慣れた西ヨーロッパにおいては、こうした志向にもかかわらず、社会主義的共同生活の秩序をつくりだすことは容易ではないと思われた。それに比較すれば、ロシアの社会は、まだ資本主義に毒されているところが少ないし、個々の人間の生活を実際に安定させることのできる「組合的」生産組織の核が、まだ存在している。チェルヌィシェーフスキーは、古くから存続している共同体の、将来に向かっての積極的意義をここに見出したのである。

右にみてきたように、彼は、社会主義社会の建設を希望し、その実現を期待してはいた。けれども他方では、現在ロシアに形成されつつある資本主義の関係が、しばらくのあいだはつよい支配力をもつであろうことも認めていた。彼は、ロシアには、集団的生活様式と工場経営的農業経営の方式とが、当分のあいだは並存するであろうと考えた。国内において、並存する両方の制度の激しい競争が展開される中で、集団生活の様式、社会主義の原理の優越性が徐々に確立されるであろう。チェルヌィシェーフスキーは、この時期を、理想的な社会主義が達成されるまでの過渡的な段階として捉え、これを社会主義発展の第一段階と呼んでいる。

第一段階において推し進められるべきもっとも重要な課題は、いままでの説明からも明らかなように、土地の共同所有の観念を浸透させることであった。共同所有を確立することによって、国民の大多数のものに、不動産所有に参加しているという安心感を与えることができ、また、共有地からの公正な分配によって、大衆の貧困化を防ぐことができる。勤労大衆を零落の状態から引き上げることが社会発展の可能性を開く第一歩であった。

つぎには、共同体的生活様式が住民の自治を確立する、もっともすぐれた方式であることを人民に知らせることが大事である。共同体的生活様式は、たんに中央の官僚機構ばかりでなく、地方の官僚機構とも無縁な存在である。それは、権力の介入を必要としない。なんとなれば、共同体的生活様式のもとでは、私的所有を基礎とする生活様式におけるよりも、法律上の議論は、百万倍も小さなものであるだろうし、そしてもし、そうした議論が生じたとしても、すぐさま仲間同士のあいだで解決されてしまうだろうからである。[3] 個人の生活は共同体によって維持される。それ故に、政府が個人の生活に干渉することはない。けだし、「共同体的所有は、あらゆる所有形態の中で、個人の生活を、行政の干渉や警察の監督から守る、もっともよい形態である。[4]」

さらに共同体は、その中で生存する個々の住民に、誠実さ、正直、自信といった高い道徳的資質を植えつけ、これらの住民の自立心を育てる。住民は、自分の能力や性格に応じて、共同体の事業に参加する。この制度は、住民の積極性を育てるとともに、共同生活に必要な責任感を養う。こうして、経済・政治制度の基礎が固められ、精神的な充実がみられるようになるとき、チェルヌィシェーフスキーによれば、社会主義の発展は、その第二段階へ進んでいくのである。

第一段階が、資本主義的制度と社会主義的制度の並行的発展の段階、言い換えれば、社会の中に共同所有が確立される段階であるとするならば、第二段階は、共同所有の原理に立脚して共同生産が確立される段階である。チェルヌィシェーフスキーは、この段階を社会主義が結実する段階として重視し、論文『資本と労働』（一八六〇年）の中で、その具体的構想について詳細に論じている。

彼は、社会主義社会は、代議制をとる中枢機関によって指導される生産組合の連合体を、その骨格として組織されなければならないと考える。組合は、その規模においても、その組織性格においても、人間の共同生活の基礎単位として相応しいものでなければならない。「それぞれの組合への参加者の数は、男女あわせて一、五〇〇—二、〇〇〇人とすべきである。……彼らは、自分の希望で組合に加入したのと同様に、だれでも好きなときに組合から離脱することができる。[5]」

組合員は相互の密接な協力関係を維持するために、共同生活に適した家屋をつくる。ここには、共同生活を希望するものが家族とともに入居し、働くものの良識にそって、質素ではあるけれども作法に適った、快適な生活を営む。この建物には、教会、学校、演劇・音楽・夜会用のホール、図書館あるいは病院などの、組合員の生活に不可欠の施設が、付属物として設置される。(6)

組合員が農業に従事するために、耕作能力に応じた十分な広さの畑と、その付属地が用意されなければならない。また、条件さえ許すならば、組合員は、地域に適した採取業や工業にも従事する。このために必要な道具や機械や資材は、組合の費用で購入される。(7)「要するに、組合と組合員との関係は、工場主と労働者、家主と借家人の関係と同じである。組合は組合員に対して、工場主が労働者に、家主が借家人に対するのとまったく同じような配慮をする。あきらかに、ここには、新しいものや実行困難なものはほとんどないのである。(8)」

組合員の共同労働によって生じた利益は、組合員すべてに分配されなければならない。具体的に言えば、利益の一部は、組合員共通に必要な費用として、すなわち、上述の教会、学校、病院などの施設の維持のために支出される。また一部は、国庫からの貸付金の利子の支払いおよび貸付金の返済にも充てられる。さらにはまた、組合や組合員にふりかかるかも知れない不慮の災難に備えて、利益の一部を貯えておくことも必要である。組合の数が多ければ、この貯えは相互保険としての役割を果たすようになる。右のような、さまざまの「公益費」を支出したのち、その残額が組合員各自に分配されるわけである。

けれども、組合員に分配される「残額」もかなりの額になるというのがチェルヌィシェーフスキーの見通しであった。私的に経営される農場や工場とは異なって、組合員には、自分が組合の主体であり生産の担い手であるという自覚があるため、労働が意欲的である。それに加えて、組合が全体的な見地から労働条件の改善をはかっているので、生産性は高いわけである。

社会全体の福祉を増進させ、構成員の利益をさらに増大させるためには、科学の発達を促進し、開発された技術を積極的に導入することが必要であると、チェルヌィシェーフスキーは主張している[(9)]。機械や技術を積極的に導入することによって、農業における生産性を高め、社会主義を達成しようとした点は、家父長的経済構造を基盤として「農民社会主義」を実現しようとしたゲールツェンの構想とは著しく異なっていた[(10)]。

組合組織の利点は、たんにその生産の面にのみあるのではなく、消費の面にもあると考えられた。共同生活のための建造物は、住居費の支出を合理的ならしめる。ここでは、消費物資も一括して仕入れ、卸売り価格で販売することができるので、その値段は、小売商店で購入する場合よりもはるかに安くなる。さらに、組合は共同の食堂を経営する。この食堂から各家庭がとり寄せる料理は、他の消費材の購入の場合と同じように、美味しくて安いであろう。このように、消費の面での合理化は、組合員の実質的な利益の取得をいっそう増大させるものであった。

しからば、このような組合の管理はどのように行われるであろうか。設立されたばかりの組合においては、企画はまだ新しい事業であるから、それを実現するためには、ある程度の理論的な準備が必要である。それ故に、はじめの段階においては、組合管理の仕事は、知識と誠実さが政府によって保証されている人に委任される[(11)]。委任された管理者の任務は、組合員の構成、任務、業務の分担、共同生活の方式などの細目を策定することである。一定の歳月が経過し、組合員が共同生活に慣れてきた段階では、委任された管理者はその権限を失う。組合は、それぞれの職業ごとに組合員によって選出される管理人によって管理されるようになる。ここに、住民の自治と自由が保障された社会主義社会が実現されるのである。

チェルヌィシェーフスキーは、社会主義の発展の第三段階すなわち究極の段階として、共産主義の段階を設定した。彼の言う共産主義段階とは、共同所有を基盤として、すべての部門で共同生産と共同消費が確立される段階であった。この段階においては、「……人びとは、自分たちにとって必要なかぎり、完全に外の自然を自分に従わせ、自分たちの需要に応じて、土地全体を克服し、自分たちにとって好ましくない外的自然の力の出現を防止し、制御し、自分たちにとって役立ち得るすべての自然力を最高度に利用するようになる。」[12]また、この社会においては、生活にとっての「……まったく新しい条件が現れるであろう。そして、いろいろ起こる中で、経済活動のための法律は、存在する必要がなくなるであろう。」[13]

チェルヌィシェーフスキーは、ペテロパーヴロフスク要塞監獄に監禁されていたときに執筆した小説『何をなすべきか』（一八六三年）の中でも、共産主義段階の青写真について述べている。それによれば、この社会においては、生産の工程はほとんど人間に代って機械が行うようになることが予想されている。労働は、人間にとってもはや苦痛ではなく、一種の快楽となり、余暇は、もっぱら娯楽や精神的向上に充てられるようになる。彼はこの小説の中で、こうした未来社会の建設のために努力するようロシアの若者たちに呼びかけている。

「君の予想していることが実現されるまでには、多くの世代の交替があるだろうか。いや多くの世代ではない。わたしの仕事は、いま、高速で進んでいる。年とともに、ますます速くなっている。しかし、それでもやはり、君は完全なわたしの姉妹の国へ入ることはないであろう。少なくとも君は、その国を知るであろうし、未来を経験するであろう。その国は明るく、美しい。すべての人に語りたまえ、未来にあるものは、明るく美しいと。未来を愛したまえ。未来に向かって努力したまえ。未来のために働きたまえ。そこから現在へ移せるだけ移しなさい。君が未来から現在の生活に移すことができればそれだけ、生活は明るく幸福になり、喜びと楽しみに満ちるようになるであろう。」[14]

（1）Н. Г. Чернышевский, «Критика философских предубеждений против общинного владения», Полн. собр. соч., Т. V, стр. 362-363.
（2）См. Н. Г. Чернышевский, Избраиные экономические произведения, Т. I, стр. 105.
（3）Н. Г. Чернышевский, «Экономическая деятельность и законодательство», Полн. собр. соч., Т. V, стр. 616.
（4）Там же.
（5）Н. Г. Чернышевский, «Капитал и труд», Полн. собр. соч., Т. VII, стр. 59.
（6）Там же.
（7）Там же, стр. 60.
（8）Там же.
（9）См. Н. Г. Чернышевский, «Основания политической экономии Д. С. Милля», Полн. собр. соч., Т. IX, стр. 458.
（10）А・И・ゲールツェンの「農民社会主義」の構想については、本書第二章を参照されたい。
（11）Н. Г. Чернышевский, «Капитал и труд», Полн. собр. соч., Т. VII, стр. 61.
（12）Н. Г. Чернышевский, «Экономическая деятельность и законодательство», Полн. собр. соч., Т. V, стр. 609.
（13）Там же.
（14）Н. Г. Чернышевский, Что делать ?, Госполитиздат, 1947, стр. 370.

五　「ロシア社会主義」の特徴

ロシアにおける空想的社会主義の発展は、三つの時期に区分することができる。第一期は、「六〇年代人」によって、古典的な革命的民主主義が確立される以前の時期であって、ペトラシェーフスキー＝サークルによって代表される。この時期においては、もっぱら西ヨーロッパにおいて展開された社会主義の思想を研究し、これらの思想をロシアの特殊な条件に適用させる努力が重ねられた。

第二期は、いってみればロシアにおいて空想的社会主義の思想がもっとも豊かに開花した時期であった。そしてこの時期のもっとも代表的な思想家が、Н・Г・チェルヌィシェーフスキーであった。彼の専制・農奴制に対する批判は、ロシアの多くのラズノチーネツ・インテリゲンツィヤの共感を誘い、彼のつくり上げた社会主義の理論は、続いて生まれてくる世代のものに多大の影響を与えた。彼の理論は、ロシアの国内においてのみならず、西ヨーロッパにおいても高い評価を与えられた。チェルヌィシェーフスキーは、すでに述べたとおり、一八六二年にツァーリ官憲によって逮捕されて以来二二年間、つまり後半生のほとんどを牢獄と流刑地で過したために、たとえばマルクスの著作などには触れることはなかった。彼の社会主義は、ロシアと西ヨーロッパの支配体制を批判し、西ヨーロッパの空想的社会主義を研究する過程で、独自の理論として形成されたものであった。彼の思想の空想性にもかかわらず、マルクスはチェルヌィシェーフスキーを、すぐれたロシアの学者であり評論家であると高く評価している。(1) エンゲルスもツァーリ政府の抑圧によって、チェルヌィシェーフスキーの思想活動が十分に展開できなかったことを惜しんでつぎのように述べている。「ロシアがチェルヌィシェーフスキーに負っているものは無限であり、彼が永年、シベリアのヤクート人の中へ追放されていたために、じりじりと殺されていったことは、〝解放者〟と言われるアレクサーンドル二世の記憶のうえに、汚点を残すものである。(2)」

ロシアにおける空想的社会主義の発展の第三期は、革命的ナロードニキの運動が展開された七〇―八〇年代がそれにあたる。ナロードニキの運動は、革命的な農民運動が下火になった後に繰り広げられた。革命的なナロードニキは、チェルヌィシェーフスキーの理論とは異なって、少数者の組織による権力打倒の運動と社会主義社会の建設とを

結びつけた。(3)

いずれにしても、ロシアにおいては、空想的社会主義は、資本主義が発展する以前に国内に広く普及した。サン＝シモン、シャルル＝フーリエ、ロバート＝オーウェンなどの代表的な西ヨーロッパの空想的社会主義は、資本主義体制が発展したのちに普及した。このような、社会的条件の相違は、当然のことながら、両者の思想の相違をも生み出してくる。すなわち、後者は、空想的社会主義の思想を理論的に根拠づけ、あるいはそれを現実に実現しようと試みる場合にも、ともすれば現存の資本主義体制と「調和」するか、あるいはその枠の中で行おうとする傾向がみられる。これに比較すると、前者は、空想的社会主義の思想を専制と農奴制に対する革命運動と結合させようとしたところに特徴がある。こうした特徴をもつ「ロシア社会主義」を、もっとも理論的な形で展開したのがチェルヌィシェーフスキーであったといえる。彼の理論の特徴をもっと掘り下げて把握するためには、彼の歴史哲学、ツァーリ体制観、変革過程における農民の位置づけなどを詳細に検討することが必要である。これらの点については、機会を改めて考察したいと思う。

（1）　См. «Переписка К. Маркса и Ф. Энтельса с русскими политическими деятелями», Госполитиздат, 1951, стр. 188.
（2）　エンゲルス『〝ロシア社会関係へ〟のあとがき』マル・エン選集第一三巻一五三頁。
（3）　См. В. А. Маринин, М. И. Сидров, Предшественники научного социализма в России, Москва, 1963, стр. 9-10.

第二編　ナロードニキ主義

第六章　ミハイール＝バクーニンの思想

一　経　歴

ミハイール＝バクーニンは、ロシアにおけるアナキズムの父と言われている。実際、彼は、たんにロシアのみならず全ヨーロッパの政治思想の歴史において、もっとも代表的なアナキズムの理論家であった。彼はまた、一九世紀六〇年代から七〇年代にかけて展開されたロシアにおけるナロードニキ運動の一方の指導者であった。

よく知られているとおり、七〇年代におけるロシアのナロードニキの潮流は三つに分けることができる。その一つは、ロシアを革命的に変革するにあたっては、その前提として、人民の中で不断の宣伝活動が必要であると主張したП・Л・ラヴローフの流れである。その二つは、これと対照的に、少数の革命分子による権力奪取こそが革命の要諦であると説いたП・Н・トカチョーフの一派である。そしてその三つとして、バクーニンの主張する理論や戦術に影響を受けたナロードニキの運動があった(1)。

バクーニンは、国家や権力を独特の観点から考察し、他の思想家のなしえなかった方法でもって、これらの機構・制度のもつ非人間的要素をえぐりだした。こうして作り上げた国家・社会観を基礎として、彼はロシアにおいて、独自のナロードニキ運動を展開し、全ヨーロッパ的規模で革命運動を指導したのである。

しかしながら、バクーニンの残した理論や実践の足跡の大きさに比較するならば、これまで、彼についての研究は、十分進めてこられたと言うことはできない。近年、ソヴィエートにおいても、ロシアにおけるナロードニキの思想と行動を究明する一端として、バクーニンについても研究が行われるようになった。他の国々においても、社会主義運動の昏迷、社会主義理論の再構成の必要性といったような条件から、バクーニンについての研究も盛んになった。

我が国においても、アナキズム一般についての著書・翻訳書と並んで、バクーニンの論文の翻訳、バクーニンについての研究論文などが著されている。これらの文献や資料は、今まで一般的に考えられていたのと著しく異なった様式で、国家の本質、人間の自由、さらには、人間の生存そのものについて検討しなおす素材を提供してくれるであろう。本章においては、右のような最近の研究の動向を念頭におきながら、ロシアにおけるナロードニキ運動との関連を軸として、バクーニンの評伝を試みたいと思う。

＊　＊　＊

ミハイール＝バクーニンは、一八一四年に、トゥヴェーリ県ノヴォトルシキー郡の貴族の家に生まれた。彼の父親は、教養と知性を身に着けた自由主義者であったが、母親は利己的な性格をもち、あまり子供たちからは親しまれない人であった。バクーニンはこのような両親のもとで、ツァーリの権威と教会に対して無条件に帰依するよう教育された。

当時のロシアの貴族の伝統に従って、バクーニンは、軍務に服する準備のため一八二八年ペテルブルクに移り、翌年砲兵士官学校に入学した。士官学校生活三年目の終わりに最終試験に合格し、一八三三年一月砲兵少尉に任官した。バクーニンは、やがて、ポーランド国境の人里離れた無名の地に駐屯している部隊に配属になったが、軍隊の生活の中で、知的な自己啓発への関心を強め、歴史書、旅行記、物理学を読んで知識欲を満足させたり、多くの知識人に接触して思想的刺激を求めたりした。知的省察の世界にだんだんと大きな関心をもつようになったバクーニンは、真剣に考えることといえば差し迫った軍務のことだけで、ヴォトカとカルタが唯一の楽しみであるような軍隊の野営生活を強い束縛と感ずるようになった。彼は一八三五年に、父に内密で病気と偽って軍隊に退職願いを出した。(2)

この年バクーニンはモスクワに居を定め、Н・В・スタンケーヴィチと知り合いになった。スタンケーヴィチは、バクーニンと年齢が一歳と離れていない先輩であったが、バクーニンの思想形成にとって最初に重要な影響を与えた人であった。スタンケーヴィチの周辺には、彼の思想的影響を受けた人々のグループ――いわゆるスタンケーヴィチ＝サークル――が形成されていた。(3) バクーニンはこのサークルで、К・С・アクサーコフ、В・Г・ベリンスキー、В・П・ボートキン、Ю・Ф・サマーリン、Т・Н・グラノーフスキーらと知り合い、これらの仲間とともに、ドイツ観念論を夢中になって研究した。

バクーニンがドイツ観念論の研究を続けるのを、スタンケーヴィチは献身的に援助した。スタンケーヴィチは、例えば、バクーニンがカントの『純粋理性批判』を読むときには、自分もそれについて研究を続け、難解なドイツ形而上学の専門語の説明を書き送ったり、バクーニンのために、モスクワ中を探し回って、ドイツ語やフランス語の注釈書を求めたりしている。

少し後でバクーニンは、А・И・ゲールツェンやН・П・オガリョーフとも知り合いになる。後に、ゲールツェンは自伝的作品『過去と思索』の中で、この頃のバクーニンの研究生活についてつぎのように書いている。「それまで彼は何の勉強もしなかった。何一つ読まなかったし、ドイツ語もほとんど知らなかった。大きな弁証の才能と、不屈のたゆむことなき思考力をもって、彼は計画もなく、指針もなく、さまざまな空想的体系や独学の試みの中をさまよい歩いた。スタンケーヴィチが彼の才能を理解し、彼を哲学に向かわせた。バクーニンは、カントとフィヒテの著作によってドイツ語を習得し、それからヘーゲルにとりかかった。彼は、ヘーゲルの方法と論理を完全に会得した。その後彼の説教を聞かされないものがいただろうか。彼は、我われやベリンスキーやプルードンにヘーゲルの教えを説いた。」(4)

ゲールツェンも指摘しているとおり、バクーニンはヘーゲルの研究に入る前に、しばらくフィヒテの思想に熱中する。フィヒテが観念論的倫理学を体系化しようと試みた著作に『祝福された生活への案内』がある。バクーニンはこの書物を愛読し、この時期に書いた手紙はほとんどこの書からの引用で埋まっているほどである。彼はまた、フィヒテの『学者の使命について』という講演をロシア語に翻訳した。翻訳はその当時の進歩的な雑誌『望遠鏡（テレスコープ）』に掲載された。これがバクーニンにとっては最初の文筆活動であって、おそらく数ルーブリが稿料として彼のポケットに入ったようであると、E・H・カーは著書『ミカエル＝バクーニン』の中で書いている。(5)

こうしたフィヒテの思想への傾倒を通して、バクーニンは、人間の使命、人間の知的解放の問題について考察を深め、個人主義的倫理思想を身につけていった。けれども、彼のフィヒテ哲学の研究は、フィヒテそのものの研究を目的としてなされたものではなかった。彼自身、この当時には、哲学についての素人学者になることを意図してもいなかった。それはあくまで、自己の哲学を構築するための準備段階にすぎなかった。フィヒテ哲学の主観主義的性格に満足できなくなり、外的条件の影響を受けて、バクーニンは、スタンケーヴィチ＝サークルのメムバーとともに、一八三七年にヘーゲル哲学へと転じた。

スタンケーヴィチ＝サークルは間もなく解散してしまったが、バクーニンのヘーゲル研究はますます熱心さを加えていった。彼は、『精神現象学』を皮切りに『エンチクロペディー』や『宗教哲学講義』さらに『法の哲学』に体当たりしていった。バクーニンのヘーゲル哲学の研究の仕方は、必ずしも体系的ではなかった。彼は『精神現象学』が不可解と分かれば、それを中途で投げ出して『エンチクロペディー』に移り、しばらくしてまた『精神現象学』の最初の部分に逆戻りしたりしている。本の読み方もかなり濫読調で系統的ではなかった。このことは、一面では、ヘーゲルの哲学がロシアの若い学徒にとってもいかに難しかったかを示すものでもあった。

ともかくも、バクーニンは大きな努力を払ってヘーゲル哲学の研究を続けた。彼には、ヘーゲル哲学の体系のもつ深さと広さは、フィヒテの主観的観念論の体系とは比較にならないように思われた。彼はヘーゲル哲学に心酔した。その畏敬の態度は、彼自身後に認めているように、熱病的でさえあった。バクーニンのみならず、彼の仲間にとっても、ヘーゲル哲学の多くの命題は議論の余地のない真理として受け取られていた。ゲールツェンは、先に挙げた『過去と思索』の中で、バクーニンやベリンスキー、スタンケーヴィチらが、ヘーゲル哲学について研究をしていた当時の様子をつぎのように述べている。

「彼らは、これらの書物についてたえず議論していた。『論理学』の全三部、『美学』の一部と二部、『エンチクロペディー』のすべての章節が、幾夜にもわたる必死の論争の対象となった。互いに愛しあっていた人々が、先験的意識の概念規定にあたって意見の一致をみることができないために、幾週間も仲違いしていた。また〝絶対的個性とその即自〟についての意見をおのれに対する侮辱と解したりするのであった。[6]」

ゲールツェン自身は、ヘーゲルの哲学を「革命の代数学」として受け止めそれを高く評価していた。これらの若き学徒によってヘーゲル哲学が受容される時期は、バクーニンの言葉によればまさしく「高揚と精神的蘇生」の時期であった。

バクーニンはこの時期、正確には一八三八年から四〇年にかけて、雑誌『モスクワの観察者』«Московский Наблюдатель»にヘーゲルの講演の翻訳、それについての解説論文などを発表した。もともと『モスクワの観察者』は因習的ないしは反動的な性格の強い雑誌であったが、ベリンスキーが編集を担当するようになってからは、その性格も一変し、『望遠鏡』の廃刊の後では進歩派の有力な拠り所となっていた。(7)この雑誌に発表されたバクーニンの論文は、徹底してヘーゲル哲学の立場から書かれていた。言い換えれば、それはヘーゲルのいう現実を褒めそやす賛歌であった。

概括的にいって、バクーニンの生涯のうちで三〇年代は、何らの実践的な性格をもたない、「純粋」に哲学的思索の時期として特徴づけることができる。この時期に身に着けた哲学は、彼の意識の中では、宗教的信仰と強く重なり合っており、スコラ的観念論の色彩を帯びていた。この当時、彼が、哲学と現実生活との結びつきをまったく否定していたということはできないけれども、それをきわめて抽象的に理解していたことは確かである。

*　*　*

彼は一八三七年に『エンチクロペディー』を読んだとき、その序論で「すべて理性的なものは現実的であり、現実的なものは理性的である」というヘーゲル哲学の有名な命題を知った。これは当時のロシアのみならず西ヨーロッパの諸国においても議論の的となった命題であった。バクーニンは、これを解釈するにあたって、初めのうちは、その中に含まれている理想主義的、ロマン主義的側面を強調していた。だが、この命題の検討を通して、徐々に社会的現実を直視するようになってくる。

『モスクワの観察者』に掲載した論文『ヘーゲルの講演への序文』«Гимназические речи Гегеля-Предисловие переводчика»（一八三八年）の中に、すでにこの傾向がみられる。この論文の中で彼は、今日までの学問は二つの極端に分裂したために、生活から切り放されてしまっていることを強調している。彼によれば、最初に自我を基盤として新しい哲学を構築したのはデカルトであった。カントやフィヒテはデカルトの直接の後継者であったけれども、彼らの体系は「すべての客観、すべての現実の破壊と自愛的な利己的な自己観照への抽象的で空虚な自我の集中[8]」であった。言い換えるならば、これらの哲学は、幻想的な観念論であって、たんに際限のないもののみを志向し、現実と対立しているのである。

他方において、ヴォルテール、ルソー、ディドロ、ダランベールなどのフランス一八世紀の哲学は、自我と現実との「離婚」に基づいて、「唯物論、非精神的な肉体の勝利[9]」を導いた。一八世紀における経験論の支配は、人間の思想の退廃をもたらし、「精神的堕落」を引き起こした。フランス革命はまさにその帰着点であったのである。

バクーニンは、こうした学問自身の分極化、それに伴う学問と現実との分離を食い止めたのがヘーゲルの体系にほかならなかったと述べている。バクーニンによれば、ヘーゲルは経験的唯物論を破壊した。それはちょうど、ナポレオンが革命家をねこそぎにしたのと同じ性格をもつものであった。ヘーゲルは、有限なものと無限なもの、物質と精神、経験論と合理主義の断絶状態に終止符を打った。彼は総合的な哲学を構築することによって、人間を再び現実的なものと和合せしめたのである。

バクーニンはヘーゲルを哲学史上でこのように位置づけながら、現実性を重視する必要性を主張した。「あらゆる点における、あらゆる領域における現実性との和合が、現代にとっての大きな課題である。ヘーゲルもゲーテも、この和合の、死から生への回帰の指導者である。[10]」現実性はつねに勝利するものであった。それ故に現実性との和合は賢明さを示すものであるのに反して、それとの対立は精神的徒労以外のなにものでもなかった。

バクーニンは、こうしてヘーゲル哲学を通して現実を直視する態度を養っていく。けれども、もともとヘーゲルの哲学体系そのものが本来的に現実性のみを志向していたとは言えないのである。理性と現実の統合に関する命題にしても、そこにはもっとも極端な政治的保守主義の萌芽が宿されている。現にこの命題を提起したヘーゲル自身、これに基づいて現存の教会と国家とを神聖なものとして受け入れるよう説教している。また、バクーニンとともにヘーゲル哲学を研究したベリンスキーも、一時期、この命題に依拠して、ツァーリ専制と農奴制の現実を理性的なものとして精力的に弁護したのである。

ヘーゲルの「すべて理性的なものは現実的であり、現実的なものは理性的である」という命題は、ヘーゲルやベリンスキーによって示されたような現状肯定的発展方向と、ヘーゲル左派からマルクスやエンゲルスによって導き出されたような革命的発展方向が宿されている。先に指摘しておいたような、ゲールツェンのヘーゲル哲学を「革命の代数学」として捉えるやり方は、後者に属するものである。

エンゲルスは『ルートヴィヒ＝フォイエルバッハとドイツ古典哲学の集結』の中で、ヘーゲルの理性と現実の統合に関する命題を革命的に位置づけることができることをつぎのように説明している。

「……ヘーゲルの命題は、ヘーゲルの弁証法そのものによってその反対物に転化する。すなわち、人類の歴史の領域で現実的であるすべてのものは、時とともに不合理なものとなるのであり、したがってそれはすでに本来の定めからいって不合理であり、初めから不合理性を担っているのである。そしてすべての人間の頭脳の中で合理的であるものは、どんなにそれが現存する見せかけだけの現実性と矛盾しようと、現実的になるよう定められているのである。現実的なものは理性的であるという命題は、ヘーゲル的思考方法のあらゆる規則に従って、すべて現存するものは滅亡に値するという他の命題に変わるものである。(11)」

現実と理性との統合に関する命題のみならず、ヘーゲル哲学の全体系を解釈するにあたっても、バクーニンの立場はいわば正統派であったということができる。彼は、少し後に書いた発表・未発表の哲学論文においても、『ヘーゲルの講演への序文』で示した基本構想を展開している。[12] 彼はこれらの論文の中で、正統派ヘーゲル主義の見地から、哲学の概念、その対象、真理、経験と思弁的思惟、客観的意思と自己意識、哲学と宗教などの相互関係を解明しようと努めたのである。

＊　　＊　　＊

一八四〇年にバクーニンは、主としてゲールツェンの資金援助を受けてベルリンに遊学した。[13] ベルリンは当時のヨーロッパにおける哲学の中心地の一つであり、この地に出かけてさらに研究を進めることは、バクーニンのかねてからの夢であった。ベルリンにおいて彼は、トゥルゲーネフとともに、ヘーゲルの直弟子たちの講義を聴き、ベルリン大学哲学教授ヴェルダーのもとでヘーゲルの研究を続けた。彼は、この頃には、将来ロシアに帰って大学で哲学の講義を担当することを希望していた。だが、その後のヨーロッパの政治・社会情勢の変化――変化に敏感に対応しようとする彼自身の変化――によって、この希望は達成されなくなってしまう。

一八四一年から四二年を境として、バクーニンの思想は大きく転換した。一八四一年に、ルートヴィヒ＝フォイエルバッハの『キリスト教の本質』が出版された。この書物は、ヘーゲル左派あるいは急進派の呼び名となった「青年ヘーゲル派」に結集点を提供するものであった。この書物でフォイエルバッハは、現実的なものは一切流動的であり、それ故に何であれ停滞するものは理性的であり得ないことを説いて、理性と革命が一致することを主張した。

フォイエルバッハの書物は多くのヘーゲル学徒に影響を与えた。これまでヘーゲル主義を現状肯定主義と解釈していたヘーゲル学徒の多くのものが、血気に逸って政治に飛び込み、急進的な政治行動を正当化するためにもヘーゲル哲学を引用するまでになった。つまり、三〇年代においては、ヘーゲル主義者であることは、あるがままのものとして政治を受け入れる人のことを意味していたけれども、四〇年代にあっては、少数の職業的哲学者は例外として、それは革命家を意味するようになったのである。

だんだんと革命前夜の様相を呈してくるドイツでの思想的相克の中で、ヘーゲル哲学への新たな取り組みを試みようとするバクーニンは、ヘーゲル左派から強い刺激を受けた。彼が初めてヘーゲル左派に触れたのは、アーノルト＝ルーゲを通してである。ルーゲは、マルクスにも思想的影響を与えた人物として知られている。バクーニンは、ルーゲの刊行していた『ハレ年誌』やフォイエルバッハの著作を読むかたわら、W・ヴァイトリンク、G・ヘルヴェークなどとも交際をもち、この人たちからも影響を受けて急速にヘーゲル左派に引き寄せられていった。

ベルリンに来た頃の厳格な学問研究の生活や、著名なドイツ人教授たちの講義の聴講は、バクーニンにとって興味のないものになった。彼は、今まで無関係であった政治の問題に大きな関心を示すようになった。彼の政治的急進主義の立場への転換は、かなり急速に行われた。一度このような転換を示すと、バクーニンは、持ち前の情熱を注いで新しい仕事に没頭した。こうして彼は、ロシアの歴史においてもほとんど最初の職業的な亡命革命家となったのである。

バクーニンの思想上の著しい転換は、一八四二年に発表された『ドイツにおける反動――一フランス人の現地報告』という論文においてまず示される。この論文は『ドイツ年誌』（上述の『ハレ年誌』が改名されたもの）に「ジュール＝エリザール」の筆名で掲載された。[14] この論文でバクーニンは、自由の実現が時代の焦眉の問題であり、それは反動と民主主義の根本的な対立から生じていること、現代史は正（現存秩序）と反（革命）とのヘーゲル的弁証法によって支配されていること、民主主義が反動を一掃したとき、それは単なる否定にはとどまらなくて、質的な変革、新しい生命の啓示、新しい天と地、現在の我われの不協和音のすべてが調和した若い力強い世界が誕生するであろうことを説いている。

この論文は、基本的には、ヘーゲル哲学の精神によって貫かれながら、急進的な色調を帯びていた。この論文によってバクーニンは、ドイツにおいては民主主義陣営の代表的な論客の一人になったし、ロシアでは革命的民主主義者から拍手を送られた。例えばベリンスキーはこの論文を評して、バクーニンには多くの非難されるべき欠陥があるけれども、彼はそれを補ってあまりあるもの、すなわち、彼の精神の奥底に横たわる永遠の活動の原理をもっている、と述べている[15]。またゲールツェンは、「ジュール＝エリザール」なる人物がバクーニンであることを知らないままに、一八四三年一月一日の日記で、この論文を優れたものとして評価し、この論文の筆者は自分の知っているかぎりでは、ヘーゲルやドイツ思想を真に理解している最初のフランス人である、と書いている[16]。

すぐれてヘーゲルの徒であったバクーニンは、この論文の中で、革命運動をヘーゲル哲学の「永劫の精神」から演繹する。バクーニンによれば、「永劫の精神」は永久に創造的な生命の無尽蔵の源泉であるが故に、現存の古きものを破壊するのである。それ故に、「破壊への情熱は、同時にまた創造への情熱である」《Страсть к разрушению есть вместе с тем и творческая страсть!》。バクーニンが『ドイツにおける反動』の結びの言葉として書いたこの命題には、やがて発展するアナキズムの萌芽が宿されていることがはっきりと読みとられる。ヘーゲル左派の多くのものは、ヘーゲルの弁証法から社会主義を導き出したけれども、バクーニンは、ヘーゲルの弁証法の否定の契機を発展させることによってアナキズムを導き出したのである。

* * *

バクーニンの急進主義への思想的展開は、当然のことながら、彼自身の政治的実践の過程と密接に結びついていた。彼の革命的宣伝の内容が抽象的・観念的なものから具体的・実践的な性格へと移っていくとき、彼自身の思想もヘーゲルの観念論を拒否して唯物論の立場へと移っていく。

彼はこの時期、ロシアの専制・農奴制に対して公然たる攻撃を開始する。彼はまた、ポーランド人の民族解放運動を支援して、ポーランド人の解放はロシア人自身のツァーリ専制からの解放と同列のものであるから、ポーランド人とロシア人はともにニコラーイ専制に対して抵抗運動を展開すべきであると訴えている。

「朕の砲兵少尉」の所業については、情報によってすべてのことを知り尽くしていたニコラーイ一世は、一八四四年、バクーニンにロシアへの帰国を命じた。バクーニンが命令を拒否したとき、ツァーリの元老院は欠席裁判によって、彼の爵位、貴族的特権のすべてを剝奪し、強制労働に付すことを宣告した。バクーニンは、これによって祖国へ帰る望みを絶たれてしまったが、彼の実践活動はこの後ますます活発となった。

ヨーロッパの一八四八年は「狂気の年」と呼ばれている。この年から翌四九年にかけて、全ヨーロッパを革命の嵐が吹き抜けた。バクーニンは、動乱のヨーロッパの中で縦横に革命運動を指導し、革命家の名を欲しいままにした。

彼は一八四九年にザクセンのケムニッツで逮捕され、裁判にかけられて、革命的扇動の罪で死刑の判決を受けたが、国王によって終身禁固刑に減刑され、オーストリアに身柄を引き渡された。オーストリアの軍事法廷でも似たような宣告を受けたが、結局一八五一年に、国事犯としてツァーリ政府に引き渡された。ロシアでは、初めペテロパーヴロフスク要塞監獄、後シリッセリブールク要塞監獄に監禁され、そしてニコラーイ一世の没後は、終身流刑囚としてシベリアへ追放された。

(1)　См. В. Ф. Антонов, Революционное народничество, Изд. «Просвещение», М. 1965, стр. 108.

(2)　См. А. А. Галактионов, П. Ф. Никандров, Идеологи народничества, Изд. ЛГУ, 1966, стр. 44.

(3) См. М. А. Бакунин, Собр. соч. и писем, 1826-76, Под ред. и с прим. Ю. С. Стеклова, т. 1, М. 1934, стр. 452.
(4) А. И. Герцен, Собр. соч. в 30 томах, т. IX, АН СССР, М., 1956, стр. 43.
(5) E. H. Carr, Michael Bakunin, Macmillan & Co., Limited, London, 1937, p. 31.
(6) А. И. Герцен, Вышеуказ. т. IX, стр. 18.
(7) М. А. Бакунин, Вышеуказ. т. I, стр. 451.
(8) М. А. Бакунин, Вышеуказ. т. II, стр. 170.
(9) Там же, стр. 172.
(10) Там же, стр. 177.
(11) エンゲルス著　松村一人訳『フォイエルバッハ論』岩波文庫　一九六三年　一六頁。
(12) См. М. А. Бакунин, Вышеуказ, т. II, стр. 317, 340.
(13) См. Там же, стр. 421.
(14) См. М. А. Бакунин, Вышеуказ, т. III, стр. 437.
(15) В. Г. Белинский, Полн. собр. соч., АН СССР, М., 1956, т. XII, стр. 114.
(16) М. А. Бакунин, Вышеуказ. т. III, стр. 148.

二　マルクス主義・ナロードニキとの関係

バクーニンがザクセンの監獄からオーストリアの監獄へ、さらにロシアのペテルブルクやシリッセリブールクの要塞監獄に監禁されていた期間は、合計して八年であり、それに続いてシベリアに追放されていた期間は四年であった。この一二年間は、政治運動家あるいは思想家としてのバクーニンの生涯のうちで、もっとも苦難の多い期間であった。またこの時期は、バクーニンの生涯を、思索と研究に重点をおいていた一八三〇—四〇年代と、活発な革命運動を展開する六〇—七〇年代とに区別する、いわば沈潜の時期でもあった。

一八六一年に、シベリア流刑から脱出する旅に立ったバクーニンは、わが国の函館、横浜を経由してアメリカへ渡り、この年の暮にゲールツェンのいるロンドンに無事到着した。ゲールツェンの邸を訪ねたバクーニンは、ゲールツェンやオガリョーフ、その他この邸に居合せたものに、ヨーロッパの政治情勢について熱心に質問した。ゲールツェンは、ポーランドに若干の動揺があるけれども、ツァーリが農奴を解放した今日ではポーランド人も迷いから醒めて、蜂起が問題とならないことを悟るであろうことや、イタリア、オーストリア、トルコなどどこも平穏で何一つ起こりそうもないことをバクーニンに説明した。この説明を聞いたバクーニンはびっくりして、「じゃ我われはどうしたらよいのだ。ペルシアか印度へでもいって事を起こさなければならないのか。いやもう気が狂いそうだ。僕はじっと坐って何もしないなんて耐えられないことだ」(1)と言ったということである。このエピソードは、バクーニンの革命家としての性格の一面を示すものとして、しばしば紹介されるところである。

バクーニンはゲールツェンがロンドンで発行していた『コーロコル』(鐘)誌に「我がロシア、ポーランドおよびその他のスラヴの友人たちへ」と題する一文を掲載した。(2)これはバクーニンが一三年にわたる監禁・流刑・逃亡の生活の後に、初めて自らの政治的見解を表明した宣言文であった。彼はこの宣言文の中で、スラヴ民族の解放の必要性を強調している。彼によれば、真の解放は、政治・社会の根本的改革を伴って初めて実現しうるものであった。バクーニンは、すでに四〇年代においてこのような見解を表明していた。だから、この宣言文は、格別新しい政治的見解を盛り込んでいるとは言えない。彼は、この宣言文を発表することによって、革命的民族主義という彼自身の昔の政治綱領を再び設定しようと試みたのである。

バクーニンは、この宣言文の外にもこの時期に書いた書簡やあるいは講演の中で、「ロシアの自由、ポーランドの自由、全スラヴ人の解放と独立」のために、全スラヴ人の連合組織を創設する構想を展開している。また、一八六三年に勃発したポーランド蜂起の際には、この構想を実現すべくポーランドへ赴き、ポーランド人に味方してそのパルチザン活動を積極的に支援したりしている。

ところが、ほぼ一八六四年頃から、スラヴ解放の問題は、バクーニンの意識の中では、少なくとも主要な関心事ではなくなっていった。彼はこの頃、革新的な無神論者となり、革命的アナキズムの理論を作り上げることと、全世界の勤労者を解放するための世界的秘密結社を組織することに熱中するようになった。国際的規模で政治理論を構築し、政治組織を設立しようと努めるようになったバクーニンにとっては、スラヴ民族の問題はもはや副次的な重要性しかもたなくなってきたのである。

一八六〇年代の終わりに、バクーニンは、ようやく明確となったアナキズムの理論を根底において、「国際社会民主同盟」の創立に尽力し、六八年には、同調者を率いて国際労働者協会（The International Working-men's Association 第一インタナショナル）に加盟した。マルクスの指導のもとにあったインタナショナルの総務委員会は、バクーニンが「同盟」の組織をもったままインタナショナルに加盟することは「帝国の中に帝国を作る」ことを意味するものであるとして「同盟」を解散することを要求した。

バクーニンと彼の同調者は、表面上はその要求に従いながらも、実質上はインタナショナル加盟後もずっと「同盟」の組織を維持し、独自の活動を行った。このような「分派活動」も原因となり、それに何よりも、政治上・理論上の重要問題に関してマルクス主義者とバクーニン主義者とのあいだに原理的な見解の不一致が生ずるようになった結果、激しい争いが展開された。両者の対立は、一八七二年にハーグで開かれた大会において最高潮に達した。マルクスはこの大会で、バクーニンの「同盟」とネチャーエフのリンチ殺害事件について報告し、大会に、バクーニンのインタナショナルからの除名を決議させることに成功した。マルクスはまた、インタナショナルの本部が「政敵」の手に渡ることを恐れて、それをロンドンからニューヨークへ移転させた。これらの事件が第一インタナショナルを事実上崩壊させる原因となったということは、一般によく知られているところである。

パリ・コミューンの敗北、同じく一八七一年のリヨンにおける暴動の失敗、あるいは一八七四年のボローニャ蜂起の挫折などによって、バクーニンは強い失望の念にとらわれるようになってきた。この時期、スイスに集まっていたロシア人亡命者のあいだで、祖国において展開されるべき革命運動の戦術をめぐって、バクーニン主義とラヴローフ主義との対立が次第に激化してきた。こうして生じたラヴローフ派との不和も、バクーニンにとっては心の重荷となっていた。さらに挙げるならば、バクーニンがインタナショナルから除名される直接の原因となった狂人的革命家ネチャーエフとの交際についての悪評も、彼の心痛の種であった。

こうした一連の不運の積み重ねの結果、バクーニンはペシミスティックな気分にとらわれた。病気に疲れ果てた、老いたる革命家は、ついに政治からの引退を声明した。晩年になって、ほとんどすべての旧同志や弟子たちからも見放されて孤独な身となったバクーニンは、一八七六年七月にベルンで淋しく死んだ。

＊　　＊　　＊

バクーニンは、なによりも先ず社会運動家であり、革命的扇動家であった。彼は、すでにみてきたように、熱心に学問研究に従事したけれども、体系的な学術書を著すには、性格的に適さなかったようである。彼は、理論そのものをも、常に実践的見地から考察し、それを時に応じた宣伝活動の課題に適応させようとした。事実、バクーニンは精力的に執筆活動を行っている。しかしながら、彼の書いた多くのものは、書簡や政治綱領や政治評論やパンフレットの類であった。彼がまとまった、体系的な著作を公刊するようになったのは、概して晩年になってからである。

バクーニンによって執筆された主要な著作としては、まず、『鞭のドイツ帝国と社会革命』（L'Empire Knouto-Germanique et la Révolution sociale, 1873）が挙げられる。この本の柱の部分を構成している『神と国家』（Dieu et L'État, 1871）は、論文としては完結されなかったけれども、バクーニンの哲学観・社会観を知るうえで貴重な文献である。ほぼ同じ時期に書かれた『国家機構と無政府』（Государвенность и анархия, 1873）は、ロシアにおいて大きな影響力をもち、ブンターリ派のナロードニキに対して、多くの理論的素材を提供する役割を担った。これらに次ぐ重要著作に『連合主義・社会主義・反神学主義』（Fédéralisme, Socialisme et Anti-théologisme, 1867）などがある。これは、ジョン＝ブライト、J・S・ミル、G・ガリバルディ、V・ユゴー、ルイ＝ブラン、さらにゲールツェンやオガリョーフらが加わって組織された「平和と自由の連盟」の中央委員会のために書かれた論文である。この論文でバクーニンは、プルードンのアナキズムの影響を受けながらも、自分自身の社会主義に対する基本的態度を明らかにしている。

そのほかにバクーニンの哲学や思想を示す代表的な著作・評論・書簡としては、『インタナショナルの政治』（Politique de l'Internationale, 1869）とか、一八六九年に『プログレ』誌に発表した『ロークルおよびショー＝ド＝フォンの国際労働者協会の友人たちへ』（Aux compagnons de l'Association internationale des travailleurs du Locle et de la Chaux-de-Fonds）や、一八七〇年普仏戦争が勃発したときに書いた『フランス人への手紙』（Lettres à un Français sur la crise actuelle）などがある。

右に挙げたような著作活動や、それ以上に活発に展開した政治的実践を通してバクーニンが主張してきたアナキズムについては、これまで必ずしも十分な研究がなされてはいなかった。このことが、国際的な革命運動の歴史におけるバクーニンの役割の評価や、政治・社会思想史におけるバクーニンの位置づけに混乱を与える主要な原因となっている。

ソヴィエートにおいても、バクーニンの評価・位置づけについては、まだ定説が生まれていない。したがって、バクーニンに関する研究は、十分に進められてはこなかった。したがって、彼の主要な著作は、十月革命期までは、そして革命後少なくとも一〇年間ぐらいは、諸種の形で出版されていた。けれども、多くの資料や書簡などの収集が十分に行われたこともなかった。これまでに幾種類かのバクーニン全集や選集などの刊行が試みられたが、どれ一つとして完了したものはなかった。社会主義革命後Ю・M・ステクローフを編集者として、学問的に高度の水準をもったバクーニン全集の刊行が進められたけれども、それも一九三五年に第四巻が発行されて以後中止されてしまった。こうして、ソヴィエートにおいても、バクーニンについての本格的研究は最近になってようやく始まったばかりであるといえよう。

＊　＊　＊

さて、バクーニンは、先に挙げた著書や論文などを通して、あるいはまた、諸種の会議における演説その他の活動を通して、現存の政治・社会体制に対する徹底的な批判を展開した。彼は、専制やブルジョア体制を、大多数の人民を抑圧し搾取する体制であると非難し、ただ生産手段の集団的所有を基礎とする社会主義社会のみが、人間を奴隷状態から解放し、平等や自由や正義を保障するのだと主張した。そして彼は、このような社会変革を達成するために、人民大衆に革命運動に参加するように呼びかけたのである。バクーニンの精力的な活動は、先進的な西ヨーロッパの諸国や、ロシアや、その他の多くの国の人々に強い影響を与えた。

けれども、バクーニンが専制やブルジョア体制を攻撃し、社会変革を主張する思想的根拠は、マルクス的社会主義とは異なっていた。バクーニンは徹底したアナキストであって、マルクス主義に対しては、むしろ確信的な敵対者であった。彼は、マルクスやエンゲルスによって作り上げられた「科学的社会主義」の世界観やプロレタリア革命の方法を峻拒して、もともと人民大衆の中に革命的資質が備わっているとする認識や人民大衆の中から自然発生的に生ずる蜂起を重視する戦術論に依拠していた。

バクーニンは、人間の人間に対する抑圧や搾取、その他いっさいの悪の根源は国家にあると考えた。言いかえるならば、彼にあっては、国家は人間が人間を抑圧するための道具であった。それ故に、たとえ人民大衆によって権力を掌握される国家であろうとも、それが国家であるかぎり拒否されなければならなかった。こうしてバクーニンは、社会変革の過程として生ずるプロレタリアートの階級闘争や、社会主義社会を実現する段階としてのプロレタリアート独裁の体制に対しても厳しい批判を加える。

彼は、変革過程における少数のインテリゲンツィヤの役割を重要視していた。彼は、革命的意識をもったインテリゲンツィヤによって組織される集団が、大衆に働きかけを行い、あるいは大衆のための枢要な役割を演ずると考えていた。政治的変革の主体的担い手についてのこのような考え方は、すでに労働者階級が社会の主要な勢力として台頭してきた一九世紀六〇年代の西ヨーロッパにおいては、政治・社会的変革を指導する理論として十分な機能を果たすことはできなかった。バクーニンが一時は西ヨーロッパの社会運動の指導者として、マルクスを凌駕するほどの名声を博しながらも、彼によって展開された理論が永続的な指導性を発揮できなかった理由はこの点にある。

バクーニンによって展開されたアナキズムの社会観や戦術論は、主として後進的諸国のプチ－ブルジョア、手工業職人、農民大衆および零落階層《デクラッセ》などの、抑圧的な社会体制に対する抗議の気分を反映していた。それ故にバクーニン主義は、西ヨーロッパの先進国よりも、むしろイタリア、スペイン、スイスあるいはロシアにおいて広範に普及し、さらに後になっては、ラテン－アメリカ諸国に深く浸透していったのである。

＊　　＊　　＊

バクーニン主義は、とくにロシアの政治運動――ナロードニキの運動――に対して大きな影響を及ぼした。すでに資本主義的生産様式が支配的になっていた西ヨーロッパの先進的諸国とは異なって、ロシアにおいては、六〇年代から七〇年代にかけてようやく資本主義体制が発展してきた。

よく知られている一八六一年の「農奴解放」は、封建＝農奴的農業生産の様式を若干なりとも改めて、ロシアに資本主義体制を導入しようとする試みであった。この時期、このような改革は単に経済の分野にとどまらず、社会生活のあらゆる領域にわたって推し進められた。例えば、一八六四年には、ゼムストヴォ（地方自治体）の制度が創設された。この制度の導入によって、厳しい制約を受けながらも、地域の住民に選挙権・被選挙権が付与され、地方経済・初等教育・医療施設などはそれまで中央政府の管掌事項であったものが、郡や県のゼムストヴォへ移管された。同じ年には司法制度も改正されて、裁判機構の一元化や、形式的にもせよ法のもとの平等がうたわれるようになった。六三年から六九年にかけては、小学校から大学に至るまでの一連の教育制度の改革が推進された。その他、この時期には、都市ドゥーマ（議会）の自治権の拡大、事前検閲制度の免除、兵役期間の短縮などの改革も実施された。これらの点から、ロシアの一九世紀六〇年代から七〇年代は、一般に「偉大な改革の時代」と呼ばれている。

とはいうものの、「農奴解放」を初めとするこれら一連の改革は、旧来から保持している特権を手放すことを欲しない農奴主やツァーリ政府の官僚の抵抗を排して実施されたものであった。それ故に、この改革によってロシアは、一面においては近代的な性格をもつようになったけれども、他面では、政治・経済のすべての領域にわたって、色濃く、封建－農奴制の遺制を温存したままであった。

したがって、一九世紀六〇－七〇年代のロシアにおいては、階級としてのプロレタリアートは、ようやく生まれたばかりであって、社会を構成している主要な階層は依然として農民であった。バクーニンによって主張された専制批判と変革の理論は、ちょうどこの時期のロシアの政治・社会構造や解放運動に適合するものであった。解放運動に参加する多くの人々は、バクーニン主義をまさしく「反抗」の理論として受け入れ、農民大衆を専制－農奴制的抑圧から解放するためにイデオロギー的武器として利用した。こうした諸条件から、バクーニン主義は、ロシアにおける革命的ナロードニキ主義の主要な思潮の一つとして形成されたのである。

ナロードニキのいま一つの主要な勢力の指導者であったП・Л・ラヴローフは、社会革命を実現するためには、なによりも人民大衆に対する啓蒙宣伝活動が必要であると主張した。彼は、人民大衆が自己の要求を自覚し、個人としての自信を強め、主体的に革命を遂行するのを準備し援助することこそが革命家の任務であると考えていた。

バクーニンは、このような理論とは違った見解を有していた。彼は、すでに指摘したように、農民が太古以来の「共産主義的本能」を備えた自然発生的な革命家であるという基本認識から出発して、革命家の課題は、人民に教育したり宣伝したりすることにあるのではなく、彼らを反乱に立ち上がらせることにあるのだと主張した。バクーニンのこのような主張の根底には、ロシアの人民大衆の中では、ずっと以前から社会革命の必然的前提条件が熟しているという判断が横たわっている。彼の判断によれば、極度の貧困と隷従の状態に置かれている人民大衆は、国家にも、特権階級にも、あるいは何らかの「改革」にも、自分たちの解放の期待をつなぐことはできなかった。人民大衆は、ただ自分自身の力による社会革命にのみ、将来の期待をかけることができる存在と考えられたのである。

* * *

バクーニンは、人民大衆が自らを解放できる理想的な社会構造は、共同体的土地所有を基礎とする自治的連合組織に他ならないと主張する。彼はその根拠として、ロシアに存続する農村共同体《ミール》を挙げる。ロシア人の民族意識では、すべての土地は、自分の手で耕作し、実際に労働するすべての大衆のものである。この考えは、「幾世紀にもわたる経験と思索」を通して形成されたものであり、それ故に、こうした意識の中に、過去から未来にわたるすべての社会革命の原動力が宿されている。土地を自由にかつ集団的に使用し、収益をあげることが保証される時にのみ、人民大衆は抑圧や搾取から真に解放されるのであるとバクーニンは述べている。彼が構想する理想社会は、「農業共産主義」社会と特徴づけることができるであろう。マルクスは社会変革の主体・客体としてプロレタリアートを設定したが、バクーニンは農民大衆に注目したのである。

もっとも、バクーニンは、ミール共同体を変革理論の基盤として取り上げる場合にも、共同体や農民の肯定的側面だけを重視するようなことはなかった。彼は、ミール共同体に備わる「家父長的性格」、ミール共同体への個人の埋没、農民大衆のツァーリに対する信頼感などを、その否定的側面として指摘している。(3) 彼によれば、共同体のもつ「家父長的性格」は、歴史発展にとっての主要な障害である。なんとなれば、それはロシア人の生活のあらゆる分野に、「鈍重」や「奴隷根性」の痕跡を残し、生活を歪めてきたからである。(4) 農民大衆のツァーリに対する信頼や期待も、バクーニンによれば神に対する信仰と同様に幻想にすぎないものである。ロシアにおいては、農民大衆ばかりでなく解放運動の多くの指導者の間でも、ツァーリに対する信頼や、ツァーリによる改革への期待は根強いものがあった。バクーニンは、自分自身の過去の経験に対する批判の意味をも込めて、革命を遂行するにあたってこのような幻想を払拭する必要があることを強調する。

ミール共同体を拠り所として理想社会を構想する理論は、当時のロシアにおいては有力な理論であった。その代表的な思想家は、ゲールツェンとチェルヌィシェーフスキーであった。ゲールツェンは、『ロシア民族と社会主義』（一八五一年）と題する論文の中で、ロシアが西ヨーロッパ的な資本主義発展の過程を経ないで社会主義の段階へ進むことを主張し、それを実証しようとして、共同体を立脚基盤とする「農民社会主義」の理論を展開した。チェルヌィシェーフスキーは『共同体的所有に対する哲学的偏見の批判』（一八五八年）その他いくつかの論文において、ゲールツェンの基本的見解を補強しながら、共同体が社会主義の達成を準備するための基礎であることを述べている。ゲールツェンやチェルヌィシェーフスキーは、「農民社会主義」を理論的に肉づけすることによって、ナロードニキの運動の先駆的役割を果した。

バクーニンの共同体についての分析や評価の仕方は、どちらかと言えばチェルヌィシェーフスキーのそれに近かったということができよう。けれども、厳密に比較検討してみるならば、両者の見解に差異がみられる。チェルヌィシェーフスキーは共同体をかなり肯定的に評価しているのに対して、バクーニンは、すでにみてきたように、かなり厳しい評価を下している。バクーニンにあっては、共同体は人民大衆を解放するための拠り所とはなるけれども、共同体がこうした機能を十分に営むためには、「家父長的性格」その他共同体のもつ欠陥が是正されなければならなかった。

バクーニンによれば、共同体的生活慣習の中に横たわる否定的側面は、国家が存在することによって拡大され助長されている。彼の言葉を直接引用するならば、国家は、「そうでなくてさえ、自身の家父長的原理によってすでに堕落したロシアの共同体を、決定的に圧殺し、堕落させた。国家の抑圧のもとでは、共同体の選挙制度そのものが欺瞞となり、人民自身によって一時的に選ばれた人が……一方では権力の道具に、他方では裕福な富農に買収された下僕に変わった」のである。(5)

バクーニンは、「農業共産主義」を構想する現実的基盤として農村共同体の意義を認めたが、けっしてそれを理想化することはなかった。言いかえるならば、彼は、農村共同体のもつ欠陥を鋭く抉りながらも、それを過大視することはなかった。このような共同体についての認識態度から、それを理想化したゲールツェンやチェルヌィシェーフスキーとは異なった社会像が形成された。この二人は、ロシアにおける社会主義の実現を、民主主義共和国の建設と結びつけようとした。彼らは、共和制国家の建設が共同体原理を発展させるための最も重要な条件であると考えていた。それに対してバクーニンは、未来の共同体は、国家を徹底的に破壊し、人民の生活から権力の原理を排除することによってのみ形成することができると考えていたのである。

（1）　E. H. Carr, op. cit., p. 239.
（2）　M. A. Ђакунин, "Русским, Польским и всем славянским друзьям", Колокол, Nos. 122 & 123, Февраля 1862, Изд. Акад. Наук СССР, М., 1962, Выпуск пятой, стр. 1021–1028.
（3）　「国家制度とアナキー」白水社　バクーニン著作集　第六巻　一九七三年　二九二頁。
（4）　同二九七頁。
（5）　Собр. соч. М. А. Бакунина, в 3–х томах, изд. "И. Балашова", Сдб., 1906, т. II, стр. 258.

三　国家・権力・革命観と「人民の理想」

Ｍ・バクーニンは、あれこれの著作や論文の中で、ロシアの専制と農奴制に対して峻烈な批判を浴びせ、ロシア内外の革新的な知識人たちに、これらの制度に対して妥協のない徹底した闘争を行うよう呼びかけた。また彼は、農民大衆の利益を擁護する立場から、「農業共産主義」の理論を展開した。このようなバクーニンの主張が、ロシアにおいて発展しつつあった革命運動に大きな影響を与えたことについては、すでに触れた。

バクーニンの、現存体制に対する批判やそれに代わるべき社会についての構想は、アナキズムの理論によって貫かれていた。彼のアナキズムの特徴は、一八七一年に書かれた論文『神と国家』(Dieu et L'État) の中によく現れている。彼はつぎのように書いている。

「国家とは悪である。ただし、歴史的な必要悪である。国家の完全な消滅が、遅かれ早かれ将来必然的となるのと同様に、過去においてはその存在は必然であった。ちょうど人間の原始的な動物性や神学的なたわごとが過去において必然的であったように、国家もそうであったのだ。国家はけっして社会と同一ではない。それは、社会の抽象的な、同時に粗暴な、一つの歴史的形態にすぎないのである。歴史上、国家は、暴力と略奪と蹂躙、つまり一言でいえば戦争と征服とが、各民族の神学的幻想の中から次つぎと生み出された神がみと結びつくことによって生まれたのだ。国家は、そもそもの初めから、粗暴な力と勝利をおさめる不正とに対する神の容認であったし、今なお依然としてそうである……。(1)」

バクーニンはさらに続けて、国家が暴力性を有しており、それが人間の自由を追求する性向と対立するものであることを指摘してつぎのように述べている。

「国家とは権威である。それは力である。それは力の誇示であり、思い上りである。それは、人に媚びたりこっそりと忍び込んだりするものではなく、また、改宗を求めるものでもない。このようにせざるをえないときに、国家はしぶしぶそうするにすぎない。なんとなれば、その本性は強圧し、強制することであって、説得することではないからである。自己の本性をどのように隠蔽しようとも、国家は依然として、人間の意志の合法的強制者であり、人間の自由の恒常的否定者なのである。たとえ国家が善を命ずるときでさえ、命令するというそのことのために善は毀損され、無価値なものと化してしまう。そしてあらゆる命令は、自由の正当な反逆を誘発し、惹起させるのであり、さらにまた、真実の道徳、つまり神的道徳でなくて人間的道徳の見地からするならば、善がひとたび命令されると、その瞬間から悪に転化してしまうのである。人間の自由、倫理性および尊厳は、命令されたからではなく、それを意識し、欲求し、愛するが故に、人間が善を行うという点に存在するのである。(2)」

右に引用した文章からも読み取れるように、バクーニンは国家を歴史的「暫時性」というカテゴリーの中で把握していた。言い換えるならば、彼は国家そのものの存在が歴史的に有限な性格のものであり、その具体的な現れが国家形態の変遷であると考えていたのである。

バクーニンの見解に従うならば、歴史上最初に形成される国家形態は無制限君主制であった。この無制限君主制が、後に、人民の自由獲得を目指した闘争の結果、一定の枠をはめられた立憲君主制となり、しかもこの立憲君主制も、結局は、共和制に取って代わられるのである。バクーニンは、ロシアや世界のすべての国において君主制を撲滅することが、人類を解放するための不可欠の条件であると考えていた。

さらに言えば、共和国といえども、それ自体、けっして積極的な存在意義を有しているものではない。「共和国という言葉は、純粋に否定的な価値以外に別の価値を有してはいない。この言葉は、君主制の破滅、根絶を意味している……。(3)」すなわち、君主制に取って代わった共和制も、その歴史的な役割を果すやいなや、軍事力や官僚主義的中央集権制を維持しながら、対外的には侵略国家、対内的には圧制国家となる可能性、というよりは必然性を有しているのである。バクーニンは、この典型的な例としてフランス共和国を挙げている。フランスは、二度にわたって自ら共和制を宣言しながら、その度ごとに、自己の自由を喪失して、侵略戦争に夢中になっている。このような国家であるならば、たとえ市民から共和国と呼ばれようとも、その市民に安寧や自由を保障することは出来ないのである。[4]

右のような観点からは、近代国家の中枢部として構成される議会制度も、その欺瞞性が徹底的に暴露されなければならない。バクーニンは、代議制度が民衆の生活や自由を保障するものではなくして、逆に、民族を永久的に支配する一種の貴族制を作り出し、その制度を保証するものであると述べている。「偽りの人民の意志の偽りの代表制に依拠する時ほど、恐怖にみちた強暴な専制政治が存在することはない。」[5]そして近代政治においては合理的であると考えられている普通選挙制度は、このような権力政治を維持するための手品であり、餌であり、安全弁であって、「いわゆる人民の意志の名と口実のもとに、人民を抑圧し没落させる巧妙な手段」に他ならない。言い換えれば、普通選挙制度や代議制度は、銀行と警察と軍隊に支えられた、実際には専制的な国家権力をその陰に隠している仮面にすぎないのである。

＊　＊　＊

国家の害悪性についての峻烈な批判やその本質の否定的な評価からは、すべての国家権力を根絶すべきであるという行為規範が論理的に導き出されてくる。実際、バクーニンは、社会革命を遂行すること、すなわち、すべての権力を廃止することを、当時の進歩的知識人のもっとも重要な課題であると考えていた。彼の判断によれば、権力はただ単に、それに服従することを余儀なくされているものの自由を束縛するだけでなく、権力を付与されたものの自律性をも失わせる。権力の有害な影響を受けるならば、「ある人々は自分の個人的あるいは身分的利益のために、野心満々たる貪欲な社会の暴君となり搾取者となる。そして他の人々は奴隷となってしまう。」[6]

バクーニンは、プルードンの教説を、国家の本質について洞察力に満ちた分析を示し、あらゆる搾取やあらゆる国家的抑圧の廃止を主張する先駆的思想であるとして高く評価した。プルードンは、例えば彼の代表的著作『一九世紀における革命の一般理論』（Idée Generale de la Révolution au XIXe Siècle, 1851）などにおいて、社会の一方の極に富と権力が伝統とともに陣取り、他方の極には貧困・無秩序・無知が陣取るようになって、満足した党派は譲歩しようとせず、苦悩する党派はもはや忍従することができなくなるならば、両派の衝突は不可避的なものになるといった論法で、革命の必然性を強調している。

　またプルードンは、現存の体制が革命によって打倒された後の社会においては、どのような権力組織体が形成されることにも反対する。というのは、彼の革命観の根底には、政治権力の一般的傾向についての厳しい批判が横たわっていたからである。

　彼は言う。「実際、経験は以下のことを証明する。すなわち、いずこにおいても、また常に、政府は最初それがいかに民衆的なものであったとしても、結局はきわめて貧困で、より多数の階級に対抗して、知識水準がもっとも高い、いちばん金持ちの階級の側に与するようになったということ。さらに政府は、しばらく自由主義的な態度を維持した後に、少しずつ例外的、排他的になったということ。最後に、すべてのあいだで自由および平等を支持するかわりに、政府は、特権へのその自然的傾向の故に、それらを破壊するために執拗に努力したということ、以上である。[7]」

　バクーニンは、プルードンのアナキズムから多くのものを学び、プルードンのことを、その当時活動した一連の社会主義者たちと比較して、「何百倍も偉大な革命家である」と賞賛している。バクーニンはプルードンとともに、社会革命の不可避性を確信しながらも、社会発展の「法則性」なるものについては疑念を抱いていた。実際、社会の変革が生身をもって嘆き苦しむ無数の個人の力の結集によって達成される以上、抽象観念によってこれらの個人を無視する社会科学が、社会発展の「法則」を把握し、革命運動を指導することは、けっして容易なことではない。

　こうした判断に立ってバクーニンは、社会科学の必然的な論理として「革命的独裁権力」の樹立を主張するマルクス主義者に対しては、「あらゆる種類の観念的権力論者」に対するのと同様に厳しい批判を加えた。バクーニンの見解によれば、両者はまったく同一の国家権力思想を擁護しているのであって、彼らのあいだには、おのおのの見解を基礎づけるために用いられる理論の相違があるのみであった。

バクーニンは、革命を遂行するにあたっては、「社会科学的理論」よりも、人民の意識の中に存在する自由志向の本能や解放への意欲を重視する。彼はつぎのように強調している。「人民が自らこの理想を作り上げなかったとしたならば、だれも人民にそれを与えることは出来なかったであろうことは明らかである。人民の中に、ただ萌芽状態としてばかりでなく、ある程度発達した形ででも、すでに存在していないものは、だれにも、どの個人にも、どの社会にも与えることは出来ないのである。」(8)

すでに触れたような、革命的宣伝や政治闘争に対する彼の否定的な態度は、右に引用した命題からも引き出されてくる。彼の見解に従えば、すべての政治運動は「ブルジョア的運動以外のものではありえない。」(9)バクーニンが求めていたのは「政治革命」ではなくて、「社会革命」であった。社会革命とは、いっさいの政治制度とは無縁な、労働者大衆の経済的・社会的解放を直接に目指す革命のことを意味していた。けれども、それは、すべての「政治」を拒否し、それについて考えないということではなかった。バクーニンが強調したのは、あくまで、経済面における階級闘争が先決問題だということであった。

この観点から彼は、社会革命に先行して、政治権力の獲得を目指すような政治運動を批判したのである。バクーニンは、もしも人民が歴史の中で自らの自由についての理想を作り上げたのであるならば、人民はそれを実現するための闘争を準備しているはずだと考えていた。それ故にこそ彼は、人民のところへは、政治的宣伝をもっていく必要はなく、ただ革命的闘争への呼びかけを行うことが必要であると主張したのである。

マルクスによって強調された「プロレタリアート独裁」の理論に対するバクーニンの反論が、彼の国家権力や革命についての比較的素朴な理解に基づいていたことは確かである。バクーニンは、革命の根本目的を、人びとのあいだの不平等を根絶することにあると考えていた。しかもまた、こうした革命は、一挙に成就することが可能であるという見通しを立てていたのである。このような見解からは、プロレタリアートの独裁の必要性は生ずる余地はなかった。

＊　　＊　　＊

人民統治なるものは、その機構が普通選挙を基盤とするものであっても、その存在は認められるべきではなかった。何となれば、人民統治の理念の背後には、「少数者による専制的支配」の実態が隠されていると判断されるからである。マルクス主義者は、この少数者は労働者によって構成されるのであるから、その統治機構は人民の利益のために作用するのだと主張する。これに対してバクーニンはつぎのように反論する。「なるほど、かつては労働者であったかもしれない。けれども、これらの人びとは、統治者、すなわち、人民の代表者となるやいなや労働者たることを止めてしまい、労働の世界全体を国家の高みから見るようになる。つまり、もはや人民を代表するのではなく、自分自身や人民を統治する自分の権利を代表するようになる。このことを疑うことのできる人は、まったく人間の本性について無知な人なのである。」(10)

どのような形の選挙もなく、いかなる組織の権力も存在しない、社会生活の完全な無政府状態の中にこそ、「人民の理想」が存在しているとバクーニンは主張した。彼は、社会革命を遂行する人びとが掲げる旗には、すべての国家の破壊、ブルジョア文明の根絶、自由な同盟組織、新しい全人類の世界の創設といった文字が熱血でもって書かれなければならない、と述べている。(11)

バクーニンの見解によれば、廃止される国家には、「連合主義」の原理が対置されるはずであった。国家は、上から下への権力の原理に基づいているが、それに対して「連合主義」は、住民の利益、要求、自然的性向を根拠として、個々人が共同体へ結合し、個々の共同体が州へ、州が民族へ、民族がヨーロッパの連合へ、そして最後には、全世界の連合へ結合するという、下から上への自由な結合の原理によって支えられている。[12]

「連合主義」を基礎とする将来の社会は、経済的には、「労働と所有の協同」の原理に基づいて構成されなければならなかった。バクーニンはつぎのように書いている。「協同組合は、あらゆる点からみて、明らかに将来の合理的で公正な生産形態である。けれども、協同組合がその目的を達成するためには、つまり、すべての勤労大衆を解放して彼らに十分な報酬と満足とを与えるためには、土地と資本を、あらゆる面から共同所有とすることが必要である。[13]」

社会に生存する人間が、それぞれに自己の能力を開発し、実生活に活かす平等の機会を持ち、他人の労働を搾取することもなく、労働の成果に他ならない社会の富を、各人がそれの生産に関わりをもつ限りにおいて利用するような仕組が出来たならば、働くものの希望も喜びも最大限に実現されるであろう。そしてそのときには、解放された「勤労大衆」は、現存する国境をすべて廃止して、全世界的な規模の友好関係の中で生活するようになるであろう。バクーニンは、このような遠大な理想を達成することは、世紀にわたる大事業であると認識していた。そして彼は、この大事業を開始することは、歴史が現在の先進的思想家たちに提起した課題であり、また、これから先の多くの人びとに対しては、この課題を継承することが要求されると考えていた。[14]

バクーニンは、現存の体制を変革して、無権力と連合の原理を基盤とする社会を実現する役割の担い手を、人民であると考えていた。けれどもこの場合、人民とは、「西ヨーロッパにおいては都市の労働者のことを、……ロシアやポーランド、その他多くの国々においては農民[15]」のことを意味していた。バクーニンにあっては、西ヨーロッパの工場労働者とスラヴ諸国の農民とが同じような歴史の課題を担い、共通の目的に向かって進むものと受け止められていたのである。

農民を、スラヴ諸国における独自の革命勢力として位置づけるやり方は、これらの国が西ヨーロッパの諸国とは異なった歴史の過程を進むとする判断と結びついていた。すでに見てきた通り、ゲーツェンは、ロシアが西ヨーロッパ的な資本主義発展段階を経ないで社会主義へ進むことを主張し、そこに実現されるのは「農民社会主義」であることを説いた。チェルヌィシェーフスキーも、ゲールツェンの見解を補強しながら、ロシア、スラヴ諸国の社会主義は「共同体」を基盤として構成されるであろうと述べている。これらの思想家と同様に、バクーニンも、スラヴ諸国の歴史的発展の独自性を確信し、この観点から変革過程における農民の位置づけを行ったのである。

バクーニンが、働くスラヴ人たちに、インタナショナルの組織へ「大衆的に参加する」ことを呼びかけたのは、右のような農民に対する評価に基づいてのことであった。バクーニンは、インタナショナルそのものについても、マルクスが考えたようなプロレタリアートのインタナショナルとはせず、アナキスト的インタナショナルとすることを意図していた。そして、インタナショナルの組織の中においても、スラヴ人を特定の立場に置いておくことを主張した。彼はつぎのように述べている。スラヴ人はインタナショナルの中で、「工業、手工業および農業の各部門を構成し、これらを地域的連合に統一しなければならず、またもし必要とあれば、全スラヴ人の連合体を組織しなければならない。すべてのものを祖国から解放するインタナショナルを土台として、スラヴの労働者は、少しの危険もおかすことなしに、自己の独立のために、ドイツの労働者と友好関係をもたなければならないし、またもつことが出来るのである……。」(16)

＊　　＊　　＊

バクーニンはアナキズムの原理によって支えられる社会を、ただ単に理想と考えていたばかりでなく、スラヴ人の本性に適合したものであるとも考えていた。彼は『国家機構と無政府』の中で、「あらゆる性格やその本性からみて、スラヴ人は、断然、非政治的、すなわち非国家的存在であって、どのスラヴ人も、かつて、自ら国家を設立したことはなかった[17]」と主張している。

バクーニンの説くところによれば、スラヴ人種は、平和な農耕種族であって、その初期の発展段階においても、ゲルマン民族に見られたような「闘争精神」や国家指向性はもたず、共同体を基礎とする個別的な生活様式を備えていた。この時期のスラヴ人は、貴族も知らず、僧侶も知らなかった。彼らは、選ばれた長老によって統治され、すべてのものがお互いに平等であって、一様に共同体の土地を利用していた。また、この時期の共同体は相互のあいだにも、恒常的な政治的結合関係をもっていなかった。外敵が襲来し、それに反撃を加える場合には結合したが、その危険がなくなれば、政治的結合関係もまた消えてなくなり、そこにはただ、きわめて客好きなすべてのスラヴ種族のあいだの、共同体的友好関係のみが残った[18]。言い換えるならば、この時期の共同体的生活様式は「きわめて不完全な形ではあったけれども、人類愛の理念を実現していたのである[19]」

バクーニンはまた、スラヴ人が共同体を基盤として平和な生活を営んだのは、ほぼ一〇世紀の後半までであったと述べている。彼によれば、この頃から、ドイツ、トルコ、タタールなどからスラヴ地域に対する侵略が始まり、それとともに、スラヴ人の苦悩に満ちた抵抗の歴史が始まるのである。スラヴ人は、「侵略者に対して、永年にわたり、絶え間ない、不屈の戦いを行って、彼らの自治体の自由のために多くの血を流した[20]」

異民族の侵略や、同一民族であっても権力によってその民族を支配しようとしたものに対して、スラヴの人民が抵抗した事例は少なくはない。バクーニンはその代表的なものとして、一一世紀におけるドイツやポーランドの貴族の収奪に抵抗するオーデル河、エルベ河流域、バルト海沿岸の農民蜂起、あるいは、一五世紀のチェコにおけるカトリック教会やドイツ人の支配に対するターボル派の抵抗などを挙げている。彼はさらに、一六世紀において、中央集権化されるツァーリの権力に対して起こったモスクワ、プスコーフ、ノーヴゴロトその他の町での騒乱、ポーランドの領主やイエズス会に対して組織された大ロシア人（ロシア人）のゼムストヴォ（地方自治体）や、リトアニア人の蜂起なども、スラヴ種族の典型的な抵抗の例として挙げている。彼はまた、これらの事件に、一七世紀のヴォールガ河沿岸を中心に起こったステパーン＝ラージンの反乱や、一八世紀に勃発したプガチョーフの反乱などを加えて、これらの事件が、スラヴ人の国家に対する憎悪と、自由な農民共同体を創造しようとする努力を歴史的に示す出来事であったと述べている。(21)

古代から一八世紀までの歴史を右のように検討するならば、一九世紀は、スラヴ人種が全体的に目覚めるべき世紀であることが理解されるであろう。この世紀においては、スラヴ人の意識を目覚めさせ、彼らのもっている民族的な力を組織することこそが、革命家の課題に他ならなかったのである。バクーニンによれば、過去においてスラヴ人種の弱さとして、言い換えれば、国家創設の能力の無さとして受け止められていた特質は、現代においては、この民族の将来を築く力、彼らの権利を確立する力、彼らの大衆的解放運動を根拠づける源泉として現れているのである。(22)

一九世紀六〇年代の初め、バクーニンは、ロシアにおける革命組織が、革命をあくまで「人民の事業」であると自覚し、団結して行動しなければならないことを強調した。彼によれば、革命組織は、ロシアの土地を、僅かでももたないようなロシア人をなくするために、すべての土地が人民の所有物であることを、なによりも先に宣言することが必要であった。また、人民の社会生活の形態は、郷、郡、県および国といった、いわば下から上への自治共同体として組織されなければならず、そこでは、官僚的中央集権主義は、徹底的に排除されなければならなかった。

各地域のスラヴ人の協力関係を密にすることの必要性も、バクーニンの強調するところであった。ポーランド、ウクライナ、バルト海沿岸、フィンランドならびにカフカースの諸地域は、ロシアからの、どのような形での干渉も受けることなく、完全な自治が付与されなければならない。そして、自由な、独立したこれらの諸地域は、相互の間に、またロシアとの間に、対等な友好関係を維持し、出来れば連合体を構成することが望ましい。

連合体は、あらゆる外敵の侵攻に対しては、結束してこれに当たらなければならない。けれども、他民族が我われスラヴ人と友好関係を持つことを希望するときには、これらの民族とともに働くことを約束しなければならない。こうして、だんだんとその外枠を広げていく連合体においては、「それぞれの民族は、大きいものも小さいものも、自由に兄弟の如く結びついてその構成員となる。すべては個人のために存在し、個人はすべてのために存在する。友好的連合体の中には、特別の国家的な力も存在しないし、誰のヘゲモニーも存在しないで、ただ、単一の、分裂していない全スラヴ的な力のみが存在する。ここに、スラヴ人の事業の広範なプログラムが存在し、ロシア民族の事業の最後の言葉が存在するのである……。[23]」

（1）「神と国家」白水社　バクーニン著作集第三巻　一九七三年　三二三―三二四頁。
（2）同上書三二四頁。
（3）Собр. соч. Бакунина, т. I, стр. 49.
（4）Там же, стр. 49–50.
（5）Там же, т. II, стр. 28.
（6）Там же, стр. 166.
（7）中央公論社　世界の名著　第四二巻　プルードン他　一九六七年　一五四頁。

（8）Собр. соч. Бакунина, т. II, стр. 248.
（9）Там же, стр. 226.
（10）Там же, стр. 217.
（11）Там же, стр. 240.
（12）Там же, т. I, стр. 53.
（13）Там же, т. II, стр. 245.
（14）Там же, т. I, стр. 77.
（15）Там же, стр. 76.
（16）Там же, стр. 61.
（17）Там же, т. II, стр. 45.
（18）Там же, стр. 46.
（19）Там же.
（20）Там же.
（21）Там же, стр. 47.
（22）Там же, стр. 54.
（23）Там же, т. I, стр. 231, 232.

四　変革の方法

バクーニンは、すでに見てきたように、現存のツァーリ専制を変革して無権力と連合の原理を基盤とする社会を実現する役割の担い手を、人民であると考えていた。彼にとっても、他の多くの社会主義者にとってと同じように、歴史の発展は、国によって労働者とか農民とかの相違はありながらも、ともかく人民大衆によって、いわば下から促進されるべきものと考えられていた。このような見地から、彼は、西ヨーロッパにおいては主として工場労働者に、ロシアにおいては農民に対して、広範に革命組織に参加することを呼びかけたのである。

けれども、バクーニンは、初めから社会変革の担い手を人民大衆であると考えていたわけではなかった。彼は、一八六〇年代の初期においては、A・И・ゲールツェンの思想の影響を強く受けて、ロシアの専制権力の変革が、専制的なツァーリ自身の意思によって、上から行われると確信していた。

ゲールツェンは、一八五〇年代に、亡命地ロンドンにおいて「自由ロシア印刷所」を設立し、『北極星《ポリヤールナヤズベズダ》』や『鐘《コーロコル》』を発行した。これらの定期刊行物を通して、ゲールツェンは、オガリョーフとともに、農民の解放、検閲制度の廃止、体刑の廃止、苛酷な税の減免などの一連の社会改革が、ロシアにおいてはきわめて緊急な課題となっていることを訴えた。ツァーリ官憲の検閲を受けることなく自由に刊行されたこれらの刊行物が、ロシアに持ち込まれ、広範に読まれることによって、大きなイデオロギー的役割を果したことは、よく知られているところである。

もっとも、これらの刊行物で展開されたゲールツェンの社会変革の主張は、かなり微温的な性格をもっていた。それは、彼の社会変革の担い手についての認識の中にもっとも端的に現れていた。彼は、政治的諸改革や農民の解放を、農民や進歩的な雑階級知識人《ラズノチーンツィ》に訴えることをしないで、直接ツァーリ政府に訴えた。ゲールツェンは少なくとも一八六一年の「農民解放」の直前頃までは、農民の解放が、自由主義的貴族階級の援助のもとに、ツァーリによって遂行されることが可能であると信じていたのである。

バクーニンの、変革の担い手はツァーリであるとする考え方は、右のような、ゲールツェンの影響を受けたものであった。バクーニンの指摘するところによれば、ロシアの人民は、自分たちの身に降りかかる災厄の根源を、地主や役人や僧侶などの支配階級の中に見出してはいたけれども、けっして、ツァーリの中に見出すことはなかった。むしろ人民は、ツァーリを「ロシアの土地の統一と偉大さと名誉との象徴的代表者」であると信じていた。

このようにバクーニンは、ツァーリに具わるロシア統一のための象徴的機能を重視し、高く評価した。けれども、彼の考えるところでは、ロシアの国家的統一のためにはそれだけでは足りず、さらに、実際に政治的機能を果たすものとして全人民的な「国民会議《ゼームスキー・ソボール》」を設立することが必要であった。

もともと、ゼームスキー・ソボールは、一六世紀後半から一七世紀にかけて、ツァーリ政府の政策決定に関与する重要な会議体であった。これは主として、貴族・政府高官・高僧と中央や地方の領主によって構成され、まれに都市住民・国有地農民・カザークの代表者も加えられることがあった。会議を構成する階層の点からみれば、ゼームスキー・ソボールは、身分代表制議会としての性格も、ある程度は備えていたが、ヨーロッパ各国の身分制議会とは異なって、それはあくまでツァーリの諮問機関にとどまっていた。

バクーニンは、一七世紀末には名実ともに無くなってしまっていたこのゼームスキー・ソボールを理想化して、これをロシア統一のための実際的機能を果たす会議体として位置づけた。そして、このゼームスキー・ソボールとツァーリを結びつけることによって、ツァーリの中に、ただ単に象徴的機能のみでなく、ロシアを変革する政治的機能を見出した。彼は、もしもロマーノフ王朝が、歴史上現実に存在したような皇帝から、ゼームスキー・ソボールを立脚基盤とする皇帝に変わることができるならば、またそうなることを欲するならば、喜んでロマーノフ王朝に従う考えであった。ツァーリ自身を、政治的変革の担い手としての資質を備えた人であると認めることは、革命の平和的展開の可能性を認めることであった。バクーニンはつぎのように述べている。

「我われは、さらにつぎのような理由からロマーノフ王朝に従うであろう。すなわち、ロマーノフ王朝のみが、ロシア人やスラヴ人の血を一滴も流すことなしに、偉大な平和革命を遂行し、成就することができるのである。流血革命は、人間が愚かであるために、時として不可避的なものとなる。けれども、それにもかかわらず、流血革命は害悪、しかも大きな害悪であり、単に犠牲の点からばかりでなく、革命を起こさせたその目的を正確にまた十分に達成することができるかといった点からみても、大きな不幸である。我われは、このことをフランスにみてきた……。」(1)

ロシアにおける社会革命が、ツァーリによって遂行され得るというバクーニンの主張の中には、彼のそうあって欲しいという願望が含まれていた。彼は、ツァーリが人民の先頭に立ち、自由と地方自治の精神を身に体して、ゼームスキー＝ソボールとともに、ロシアの広範囲にわたる抜本的な改革に着手するならば、ロシアは平和な、天恵に満ちた革命を経験することになるだろうと、繰り返し主張している。バクーニンにとっては、理性の具わったツァーリとゼームスキー＝ソボールとのあいだに不和が生ずるなど、考えられないことであった。なんとなれば、ゼームスキー＝ソボールの構成員は、ツァーリの慈しむ人民の代表者に他ならなかったからである。

「上から」の改革は、それでも、早急に着手することが必要であった。さもなければ、百姓が自ら決意し、血の川が流れることが懸念されたからである。バクーニンは、ツァーリが速やかに議会を召集し、積極的に改革の目論見を検討するようになる未来の、希望に満ちた情景を胸に描いていた。「そうなれば、世界も信仰も奇跡として復活するであろう。お金も存在するようになるであろう。そして、すべてのものは、ありのままに、自然に、すべてのものにとって危険なく、すべてのものにとって正しく整序されるであろう……。このようなツァーリによって統治されるゼームスキー＝ソボールは、広範な自由意思を基盤とする、揺るぎない、犠牲のない、ましてや力ずくの闘争や騒動さえもない、新しいロシアを創造するであろう……。」(2)

ツァーリが賢明で積極的なロシアの改革者である場合には、ロシアの若者たちもツァーリに従うであろうというのが、バクーニンの確信であった。ツァーリがロシアの秩序維持と再興という偉大な事業を遂行するときには、若者たちはツァーリのもとに赴いて、彼らの備えている理性と力のすべてをツァーリに捧げるであろうことも、彼にとっては疑いのないところであった(3)。ツァーリは、自ら変革の方向を明確に示し、それに向かってロシアの人民の変革へのエネルギーを結集することによってはじめて、ポーランドやウクライナをも含めて、スラヴ全体の「救世主」となることができ、人民の自由な連合体の首長として存続し得るのである(4)。

＊　＊　＊

ツァーリによるロシアの改革が可能であるというバクーニンの信念は、やがて大きな失望に取って代わられなければならなかった。ツァーリ政府には、バクーニンが期待していたような内容のある改革を積極的に推し進める意志はなかったのである。バクーニンは、「ペテルブルクには、思想も、情愛も、意志もない……。ペテルブルクには希望もない。ツァーリは自分にとって破滅の道を、ロシアにとって滅亡の道を選んだのである」(5)と言って、ツァーリ政府の無能ぶりを嘆いている。ツァーリ政府が真面目に改革に着手することもなく、このままなお数年も無秩序な状態が続くようであったならば、人民の気分も変わってしまって、そのときには、革命は仮借ない斬り合いの性格を帯びるようになるであろうことが十分に予想された。

しかしながら、ツァーリに対する信頼の念を次第に失いながらも、バクーニンは、六〇年代の初めには、まだ、ツァーリに代わる変革の担い手についての明確な判断を示すことはできなかった。彼は、ロシアにおける政治情勢の進展について、あれこれ模索しながらつぎのように書いている。

今からロシアに「何が起きるであろうか。運動はどのような形をとるであろうか。だれが運動の首領となるであろうか。ツァーリの僭称者プガチョーフであろうか。それとも、新しいペーステリたる独裁者であろうか。今それを予見することは不可能である。もしもプガチョーフであるならば、その人はペーステリの政治的才能を備えていてくれればよいが。というのは、その才能を備えていないときには、プガチョーフはロシアを破滅させ、そしてまた、ロシアの将来のすべてを血に染めてしまうであろうからである。もしもペーステリであるならば、その人はプガチョーフのような庶民的な人間であった方がよろしい、というのは、そうでなければ、人民は彼のことを我慢しないだろうからである。けれどもまた、ペーステリでもプガチョーフでもロマーノフ王朝でもなくて、ゼームスキー＝ソボールがロシアを救うかも知れないのである。[6]」

こうした模索を続ける中で、バクーニンは、革命に従事する者は事態の推移を坐して待つべきではないという考えを固めた。彼は、革命家の義務は「しっかりと団結することであり、一致して事業を準備することである」と考えて、ロシアの若き知識人たちにつぎのように訴えるようになった。

「おそらくは、時間はいくらか残っているであろうから、それをぜひとも、人民と接触して、人民に、我われが彼らのものであると認めるようにならせるために使おう。」誠意をもって、真実をもって、「大胆に、堅実な歩みをもって人民に近づこう。そして彼らと結びついたときに、彼らと一緒に嵐が起きるところへ向かって走り出そう。[7]」

六〇年代末の、学生の政治運動が盛んになった時期に、バクーニンは、ネチャーエフらとともに、ロシアに反乱を起こし、すべてのものを破壊することを若き知識人たちに訴えた。彼らの呼びかけに応えて、ツァーリ権力の厳しい監視の中で、革命的な組織が設立された。バクーニンが、現存の一切の権力秩序の破壊を主張するようになる時期は、同時にまた、彼が社会の零落階級《デクラッセ》をもっとも能動的な革命勢力であると考えるようになる時期でもあった。

ネチャーエフを中心として推進された政府転覆の計画の失敗や、彼によって組織された陰謀集団「人民裁判《ナロードナヤラスプラーヴァ》」

の崩壊にもかかわらず、ロシアには速やかに暴動を起こす可能性があるとするバクーニンの信念は強まっていった。

もっとも、この時期のインタナショナルにおける運動の経験や、この組織の内外で彼の理論に対して浴びせられた批判への対応を通して、バクーニンは、人民の大衆的運動の組織や指導性の問題について、従来よりも多くの注意を払うようになってきた。一八七三年に公刊した『国家機構と無政府』では、これらの問題についてのバクーニンの考察が窺われる。彼はこの論文の中で、失敗に終わったものを含めて、すべての暴動が有効であるとしながらも、革命が勝利するためには「部分的な発火では不十分であって」すべての村が、緊密な連係のもとに同時に立ち上がらなければならないと述べている。

＊　＊　＊

広範な人民大衆の蜂起はどのようにして達成されるであろうか。それには、まず初めに、精力的な宣伝・教育活動を行って、人民大衆を「啓蒙する」ことが必要ではないか、それとも、直接人民に働きかけて、暴動を起こすことを呼びかけることこそが必要なのであろうか。この点は、いわば戦術論として、ナロードニキのあいだでも大きな意見の相違を生み出したところであった。

すでに触れた通り、ナロードニキのいま一つの主要な勢力の指導者であったП・Л・ラヴローフは、社会革命を遂行するためには、何よりも啓蒙宣伝活動が必要であると主張した。彼は、人民大衆が自覚的に、主体的に革命を遂行するのを準備し援助することこそが、革命家の任務に他ならないと考えていた。そして、このような見地に立って、若い学徒たちに、学習し、その後に人民のところへ教えるために赴けと訴えたのである。

バクーニンは、このようなラヴローフの見解や、彼の呼びかけに応じて農民に社会主義の理念を浸透させようと努力した青年たちの試みを、否定的に評価している。バクーニンの評価の根底には、農民が太古以来「共産主義的本能」を備えた自然発生的な革命家であるとする基本認識が横たわっていた。彼は、それに加えて、実際的見地からも、このような試みには賛成できなかった。彼の指摘するところによれば、青年が農村に入り、そこで「社会学の講座」を公開するということを、警察が黙って許すはずがなかった。よしんばそれが許されたとしても、農民はそこで講義される「学問」を理解することができず、彼らの「教授」たちをあざけり笑うのが落ちであるだろう。百姓に対しては、理論をもってではなく、実践によって働きかけなくてはならないのであった。

こうした見地から、バクーニンは、七〇年代のはじめ頃からみられた、若者たちの実際的な目的を持って「人民の中へ入ろう」とする試みに対しては賛意を示している。人民の中に入っていく若者の中には、ロシアに近い将来革命が起きる可能性を信じていないものもいた。それらの若者たちも、人民とともに生活し、あらゆる災厄の重荷を兄弟のごとく分かち合い、自分たちが生きた手本となって、人民に将来の闘争のための準備をさせようと努力したのである。

バクーニンは、この点について、「彼らは工場労働者のところへ赴く、そしてそこでは、彼らは労働者と同じように働いて、労働者とのあいだに友好の精神を広めるように努力するであろう……。(8)」また、農村に入っていく若者たちは、そこで百姓とともに働き、農村共同体を創設するであろうと述べている。さらにバクーニンは、こうして若者たちが人民とともに働くところでは、勤労者はおのおのの能力に応じて働き、「各人の賃金は、労働に応じてではなく、必要に応じて分配される」試みさえ為されるであろうことも期待していた。(9)

バクーニンは、一面においてはこのように、若者が人民の中へ入って努力するあらゆる試みを、正義や自由を実現し、人間を解放する実際的な手段を人民大衆に理解させるのに有効な方法であるとして、それなりに評価はしていた。けれども、他面において、ロシアを革命的に変革するといった見地からは、これらの諸々の試みは、やはり大海の一粟にすぎないという感じを払拭することが出来なかった。彼には、このような試みは、結局は、若者たち自身を失望させる結果となると考えられたのである。

こうして、バクーニンは反乱が有効な変革の方法であるという確信を深めていく。「他の戦う道は、反乱である。反乱を我われは確信し、それのみに救済を期待する」(10)と、彼は語調を強めて主張している。反乱に参加するロシアの人民は、西ヨーロッパの人民と同様に、自分たち自身の胸の中に、理想的な解放の状態を描いている。そこにおいては、土地は働くすべての人民のものであって、それを利用する権利は個人には属さず、共同体全体に帰属することになる。あるいはまた、共同体には自治が確立され、国家権力と対抗関係を維持するようになる。これらの点が、解放された人間の生活状態の特徴と考えられた。

ステパーン＝ラージンや、エメリヤーン＝プガチョーフの反乱は、まさしく、右のような人民大衆の理想を実現しようとする最も効果的な試みであった。にもかかわらず、これらの反乱はすべて失敗し、敗北を喫した。バクーニンは、失敗の原因が、農民共同体の中に存在している家父長制的生活慣習、個人の共同体組織への埋没、さらには人民の意識の中に根強く生きているツァーリや神への信仰にあると考えた。(11)すでに触れた通り、バクーニンは右に挙げた諸もろの点を、理想社会としての「農村共産主義」を構想する際に、農村共同体から除去されるべき側面として捉えていたが、それと同時に、農民が変革の運動を展開する際の障害としても把握していたのでる。

バクーニンは、農村共同体の家父長制的生活慣習が革命的反乱の障害となっていた理由についてつぎのように書いている。家父長制は、「愚かな鈍重さ、手のつけられないような肉親の醜行、根深い嘘、貪欲に満ちた偽善、そして結局は奴隷根性といった特徴をロシア人の生活に塗りつけて、それを耐え難いものにし」(12)歪めてしまった。このような生活の歪みは、専制権力の重圧によって生じたものであるが、いったん生じてしまった後には、逆に専制権力を支える基盤としての機能を果たしている。こうして、共同体においては、「家父長制の原理も、あの厭うべき専制も、さらにはまた卑しい服従も支配的に存在している……。ミールにおいては、長老や家長のみが投票権をもっていたのである。」[13]

共同体は、相互の関係においても閉鎖的であって、どの共同体も他の共同体と結合関係をもつことはなかったし、その必要性も感ずることはなかった。それらは、ただツァーリの最高権力によってのみ統一されていた。ここにロシアの大きな不幸の原因があった。「このような分裂が人民を無力にし、彼らのすべての、ほとんどいつも地域的な、ばらばらの反乱を、不可避的な敗北として運命づけ、そしてまさにそのことによって、専制権力の勝利を確実なものとしているのである。」[14]

＊　＊　＊

革命家は、ツァーリ権力の非人間性を暴露することと、閉鎖的な共同体を統合することにすべての努力を集中させなければばならない。七〇年代に入ってからは、バクーニンは、彼自身も、かつて抱いていたような自由主義的なツァーリに対する幻想的な期待を払拭してしまった。そして、革命家に対して、「人民にとっては、ツァーリ以上の敵はないのだ」ということを人民に知らせることの重要性を訴えた。

彼は言う。「毎日の人民の生活を覆っているすべての悲惨な、悲劇的な出来事を利用しながら、……すべての官僚、聖職者、富農などの、人民生活に害悪を及ぼす強暴な行為、強盗行為、略奪行為などのように、直接ツァーリ権力から生じ、またそれに依存しているということ、そしてそのために、一言でいえば、国家が甚だしく人民に敵対的であるということ――すなわち、ツァーリはツァーリ以外の何者でもないということ――を人民に証拠をもって知らせること、ここにこそ、本当の、現在の主要な革命的宣伝の義務が存在するのである。」[15]

バクーニンは、ツァーリの権力を打倒する勢力を作り出すためには、共同体のもつ閉鎖性、孤立性を打破してこれを結合させるとともに、これらの共同体をさらに、工場労働者の組織と結びつけることが必要であると考えた。「すべての村、郷および、できれば地区をも含めて優れた農民を、ロシアの農民共同体出身の進歩的な人びとや、生まれながらの革命家たちと相互に結びつけなければならないし、そして可能なところでは、工場労働者と農民との、そのような生きた結びつきを実現しなければならない。このような結合は、個人的なもの以外ではあり得ないであろう。……なによりも先ず、農民出身のこれら進歩的な人びとに、そしてこれらの人びとを通して、人民すべてではないまでも、少なくともその意識的な、しかもきわめて精力的な分子に、全ロシアすべての村・郷・地区に、さらには、ロシア以外にも共通の災厄が存在しておるということ、それ故にまた、一つの共通の事業が存在するのだということを説得することが必要である。」(16)

革命家の課題は、人民階層出身の優れた人びとに、大衆の中に息吹き脈打っている力が、一つに結集され、組織され、いたるところで同時に動き始めたならば、それを何者も踏みこらえることは出来ないのだ、ということを説得することであった。バクーニンは、七〇年代においては、それまでの主張を若干修正して、革命的宣伝の必要性を容認するようになっていた。だがそれはあくまで、全人民的蜂起を十分に準備するためにのみ認められることであった。人民は、ただ「自分の生活、自分の災厄、自分の仕事、自分の絶望的な反乱の中で」革命的宣伝家たちと一緒になるときにのみ、これらの人々を自分たちの味方であるとして許すであろう。彼はこのような段階的思考を経て、結論的に人民大衆を社会変革の担い手として評価し、この人民に対して指導的役割を果すものとして革命家を位置づけるようになったのである。

言うまでもないことながら、バクーニンが抱いていた、ロシアでの速やかなる「全人民的反乱」についての確信と、彼の、全ロシア的規模で農民革命家を組織するという構想とを結びつけるのは容易ではない。この当時において、彼が構想していたような農民の革命的組織の実現が可能であったと考えることは難しい。すでにみてきたように、組織づくりにとっての障害は、農民の生活基盤の中にあったし、農民の意識の中にもあった。農民は、バクーニン自身が考えた以上に、保守的であり、退嬰的であった。

バクーニンは、時にこのような、論理的整合性を欠く主張をすることもあった。それにも拘わらず、バクーニンが、この当時のロシア権力の専横を熱心に摘発し、この国における人民の解放運動の独自な歴史的条件やその方法を教示した役割は、高く評価されなければならないであろう。さらにまた、ロシアや西ヨーロッパにおける実践運動を通して生み出していったアナキズムの理論が、その後の世界の社会・政治運動に大きな影響を与えたことについても、今後十分な研究が為されたうえで、正当な評価が下されなければならないであろう。

（1）　Собр. соч. М. А. Бакунина, т. I, стр. 233.
（2）　Там же, стр. 222.
（3）　Там же, стр. 228.
（4）　Там же, стр. 229.
（5）　Там же.
（6）　Там же, стр. 234.
（7）　Там же, стр. 235.
（8）　Там же, т. II, стр. 258–259.
（9）　Там же, стр. 259.
（10）　Там же, стр. 260.

（11）Там же.
（12）Там же, стр. 255.
（13）Там же, стр. 256.
（14）Там же, стр. 257.
（15）Там же, стр. 261.
（16）Там же, стр. 262.

余録一　П・Л・ラヴローフ

一九世紀六〇〜七〇年代のロシア解放運動において、大きな流れを形成したのがナロードニキであった。ナロードニキによって形成される思想や運動は、ロシアの変革過程において、レーニン主義が指導的理論となり、ロシア社会民主労働党が人民の代表的な革命的組織となった後においても、依然として強い影響力を保持していた。むしろ、ロシアにおいて展開されたマルクス主義の理論や変革の運動は、ナロードニキ主義によって色濃く特徴づけられたと言ってもよいであろう。それほどに、ロシアにおけるナロードニキの運動や思想は、この国の歴史において重要な一つの時期を画している。最近ソヴィエートにおいて、ナロードニキの研究が盛んとなり、従来の評価に改めて検討が加えられつつあるのも、右のことの再認識の上に立ってのことと思われる。

一口にナロードニキと言っても、その用語自体かなり多義的である。広い意味では、この言葉は、ゲールツェンによって提起されたロシア社会主義の思想、すなわち、農村共同体を基盤として発展した社会主義の思想を共有する思想家や政治運動家をあらわす言葉として用いられる。この場合には、一九世紀五〇〜六〇年代および七〇年代の革命的な社会主義者の多くはこれに含まれるし、一九世紀末から二〇世紀初頭へかけての一群の革命主義者ないしは改良主義者もこれに含まれる。狭い意味では、この言葉は、自らナロードニクと称する人びとを指す言葉として用いられる。この場合にはしたがって、五〇〜六〇年代の革命家は、ナロードニキの先駆者として位置づけられることになる。

さらにまた、展開される運動の形態や抱かれる思想を具体的にみても、その内容はまことに多様である。もともと、ナロードニキの運動自体が、統一的な理論や組織を初めにもって展開されるといった性質の運動ではなかったので、その思想内容の多様なことも十分に頷かれるところである。七〇年代を中心としてロシアに展開されるナロードニキ運動の主な流れとして、バクーニン派とトカチョーフ派があげられる。そして、これらの勢力と対立する勢力としてП・Л・ラヴローフ（一八二三〜一九〇〇）を指導者とするグループがあった。ラヴローフの思想的影響は、たんにいわゆるラヴローフ派に属する者のみにはとどまらなかった。彼に対立したナロードニキのほとんどの者も、少なくともある時期においては、彼の社会哲学の影響を受けていると言うことができる。ラヴローフが、ナロードニキの真の祖であるといわれるゆえんもここにある。

ラヴローフは、プスコーフ県に所領をもつ貴族の家に生まれた。退役陸軍大佐を父にもった彼は、一三歳のときから砲兵士官学校で教育を受けた。父親の比較的厳しい監督を受けながらも、彼は家庭内では手当り次第に書物を読み耽った。彼のドイツ語やフランス語の知識はこのような学習の過程で身につけたものであった。二一歳のとき砲兵士官学校の教官となり、やがてペテルブルクの砲兵大学の教授となった。彼の専門は数学であったが、この時期に、それ以外の分野、たとえば軍事問題、科学史、さらには哲学や社会学に関する論文も発表した。けれども、家庭で受けた保守的な教育の影響も手伝って、はじめのうちは政治問題に関係することはなかった。

このような生い立ちをもったラヴローフも、この時代の多くの若い学徒がそうであったように、やがて政治に深い関心を示すようになった。彼は、ドイツ哲学すなわち、カント、ヘーゲル、フォイエルバッハなどの研究に専念し、フーリエ、サン＝シモン、ルイ＝ブラン、プルードンなどフランス社会主義者の著作に熱心に目を通した。さらにまた、彼はゲールツェンやチェルヌィシェーフスキーらの影響も強く受けて政治的実践に乗り出すようになり、一八六二年には、ゲールツェンやオガリョーフらによって組織されていた第一次「土地と自由《ゼムリヤ・イ・ヴォーリヤ》」結社に参加するまでになった。もっとも、ラヴローフはこの結社ではあまり積極的な役割を演ずることはなかった。

一八六六年のカラコーゾフのアレクサーンドル二世暗殺未遂事件後、ラヴローフはこの計画に参加したかどで逮捕され、ヴォーログダへ流刑に処せられた。後にみる彼の代表的著作『歴史書簡』は、流刑地ヴォーログダにおいて執筆されたものである。やがて彼は流刑地を脱出して一八七〇年にパリへ亡命し、その地でインタナショナルに参加した。そしてまた、一八七一年のパリ・コミューンにおいては、バリケードで市街戦を行ったりしている。

一八七三年から七六年までのあいだ、彼は初めチューリヒで、後ロンドンにおいて定期・不定期に刊行された『前進《フペリョート》』誌の編集に携わった。この刊行物は、ナロードニキの間にラヴローフの思想を浸透させる役割を果たした。一八七六年に結成された第二次「土地と自由《ゼムリヤ・イ・ヴォーリャ》」結社が、七九年に、プレハーノフに代表される「土地総割替《チョールヌイ・ペレデール》」派とA・Д・ミハーイロフ、A・A・クヴャトコーフスキー、Л・A・ティホミーロフらを中心とする「人民の意志《ナロードナヤ・ヴォーリヤ》」派とに分裂したとき、ラヴローフは後者のグループを支持した。「人民の意志」派は、初めのうちはテロリズムを変革の手段として取り入れることには慎重であったけれども、ツァーリの、結社に対する弾圧や結社自身の運動の行きづまりなどから、次第にこれを社会変革の最良の手段として正当化するようになっていった。

ラヴローフは、こうした実践活動のあいだにも、歴史哲学や思想史について数多くの論文を書いた。すでに触れたように、彼の代表的著作は『歴史書簡』«Исторические письма»であって、彼のナロードニキの理論的指導者としての立場は、これによって築かれたといってもよい。この論文は一八六八年から六九年にかけて、『週報《ネデーリャ》』誌に掲載され、翌七〇年に本としてまとめられたものである。この書物はその後一〇年のあいだ、ロシアの若きナロードニキにとって重要な教典の一つとしての役割を果たし、その後も、ナロードニキ思想の古典として版を重ねた。ラヴローフは『歴史書簡』その他の著作において人間学、歴史哲学などの基本的な問題について論じ、『前進』などに発表したいくつかの論文において社会変革の戦略・戦術について論じた。

ラヴローフの理論の出発点は、多様な欲望や性向を備えた人間の存在それ自体であった。人間の活動は、快楽を享受し苦痛を回避する手だてを知覚する側面と、これらの目的を達成するために行為する側面とを有している。この知覚と行為の過程において、各〻の人間は自ら理想とする価値をつくり上げる。個人の行動の契機となるものがこの理想であり、一方、理想の実現を目的とする個人の行為が歴史の原動力となるのである。

それ故に、歴史はすべての者にとって、各〻の抱く理想のあいだの、つまり、真理として主張する自己の理想と自己にとって悪とみなされる他人の理想との争闘の過程としてあらわれる。個々人の理想は歴史の展望を与える。他方、過去のすべての事象は、理想に照らして評価され、解釈され、あるいは拒絶されるのである。かくして歴史は、ラヴローフに従えば、二重に主観的である。なんとなれば、それは人間の理想によって動かされるからであり、またそれは、理想に照らして検討を加えられるからである。

しかしながら、人間が意識し構想する理想が、すべてひとしく本質的な価値を有しているわけではない。人間の思惟は一様ではないし、個々人によって抱かれる理想はすべてその内容を異にしているのである。社会において、大多数の人間の思惟は受動的である。彼らは、社会の慣習にしたがって思惟し行動する。ところが、社会にはまた、少数の「批判的に思惟する人間」«критически мыслящие личности»が存在している。批判的に思惟する人間とは、「明確に自己の使命を自覚した人間」[1]の意味であって、この用語はラヴローフがA・ルーゲやブルノ＝バウワーに依拠して用いた言葉である。ラヴローフによれば、批判的に思惟する人間は、個人的利益に対する執着を断ち切って、これまで継承されてきた文化をつくりなおし、そうすることで人間の蟻塚から人間を導き出し、動かして歴史を形成する。それと同時に、これらの個々人は人間社会の、単なる発展から進歩をつくりだすのである。ここにいう進歩を定義してラヴローフは、「肉体的、知性的ならびに道徳的感覚における人間性の発展、社会形態における真理と正義の具現(2)」であると説明している。こうした進歩は、個々人の成長と人間相互の連帯性の広まりの中に初めて存在する。

批判的思惟は、利己心が結局は人間にとって不利益となることを教え、人間精神における正義の感覚を発展させた。こうしてひとたび正義の感覚を身につけた人たちは、自分自身の意識の命ずるところに従わないと不自由だと感ずるようになる。それ故に、批判的に思惟する人間の行為は、慣習が支配する先史時代を、個人的利益が優位する今日の時代に変える手段ともなった。がまた同時にそれは、人類を道徳的信念が支配する社会連帯の新しい時代へと推し進めていくのである。このような、時代の変化の過程において、「汝自身、発展した人間の理想として形成された理想にしたがって生きよ(3)」という定言的命令がますます妥当するようになる。

とはいうものの、批判的に思惟し、定言的命令にしたがって生きる人間が、かならずしもすべて、直接的に「社会形態において真理と正義の具現」に従事するとはかぎらない。中には、学問の研究や技術の開発といった文化的活動の分野に関係するものもある。このことも進歩には変わりない。けれども、この進歩のために支払われる代価は大きく、しかもますます増加している。なぜなら、教育ある少数のものは、受動的に思惟し行為する多数の人間を土壌として育成されたのであり、そしてこれら多数の人間は、少数のものをこのような文化的活動に従事させているあいだにも、悲惨な、苦難にみちた生活を余儀なくされているのだからである。これは社会の進歩が背負った負債にほかならない。

巨大な額にまで積もった負債は、批判的に思惟する人がこれを支払わなければならない。言い換えるならば、すべての教育ある人間は、当面の課題として、社会を脅かす悪を現在および将来にわたって除去しなければならない。ラヴローフはこの課題を遂行するためにつぎの三つの方策を提示している。それによれば、まず第一に、批判的に思惟する人間は他の人たちが批判的に思惟する人間となるのを助けなければならない。つまり、他の人たちに進歩とはなにかを教えなければならない。第二に、批判的に思惟する人間は、組織された進歩的な全体に加わらなければならない。そして第三に、進歩的な党を組織するものは、理論的にも実践的にも正しい生活の模範とならなければならない。かくして十分な数の批判的に思惟する人間がつくりだされたとき、これらの人間は物的不平等や階級的差別――これは悪しき理想の一時的優勢の結果成長した病弊にほかならない――をとり除く革命に寄与することができるのである。

もっとも、批判的に思惟する人間に課せられるこうした義務は、あくまで道徳的義務であって、教育ある人間が自己を公共善に捧げる外的必然性はなんら存在してはいない。各人がこの義務を感じそれを遂行しようと決心するのはあくまで本人の選択に基づくものである。このことはまた、反面において、いったんこの課題の遂行を選択した者に課せられる責任の大きさを示してもいる。ラヴローフはつぎのように述べている。「歴史は犠牲を要求する。犠牲は、自分の発展のための、また他人の発展のための闘士たれという偉大な、確固たる使命に同感する人を生み出す。発展の問題は解決されねばならない。よりよき歴史的未来が獲得されねばならない。発展の必要なことを意識した人格は、意識的な、洞察力に富んだ進歩的な闘士であるために、いっさいの犠牲と苦難を甘受する人間たろうとするか、それとも、恐ろしい悪を消極的に傍観する人間として、じっとみつめているという人間の背教の意識へ逃避しようとするかという恐ろしい問題に当面する。」

ラヴローフは、社会変革の理論を展開するにあたって、国家の問題を十分に理解しておくことが必要であると考えていた。彼は、国家の本質的性格やその歴史を考察する出発点として、わずかではあるが社会契約論を受けいれていい る。ラヴローフの説くところによれば、国家は、すべての人間の安全を保障するために、社会契約に基づいてつくられたものである。それ故に、国家は成員の自由意志のあらわれとしての側面を備えている。ところがまた、この社会契約を厳密に検討してみるならば、すべてのひとが明確な目的意識をもってそれを締結したとはかならずしも言えない。それ故に、国家にはその成員が漫然と受けいれ無思慮に適合してしまう外的条件としての側面もあわせて備えている。

したがって国家は最初のうちは物的性格の強いものであったけれども、その後だんだんと道義的・宗教的性質をつよくもつようになり、またそれに比例して強制的秩序としての本質を備えるようになってきた。ラヴローフは、つづけて国家の成立過程をつぎのように説明している。「社会それ自体の中で、社会成員に契約の履行を義務づける力が形成されるとき、社会は政治的なものとなる。政治社会は、契約を結んだ成員にとって義務であるばかりでなく、同意を求められたことがない者、あるいは、ただたんに、抵抗すれば身体上の害を加えられるかもしれないという恐れだけから契約に同意した者にとって、ひとしく義務であるような契約を締結するときに国家となるのである。」(4)

道徳的権威と強制力とをあわせ備えた国家は、いままで、その本質上、意見を異にするものの道徳的良心を押しつぶし、自らの道徳的確信を達成しようとしてきた。それは実態的にはまさしく、「少数の搾取者の被搾取者大衆に対する陰謀」の実現にほかならなかった。しかしながら、いまではもはやその権威と偉力に衰退の兆候が現れている。国家が本然の機能を遂行するためには、民主主義的な制度に変えられなければならない。具体的には、連邦制や地方自治を制度化することによって、異なった意見や道徳的確信が並存し、競合し得るようにしなければならない。ラヴローフは、このような機能をもちえた国としてアメリカ合衆国をあげているが、この国も彼にとってはまだまだ中央集権的にすぎたのである。(5)

ラヴローフは、君主制形態であろうと共和制形態であろうと、実質的に中央集権的な権力機構であるならばそれを非難し攻撃した。彼にとって重要なことは、より多くの成員の意思の合致したものとして国家の意思が形成され、また反対に、自己の信念に反して行為することを余儀なくされるものの数が、より少なくなるよう制度的に保障されていることであった。彼は理想とする国家の課題についてつぎのように述べている。「国家体制の理想は、すべての成員が、法はすべての人によって自覚的に承認された相互契約であり、したがってそれの変更には、契約当事者全員の同意が必要であると考え、また同時にこの契約に対しては、それに同意したものだけが義務を負い、契約に違反した場合には罰を受けるのだと考えるような社会を実現することである。(6)」

社会生活において、もしもすべてのものの意見の一致をみることができるならば、強制力は必要ではないし、それ故にまた国家も必要ではないであろう。だがしかし、人間は、現在の発展段階においては、しばしば動物的衝動あるいは情熱の赴くままに行動することがある。このような非合理的な行動によって損害を蒙らないように、すべての社会成員は国家の保護を必要とするのである。ラヴローフは、こうして、社会においても、小規模の政治権力の存在を必要と考え、国家を最小のものとすることが、とりもなおさず歴史の進歩であると考えた。彼にとっては、これを実現しようとする思想が現代の社会主義であったのである。

ラヴローフは、ロシアにおいては、社会的進歩の障害となっているツァーリ権力はきわめて強靱であって、革命的方法による以外にはそれを変革することは不可能だと考えた。彼は、マルクスから近代国家の機能や階級闘争の意義について多くのことを学んだ。ラヴローフはマルクスを深く尊敬し、マルクスを自分の師と呼んでいる。また彼は、インタナショナルの行動や西ヨーロッパの労働運動にも大きな関心を示し、みずから参加したパリ－コミューンについては、それを最初のプロレタリア革命であり、「新しい種類の国家」であると考えて高く評価していた。けれども、パリ－コミューンの経験やフランス革命の研究から、彼は、十分な準備のない革命がいかに無益で損害が大きいものであるかということもあわせて学びとった。こうして彼は、革命を遂行するにあたっては、新しい社会についての綿密な計画、インテリゲンツィヤや人民の間での、より活発な教育活動と宣伝が必要であると主張している。

ラヴローフは、すでに触れたように、変革の過程における組織の価値を重視した。「孤立した個人は、たとえその人の信念が強く誠実なものであったにしても、弱いものである。ただ集団の力のみが歴史的意義をもち得るのである……。それ故に、将来の進歩の達成にとって不可欠の社会力を組織し積極的に利用するためには、具体的な計画が必要であり、その計画が理解されることが必要である。」

ラヴローフは、マルクスに倣って、強大な権力組織を打ち倒す方法としては、個々ばらばらな闘争は合理的でも合目的的でもないと考えた。なによりもまず、すべての「働くもの」の運動を組織することが急務であった。この場合、「働くもの」とは主として農民のことを意味していた。この時代において、農民はロシア人口の圧倒的多数を構成していた。しかもまた、ラヴローフの主張するロシア社会主義理論においては、ロシアの社会主義社会は農村共同体から成長すべきものであった。したがって、農民大衆のために何を行うか、農民に対してどのように働きかけるかということがロシア社会主義者の基本的課題であった。言い換えるならば、ロシアの農民は、社会革命の客体であるのみならず主体でもあらねばならなかったのである。

ロシアの革命家は、ラヴローフの説くところによれば、たとえ圧制の権力を打倒し、社会主義を実現することを目的としていても、権力を掌握するために人民大衆を利用したり、権力によって人民を支配したりするようなことがあってはならない。革命家の任務は、人民が主体的に行動するのを助けることにある。革命家たるインテリゲンツィヤは、人民の実際の要求や利害関係を確認し、人民が自己の要求を自覚し、自信を強め、革命を遂行するのを援助することを、その使命として担っているのである。インテリゲンツィヤは、ロシアのよりよき未来のための準備の仕事として人民大衆に働きかけるのである。ここにこそ、ゲールツェンやオガリョーフによって首唱された「人民の中へ」入る運動の意義が存するのである。歴史は大衆とともに歩む。ラヴローフは、「歴史的事象そのものの歩みが変革の時を告げ、それがためのロシア人民の準備ができているときはじめて、人民をこの変革の実現のために動員することが正しいのだということがわかる」(7)と述べている。彼の見解によれば、革命というものは人為的に引き起こすわけにはいかない。なんとなれば、革命とは複雑な歴史的過程の全関連の所産であって、個人の意志の産物ではないからである。(8)

社会変革の方法について右のような所説を展開するラヴローフは、「われわれは人民に教えるべきでなく、暴動を起こすべきである」と主張するバクーニンや、「革命家はいつでもそれを決行しようと欲しており、いつでもそれを決行することができる」と説くトカチョーフらの一揆主義的革命理論には強く反対した。ラヴローフは、より公正な社会制度を実現するための闘争においては、陰謀や虚言やその他いろいろの「不公正」な方法をその手段として用いることは許されないと考えていた。彼は、目的が手段を正当化すると主張する者が、目的そのものを破壊する手段はこれを除外するという論理的矛盾をおかしていることを非難する。しかもまた、彼によれば、新しい秩序は搾取や権力支配によって築いた富を暴力的に奪うことによって建設され得るものでもなかった。

ラヴローフ主義のロシアの歴史における位相はかなり交錯している。ラヴローフ主義は、一八七〇年代初期においては、ネチャーエフの非道徳主義やトカチョーフの中央集権主義ないしは権威主義に反対する人びとに、熱狂的に受けいれられた。つけ加えるならば、この時期、トカチョーフの思想はネチャーエフ主義に毒されたように一般的には受けとめられていたのである。七〇年代初期の主要なナロードニキのグループの一つであったペテルブルクのチャイコーフスキー・サークルは、少なくとも表面的には、ラヴローフ主義の変革理論を標榜していた。実際のところ、ラヴローフが『前進《フペリョート》』を編集し、この雑誌において変革理論を展開したのは、もとはと言えばこのサークルの提唱に基づくものであった。

しかしながら、まもなくバクーニンの変革理論が支配的となった。第二次「土地と自由」結社の中では、バクーニン主義が優勢であった。この時期、ラヴローフは、バクーニン主義的な革命家の好戦的な姿勢に警告を発して、第一にも熟慮、第二にも熟慮が必要だといっている。そして彼は、バクーニン主義の秘密主義に宣伝主義をもって対抗する。バクーニン主義者は、ラヴローフ主義を卑劣な「進歩主義」として非難した。そればかりではなかった。ラヴローフの徹底した教育重視の態度は、彼自身の共鳴者からも批判を受けた。忍耐強いことで知られていたH・B・チャイコーフスキーでさえも、ラヴローフの教育を過大に重視する主張が、学生を大学の研究室に閉じ込めてしまい、「人民の中へ」入る運動を弱めているとして抗議したのである。

内外の批判をあびながら、ラヴローフ主義者は第二次「土地と自由」結社の外にあって活動を続けた。彼らは、将来農民の中で宣伝活動を行うときに備えて、工業労働者を味方にすることを狙い、もっぱらそれに相応しい場を選んで宣伝活動に従事した。七〇年代の、ペテルブルクやオデッサの「労働者同盟」の指導的人物は、ラヴローフ主義の訓練を受けて育った。第二次「土地と自由」結社が分裂したのち、すでに見たように、ラヴローフ自身は、自分の主張と対立する理論をもっていた「人民の意志」派に加わった。このとき、正統派ラヴローフ主義者は、ラヴローフの示した「手本」に従うことなく、依然として工場労働者の中で宣伝活動を続けていった。こうして、ラヴローフ主義の運動は、ラヴローフ自身から離れていき、ますますマルクス主義的傾向をつよめて、革命的な社会民主主義が台頭するための土壌を準備したのである。

これまで述べてきたことからも明らかなように、ラヴローフはどちらかと言えば学者的な気質を備えた人物であって、組織者や指導者としての資質を十分に備えているとは言えなかった。彼はナロードニキを、人民を社会的正義を担う勢力として用心深く徐々に成長させるための教師であると考えていた。そして彼自身、まさしくそのようなナロードニキのひとりであった。彼は政治活動の場においては、結局のところ、実践性の欠如あるいは彼自身の理論と行動の不一致などの故に、活動家たちの尊敬を失ってしまった。だが、彼の著作は、そのほとんどが検閲のもとで著されたものでありながら、随所で歴史や社会についての豊かな知識と、鋭い現状分析や明晰な行動理論が、巧妙な表現形式に助けられて躍動している。ラヴローフの思想が与えた影響の範囲や強さについては、いまなお議論の分かれるところであるが、彼の思想には、ナロードニキの分派をこえて、さらにはナロードニキの批判者に対してさえも、広範に訴えるものがあったことは確かである。

（1）　См. П. Л. Лавров, Избр. соч. на социально–политич. темы, в 4 томах. М., 1934-35, т. 1, стр. 253.
（2）　П. Л. Лавров, Вышеуказ. т. I, стр. 199.
（3）　Там же, стр. 226.
（4）　Там же, стр. 310.
（5）　Там же, стр. 318.

（６）Там же, стр. 313.
（７）Вышеуказ. т. II, стр. 31–32.
（８）Там же, стр. 34.

第七章　П・Н・トカチョーフの国家変革理論

一　経　歴

一九世紀の六〇年代から八〇年代にかけて展開されたナロードニキの運動は、ロシアの解放運動の歴史においてきわめて重要な時期を画している。ナロードニキの運動は、それ自身としては十分な実りを結ぶことはなかったけれども、その時期にしだいに台頭してきつつあったプロレタリアートの運動に対して、大きな影響を与えた。また、この時期に、多くのナロードニキによって構築された政治思想や社会運動の理論は、後に、ロシアの社会民主主義者から鋭い批判を受けながらも、彼らによって継承され発展させられた部分が少なくはなかった。要約的に言えば、ナロードニキの思想と運動は、八〇年代以降において活発となる社会主義的政治運動の前段階を画するものとして、ロシアの歴史をいろどっているわけである。

ナロードニキの運動は、七〇年代においてもっとも活発に展開された。この時期の運動の潮流は、政治理論と運動の方法の両方からみて、概略三つに分けることができる。その一つは、ロシアを革命的に変革するに当たっては、その前提作業として、人民の中で不断に宣伝活動をすることが必要であると強調したП・Л・ラヴローフの流れである。

いま一つは、ロシアの農民は太古以来の共産主義者であり、つねに蜂起する用意ができているから革命を起こすための長い宣伝期間は必要でない、と主張し、無国家連合社会の構想を説いたM・バクーニンのグループである。

そして三つめとしてあげられるのが、П・Н・トカチョーフを理論的指導者とする運動の流れであった。トカチョーフは、一面においては、А・И・ゲールツェン、Н・П・オガリョーフあるいはН・Г・チェルヌィシェーフスキーによって展開された「ロシア社会主義」の思想や、「ヴ・ナロード（人民の中へ）」の理論の継承者であった。他面において、トカチョーフによって主張された革命運動の戦略・戦術論や組織論のかなりの部分は、レーニンや後のボリシェヴィキ指導者によって摂取されている。この意味においては、トカチョーフは、ナロードニキの運動の一方の指導者であったと同時に、ナロードニキの理論の代表的な担い手の一人であったとも言うことができよう。以下においてわたしたちは、トカチョーフの思想と行動を通して、ナロードニキの運動の核心的な部分の一端に触れてみたいと思う。

＊　＊　＊

ピョートル＝ニキーチチ＝トカチョーフ（一八四四―八五）[1]は、プスコーフ県にわずかの所領をもつ小貴族の家に生まれた。トカチョーフの短い生涯の経歴は、六〇年代に政治活動を始めた多くのナロードニキのそれとよく似ていた。彼は、ペテルブルクの中学校に入学した頃から、当時の進歩的な定期刊行物『コーロコル（鐘）』誌や『ソヴレメンニク（同時代人）』誌の論調に強く心を惹かれていた。ソヴィエートのナロードニキ研究者А・А・ガラクチオーノフ氏の言葉を借りるならば、トカチョーフの精神上の指導者は、中学校の教師ではなくして、革命的民主主義の代表的イデオローグたち、つまり、ゲールツェンやチェルヌィシェーフスキーやさらにはН・А・ドブロリューボフで

あった。(2)

一八六一年、トカチョーフはペテルブルク大学に入学した。この頃大学では、政府権力や大学当局の政策に抗して、大学の自治を、従来通りに維持しようとする学生運動が活発に展開されていた。トカチョーフは、大学入学後ただちにこの運動に身を投じ、そのため、入学した年の一〇月には逮捕され、二か月間クロンシュタットの要塞監獄に監禁された。翌六二年には、学友であった(3)Л・オリシェーフスキーの政治グループに参加し、彼らとともに文書を配布したかどで再び逮捕され、今度は禁固三年の刑を受けて要塞監獄につながれた。

再度の逮捕投獄によっても、トカチョーフは政治運動から遠ざかることはなかった。いなむしろ、これらの経験によって、ますます不動に信念をもった革命家へと成長していった。一八六五年から六六年にかけては、カラコーゾフのアレクサーンドル二世暗殺未遂事件の共謀の嫌疑を含めて二回検挙されている。さらに六九年には、ネチャーエフの陰謀組織に加わって、彼と共同で「革命運動綱領」《Программа революционных действий》を著す(4)など組織の中で積極的な役割を演じたが、同年三月、いわゆるネチャーエフ事件のまきぞえをくって、当時警察政治の総元締め的な役割を演じていた「皇帝陛下直属官房」第三課によって逮捕された。二年間の拘禁生活の後、ペテルブルク裁判所から、一年四か月の監禁とそれに続いての故郷プスコーフ県ヴェリコルーク郡への追放が言い渡された。(5)

（1）旧暦（ユリウス暦）の一八八五・一二・二三、新暦（グレゴリウス暦）では一八八六・一・四没。См. П. Н. Ткачёв, Избр. соч., Изд. политкаторжан, М., 1932, т. 1, стр. 30.

（2）См. А. А. Галактионов, П. Ф. Никандров, Идеологи русского народничества, стр. 103.

（3）См. П. Н. Ткачёв, Вышеуказ., т. 1. стр. 15.

（4）П・Н・トカチョーフ選集の編纂者・解説者のБ・П・コジミーンは、この綱領の執筆者が誰かは、正確には分からないと言っている。См., т. 1. стр. 18.

（5）П. Н. Ткачёв, Вышеуказ., т. 1, стр. 21. 刑期については諸説あり。
Cf. F. Venturi, Roots of Revolution, p. 391.　Cf. Florinsky ed., Encyclopedia of Russia and Soviet Union, p. 566.
А. А. Галактионов, П. Ф. Никандров, Там же.
Cf. A. L. Weeks, The First Bolshevik ; A Political Biography of Peter Tkachev, New York UP., 1968, p. 50.

*　*　*

地方の小地主階級の出身であったトカチョーフは、大学に入ると間もなく学資や生活費を得るために、学業の時間を割いて働くことを余儀なくされ、一八六二年から出版や翻訳の仕事に従事するようになった。彼は最初、『ヴレーミャ（時代）』『エポーハ（世紀）』あるいは『ビブリオテーカ－ドリャ－チチェーニヤ（読書文庫）』の編集に協力し、彼自身もこれらの雑誌に経済・法律問題に関する論文や、文学・社会分野の評論を執筆した。経済的事情からこれらの雑誌に関係をもつようになったのであるから、雑誌の傾向が必ずしもすべて、彼の思想信条と一致するものではなかったけれども、これらの論文によって彼は、一躍有能な評論家として、ロシアの革新的なジャーナリズムの中で重要な位置を占めるようになった。

一八六五年からトカチョーフは、当時有名な定期刊行物であった『ルースコエ－スローヴォ（ロシアの声）』誌に編集者として参加した。この雑誌は、カラコーゾフのアレクサーンドル二世暗殺未遂事件に関わりがあったため、トカチョーフが検挙されたのと相前後して発禁の処分を受けた。その後彼は、民主主義的な傾向をもっていた雑誌『デーロ（事業）』や『ルーチ（光）』、『ゼンスキー－ヴェストニク（婦人通報）』などの編集に参画し、幾つかの論文を発表した。この時期彼の発表した論文の中で代表的なものとしては、「ヨーロッパの生産力」«Производителные силы

Европы»(1)や「婦人および家族の状態に及ぼす経済進歩の影響」«Влияние экономического прогресса на положение женщины и семьи»(2)などが挙げられる。彼が執筆した論文の中には、他のナロードニキのそれと同様に、厳しい検閲に引っ掛かって、掲載を禁止されたり、彼の生存中に日の目を見なかったものもかなりあった。

（1）"Русское слово", No. 42., 1865. П. Н. Ткачёв, Вышеуказ., т. 5, стр. 152–170. См. Там же, стр. 474.
（2）"Женский вопрос", Там же, т. 1, стр. 370–402.　共同編集者の一人にД・И・ピーサレフがいた。

*　　*　　*

郷里プスコーフ県へ追放となっていたトカチョーフは、「チャイコーフスキー–サークル」の若いメムバー、クプリヤーノフの助力により、一八七三年の一二月、警察の目を逃れて国外に脱出した。彼が国外に逃亡した目的の一つは、この年からスイスのチューリヒで発行されていた『フペリョート（前進）』誌(1)の編集に参加することであった。この雑誌の創刊や編集にあたって中心的な役割を演じていたラヴローフは、愛想よくトカチョーフを迎えた。けれども、間もなく二人の見解の隔たりが明らかになり、トカチョーフはラヴローフと雑誌の仕事を一緒にすることを拒否するようになった。(2)

トカチョーフは、ロシアの革命を遂行するに当たっては、少数者の組織による陰謀的方法が必要であり、またそれによってのみ目的達成は可能であると主張して、広範な人民大衆に対する啓蒙宣伝活動が必要であると説くラヴローフと争った。トカチョーフのこのような主張は、一般にロシアのブランキスムと呼ばれている。

フランスの革命家L・A・ブランキ（一八〇五–八一）は、経済上政治上の改革を忌み嫌い、大衆的な階級闘争の意義を否定して、少数の精鋭によって組織された秘密革命集団による暴力革命と独裁の方式をもっぱら主張した。レーニンは、彼自身の革命方式について、トカチョーフの理論から多くの示唆を受けるのであるが、そのブランキスム的性格については、つぎのように批判している。「ブランキスムは、階級闘争を否定する理論である。ブランキスムは、人類を、プロレタリアートの階級闘争の方法によらないで、少数のインテリゲンツィヤのグループの陰謀によって、賃金奴隷状態から救済することを期待している。」(3)

一八七〇年代の半ばごろになると、ナロードニキの中に、人民——この当時ロシアでは、人民とは一般に農民のことを意味していた——の力に信頼をおかず、自分たちインテリゲンツィヤの手によって権力を奪取し、その後、上から徐々に、社会主義の原理に基づいて社会改革を遂行しようと努める運動家が増えてきた。トカチョーフによって主張されたブランキスムの革命方式は、これらの運動家の行動目標をもっとも明確に示すものであった。

トカチョーフは、やがてラヴローフと袂を分ち、一八七五年に同志とともに、ジュネーブにおいて『ナバート（警鐘）』を発刊する。(4) これを機として、七〇年代のナロードニキ運動の第三の流れが形成されることになった。トカチョーフは、この雑誌に一連の論文を発表して、ラヴローフやさらにエンゲルスの理論に批判を加えた。この雑誌は、トカチョーフによっては一八七七年までしか発行されなかったが、他の編集者によって八一年まで刊行が続けられた。また、七七年には、トカチョーフのまわりに集まった亡命者たちは、自分らの政治理論を行動に移すべく「人民解放結社」«Общество народного освобождения»を組織した。もっとも、この結社は、ロシア国内の運動に対して十分な影響を与えることはできなかった。(5)

（1）『フペリョート』第一号は一八七三年八月チューリヒで発行。См. П. Л. Лавров, Изб. соч., т. 1, стр. 22.

（2）経緯については См. Козьмин, "Ткачёв", П. Н. Ткачёв, Вышеуказ., т. 1, стр. 22.
（3）レーニン「大会の総結果に寄せて」一九〇六・五・七、新聞《ヴォルナー》一一号。レーニン全集（第四版）大月書店一九七二年　第一〇巻二八一頁。
（4）См. П. Н. Ткачёв, Вышеуказ., т. 3, стр. 219, 462.
（5）「人民解放結社」については Козьмин の研究以上の資料はこれまでのところない（Козьмин の説は П. Н. Ткачёв, Вышеуказ., т. 1, стр. 26–27.）。

＊　＊　＊

トカチョーフの歴史観、とくにロシアの歴史的発展についての見解には、基本的に他のナロードニキと多くの共通点があったけれども、重要な点については、彼は独自の観察態度を貫いた。それは、農村共同体についての見方の中に、まず、もっとも特徴的に表れている。

トカチョーフは、農村共同体を、ロシア社会の変革のための重要な核だと考えていた。この考え方は多くのナロードニキと共通のものであった。だが彼は、共同体の存在を、ロシアの歴史に固有なものとは思わなかった。彼によれば、ロシアの共同体は、その原始的な形態においても、あるいは近代的な形態においても、インド、スカンディナヴィア諸国、ドイツ、イギリスおよびスイスなどの共同体と異なるところはなかった。問題は、西ヨーロッパにおいて共同体が解体してしまったのに、ロシアにおいてはこの解体過程がまだ完了していないと言うところにあった。共同体をロシアに固有な存在ではないとするトカチョーフの見解は、「ロシア社会主義」の先駆的理論家チェルヌィシェーフスキーの見解に似ていた。チェルヌィシェーフスキーは、現存する半封建的な農村共同体を通して、ロシアを社会主義的に変革することが可能であると、早くより主張した一人であった。この主張は、ロシアが西ヨーロッパと同じような資本主義の不幸な段階を経過することなく、社会主義社会への移行が可能であるということを意味していた。

だがチェルヌィシェーフスキーは、農村共同体的生活様式がロシアに固有な存在であるという判断を前提にしてこのような見通しを立てたわけではなかった。彼は、ヨーロッパのすべての民族が、その昔、共同体的生活の経験をもっていたということ、そしてまた、このような生活様式は、現在においても、家父長的生活慣習が無くなっていない多くの民族の中にまだ見られるということを指摘している。「我われは、共同体的土地所有が、我が国の固有な、本来的な特徴であると考えることはないのであって、むしろ、それぞれの民族の生活の中の、一定の時期の人類共通の属性としてみることが必要である。この太古の残滓を維持することを、我われはなんら誇りとするには及ばない。それは概して、古いものは何も維持する必要がないのと同じことである。というのは、古いものを保持しているということは、歴史的発展の緩慢さと無気力だけを……示すものだからである。」(1)

チェルヌィシェーフスキーにとってもトカチョーフにとっても、問題は、共同体の解体過程の度合いやその因果関係にあった。トカチョーフは、共同体の解体過程は土地の私的所有形態の発展と密接に結び付いていると理解していた。しかしながら、彼は、私的所有の発展を共同体の生活様式の内的変化の結果とはみずに、むしろ前者が後者の促進要素であり、そして前者つまり私的所有の形態は、外部からの征服によってもたらされるものであると考えていた。トカチョーフの説くところによれば、外部からの征服者は、自分の力や優勢な軍事力を利用して、「共同体から住民の耕作機械や森林や牧場を奪い取り、住民に税を課した。」さらには、この土地に定住して、「住民の共同体経済の隣に、私的所有の原理に基づいて自分自身の経済を作り出した。私的経済は、徐々に共同体を分解する。この影響のもとに、共同体の内部で発酵と解体が始まるのである。」(2)

諸侯やその家臣の所有権のために拘束を受け、国家によって課せられるあらゆる苛酷な税の重みで押し潰されそうになりながら、それでも共同体は、初めのうちは、土地を再分割することによって平等の原則を保持していた。のちに、私的所有形態が拡大されるに伴って、共同体の構成員は土地を厄介なものと感じ、そこから解放されようと努めるようになった。トカチョーフは、一六世紀ごろの農村共同体の構造的変化と、「農民の生活習慣の衰微」の過程について つぎのように説明している。「共同体は、自分の中から、貧しい不幸な人々の群れを排除し、それと同時に、自分の仲間の中に、何か地方貴族のようなもの――クラーク、富裕者、選良あるいは中産階級――を作り出した。(3)」かくして、従来は、共同体がそれを維持発展させることを自己のもっとも重要な課題としていたところの、成員すべての幸福も、彼らの手によって破壊されてしまったのである。

それと同時に共同体は、トカチョーフの見解によれば、古くから保持していた政治的自由や権利をも喪失してしまった。「権利は特権へ移行し、自由は隷属へと移行した。(4)」国家権力は共同体を、課税の基礎単位、貢納集めの道具へと変えてしまった。苛酷な生活条件に耐えられなくなって共同体から脱走しようとした農民に対しては、国家権力は、彼らを農奴の状態に緊縛することでもって報いた。これが一七世紀における、政府権力の共同体に対する施策であった。農民を強制的に農奴にすることは、ただ農民のためにならないばかりでなく、地主にとっても利益にはならなかった。それにも拘らず政府が施策を強行するために、結局のところ、農民層は分解し、共同体の自治的生産様式は廃れ、地主の経済は混乱に陥り、国の生産力は衰微して、その結果、二世紀半にわたって「農業技術の進歩」が遅れてしまったのである。まさしく農民の農奴化は「ロシアの発展を妨げる、もっとも重大な歴史的誤りの一つであった。(5)」

（1）Н. Г. Чернышевский, «Критика философских предубеждений против общинного владения», Полн. собр. соч. в 15 томах, «Гослитиздат», М., 1939–1953, т. 5, стр. 362–363.
（2）"Оптимизм в науке", П. Н. Ткачёв, Вышеуказ., т. 4, стр. 330–331.
（3）Там же, стр. 339.
（4）Там же.
（5）Там же, стр. 349.

＊　　＊　　＊

このようにしてトカチョーフは、ロシアにおける農村共同体の崩壊過程をつぶさに分析し、それが農民の権利や幸福を奪うものであることを指摘した。けれども彼は、例えば、共同体の内部における農民のクラークと下層農民への分解や、農民大衆の国家の従属物への転化といった社会構造上の変化が、ロシアにおける資本主義経済の成長の具体的な現れであるというふうには理解しなかった。彼には、ロシアに「言葉のヨーロッパ的意味でのブルジョアジーが現実に成長し始めている」[1]ということや、ロシアの資本主義が、「西ヨーロッパ諸国の経済発展と同じ法則に従い、同じ方向において実現される」[2]という命題を信ずることができなかった。トカチョーフは、台頭してきた地主や農場経営者、あるいは都市の金融・貿易業者を、農村共同体を崩壊させ、そこに残っていた社会主義の萌芽を殺してしまい、そして揚句には、ロシアの革命を不可能にしてしまう保守的勢力であると考えたのである。

右に見てきたように、ロシアの農民の生活は、権力による迫害、奴隷化や地主による搾取の強化のために、かなり荒廃した。ところが、幸いなことに、農民の生活様式は依然として共同体的土地所有の原理に立脚しているとトカチョーフは考えていた。「ロシアの農民は、もしそのように表現することができるならば、本能的に、伝統的に共産主義者である。[3]」

共同所有の思想は、ロシアのすべての人民の世界観と密接に結び付いていた。それ故に、「我がロシアの人民は無学であるにもかかわらず、ロシア人民より教育のある西ヨーロッパの人民よりも、はるかに社会主義に近いところにいる」(4)と彼は述べている。トカチョーフの、農民の気質についての理解の仕方は、バクーニンのそれとよく似ていた。当時のナロードニキのイデオローグたちは、農民の革命運動における力量の評価は別としても、その気質においては、多くのものが共通の見方をしていたのである。

さらに続けてトカチョーフは、農村共同体を通じて追求されていた理想、すなわち住民の共同体への従属、共同体の自治、共同体財産を私的に利用する権利の保持、住民の相互保証、住民すべての連帯の確立などは、明確な共産主義的性格を備えた理想に他ならないと述べている。もっとも彼は、これらを共産主義社会の究極の理想であるというふうに考えてはいなかった。これらはあくまで、共産主義の理想を実現する資質であり、その萌芽であって、これらが実現するかどうかは、これからのロシアの発展の道程如何にかかっていたのである。

「もしもロシアが、現在進んでいる方向にそって――つまり、ブルジョア的方向に沿って――発展するとするならば、我われの共同体を（したがって、わが人民の理想を）西ヨーロッパの運命が捉らえてしまうであろうことは、疑いを入れぬところである。ロシアの共同体は、イギリス、ドイツ、イタリア、スペインおよびフランスの共同体と同じように滅亡してしまうであろう。しかしながら、革命がちょうどよい時期に、急速に押し寄せるブルジョア的発展の波に対して防波堤をつくるならば、そして、もしも革命が、ブルジョア的発展の潮流を止めて、それに別の道、まったく反対の方向を与えるならば、……わが現在の共同体は、少しずつコミューン的共同体に変わっていくであろうということは明らかである。」(5)要するに、ロシアの共同体は、現在、岐路に立たされており、ロシアが進む道に共同体も進むということであった。

(1) "Задач революционной пропаганды в Росии", П. Н. Ткачёв, Вышеуказ., т. 3, стр. 69.
(2) Там же.
(3) "Открытое письмо Г. Ф. Энгельсу", Там же, стр. 91.
(4) Там же. 田中忠雄「ロシア思想史論」田中忠雄著作集第八巻 一九七三年 一三七頁参照。
(5) "Народ и революция", П. Н. Ткачёв, Там же, стр. 263.

＊　＊　＊

それでは、だれが共同体の内部に備わる共産主義的資質に刺激を与えて、それを発展させることが出来るであろうか。それを行い得るものは、トカチョーフの見解によれば、人民＝農民ではなかった。トカチョーフは、一方においては、搾取され抑圧されている農民は、いつでも革命を起こす用意があり、常にそれを望んでおり、またそれを達成することができる革命家であると述べている。だが他方では、農民は、それ自身では蜂起する能力を有していないことをつぎのように認めている。

「農民の中では、あらゆる内的発意が抑え込まれており、……農民には自ら陋習を打ち破る精神が不足しているからである。」それ故に、「人民は自らを救済することは出来ない。人民はなりゆき任せであって、実際の要求に相応した自分の運命を作り出すことは出来ないし、社会革命の理想を実現することは出来ないのである。[1]」このような見地からすれば、人民による人民の解放という命題は、人民に敵対する者によって考え出されたものに他ならない。この命題を宣伝するものは、不可能なことを可能と偽っているが故に、欲すると否とにかかわらず、搾取者の友人となり同盟者となっているのである。

革命への志向は、「少数のインテリゲンツィヤの社会観」の中にのみ備わっているものであった。言い換えれば、少数の革命的インテリゲンツィヤのみが共産主義の理想を実現することが出来た。トカチョーフは言う。「我が国の若者たちは、彼らの得た知識の結果としてではなく、彼らの置かれている状況の結果として革命家なのである。彼らの多くのものは、プロレタリアか、さもなければ、それにきわめて近い人々を親にもっているのであるが、……これらの若者たちは、意識的に思索し始めるやいなや、ひとりでに、不可避的に、革命が必然であるという考えに到達し、ひとりでに、不可避的に、革命家となるのである。(2)」

少数の革命的インテリゲンツィヤのもっとも重要な課題の一つは、無自覚な人民大衆を目覚めさせて、その力を十二分に発揮させることである。歴史発展の方向を把握し、社会変革の方法を理解した少数のインテリゲンツィヤは、人民大衆を惰性的な生活の軌道から引き離し、彼らに、安心感を抱かせ、圧制を解体する意欲を出させるために、外からの刺激を与えなければならない。

外からの刺激とは何か。それはトカチョーフによれば、人民やインテリゲンツィヤをも抑圧している保守的な専制国家の権力機構を、根底から動揺させ崩壊させることに他ならなかった。人民大衆はこれまで、峻厳な権力機構に恐れ、媚び諂うことにのみ慣れてきた。その強大な権力が侮辱され破壊されるのを見るとき、彼らはもはや何ものをも恐れなくなる。彼らの中に抑えつけられていた不満は爆発する。そしてそのとき、人民大衆は、少数のインテリゲンツィヤの指導のもとに、社会主義革命にとって不可欠の要素となるのである。

けれども、この場合、人民大衆の社会革命における役割に、過大な期待をかけてはならない。人民大衆は、外からの刺激が与えられるならば、古い秩序の擁護者を一撃のもとに打ち倒すであろうし、奪い取られた土地を取り戻し、共同体を拘束するすべてのものを破壊し、彼らの敵に対しては無慈悲に復讐するであろう。けれども彼らは、けっしてそれ以上には進まないのである。つまり人民大衆は、革命の過程において、破壊的な役割だけを、それも一定の範囲内で演ずることが出来るのみである。敵を打倒し、財産や土地を奪い返して満足した人民大衆は、再び共同体の古巣に戻って、荒廃した社会を建設する問題には手を触れることはないであろう。ここにおいてトカチョーフは、さらに積極的な建設的役割を少数の革命的インテリゲンツィヤに課すことになる。

（1）"Народ и революция", П. Н. Ткачёв, Вышеуказ., т. 3, стр. 268.
（2）"Задач революционной пропаганды в Росии", Там же, стр. 71, 72.

二　インテリゲンツィヤ観

トカチョーフの、変革過程における革命的インテリゲンツィヤの役割の過大な評価は、ロシアの国家・社会構造についての彼の分析の論理的帰結であった。すでにみてきたトカチョーフの共同体論や、彼の社会分析に対しては、とくに、F・エンゲルスから激しい批判が浴びせられる。トカチョーフは、マルクス主義の世界観には多くの点で共鳴し、とくにその史的唯物論には強い賛意を表していた。けれども、いざその解釈をロシアへ適用する段になると、彼はそれに対して否定的な態度をとった。ここが、トカチョーフとエンゲルスあるいはラヴローフとの対立点となったところである。論争の内容については、おいおい検討を加えていくとして、まず、トカチョーフの、ロシア国家の社会基盤についての分析からみていこう。

トカチョーフは、ロシアの国家権力を、見せ掛けの強大さにもかかわらず、きわめて脆弱な社会基盤に立っていると観察していた。彼のみるところによれば、ロシアにおいては最高の階級である貴族や大商人も、西ヨーロッパ諸国の支配階級に比較するならば、強大な力を保有しているということは出来ない。彼らは、経済的には脆弱であって、国の富を増進する力を備えていないし、政治的には無為であって、国の行政の少しでも込み入った問題は、それをすべて警察に任せることに慣れてしまっている。聖職者についてみれば、彼らは知的にも道徳的にも無力であって、人民の生活の中でほとんどその存在意義を有していない。(1)

このように、国家の権力を保持し、支持する社会勢力が弱体であるが故に、ロシアの国家は、ただ遠くから見る場合にだけ一個の権力機構として映るのであって、その強さは見せかけであり、幻想的なものに過ぎないのである。この国家は、実際には、国民の経済生活に根を下ろしたものではなく、どの身分の利益をも体現してはいない。国家はすべての社会階級を等しく抑圧しており、そしてまた、これらすべての階級は、等しく国家を憎んでいる。(2)これは、西ヨーロッパの国家とは著しく異なった状態である。西ヨーロッパの国家は、けっして見せかけだけの国家ではない。それは、しっかりと両足でもって資本の上に立っている。それは、それ自体のうちに、一定の経済的利害関係を体現しているのである。ロシアにおいては、この問題はまったく逆の関係にある。「ロシアの社会形態がその存在を保っているのは、現存の社会秩序とはなんら共通するものをもたず、その根を現在にではなくて過去に下ろしている、言わば宙に浮いている国家のお陰であるとしなければならない。(3)」

ここからトカチョーフの、少数のインテリゲンツィヤの政治的行動についての具体的な方法と、それへの過大な評価が導き出されてくる。彼は、革命的インテリゲンツィヤは地主や資本家や聖職者と闘う必要はないと説く。これらの階級は、条件が少し変われば、すぐさま政府の敵対者となるのであるから、革命的インテリゲンツィヤは、孤立し、宙に浮いた国家を攻撃することに全力を傾ければよいのである。「ただ見せかけだけの力に過ぎない」ような政府を打ち倒すには、少数の革命家のグループの活動で十分であり、またその方がはるかに効果的である。政府が対外的・対内的な政策の執行に際して若干の失敗をおかす機会を捉えて、あちこちの県や都市でいっせいに反政府運動を展開するならば、支配階級や中産階級の期待をそれまでつなぎとめていた政府の魅惑的な要素は、その瞬間に消えてなくなり、政府はあらゆる勢力から見離されて孤立した存在となるであろう。(4)

かくして、トカチョーフによれば、ロシアの革命家の仕事は、「両足でもって資本の上に立ち」ブルジョア的社会の全体を支えている政府を相手としなければならない西ヨーロッパ諸国の革命家の仕事に比較するならば、はるかに大きな勝利の可能性をもつものであった。トカチョーフは、このように、ロシアの国家の特質をかなり単純化していたということが出来る。彼の、少数インテリゲンツィヤに対する過大な評価や、陰謀の戦術による革命の勝利への強い確信は、こうした国家社会構造のかなり直截的な分析と表裏の関係をなすものであった。

(1)　“Открытое письмо Г. Ф. Энгельсу”, П. Н. Ткачёв, Вышеуказ., т. 3, стр. 91.
(2)　Там же, стр. 92.
(3)　Там же.
(4)　См. Там же.

＊　　＊　　＊

トカチョーフの革命の戦略論も、右にみてきたような、ロシア国家についての観察から導き出される。それによれば、西ヨーロッパにおいては、革命を遂行するに当たって、まず、ブルジョア的社会を根底から覆し、その後に、国家権力に打撃を与えることが必要である。西ヨーロッパにおいては、国家権力とブルジョア的社会秩序とは不可分に結びついているが故に、どちらか一方を抜きにして他方のみとの闘争を考えることは困難である。このような理由から、西ヨーロッパの革命運動にとっては、大衆的な啓蒙・宣伝活動、集団的な組織運動、政党の指導的機能といった、言わば公然たる政治活動が有効な方法となるのである。それに反してロシアでは、プロレタリアートもブルジョアジーも存在しないのであるから、このような戦略はまったく役に立たない。ロシアの勤労者は、ただ政治権力と戦いさえすればよいのである。トカチョーフにとっては、インタナショナルの原理をロシアへ移し植えることは、まさしく児戯に等しいことのように思われた。(1)

たしかに、トカチョーフの西ヨーロッパとロシアとの社会条件の比較の仕方には、図式的にすぎると批判される面も少なくない。にも拘らず彼は、両者の具体的な比較考察を通して、ロシア社会のいくつかの特質を浮き彫りにし、これを素材として、自分の体系的な革命理論を構築しようと努めている。

トカチョーフは、ロシアの労働者が実態的には農民であり、そして農民がロシアの人口の大部分を占めているということが、この国の社会構造の大きな特徴の一つとなっているということを強調している。彼の指摘するところによれば、農民はプロレタリアートではない。農民は、一面では労働者でありながら、他面では「財産所有者」である。彼らは小さな共同体に分散し、相互に孤立して、共通の利害関係を意識することもなく、問題をつねに、狭い、地域的な観点からだけ捉えようとする傾向をもっている。都市プロレタリアートが存在せず、言論・出版の自由や代表制度が欠如している社会においては、痛めつけられ、おずおずしている無学な勤労大衆に、彼ら自身の置かれた立場を認識させ、それを改革する手段を理解させて、強固な、訓練の行き届いた同盟に組織するなどということは、国の経済的な現状（ステータス・クオ）が変更されない限り、とうてい不可能なことであった。

右のような人民大衆についての考え方からも、「革命は革命家によって行われる」という命題は繰り返して主張される必要があった。すでに触れたとおり、トカチョーフは、人民大衆が、いつでも革命を起こす用意があり、つねにそれを望んでおり、またそれを達成することも出来ると指摘している。ところがまた、彼は、そのイニシャチブをとり、革命を指導するのは、あくまでも、少数のインテリゲンツィヤでなければならないと考えていた。少数の指導者の役割は、時機を待っていることではない。つねに革命の条件を作り出し、大衆に蜂起を呼びかけることが必要である。トカチョーフの急進的な少数陰謀の戦術論は、いきおい、ラヴローフの啓蒙・宣伝の戦術論と激しく対立せざるをえなかった。

ラヴローフも、自身の革命理論を構築するに当たっては、ロシアにおいて、「働くもの」とは農民のことであり、そしてこの農民が、人口のうちの圧倒的多数を占めているという現実から出発する。だが、ラヴローフはトカチョーフとは反対に、この圧倒的多数を占める農民がロシアの革命における主体であり、中心勢力であると考えていた。この観点から彼は、革命的インテリゲンツィヤの役割が、人民の実際の要求や利害関係を確認し、人民が主体的に革命を遂行するのを助けることにあると説いた。彼によれば、革命は複雑な歴史的過程の全連関の所産であって、個人の意志の産物ではないのである。歴史的事象そのものの歩みが変革の時を告げる。ロシアの人民の中に、その好機を摑んで革命の事業を遂行するための準備が出来ているとき、初めて、変革は初期の目標に従って効果的に遂行され得る。そのためには、インテリゲンツィヤは、不断に「人民の中へ」入って、教育・宣伝活動に従事することが必要なのである。

トカチョーフは、ラヴローフの宣伝活動を重視するやり方を、革命の「準備者」の思想であるとして鋭く攻撃した。トカチョーフには、条件が熟して好機が到来するまで待ち、その時期に備えて自分や他のものを教育しておくといった考え方は、革命を放棄するに等しいものと受け取られた。なんとなれば、一時間でも一分でも、じっと待っているということは、自分たちがそれだけ革命から遠ざかることに他ならず、それ故に、革命が勝利する公算をも少なくすることを意味するからである。トカチョーフは、ラヴローフの主張する革命運動の方法は、実現不可能なものであり、敵の勢力が増大するのに力を貸すだけであると非難する。「……我われが実現不可能なものを追求しているあいだに、我われの敵は、力を十分に自分のものとし、我が国に生まれつつあるブルジョアジーは、確固たる政府の支柱となるに十分なほどに、強大となるであろう。(2)」

(1)　“Открытое письмо Г. Ф. Энгельсу”, П. Н. Ткачёв Вышеуказ., т. 3, стр. 90.
(2)　Там же, стр. 95.

＊　＊　＊

ラヴローフと異なってトカチョーフは、革命家は革命を準備するものではなくして、革命を行うものであると主張した。(1)革命を準備するのは、資本家や地主といった搾取者であり、搾取と抑圧の秩序を維持しようと努める僧侶や官僚や警察であり、そしてこの体制をイデオロギー的に擁護しようとする保守主義者や自由主義者たちである。革命の条件は、憲兵や軍隊によって支えられた無分別な政府の施策によって、さらに準備される。それ故に革命家は、これらの準備された諸条件を見据えて革命を遂行すればよろしいのである。(2)トカチョーフは、当時のロシアの若いインテリゲンツィヤに、革命の準備者と遂行者について、このように逆説的に説いてのち、不足しているのは、ロシアの生活を考察するに必要な経済学的原理の知識ではなくして、むしろ、人々を実際的な革命運動へ追いやる衝撃力なのであると強調している。

つけ加えるならば、トカチョーフが一八七五年に発刊した機関紙の『ナバート（警鐘）』という名称も、ロシアにおいて、社会を毒するブルジョア的発展が着実に進行しつつあるとき、インテリゲンツィヤはそれを阻止しなければならず、そのためには、革命が起こるのを待っていてはならないという意味を含んでいたのである。トカチョーフの考察するところによれば、ブルジョア的社会発展は、ロシアに存在する「共同体の原理」そのものを破壊し、社会主義の萌芽を根絶してしまうものであった。悔いを後世に残さないために、好機をつかんで果敢な行動を起こすことが必要であると、彼は、この機関誌の中で述べている。「さあ急げ！……好機を逸するな。好機というものは歴史の中でそう度たびあるものではない。それを見逃すことは、すなわち、自分の意志で社会革命の可能性を長引かせ、おそらくは永遠に引き延ばすことになるのだ。(3)」

（1）　См. “Набат”, П. Н. Ткачёв Вышеуказ., т. 3, стр. 221.
（2）　Там же.
（3）　Там же.

＊　　＊　　＊

トカチョーフの戦略論は、多くの点ではバクーニンの見解と似ていた。けれども、その戦略論を展開する際の、国家権力の本質や機能についての考え方は、両者のあいだで鋭く対立していた。バクーニンは、社会に存在する害悪は、すべて国家に由来すると説いた。それによれば、国家は暴力的存在であって、人間の意思の抑圧者であり、人間の自由の恒常的な否定者である。人間の尊厳性は、自らの自由な意思に従って価値を意識し、追求し、愛するところにある。この意味において人間の自由なる存在は、すなわち善である。

しかるに国家は、人間に強制を加え、命令を下す。いかなる善であっても、強制され命令されるならば、それだけで毀損され、その瞬間から悪に転化する。まさしく国家はすべての悪の根源である。それ故に、バクーニンにとっては、国家権力を解体することが革命の究極の目的であり、そして、その目的に向かって努力することこそが、革命的インテリゲンツィヤの倫理的課題に他ならなかった。(1)

これに対してトカチョーフは、国家権力を獲得し、それを社会変革の足場とすることが、革命を勝利に導く初期の要件となると考えていた。言い換えるならば、革命的変革の過程にあって、国家権力は、すべてを動かす槓杆《てこ》であった。彼は、「社会主義の理想は、それがどのように真実であり、合理的であるとしても、力に依拠し、権力の権威がそれを擁護し、支持しない限りは、依然として実現不可能なユートピアのままである」と主張している。(2)

少数の革命的なインテリゲンツィヤは、高度の訓練を積んだ結果、社会の多数者に対して知的・道徳的な権威をもっている。だが、これらのインテリゲンツィヤがこうした権威を、活動を続けていくために必要な、強大な力に転化させるためには、どうしても国家の権力と結合させることが必要である。(3)もしも「一般的には現代の社会において、特殊的にはロシアにおいて、物的な力が国家権力に集中しているとするならば、その場合には、……真の革命は、ある一つの条件においてのみ、つまり、革命家が国家権力を自己の掌中におさめる場合にのみ、達成されるであろう。」(4)言い換えるならば、革命の第一義的な直接の課題は、この権力を制圧して「現存の保守的な国家を革命的な国家に変える」(5)ことに他ならなかった。

バクーニンは、革命によって国家を、個々の住民の基礎的な生活単位の自由な連合へと解体することを意図していた。トカチョーフは、このようなバクーニンの無政府・連合主義的な主張に対して真っ向から批判を加える。トカチョーフによれば、国家は、地域的な利害関係を、共通の指導原理によって全体的な問題へと統合することを要請されている。しかるに、もしも権力が地域的に分散されてしまうならば、権力はその本性からみて、個を全体に従属させ、特殊を普遍に包括させて、全体の調和を図るという本来の目的に矛盾せざるをえない。そのような権力であるならば、それがだれの手に握られていようとも、つねに反革命的である。というのは、個別的に自治活動を営む共同体や都市に革命的インテリゲンツィヤが分散している場合には、これらの活動家は否応なしに、たえず地域的な利害関係や地方的な因習の影響を受けるようになり、その結果、過去に目を向けて、そこに、現在の理想や見本を探し求めるようになるからである。この場合には、革命によっても新しい制度の勝利は期待できず、結局は古い制度の復活をもたらすのみであろう。(6)

トカチョーフによれば、国家権力のみならず、社会に存在するあらゆる組織は、それが連合主義の原理によって構成された組織であろうと、集権主義の原理によるものであろうと、換言するならば、すべての権力を掌握する独裁者を擁するものであろうと、限られた委任を受けた地方集団の代表委員のみが存在するものであろうと、ひとしく権威主義的であり、したがって、反アナキズム的なのである。(7)

こうした見地からは、バクーニンの国家総破壊論は、まさに角をためて牛を殺す以上の大きな誤りであるように思われた。トカチョーフは、バクーニンをつぎのように批判している。「あなたは悪魔を戸口から追い出そうとしているが、悪魔はふたたび窓から戻ってくるだろう。しかも、あなたが、比較的罪の少ない悪魔（国家権力）を戸口から追い出そうとしているあいだに、本当に恐ろしい悪魔が窓をくぐって入ってくるであろう。

国家の権威は、ただ人間の外面に現れる行為のみを服従させようとする。けれども、あなたの望んでいるような権威は（もし、実際に望んでいるとすれば）、たんに人間の行為ばかりでなく、個人的な確信、内面的な感情、精神、意思そしてまた情愛までも服従させる。このような権威は、あきらかに独裁的であり、専制的であり、まさに怪物の如きものである。[8]」

（1）"Революция и государство", П. Н. Ткачёв, Вышеуказ., т. 3, стр. 255, 256.
（2）"Набат", Там же, стр. 230.
（3）Там же. стр. 224.
（4）Там же.
（5）Там же.
（6）Там же, стр. 255, 256.
（7）Cf. F. Venturi, op. cit., p. 422.
（8）"Революция и государство", П. Н. Ткачёв, Вышеуказ., стр. 254.

＊　　＊　　＊

すでに見てきたとおり、トカチョーフは、権力を奪取することが革命の要訣であると主張したけれども、権力の奪取そのものは、まだ革命ではなくてその序曲にすぎないと考えていた。革命は、彼によれば、奪取した国家権力によって、一方では、社会の保守的な勢力と闘ってこれを撲滅する作業と、他方では、平等と友愛の原理を実現するための制度を確立する作業とが、連続的に進められることによって達成されるものである。要約すれば、革命は、破壊的な第一の段階と、建設的な第二の段階とが連続することによってその目的が達成されるのであった。[1]

第一段階の要諦は、闘いであり、闘いの真髄は暴力である。闘いは、中央集権制、厳格な規律、迅速性、決断力、統一行動などの諸条件がそろってはじめて勝利することができる。闘いの中では、譲歩や疑心や妥協、あるいは、数多くの命令は、すべて革命家の勢力を弱め、彼らの作業を麻痺させて、勝利の機会をなくしてしまう。第二の段階の建設的な革命行動は、破壊的行動に連続するものではあるけれども、その性質からして、第一の段階とは明確に相反する原理に依拠すべきものである。なんとなれば、破壊的な行動は主として物質的な力に基づいているのに対して、建設的な行動は、精神的な力に基礎をおいているからである。

また、前者が主として迅速性や統一行動などにたよっているのに対して、後者は、団結や社会的変化のなかに新しく生じつつある活力に依拠している。破壊は暴力によって遂行されなければならないが、建設は信念によって行われなければならない。前者の切り札は勝利であり、後者の決め手は、人民の意志と理性である。[2]

破壊と建設の二つの機能は、明確に区別されることが必要であった。破壊的行動をする際には、無慈悲な冷血漢となる心構えがなければならないし、建設的な行動をする場合には、ユートピアの幻想へ退行しないために、融通性をもって漸進的に行動することが肝要であった。トカチョーフは、建設的な作業において融通性を保証するものとして、国民《ナロードナヤ》議会《ドゥーマ》の招集を計画していた。国民議会は、革命国家の行為を裁可し、一定の範囲内では、それの規制も行うものと考えられていた。[3]

さらに付け加えるならば、トカチョーフは、この建設の段階において、人民大衆の知的・道徳的水準を上げるために、大規模な宣伝活動がとくべつ重要になると主張している。すでに見てきたように、トカチョーフは、教育・宣伝活動が革命運動においては第一義的に重要であって、いつでもどこでもそれを積極的に行うことが必要であると説くラヴローフの立場には反対していた。トカチョーフには、宣伝活動は、権力がまだ保守勢力の掌中にあるときには、まったく効果のないものと考えられたのである。彼にとっては、宣伝は、力による権力の変革に先行するものではなく、変革の後で、それを強化し正当化するものでなくてはならなかった。(4)

(1) "Набат", П. Н. Ткачёв, Вышеуказ., стр. 225.
(2) Там же, стр. 225–226.
(3) Там же, стр. 226.
(4) Там же.

*　　　*　　　*

トカチョーフの変革理論と、ラヴローフの理論との対立が、ロシアにおけるナロードニキの代表的な理論の対立であることは、すでに指摘したとおりである。両者の理論的対立は、具体的なロシアの経済構造、ツァーリ権力、人民などについての分析・把握の仕方の相違から生じたものであった。だが、それはまた同時に、西ヨーロッパや世界の各国において現れる、社会主義的革命理論の対立の、一つの典型を示してもいたと言うことができる。

一般に社会革命の運動を推進するにあたっては、権力の掌握、社会の変革、多数者の獲得が、その重要な要素であり、これらの要素の「優先順位」をどのように決めるかが革命家の重要な課題となる。歴史に現れた、社会主義的革命勢力の、戦略・戦術をめぐっての抗争の多くは、観点を変えてみれば、この順位の決定についての争いであったと言うこともできよう。すでに検討してきたところからも明らかなように、トカチョーフの変革理論は、権力の掌握→社会の変革→多数者の獲得、という運動の方程式を示すものであって、これがラヴローフの多数者の獲得→権力の掌握→社会の改革、の方程式と対立したわけである。

このような「優先順位」をめぐっての対立は、トカチョーフとラヴローフの両方に対して思想的影響や「刺激」を与えたマルクス、エンゲルスの革命理論そのものの中にも見ることができる。S・ムーアは、その著『三つの戦術——革命論の思想的背景』の中で、その問題を鮮やかに整理している。彼は、マルクスとエンゲルスの著作をつぶさに検討して、マルクス主義そのものの中に、資本主義から社会主義への移行について、三つの相反する方向を示す一種の緊張状態があることを指摘し、それを、「永続革命」——「少数革命」、「増大する窮乏」——「多数者の獲得」、「競争する諸体系」——「改良主義」という対象的なパターンとして析出している。(1)

ムーアは、権力の掌握→社会の変革→多数者の獲得が第一のパターンにみられる「優先順位」の方程式であり、多数者の獲得→権力の掌握→社会の変革が第二のパターンに、そして、社会の変革→多数者の獲得→権力の掌握が第三のパターンにみられる方程式であると指摘している。彼によれば、これらの三つの方程式は、マルクス、エンゲルスの生涯にわたる著作の中で並行的に述べられているのではない。一八四八年からエンゲルスの死に至るまでのあいだに、主張の力点が第一の方程式から第二、第三のそれへと移動しているのである。

言うまでもないことながら、トカチョーフやラヴローフは、それぞれにマルクスやエンゲルスの理論から多くの影響を受けたけれども、彼らの革命理論がそのままマルクシズムの理論であったわけではない。したがって、トカチョーフとラヴローフの対立が、マルクス主義の社会革命の方程式の受け入れ方の相違から生じたものと考えることも早計にすぎる。ではあるものの、トカチョーフとラヴローフ、さらにはマルクス主義そのものにおけるこの方程式の変化を念頭において、前二者の対立、あるいは、トカチョーフのエンゲルスに対する理論的挑戦やそれに対するエンゲルスの反論を検討するならば、この論争はまことに興味深いものに思われてくる。

三　革命観

すでにみたように、トカチョーフは、革命を、破壊と建設との二つの段階の連続として捉えていた。そして彼は、革命に従事するものは、破壊の段階においては、無慈悲な冷血漢となる心構えがなければならないけれども、建設の段階においては、人民大衆の現実の具体的要求や知的発達の度合いに適応しうるだけの弾力性が必要とされる、ということを力説した。彼によれば、社会主義的変革を推進していく過程において、この弾力性を保証する国家機構として、国民議会《ナロードナヤドゥーマ》の設立が予定されていた。革命国家は、国民議会に依拠することによって、自己の権力を強化し、経済的・政治的ならびに法的な諸関係を改革し、社会革命を達成することができるとされていたのである。

革命権力によって遂行されるべき改革の方向を、トカチョーフはどのように考えていたのであろうか。彼は、建設活動を推し進めるにあたって考慮すべき原則としてつぎの六点を挙げている。(1)

（一）一時的な私的所有の原理に基づいている現代の農民共同体を、生産手段の集団的利用と集団的共同労働の原理に基づいたコミューン的共同体へ漸次移行させること。

（二）私的に所有されている生産手段を漸次収用して、それを前記の、新たに組織される共同体へ引き渡すこと。

（三）生産物の交換の際に必要とされるいかなる仲介も除去し、その原理――目には目を、歯には歯を、奉仕には奉仕をというブルジョア的原理――を、兄弟愛や団結の原理に置き換えるような社会制度を順次導入していく

（1）S. Moore, Three Tactics — The Background in Marx, Monthly Review Press, N.Y., 1963.

こと。

(四) すべての人にとってひとしく肝要な、普遍的な、博愛、平等および友愛の精神によって鼓吹された義務的な社会教育の組織によって、人間相互間の肉体的、知的ならびに道徳的不平等を徐々に排除していくこと。

(五) 女性や子供の隷属、あるいは男性の利己的な専横に基礎を置いた現存の不合理な家族制度を、漸次廃止すること。

(六) 共同体の自治を発展させ、国家の中央主権的機能を漸次弱体化させ、究極的にはそれを廃止すること。

右に示されたような、トカチョーフの革命綱領は、その骨子においては、ナロードニキの先駆的な思想家たちの構想を受け継いだものであった。先駆的な思想家たちは、すでに、「農民改革」以前から、ロシアの革命の具体的な行動綱領を種々の形で示している。例えば、Н・П・オガリョーフは、一八五九年に書いた『理想』《Идеалы》という標題の論文の中で、変革者の組織、行動目標、将来の国家像などを具体的に描いている。(2) 彼は、新しい国家の立法機関として、すべての階級からなる国民会議《ゼームスキー・ソボール》の設立を計画し、この機関が実現すべき改革の項目としては、ほぼ、トカチョーフが示したのと同様のものを挙げている。こうした改革案などを併せて考えるならば、トカチョーフの掲げた改革の基本原則は、当時のナロードニキの最大公約数的な行動目標であったと言うことができる。

そしてまた、トカチョーフの示した右の基本原則は、ラヴローフの、かなり複雑な、ナロードニキ研究者のВ・Ф・アントーノフに言わせれば、ときとして牽強付会の感じさえする変革の図式に比較してみても、(3) あるいは、バクーニンの無政府主義的な変革理論に比較してみても、ロシアの社会主義的変革という課題に、もっとも実際的に取り組む姿勢を示していたと言うことができよう。レーニンがトカチョーフを厳しく批判しながら、それでもなお、トカチョーフから積極的に学びとったのは、まさにこの点であった。

（1）"Набат", Изб. соч., т. 3, стр. 226-227.
（2）本書第三章　一二九—一三三頁参照。
（3）В. Ф. Антонов, Революционное народничество, Изд. «Просвещение,» М., 1965, стр. 134.

＊　＊　＊

ツァーリ権力の構造やロシア農民の状態を冷厳な目でもって観察したトカチョーフは、一方では、教育・宣伝活動をインテリゲンツィヤの重要な任務だと主張するラヴローフを、「革命の準備だけするもの」として批判し、他方では、国家権力そのものの打倒を急務だと強調するバクーニンを、空想的なアナキストとして攻撃した。トカチョーフは、両者の革命理論やそれに追随する若者たちの行動を、時には嘲笑さえしながらも、これらの理論が、この時代のロシアにやはり必要とされている情勢や、革命的なインテリゲンツィヤの多くがこれらの理論の影響を強く受けている事実を、十分に認識していた。つまりトカチョーフは、ラヴローフ主義者やバクーニン主義者の主張を、「部分的に」攻撃していたわけであって、本質的には、これらの理論が自らの理論と共存することは可能だと認めていたのである。

トカチョーフは実際行動においても、それぞれの教説を支持する活動家が合同することが必要であると、つぎのように述べている。「三つの道はすべて、同一の目的に適っている。三つの活動はすべてひとしく、人民の革命をもっとも速やかに達成するために必要である。[1]」トカチョーフは、革命家たちがラヴローフの主張のみに従っていたのでは、いつまでたっても革命は達成されないであろうと考えていた。またトカチョーフは、革命家たちがバクーニンの説く道のみを進むならば、暴動を起こすことは出来ても、その暴動はまた容易に鎮圧されてしまうであろうと予想していた。

トカチョーフの見解によれば、陰謀も、この手段のみに頼っていては、人民大衆に革命的興奮を引き起こさせることもないであろうし、これら大衆の生活の中に、革命の意義や目的を浸透させることも出来ないであろう。この方法によれば、革命は人民的性格をもつことはなくして、ただ社会の表面を騒がせるだけという結果になるだろう。それ故に、革命の目的をもっとも効果的に、かつ速やかに実現するためには、三つの勢力が共同して働くことが肝要である。そしてそのためには、運動に参加する各人に、好みにあった道を進ませることが必要であり、しかもその道には、前記の三つの理論が混在し得ることが、十分に考えられたのである。(2)

こうみてくると、トカチョーフは、自分の理論の正しさを主張し他の教説の誤謬を批判する場合には、その筆鋒はまことに鋭いけれども、理論が実際行動の分野に対してもつ影響力を認識し、また実際的行動そのものの効果を判断するに当たっては、かなり妥協的であって、その主張は、ラヴローフのそれに接近していると言うことがわかる。しかしそうだからといって、トカチョーフがこの面において、無条件的に妥協の道を歩んだと結論づけるのは性急にすぎるであろう。

すでにみてきたとおり、トカチョーフは、一方では激しく他人の理論を攻撃しながら、他方では、革命勢力が大同団結することの必要性を説いている。彼は、実際的な側面においては、他人の理論と自分の理論の共存を容認していたけれども、その主張の根底には、彼自身の理論がロシアの革命運動においてヘゲモニーを握り、他のすべての教説が結局これに従属するようになるという確信と期待が横たわっていたのである。

トカチョーフは、革命勢力は一致団結することが必要であり、団結なくしては、個々の勢力が一つの目的に向かって進むことが不可能であることを強調している。「今は、時間のかかる支度や無期限の準備をしている場合ではない

――各人に、すばやく自分の財産をとりまとめさせ、大急ぎで出発させなければならない。何をなすべきかという問題に、我われはこれ以上関わりあっていてはならない。それは、すでに久しい以前に解決されていることである。つまり革命を行うことである。どのようにそれを行うか。出来るものがやれるようにやるということである。理に適った組織のもとでは、どのような個別的な試みも、単独の力も、無駄になることはないであろう……。今、我われは全注意力を現在に集中させなければならない。我われには、未来に注目したり、その美しさに恍惚としているような暇はないし、またそれどころではないのである。(3)」

(1) "Задачи революционной пропаганды в России", П. Н. Ткачёв, Вышеуказ., т. 3. стр. 84.
(2) Там же, стр. 84-85.
(3) Там же.

＊　　＊　　＊

七〇年代の終わり頃は、ナロードニキの運動が、組織的なテロルの手段に訴えるようになった時期である。ナロードニキによって行われたテロルのもつ意味は、時の経過とともに変化した。一八七八年一月、B・ザスーリチは、逮捕されていた学生ボゴリューボフの獄中での虐待に抗議しようとして、ペテルブルク市長官トレーポフ将軍に数発の拳銃弾を発射した。同じ都市の八月、ステプニャーク＝クラフチーンスキーは、秘密警察の長官メゼンツォーフ将軍を暗殺した。これらの事件が起こる前にも、すでに、革命家たちによって、いくつかのテロルが行われている。でも、この頃行われたテロルは、ツァーリ政府の人民に対する苛酷な弾圧政策に対する復讐としての、いわば受け身的な性格をもっていた。これがやがて、ツァーリ政府の圧制のもとで、自分らの陣営を防衛する唯一の方法という広い意味をもつようになり、さらに、ロシア全体にわたって人民の蜂起を引き起こす合図としての積極的な意味をもつようになったのである。

次第に活発となってくる「赤色テロル」を重大視した政府は、『官報』«Правительственный вестник»を通して、不法行為には厳罰をもって臨むと威嚇し、また事実、多くの運動家を投獄し、処刑し、シベリアへ送った。トカチョーフは、文書によって示された政府の所信表明や社会諸階層に対する政府への協力の要請の中に、あるいはまた、この権力が人民大衆に対して行う仮借ない白色テロルの中に、政府が孤立状態に陥り、革命の時期が近づいている状況を読みとってはいた。

けれども、それにも拘らず、トカチョーフは、革命家たちによって行われるテロルは、革命運動にとって大きなマイナスであると評価していた。彼は、少数の知的精鋭によって権力を奪取する方法は、効果的であるとして自らも強く主張した。だがテロリズムは、革命運動において、有効な手段とは考えていなかった。彼の見解によれば、「個別的な試み」は、革命の予備段階においては時に許されることもあり得た。がしかし、革命の段階においては許され得ないものであった。なんとなれば、革命の段階においては、何よりも革命諸勢力の統一が必要とされるからであり、テロリズムはそれを拡散させる役割しか果たさないからである。

革命の過程において既存の権力を奪取し、古い機構を破壊するのは、テロルの方法によってではなく大衆に呼びかけることによってであり、しかもその呼びかけは、革命思想の宣伝ではなくして蜂起の扇動によって行わなければならないと考えられた。ロシアにおける革命は、あちこちの多くの県や都市で、人民をいっせいに蜂起させればそれで十分達成し得るものであり、そして、これら人民の積極的な行動と広範な団結は、彼らが置かれているロシアの社会・経済的条件のもとでは、人民大衆の自己保存の実際的必要性の結果として、ひとりでに生ずるはずのものであった。

＊　＊　＊

トカチョーフは、すでにみてきたように、ロシアにおける国家変革と社会主義実現の具体的条件は、西ヨーロッパの諸国とは異なっていると考えていた。この観点から、彼はエンゲルスと論争を行い、インタナショナルの方針をそのままロシアへ移し植えようとする試みに対しても、これを児戯に等しいとして批判した。けれども、トカチョーフは、社会主義の基本的な原理については、それが国境や民族を越えた国際的な性格をもつものであることを認めていた。Д・Н・オフシャーニコ＝クリコーフスキーは、国外で発表した論文の中で、ロシアの社会主義者たちがただ大ロシアの農民の身辺のことばかり考えていて、ウクライナや白ロシア人が自分らの民族の中に社会主義を実現しようとして闘うのを邪魔していると批判した。

トカチョーフは、一八七八年に書いた論文『革命と民族性の原理』で、オフシャーニコ＝クリコーフスキーの右の批判に対してつぎのように反論している。

「ヤクート人、チュヴァーシ人、小ロシア人、グルジア人などの（固有な）幾何学というものがあり得ないのと同様に、ヤクート人、チュヴァーシ人、小ロシア人、グルジア人などの（固有な）社会主義というものは存在しないのである……。セーヌ川の岸でも、テムズ川やネヴァ川の岸、クール川やドニェプル川の岸でも、……社会主義は同じものであり、どこでもそれは同じ要求を突きつけ、同じ義務を果たしながら、同じ社会関係を樹立するのである……。そしてまた、君が社会主義の旗をどこに掲げようとも――ペテルブルクにおいても、キーエフ、モスクワ、またはパリにおいても――この旗にはいつでもどこでも、同じ言葉が書き込まれるであろう。どこにおいても、社会主義は同

じ理想を、同じ社会原理を呈示するであろう。」(1)

こうして、社会主義が強化されれば、その影響のもとに、「あらゆる人種の特殊性は、不可避的に、必然的に弱まり、消えてなくなるに違いないであろうし、あらゆる民族は、一つの全人類的な家族に合流してしまうに違いない。」(2)

ロシアには、周知のとおり多くの民族が住んでいる。これらの民族の自由な、独立した生活をどのようにして保障するか、多民族をどのようにして相互に平和的に共存させるかということは、古くから、革命家たちにとっての重要な課題の一つであった。例えば、デカブリストの北方結社の理論的指導者ニキータ＝ムラヴィヨーフは、一八二五年の武装蜂起に先立って構想した『憲法草案』の中で、ロシアを一三の国と州からなる連邦として組織し、それによって民族の自治を擁護することが必要であると主張した。これに対して、南方結社の指導者であったペーステリは、すでに本書第一章で見てきたように、彼の起草した結社の綱領『ルースカヤ＝プラーヴダ』において、ロシア国内のすべての民族を「混合」し、文化や言語までも統一することによって民族問題を解決しようと考えていた。

それ以後、革命家たちはそれぞれに民族問題を、ロシアを改革するに当たっての重要課題の一つと考えてきた。解決の具体的方法については、個々の思想家によって異なってはいたけれども、彼らにとって共通に重要だと考えられていた点は、民族の特殊性を理由にして国内の革新勢力の分裂を許すことは、革命の遂行にとって決定的なマイナスとなるということであった。

先に引用したようなトカチョーフの主張も、ロシアの革命思想家の伝統的な民族観に立脚しながら、諸民族の抱いている革命上の課題の共通性を認識し、排他的な民族主義的傾向に対してはこれを鋭く攻撃することを意図したものであった。要するに、トカチョーフは、社会主義は唯一の理論であって、それぞれの国においては、それを実現するに当たっての具体的条件が、したがって戦略や戦術が異なっているだけであると考えていた。ラヴローフや、とくにエンゲルスとの社会主義革命の方法をめぐっての論争は、トカチョーフには、まさにこの観点から受け止められていたのである。

(1) "Революция и принцип национальности", П. Н. Ткачёв, Вышеуказ., т. 3, стр. 423.
(2) Там же, стр. 424.

*　*　*

トカチョーフとエンゲルスとの論争は、一八七四年、トカチョーフがラヴローフの編集していた『フペリョート（前進）』誌から離れ、ラヴローフを攻撃するパンフレットを出した時から始まった。トカチョーフは、『ロシアにおける革命的宣伝の課題―『フペリョート』誌編集者への手紙―』の中で、ラヴローフの革命理論を「ユートピア的な平和的進歩の方法」[1]であるとして批判した。当時、バクーニン派アナキストと激しく論争していたエンゲルスは、この論文を読んで、トカチョーフの理論もアナキストと同類のものであり、この論文は、「青臭い、珍しいほど未熟な中学生」[2]の作文であるとして、トカチョーフに激しい攻撃を加えた。以下、トカチョーフに対するエンゲルスの批判の主要な点をいくつか挙げてみよう。

トカチョーフは右の論文の中で、ロシアにブルジョアジーが形成されていないこと、大衆的な宣伝活動や集団の組織的な運動が不可能な状態であり、やっても効果が少ないことなどの理由から、「ロシアの革命家には、ただ陰謀の手段以外の方法は残されていない」ことを強調した。この少数陰謀の戦術論に対しては、エンゲルスは次のように批判している。「トカチョーフ氏にしてからが、まさに、西ヨーロッパからロシアに浸透しつつある文筆宣伝の重要性をたったいま強調したばかりではないか。それにトカチョーフ氏が、このことについて、自分の都合が良いようになんと言おうと、国内で人民のあいだに、とくに都市で、口頭の宣伝の道が完全に絶たれることはあり得ないのである。……ひろく枝を張った陰謀があると言いたてて人をだますのは、隠蔽の役には立つのだが、隠蔽では、政府にたいする革命的無行動と、革命党内での功名心の満ちた奸策のほかは、まったくなに一つ隠し切れないのだ。(3)」

トカチョーフが少数の革命家によってロシアの変革が可能であると確信する根拠には、農民大衆についての希望的な観測が横たわっていた。彼は、ロシアの農民は、本能的に、伝統的に共産主義者であるから、それに刺激を与えさえすれば、指導者に従って革命を遂行することができると考えていた。エンゲルスは、トカチョーフのこのような人民間やそれに基づく戦略論を、「子供らしい」空想であると揶揄《やゆ》している。

エンゲルスのトカチョーフ批判は、その論調においては、かなり感情的とも思えるほど激しいものであったが、批判の矛先は、トカチョーフのロシア国家構造の捉え方に対して向けられていた。トカチョーフは、ロシアの国家は、いかなる社会階級にもその立脚基盤をもたず、いわば宙に浮いた存在であり、それ故に、その強さは見せかけだけのものに過ぎないと判断していた。このような判断に対してもエンゲルスは、つぎのように批判する。

「いまや、たといトカチョーフ氏が、我われに向かって、ロシアの国家は、〝国民の経済生活の中になんらの根も下ろしてはいない。その中に、いずれの身分《シュタント》の利害も体現していない〟と、そしてまた国家が〝宙に浮いている〟と断言するとしても、我われには宙に浮いているのはロシアの国家ではなくして、むしろトカチョーフ氏自身であるように思われる。(4)」

エンゲルスによれば、トカチョーフほど革命というものを、安易に、かつ愉快に考えたものはおそらく今までいなかった。革命がそれほど造作ないものであるのならば、どうしてそれがとっくの昔に行われ、人民が解放されて、ロシアが社会主義の模範的な国に変わるということができなかったのであろうか。エンゲルスは、このような問い掛けの形で、トカチョーフの楽観論を批判している。(5) トカチョーフはこうしたエンゲルスの批判に対して、それはあたかも、たまたまドイツ語を学習したというだけで、実際にドイツの土地を踏んだことも、ドイツの出版物を読んだこともないシナ人か日本人が、ドイツの革命家を批評するようなものだと皮肉っている。(6)

（1）《Задачи революционной пропаганды в России》(Письмо в редакцию журнала 〈Вперёд !〉) П. Н. Ткачёв, Вышеуказ., т. 3. стр. 64.
（2）「亡命者文献」(一) マルエン選集、大月書店、一九五四年、第一三巻一〇四頁。
（3）同右書　一二五、一二六―一二七頁。
（4）「ロシアの社会関係」同右書　一三八頁。
（5）同右書　一四七頁。
（6）《Открытое письмо》П. Н. Ткачёв, Вышеуказ., т. 3, стр. 88.

＊　　＊　　＊

以上みてきたように、トカチョーフの変革理論は、図式的にすぎたり、あるいは、エリート偏重的であったりと、構成の粗い面をもっていた。そうでありながらも、やはり彼の理論は、七〇年代のロシアのナロードニキの運動の一つの流れを代表するものであった。彼の理論には、六〇年代末に、ネチャーエフの陰謀組織に参加し、そこで積極的な役割を演じたことなどの貴重な経験を生かして、ロシアにおけるツァリーズムとの闘争の流れの中で、陰謀的戦術を主張する代表的なイデオローグとなった。そればかりでなく、彼の理論は、たんにロシアにおいて、ナロードニキ運動の一つの流れを理論的に指導することにとどまらず、国際的にも、ロシアのブランキスムとしてかなり広くその存在を知られるようになった。

すでに繰り返して述べてきたとおり、国家装置を奪取し、それによって社会改革を促進するというトカチョーフの考え方は、国家権力をすべて悪であるとしてそれの速やかな根絶を主張するバクーニン派アナキストと鋭く対立するところであった。そしてこの点が、後にレーニンによって、批判されながらも積極的に摂取されるところとなったのである。また、『ナバート』（警鐘）の編集者としてのトカチョーフの活動は、ロシアの革命運動の中で、小さからざる意義を有していた。彼は、個人テロに反対したことから、七九年には、この雑誌から離れざるを得なくなってしまった。

しかしながら、トカチョーフによって、七五年発刊以来指導されたこの機関誌は、『コーロコル』（鐘）、『人民の事業』《Народное дело》あるいは『フペリョート』（前進）など、国外で刊行された機関紙の伝統を受け継いで、ロシアのツァーリ専制を攻撃し、ロシアの読者に、西ヨーロッパのプロレタリアートの革命運動の展開を紹介したり、ロシア人民に革命的気分を高揚させたりするうえで重要な役割を演じた。

トカチョーフの陰謀的戦略論は、一八七九年に「土地と自由」《Земля и воля》結社が分裂してできた「人民の意志派」《Народная воля》によって拡大解釈され、この組織の行動を正当化するために利用された。こうして、彼自身はこの結社に参加することはなかったにもかかわらず、彼の理論は、ロシアにおける急進的な革命運動の展開の一翼を担ったのである。

トカチョーフの変革理論は、ロシアにおける革命運動に対して、直接、実践的な影響を与えたものであった。彼の理論は、単に、社会・国家についての表面的な分析や、時事的な評論として主張されたものではなかった。かならずしも十分に体系化されていたとは言えず、また、深い構想を持ったものではなかったとしても、彼の変革理論は、それなりに、独自に構築された政治・社会哲学によって裏打ちされたものであった。

四　社会観

トカチョーフの専制批判や、彼が展開した政治・社会評論は、それなりに一定の理論的基盤をもっている。トカチョーフは、バクーニンやラヴローフと比較するならば、政治・社会哲学の諸問題については、かならずしも多くのことを論じてはいない。そしてまた、彼の展開した理論が、十分に体系化されているとは必ずしも言えない。

その理由の一つには、トカチョーフ自身が思弁的な哲学態度を警戒していたことが挙げられる。彼は、抽象化された一般的命題を設定して、それを具体的な社会現象の分析に適用しようとする試みは、多くの誤謬をもたらすと考えていた。彼の見解によれば、概念の抽象化が進めば、それはますます主観的となって信頼の度合が薄くなり、一般的妥当性を失って、哲学は再び浮上することの困難な深遠に落ち込む危険性を多く帯びるようになってくるのである。「人は自然現象に対しては、冷静な態度をとることができる。けれども、社会現象に対しては、批判的な態度をとらざるをえない。自然現象は、一般法則や、あるいは、多かれ少なかれある種の法則に還元することができる。それに反して、……社会現象は、法則に還元することはできないし、またされるべきものでもない。法則化するということは、習慣や冷静さの結果もろもろの原理へと変えられた多くの不合理を正当化することである。」(1)それ故にトカチョーフは、「なんら具体的な存在性をもたず、純粋に思弁的に一連の現象に関わりをもつ哲学的定式化」を排除して、一連の「真に具体的な現象」に関係をもつ科学的定式化を重視し、抽象的な基礎理論を考察するよりも現実的な政治評論を展開することを、自分の取り組むべき課題であると考えていた。これが、トカチョーフが哲学や社会科学の基礎に関する体系的な論文を多く書かなかった理由の一つである。

だが、それにもかかわらず、トカチョーフは彼なりに、自身の政治・社会理論を不動の基礎の上に樹立すべく努力を重ねてきた。その結果として、彼の革命理論が、ナロードニキの研究家А・А・ガラクチオーノフやП・Ф・ニカーンドロフの表現を借りれば、「実り豊かで、深遠な帰結を導き出した」(2)ことも確かである。トカチョーフは、普遍化や一般化を頭から否定しようとしたのではなかった。彼は、普遍化を「思弁的に」定式化することを拒否して、社会についての「科学的な」見解を作り上げることを目指していたと言うことができよう。

（1） "Рецензия на книги Ю. Жуковского", П. Н. Ткачёв, Вышеуказ, т. 1, стр. 69.
（2） А. А. Галактионов, П. Ф. Никандров, Идеологи русского народничества, стр. 111.

＊　＊　＊

トカチョーフの社会観は、ダーウィニズムやH・スペンサーの社会理論の批判的検討を通して形成された。『種の起源』(On the Origin of Species, 1859) の中で、生物の進化発展の過程には自然淘汰と生存競争の法則が作用していると説いたダーウィンの進化論は、自然科学や社会思想のさまざまな分野に大きな衝撃を与えた。ダーウィンの理論は、スペンサーやT・ハクスレーによって継承され、政治・社会理論として展開された。ダーウィニズムやスペンサーの理論は直接間接、肯定的にあるいは否定的に、ロシアの思想家に対して少なからず影響を与えている。

例えば、トカチョーフより少し後の世代のП・A・クロポートキンも、ダーウィニズムと正面から取り組んだ思想家の一人であった。彼は、ある時期シベリアにおいて、熱心に、探検や地理学上の調査に従事した。こうした実践に基づいてクロポートキンは、ダーウィンの進化論や生存競争の理論を念頭におきながら、自然現象のなかに、同族の個体間で不断に闘争が行われているとする説の確実な証拠を見出そうと努めた。だが、彼はそれができなかった。クロポートキンの研究によれば、事実はダーウィンの主張とは反対であって、生物界の種族や団体のあいだでは、競争よりもむしろ相互協力の関係が支配的なのであった。こうしたいきさつから、クロポートキンは、後に『相互扶助論』(Mutual Aid : A Factor in Evolution, 1902) を公刊して、ダーウィンやハクスレーの主張を批判したのである。(1)

トカチョーフも、クロポートキンほど実証的にではなかったが、スペンサーがダーウィニズムを社会分析に適用しようとした態度を誤りであると批判している。トカチョーフには、自然現象と社会現象は異質のものであるが故に、前者を分析する方法をそのまま後者の研究に適用することは無意味であり、研究の成果を不毛なものにするだけであると考えられたのである。彼はつぎのように述べている。

「有機物や無機物の発展の法則は、永久的なものであり、一様なものであって、修正したり回避したりすることはできない。有機的な、あるいは無機的な個体は、これらの法則に無分別に、不断に従うという条件のもとでのみ存在することができる。それに対して、社会を支配する法則は、これらのどの特性によっても識別されるものではない。社会の法則は、つねに社会それ自体から生まれるもの、つまり、人間の意志と計算の結果なのであって、それは、社会と生死を共にするのである」(2)

さらにまた、ダーウィニズムの理論の内容から考えても、トカチョーフには、それをそのまま社会現象の究明に当て嵌めることは許されなかった。生物界には、適者が生き残るために、自然淘汰と同種族間の不断の闘争が存在するという考え方を、社会法則として適用することは、現に社会に存在する不当な競争や非合理な制度を、そのまま是認することになるからであった。

現在の社会に存在する争いは、種の完成を目的とするものでもなければ、すぐれた制度を生み出すためのものでもない。それは純粋に経済的な闘争、つまり物や富を獲得するための争いにすぎず、したがってそこには、進化や発展を究極的に判断する絶対的な価値基準なるものは存在しない。なんとなれば、概して「富の蓄積や生産の営みが、市民の進歩の基準もしくは最終目標として、あるいは社会組織の仕上げの尺度として役立つことはない」からである。(3)

トカチョーフの社会観からすれば、社会はもともと、生存のために闘争する場ではなくして、むしろ反対に、争いを根絶することをその究極の目標としているはずであった。人間は、まさに自然淘汰を避けることを目的として、お互いに寄り集まっているのである。だが現実には、いまだかつてこの目的が達成されたことはなかった。現在の社会には、個々人相互間の争いに取って代わって、物や富を獲得するための争いが存在している。これは社会に生き残っている自然淘汰の代用物ではあるけれども、それはおよそ、社会が達成しようとしている目的にはそぐわないものである。それ故に、このような現実の中で、自然淘汰について語り、ダーウィニズムを人間社会に適用しようとするのは、すなわち、現在の醜い経済闘争を正当化し、貪欲な高利貸が資本を蓄積するために燃やす情熱を賛美することに他ならないのである。こうした観点からトカチョーフは、ダーウィニズムはおよそ人間の進歩や社会の発展の観念とは異質のものであることを強調したのである。

(1)「相互扶助論」は、亡命地ロンドンで一八九〇年から、J・ノールズの編集する《Nineteenth Century》誌に連載され、単行本としては一九〇二年に出版された。ロシア語版は本国で検閲を受けて一九〇四年に発行されたが、一九〇六年には押収された。См. П. А. Кропоткин, Записки революционера, изд-во «Мысль», М., 1966, стр. 443, 464.

（2） "Рецензия на собрание сочинений Герберта Спенсера", П. Н. Ткачёв, Вышеуказ., т. v, стр. 302.

（3） "Наука в поэзии и поэзия в науке", П. Н. Ткачёв, Вышеуказ.. т. II, стр. 114.

＊　＊　＊

それでは、トカチョーフは社会の進歩をどのように考えていたのであろうか。彼は、人間の進歩は、自然の中に存在する発展のようなものではなくて、一つの義務の過程、言い換えるならば、社会に固有な内部的矛盾を根絶する努力の過程であると理解していた。自然は存在の領域であり、それ故にまた法則の領域である。これに対して、歴史には法則は存在しない。それに代わって、すべてを判断する基準となる目的が存在する。そして、社会がこの目的に近づくときは進歩しており、目的から離れるときは後退しているのである。「この目的のために、理論的にあるいは実践的に活動する人はだれでも進歩主義者であり、この目的に反する行動をしたり、あるいは別の目的を追求するものは、すべて敵対者である。[1]」

それでは、ここにいう目的は、トカチョーフによってどのように理解されていたのであろうか。彼にとっては、進歩の概念は、社会現象を正確に把握するための重要な理論的基礎と考えられており、そして、目的を定義する仕方そのものが概念を規定する鍵とみられていた。彼は「進歩の概念の客観的要素」として、運動と方向と目的を挙げている。運動は進歩と停滞を区別するものであり、方向は前進と退行とを判断する基準としての役割を果すものであり、そして目的は、最上の生活への志向性を具体的に表すものであった。目的はまた、それと同時に、あらゆるものを判断する基準でもあった。

ところが、すべての人間は幸福や最上の生活について異なった解釈をもっているから、これらについて判断しようとする場合、その基準は主観的なものとならざるをえない。そこで、この主観性を克服して客観的な基準を見出すためには、人間の欲求の内容や程度と、さまざまな形態の社会生活の中でそれを充足する現実的な可能性とに目を向けることが必要となる。

トカチョーフはこうした考察を行った後、社会的目的すなわち、歴史的、社会的、政治的進歩の最高の判断基準は、全体の要求や個別的な要求と、これらの要求を充足する手段とを調和させることによって、「できるかぎり完全に個人人格の平等を確立」することであるという結論を導き出した。この考えによれば、進歩の目的に合致する社会とは、個体の欲求を保証するのに必要な手段、すなわち、労働の生産性の所与の発展段階によって量的にも質的にも制約される欲求充足の手段と個体の欲求とが、絶えず調和する社会であると言うことになる。それ故に、個体の進歩は、労働生産性の発展と不可分に結びついていると言うことになる。

進歩についてのトカチョーフのこのような考え方は、平等主義的理想と経済的唯物論の二つの柱によって支えられていた。彼は一方においては、マルクスの史的唯物論、それもとくに経済論的側面に傾斜しながら、イデオロギーや社会現象の「法則性」なるものを、経済の諸原理が反映した、言わば副次的な存在性格をもつものと考えていた。そして他方においては、平等主義を、人間の歴史過程を説明し解明することのできる究極的「目的」の内容を規定する最高の理想と考えていたのである。

（1）“Что такое партия прогресса”, П. Н. Ткачёв, Вышеуказ., т. II, стр. 207.

＊　＊　＊

トカチョーフは、自分が経済的唯物論の支持者であることをしばしば表明している。彼は、ラヴローフやバクーニンと並んで、ロシアの知識人たちの中では比較的早くから、マルクシズムの歴史・社会理論に注目し、それをロシアに紹介した一人であった。彼は、一八六五年一二月に『ロシアの声』誌に、マルクスの『経済学批判』の序説から史的唯物論の基本的な命題を訳載し、それにつぎのような解説を付け加えている。

「……すべての法的、政治的現象は、せいぜい、経済生活の諸現象の直接的な法的結果を示すものにすぎない。この法的、政治的生活は、言わば、国民の経済生活状態を反映させるたんなる鏡にすぎないのである……。この見解は新しいものではない。それは、すべて優れたものだけがそうされるように、西欧の文献から我われの文献へと移入されたのである。すでに一八五九年に、追放された有名なドイツ人カール＝マルクスは、この見解をきわめて精確に明確な形でもって定式化している……。今日では、この見解は、思索するすべての立派な人々のほとんど共通の財産となっており、そして知恵ある人間なら、これに対する有効な反駁も見出すことはないであろう。(1)」

このようにトカチョーフは、マルクスの史的唯物論を高く評価している。ところで、トカチョーフがマルクスの理論を知ったのはいつであったのか。この『経済学批判』の序説を『ロシアの声』に訳載したときが最初であったのか、それとも、それ以前から知っていたのかについては、はっきりしたことは分からない。その時期がいつごろであったかということは、トカチョーフの経済的唯物論の形成過程を知るうえに重要な意味をもってくる。

マルクスの『経済学批判』がロシアの文献で取り扱われたのは、『ロシアの声』の場合が最初であるけれども、F・ヴェントゥーリによれば、『経済学批判』はそれ以前からロシア国内に広範に普及していたようである。(2)また、これより一年前の一八六四年には、ラヴローフが別の定期刊行物で『共産党宣言』の解説を行ったりしている。トカチョーフが明確な形で自分の経済的唯物論の見解を示したのは六四年であった。このような状況から、トカチョーフが、社会ダーウィニズムやアダム＝スミスの経済理論を克服して、自身の歴史観を確立しようとしていた時期に、すでにマルクス理論から直接間接に刺激を受けていたということは十分に推測されるところである。

（1）“Рецензия на книги Ю. Жуковского”, П. Н. Ткачёв, Вышеуказ., т. 1, стр. 69-70.
（2）F. Venturi, Roots of Revolution, N.Y.: Alfred A. Knopf, 1964, p. 395.

*　*　*

さてトカチョーフは、一八六四年に、自身の経済的唯物論についての見解を次のように示している。

「やっと最近数年のあいだに、法律解釈学は、それが土台としている基盤がいかに脆弱であるかということ、そしてまた、それが今までに用いていた方法がいかに誤っていたかということを自覚し始めた。改革はその一つの部門、すなわち市民法の方法論において始められた。待望された、慈悲深いその改革者が、H・ダンクヴァルト（Heinrich Dankwardt）であった。彼は、社会生活の経済的領域と法的領域との密接な結び付きを説明、というよりは指摘した最初の人であった。彼は、市民法はただ、人々の経済生活の決定的な反映に過ぎないということを教示した。[1]」

トカチョーフの経済的唯物論の形成に対しては、ダンクヴァルトの思想も少なからざる刺激を与えているが、さらに、この時期、Ю・Г・ジュコーフスキーの論文も大きな影響を与えている。[2] ジュコーフスキーが一八六一年から六二年にかけて、『同時代人』誌に発表した「一六世紀の政治・社会理論」は、とくにトカチョーフの関心をひいた論文であった。この論文の中でジュコーフスキーは、「経済的要求が政治や法律を支配する」という命題をはっきりと設定し、この見地から、一六世紀の法哲学上の諸問題やこの当時の重要な政治理論を、経済上の用語でもって解釈することを試みた。(3)

ジュコーフスキーの解釈するところによれば、一六世紀のヨーロッパ社会においては、領主と中産階級と人民の三つの階級が相互に政治的利害関係に立っていた。言い換えるならば、それは、封建的土地所有者と、近代的資本家と、そして、土地や資本を奪われた労働者の利害関係の反映であった。それぞれの階級は、その利益を弁護するイデオローグを擁している。スコラ学者は封建勢力の、法律家たちは資本家階級のイデオローグであり、そして、あらゆる法解釈の虚偽性や、それの支配権力への従属性を洞察することのできたマキャヴェルリやトマス＝モアのような思想家が、人民のイデオローグであった。

マキャヴェルリやモアは、既存のあらゆる法的形式を徹底的に拒否し、すべての制度の偽善性を暴いてそれを打破しようと努めた。ジュコーフスキーによれば、これらの思想家は、党派的でありながら、すべての党派を越えた批判者であり、どこまでも真理を求め続ける探究者であった。マキャヴェルリは、スコラ学者の主張する自然法や神秘的に粉飾された道徳を拒否して、単刀直入に、法の要素に力の概念を導入した。彼の著作活動のすべては、イタリアを強力な君主国家として統一することに向けられていた。マキャヴェルリは、実際に、法の真の要素が何であるかを理解しており、その意味において、彼は純粋なリアリストと呼ばれ得るものであった。(4)

トカチョーフは、右のようなジュコーフスキーの見解に、ほぼ全面的な賛意を表明している。ただ、ここで我われの興味を引くのは、トカチョーフがモアよりもマキャヴェルリの方を、すぐれた洞察力を備えた思想家であると評価し、ジュコーフスキーがこの二人を同列に並べたことに異論を唱えている点である。(5)

トカチョーフの考えるところによれば、モアが諸悪の根源はその時代の経済の状態にあると理解していたのは確かである。けれどもモアは、マキャヴェルリの洞察の深さも思想の急進性も備えてはいなかったし、それに加えて、彼の活動さえも、真に大衆を擁護することを意図したものではなかった。要するに、モアは、彼の描く「ユートピア」に、何らの現実的な、直接的な政治的性格を与えることはなかったのである。それ故にトカチョーフは、モアを、実際は単に「お偉いリアリスト」(6) に過ぎなかったと考えていた。

これは、トカチョーフがこの時期すでに、経済を軸にした歴史の解釈が政治に具体的に反映するとする考え方に多大の関心を示していたということを物語るものである。思想のユートピア的要素に対する態度の相違が、やがてマルクス主義的歴史観に対するジュコーフスキーの否定的評価とトカチョーフの肯定的評価との相違となって現れてくる。

（1）"Юридическая метафизика," П. Н. Ткачёв, Вышеуказ., Т. V, стр. 24.
（2）Ю・Г・ジュコーフスキー（一八二二―一九〇七）は、Н・Г・チェルヌィシェーフスキーが一八六二年に逮捕されてからは、『同時代人』誌の中心的編集者として活動したが、後には、体制寄りの社会評論をするようになり、けっきょく、国立銀行支配人となった。См. П. Н. Ткачёв, Вышеуказ., т. 1, стр. 458.
（3）См. Там же, стр. 433–434.
（4）См. "Рецензия на книги Ю. Жуковского," Там же, стр. 71.
（5）Там же, стр. 71–73.
（6）Там же, стр. 73.

＊　　＊　　＊

一八六五年以後になるとトカチョーフは明確な形で、マルクス主義がすぐれた科学的理論であることや自分の見解がそれと類似のものであることを主張するようになる。例えば、六九年に『問題』誌に書いたある論文では、自身の経済的唯物論についてつぎのように説明している。

「私は、知的、精神的世界におけるすべての出来事は、結局経済的世界における出来事に、マルクスによって採用された表現を用いるならば、社会の〝経済構造〟に照応するということを主張する。経済的諸原理とその傾向は、政治的、社会的諸関係の発展とその傾向を条件づけ、社会の知的過程、その道徳思想や政治、社会的観念にそれらの刻印を残しさえするのである。(1)」

トカチョーフは、彼自身の経済的唯物論的歴史・社会観が正しいことを実証するために、合理主義の歴史をブルジョアジーの台頭と関連づけて分析したり、ドイツ観念論をその国の経済・社会構造と結びつけて検討したりする論文をいくつか書いている。トカチョーフがこうした具体的な社会の分析を通して確信を深めていったのは、これまでの社会の中で、農民こそが、真に「現実的」な力としての存在であると言うことについてであった。

「ドイツの農民は、騎士のロマンティクな夢に悩まされることもなければ、スコラ学者の模糊とした夢に苛まれることもなかった。彼らは、生活をありのままに見た。彼らはそれを、美化しようとも、詩に変えようとも、あるいはそれに法律上の価値を付与しようとも努めることはしなかった。彼らは生活を、避けることのできない害悪であり、我慢しなければならないものであると考えている。……農民は、特定の中心や特定の教区のために結合するということはなかった。彼らは、自分たち自身を、あらゆる難局や困窮の際に、自ら助け合わなければならない兄弟と考えていた。彼らはそのような考えを、いわゆる農民戦争において示すことができたのである。(2)」

ドイツにおける宗教改革と農民戦争の歴史は、トカチョーフには、農民が本性的に有している兄弟愛の精神と歴史の発展過程との非情な相克を、もっとも端的に示した事件のように思われた。彼の述べるところによれば、全ヨーロッパにおける文明のその後の発展は、封建勢力と結合して農民に打ち勝ったブルジョアジーによって担われたものであった。宗教改革は、ブルジョアジーの利益を表明し、あるいはその象徴としての役割を果すものに他ならなかった。

なんとなれば、プロテスタンティズムの理想はまさしく、当時生起しつつあった新しい経済原理の本質を、実際以上に明確に示すものであったからである。ブルジョアジーは、自己の利益を追求する過程で、たえず農民蜂起の恐怖にさらされなければならなかった。そのために彼らは、封建遺制と同盟することによって、ようやく、自らの利益を制度化することができたのである。

敗北した農民は、ますます貧窮化し、その結果として、神秘主義や迷信のとりこになってしまった。また、農民の生活を踏み台にしてプロテスタンティズムの理想を追求しようとしたブルジョアジーやそのイデオローグである改革派たちも、理想と現実のギャップから、凡俗に走るか、あるいは、思弁的形而上学の世界に逃避するかの道を選択することを余儀なくされた。とくにドイツにおいて、観念論哲学がもっとも支配的な思想として展開されるようになるのは、このような事情からであった。これについてトカチョーフは、つぎのように説明している。

「このような状況の下では、人間はその思想のための素材を、どのような分野から得ることができると考えられるであろうか。生活を取り巻く利害関係は、思索する人間にとっては、あまりにも低級に過ぎて、それに対する批判的態度を養うことはできず、ただそれらの関係の破滅的な影響のもとに成長したにすぎない……。そもそも考え始める前から、人々は凡俗主義者《フィリーステ》になっていた。そこでこれらの人々にできることは、生活のすべてを投げ捨てて、自分自身で、際限のない形而上学的夢想の世界に飛び込むことだけであった。(3)」

宗教改革や農民戦争についてのトカチョーフの叙述は、彼が経済的唯物論的歴史観を具体的な歴史事象に適用しようとした試みの典型的な例であったと言うことができる。もっとも、これまでの説明で明らかになったように、彼はその叙述の中で、農民の気質やその「現実的な力」に対して過大な期待をかけ、それと対照的に、ブルジョアジーに対しては否定的な態度をとり続けている。その結果トカチョーフは、ドイツや西ヨーロッパ諸国の歴史の分析を通して見出した農民のこの気質や力と、ロシアの農村にとくに長く存続してきた農村共同体的生活様式とを結び付けることによって、ロシアの変革過程における、農民の位置と役割を過大に評価することになった。

（1）“Женский вопрос”, П. Н. Ткачёв, Вышеуказ., т. 1, стр. 445.
（2）“Немецкие идеалисты и филистеры”, Там же., стр. 131.
（3）Там же, стр. 170.

五　マルクス主義批判

すでにみてきた通り、トカチョーフは、自分が経済的唯物論の視点に立って歴史を観察する仕方に与するものであるということをしばしば表明している。しかし、それにも拘らず、トカチョーフはついに、ロシアにおけるマルクス主義者となることはなかった。彼は、マルクス主義が、現存の社会を分析するのに有効な理論であることは認めながらも、その理論が、厳密な意味で社会を十分に理解する能力を備えているとは考えなかった。彼にはマルクスの理論は、必ずしも、歴史現象のすべてに妥当する普遍的性格を有しているとは思われなかったのである。

彼自身は、歴史現象を分析するに当たって、マルクスの理論に多くの拠り所を求めたが、この理論の社会分析の方法が十分な効果を発揮しえないと考えたときには、やむをえず、「ブルジョア的」社会科学から援用した理論でもって考察しようと努めた。彼が、アダム＝スミスやJ・ベンサム、あるいはまたJ・S・ミルの功利主義の用語でもって、自分の唯物論的社会分析を「補完」しようとしたのは、その現れであったとみることができる。

トカチョーフが、このような方法を試みた理由としては、まず第一に、彼がマルクスによる歴史の唯物論的解釈を「経済的」唯物論と考えていたことが挙げられるであろう。トカチョーフは、マルクスの史的唯物論の特徴を、経済的要素が政治、法あるいはイデオロギーに対して、一方的に作用を及ぼすと主張するところにあると考えており、したがって、史的唯物論は、歴史を運命的に解釈する傾向が強いと考えていた。こうした必然論的な歴史解釈は、社会発展における人間の主体的意志や目的の役割を重要視するトカチョーフにとっては、究極的には、受け入れられないものであった。それ故に彼は、マルクス主義的歴史観を「修正」し、「補完」するものとして、功利主義理論を援用したのである。

もっとも、この時期、マルクスの史的唯物論を経済的必然論と解釈したのは、トカチョーフばかりではなかった。マルクス主義に接近した多くのナロードニキ活動家たちも、マルクス主義をこのように理解していたし、さらには、西ヨーロッパにおいてさえも、同じような解釈をしていた「マルクス主義者」が少なくはなかった。このようなマルクス主義理解の風潮に対しては、エンゲルス自身がその「誤解」に対して、警告と弁解を発する必要があると考えたほどであった。彼は、一八九〇年九月に、ヨーゼフ＝ブロッホに宛てた手紙の中でつぎのように書いた。

「後輩たちが時として、過度に経済的側面に比重をおくのには、マルクスとわたし自身で責任をとらねばならぬ点も一部にはあります。わたしたちは反対者たちにたいして、彼らが否認するこの主要原理を強調しなければならず、そこで、相互作用に関与している他の諸要因をそれなりに評価する時間と場所と機会が必ずしもないということになったのです。(1)」

(1)『マルクス・エンゲルス全集』大月書店 一九七五年 第三七巻 四〇三頁。

＊　＊　＊

エンゲルスの警告や弁明はともかくとして、トカチョーフ自身は、マルクシズムの史的唯物論には、歴史における人間の主体的役割の過小評価がみられると考えていた。トカチョーフは、人間の活動やその世界観が所与の経済的条件によって規定されるということは認めている。彼にとっては、人間が社会の中で生活しており、それ故に、社会の法則に支配されているということも、疑問の余地のないところであった。

ところがまた、トカチョーフは、他面において、人間が本性的に生物としての存在であるという点にも注目しなければならないと考えていた。彼の指摘するところによれば、人間は本来、他のあらゆる高等な動物に共通する自然的欲求、自己保存の本能、あるいは、最良の生活条件への渇望といった生物としての特性を有している。この特性が、社会環境の影響を受けるとき、私的利益と政治的計算の原理へと変態し、そしてこの原理が、経済的関係を基盤とする人間の行為に刺激を与えるのである。トカチョーフは、人間の本性的な存在性格をこのように把握することによって、すでにみてきたような、歴史における人間の主体的な役割、社会における進歩の基準についての彼独自の考え方を導き出してきたのである。

トカチョーフにあっては、人間社会の進歩を規定する基準となるものは、平等の観念であった。彼は平等を、人間社会の発展にとってきわめて重要な理念と考えていたので、それを、たんに政治的、法的あるいは経済的な側面からのみ実現していこうとするような平等主義には満足できなかった。彼によれば平等は、さらに、人間の有機的、心理的側面からも達成されるとき、初めてその名に値するものとなるのであり、そしてそれは、公正な教育や共通の生活条件が確保されることによって培われるものであった。

トカチョーフの平等観は、例えば、経済法則についての彼の説明の中に端的に現れている。彼は、ひとたび賃金労働が廃止され、労働市場における需要と供給の法則が否認されるならば、労働の単位を測定するための、新しい、より合理的な基準を見つけ出すことが必要になるであろうと考えた。

「しかし、いかにしてこのことは可能となるであろうか。この場合における個々の人間の労働の価値を、どのように、何でもって計ることができるのであろうか……。問題はこうだ。つまりこの課題は、……個々人のあいだの差異が減少し、肉体的および心理的観点からの平等が絶対的なものとなるにつれて、容易に解決されるようになるであろう。すべての人間が無条件に平等になり、知的、道徳的あるいは肉体的な面からみて、だれのあいだにも差異が存在しなくなったときに、この問題は解決するであろう。そのとき、彼らは生産の報酬として、正確に、等しい分け前を受け取るであろうし、そして、彼らの労働に対するどのような評価も、まったく余分なものとなるであろうし、また、経済学者に従って、現在、給料の存在を本質的なものとしている理由は、おのずから消えてしまうであろうし、また、それとともに、給料も消えてなくなるであろう。(1)」

トカチョーフは、このような徹底した平等についての考え方から、多くの社会主義者が行った生産に対する貢献度、あるいは、生活における必要度といった、いわば、純粋経済的要素のみを軸として分配を定式化しようとする試みを、非合理的であると批判した。彼には、そのような試みは、資本主義における需要と供給に基づいた分配の原理と、それと対立的な社会主義における必要性の原理との、無原則的な混合のように思われたのである。トカチョーフによれば、合理的な分配の原理は、あくまで、人間のあいだの単純な平等が確認されることによってのみ確立されるべきものであった。こうして、トカチョーフは、平等の概念を明確にし、それを社会の目的として設定することによって、人間の歴史における主体的役割を位置づけようとしたのである。

（1）"Предисловие и примечания к книге Бехера, Рабочий вопрос," П. Н. Ткачёв, Вышеуказ., т. 1, стр. 427-428.

＊　　＊　　＊

トカチョーフは、社会は漸進的な発展段階と飛躍的な発展段階とが相互に絡まりあって歴史を形成すると考えていた。トカチョーフのこのような歴史観の形成には、Д・И・ピーサレフ（一八四〇—一八六三）の思想の影響が少なくなかった。ピーサレフについて簡単に触れておくと、彼は、チェルヌィシェーフスキーやドブロリューボフと並んで、ツァリーズムの専制や農奴制を激しく攻撃し、この体制を支える官許の政治・社会理論を厳しく非難した、当時の代表的な革命的民主主義イデオローグの一人であった。

ピーサレフは、歴史の研究においてはとくに鋭い批評眼を備えていた。彼は、王室に召し抱えられ、あるいは、大学や研究所で漫然と仕事している研究者たちによって進められているロシア史編纂を、非科学的であると批判した。ピーサレフの考えによれば、そのようにして編纂された歴史書においては、君主の行為や、優れた個人の功績が、あたかも歴史の主要な構成要素であるかのように記述されるからである。歴史は、おおよそこれとは異質のものでなければならなかった。彼は、歴史家の課題とその対象についてつぎのように述べている。

「歴史は、今日まで科学を含んでいなかった。だが実際には、我われはただ歴史の中にのみ、もっとも多くの問題を解決する素材を見出すことができるのである。ただ歴史のみが、我われに大衆を知らせてくれる。ただ、永遠の経験のみが我われに、大衆が何を感じているか、どのように彼らが変わるか、いかなる条件のもとで彼らの精神的・経済的な力が発展するか、いかなる形で彼らの欲望が現れるか、さらにまた、どの程度まで彼らの忍耐は続くか、ということを知らせてくれるのである。

歴史は、大衆についての、理解に富んだ正しい物語でなければならない。個々の人間の個々の事件は、それらが大衆に対して作用し、あるいはその解明に役立つ限りにおいて、その位置を見出すべきものである。ただこのような歴史のみが、分別ある人の注目に値するのである……。

今日まで、大衆はつねに現実生活の中で擦り消され、虐げられてきた。実際に、歴史〔書〕の中においても、擦り消され、虐げられていたのである。部分的な生活は、ただそれが、歴史研究に値する独特の対象を形作る大衆の集団生活の特殊性をその中に現す場合にのみ、歴史家にとって興味があったのである。」(1)

右のような見地にたって、ピーサレフは、歴史の前進運動が多様な過程を歩むものであることを指摘し、またその運動の過程においては、淀みなく漸進する時期（彼はこれを「化学的な道」と呼んでいる）と、廃れた社会生活の様式を革命的に変革する時期（「力学的な道」）とが交替するものであることを強調している。ピーサレフの、社会の発展過程における知識人の役割を重視する考え方は、このような社会発展様式の捉え方と密接に結びついていた。

彼の説くところによれば、少数の知識を備えた人々――レアリースト――の歴史的役割は、他の人々に先んじて社会を変革することの必要性を認識し、時代に適応した精神でもって大衆を啓蒙し、それを通して社会の変革を準備することであった。したがって、ピーサレフにおいては、知識を備えた少数者がその課題を遂行するのは、歴史の発展の淀みなき漸進の時期においてであるということになる。

ラヴローフの、知識人が「人民の中へ」入って啓蒙活動を積極的に展開する運動方式を徹底的に重視した態度は、このピーサレフの社会認識の方法を継承し発展させることによって培われたものであると言うことができる。トカチョーフが少数の知識人を重視する考え方は、ラヴローフのそれとは対照的であった。けれども、トカチョーフにおいては、知識ある少数者の課題は、歴史の漸進的時期にではなくて、革命的な変革の時期において遂行されるべきものと考えられたのである。彼は、この時期を「飛躍」という言葉で表現している。

（1）Д. И. Писарев, Соч., т. III, 1912, стр. 113–114.　В. С. Покровский, История русской политической мысли, вып. IV, Госориздат, 1954, стр. 217.

*　　*　　*

トカチョーフは、ロシアの歴史的発展を考察するにあたって、ロシアの農民に教育や知識がなく、彼らが原始の状態にきわめて近い存在であるという冷厳な事実については、それをそのまま容認していた。だが彼の、それを容認する態度は、けっして悲観的ではなかった。それは、彼が他方では、ロシアの教育ある階級のあいだに成長しつつあった「健全」な思想に対して大きな期待を寄せていたからであった。彼はつぎのように述べている。

「我われの状況は、ある人々が考えているほどには、悪くも絶望的でもない……。我われの知的発展は、また別の人々が想像するほど未成熟でもけっしてない……。我われは、わが人民が無知なるが故にとて、我が国の文明を非難すべきではない。我われはむしろ、我われの時代に、我ら少数のインテリゲンツィヤのグループのあいだに広がり、確立され始めた健全な思想や観念の故に、我が国の文明を喜ぶべきである……。これらの思想や観念は、我われの将来の幸福の保証なのである……。」(1)

トカチョーフがインテリゲンツィヤに対して、ロシア変革の事業における大きな役割を期待した理由の一つとして、ロシアの知識人そのものの、社会構造的変化があったことが挙げられる。少なくとも一八六一年の「農民改革」以前においては、インテリゲンツィヤはそのほとんどが貴族階級の出身であって、それ故に、少数の例外を除いては、彼らの言動はほとんど、貴族階級の特権を擁護する機能を果たすという傾向は否定しうべくもなかった。ところが、「農民改革」以後においては、インテリゲンツィヤは、それまでとは別の階級すなわち、「……堅固な経済的基盤を有している人々と、それをまったく所有していない人々とのあいだ」から現れてきたのである。これらの新しいインテリゲンツィヤは、経済・社会的には不安定な立場に立っていた。

ロシアの経済的発展は、ヨーロッパに比較して、いちじるしく不均衡であった。そのために、これらのインテリゲンツィヤが活動する分野はきわめて限られており、また、彼らが知的活動によって得られる生活の糧も、はなはだ心許ないものであった。貴族は貴族であることにより、聖職者は聖職者であることによってその存在を保障されていた。だがインテリゲンツィヤは、インテリゲンツィヤであることによって保障を得ることはできなかった。インテリゲンツィヤは、苦難に満ちた労働をすることによって、自らの存在を維持しなければならなかった。この点にこそ、この時期のインテリゲンツィヤの多くが、社会主義思想に傾斜し、ロシアの社会改革を自らの課題として受け止める現実的条件があったのである。

トカチョーフはこの点についてつぎのように述べている。「人間の立場が保障されず、本人の意思や予見の外にある不測の事態がその人に影響を及ぼすことが多く、またその人が自分は他人に従属しているとつよく感じれば、それだけ、その人はより鮮かに、よりはっきりと、人間の利益の完全な連帯の必要性を感じ、より自然に、より速やかに、個の幸福は全体の幸福なしには不可能、つまり、個人の幸福は社会全体の幸福なしには不可能である、と確信するようになるであろう。[2]」

このようにして、インテリゲンツィヤは、彼らの得る知識の結果としてでなく、彼らの置かれている状況の結果として革命家となるというトカチョーフの命題が導き出されてくる。社会の中に、これを変革しようという機運が徐々に成熟し、やがて必然性に転化する時機が到来する。社会はまた、客観的には危機的な状態に陥り、革命の条件が整っていながら、それでもなお、かなり長期にわたって惰性的に動くことがある。少数の革命的なインテリゲンツィヤの役割が最初に登場してくるのは、まさにこのような状況においてである。

少数者は、この段階において、これまでに獲得したあらゆる手段を駆使して社会を揺さぶり、それを、より高い発展段階へと飛躍させる役割を担う。彼らにはそれができるし、またそれを遂行する義務がある。トカチョーフは、このような見解を提示することによって、自分の歴史観をロシア変革の具体的目論見とも一致させようと試みたのである。

（1） "Подрастающие силы", П. Н. Ткачёв, Вышеуказ., т. I, стр. 275.

（2） Там же, стр. 282.

＊　　＊　　＊

そうは言いながらも、トカチョーフは、社会発展における少数インテリゲンツィヤの役割を、無条件に高く評価していたわけではなかった。彼は、インテリゲンツィヤが、ロシアの社会主義的変革を推進するにあたっては、考慮されるべき問題点を抱えていることを指摘している。問題は、インテリゲンツィヤが歴史の進歩を創造するのは文化的人間であり、社会の変革はこれらの人々の知的な活動によって可能であるという図式を、過信している点にあった。

トカチョーフは、インテリゲンツィヤが、自らの役割や資質を過大に評価すればそれだけ、人民大衆との間に深い溝を掘ることになることを懸念した。彼の考えるところによれば、インテリゲンツィヤは、つねに、あらゆることを人民から学ぶことによってのみ、自らの使命を遂行することができる。言い換えるならば、インテリゲンツィヤは、純粋に知的な、道徳的な基盤に立つのではなく、むしろ政治的な基盤に立つことによって、創造的、革命的な役割を果すことができるのであった。

「〝何を保存すべきで何を変えるべきかを決定するのは我われである。進歩を促すのは我われであり、人類に道を示すのは我われであり、すべてのものに基調を与えるのは、我われである〟とわが主人公たちはいう。ああなんと、あどけない妄想であることよ。諸君がごみ溜めに連れていかれて、ごみから発散する毒気の匂を激賞しなさい、汚水が健康によい、美味しい飲み物であること、……を科学的に証明しなさいと言われたら、諸君は、まめまめしく、自ら進んで、この課せられた命令を遂行するであろう。諸君は進歩の道を示す。実際問題としては、諸君は行かされるところへ行くのであって、諸君は、生活のこだまに過ぎず、必要や夢や実際行為や日常生活の繰り返しの反映に過ぎないのである。(1)」

要するに、インテリゲンツィヤは、自己の位置や役割を抽象観念の中にではなく、政治や経済の具体的条件の中に設定することによってのみ、このような状況から脱却することができるはずなのである。それ故に、このための努力を払わない限り、「進歩」についてのどのような賞賛も、ただ現実の非合理や矛盾を覆い隠す機能を果たすものに過ぎないとトカチョーフは強調したのである。

（1） "Рецензия на книгу гетнер", Изб. соч., т. V, стр. 178.

＊　　＊　　＊

トカチョーフの変革理論は、ナロードニキ運動の中でも、とくに、「人民の意志」派に対して影響を与えたといわれている。また、「人民の意志」派の理論や活動を通して、レーニンやボリシェヴィーズムに対して強い影響を与えていることも十分に推測されうるところである。

二〇世紀の初頭、ロシア社会民主労働党の内部で、革命の戦略・戦術、あるいは特に党組織の問題をめぐって対立が生じたとき、レーニンを指導者とするボリシェヴィキは、社会変革を遂行する政党は、思想的にも十分に訓練された、厳格な規律に耐えうる職業的革命家によって組織されなければならず、また、その指揮命令系統は中央集権的でなければならないと主張した。彼らは、政党が国内の広範な人民大衆の支持を待っていては、革命は成功しないと考えていた。言い換えるならば、国内で資本主義が十分に発展し、住民の大半がプロレタリアートとなって階級意識に目覚めるのを待っていたのでは、革命を達成するのは不可能であると考えていた。むしろ政党が、権力の獲得、社会の変革あるいは大衆に対する政治指導といった革命運動における前衛的な役割を積極的に推進することによって、変革は可能となるのであり、それ故にこそ、革命政党の組織は一枚岩的でなければならないと、彼らは考えていたのである。

このような変革の理論は、すでにみてきた通り、トカチョーフによって、様々の角度から論じられてきたところとよく似ている。もちろんのことながら、これまで、トカチョーフがボリシェヴィーズムの先駆者であったということが、通説となったということはない。トカチョーフは、マルクスやエンゲルスよりも、ブランキの思想に近かった。実際、トカチョーフは、エンゲルスとブランキの争いをきっかけとして、エンゲルスと直接争っている。また、インタナショナルにおいても、ブランキ主義者とマルクス主義者とのあいだで激しい論争が展開されたことはよく知られていところである。

Г・В・プレハーノフもトカチョーフを、自分と対立した「人民の意志」派の理論的指導者であるとしばしば強調している。トカチョーフは、「人民の意志」派のテロリズムに反対していた。それにもかかわらず、プレハーノフが、トカチョーフを全面的に、この派の理論的指導者であると強調したのには、プレハーノフ自身が、「人民の意志」派の理論や行動に反対して、「土地と自由」結社の「農村活動家」を擁護しようとする意図が働いていたということは十分考えられるところである。

いずれにしても、トカチョーフの理論が、どの程度、「人民の意志」派に受け入れられ、その行動に影響を与えたかということについては、まだ十分な検討が加えられているとは言えない。また、この組織を媒体として、トカチョーフの思想が、レーニンやボリシェヴィキとどのようなつながりをもっているかという点についても、まだ甚だ不明瞭なままである。これらの点もわたしたちの強い関心を引くところであるが、今後の課題としたい。

第八章　「合法的」ナロードニク

──Н・К・ミハイローフスキー──

一　経　歴

ロシアのナロードニキの運動は、一九世紀の七〇年代において、もっとも活発に展開された。資料によって正確に把握することは困難であるが、この時期、「人民の中へ」入る運動に参加した若いインテリゲンツィヤの数は、およそ二万三、〇〇〇人、その活動のために警察に捕われたものは一、〇〇〇人以上であったと言われている。ナロードニキの運動は、一八七六年に「土地と自由」結社《Земля и воля》が組織されるまでは、統一的、組織的に進められることはなかった。「人民の中へ」入ろうというスローガンに共鳴した若者たちが、三三五五グループをつくり、ヴォールガ、ドン、ドニェプルの流域あるいはウクライナ地方の農村に行って、思い思いの方法で農民解放の思想の宣伝普及に従事したわけである。

七〇年代のナロードニキの運動に、つよい影響を与えた思想家として、すでにみてきたように、М・バクーニン、П・Л・ラヴローフおよびП・Н・トカチョーフの三人があげられる。バクーニンは、ロシアの農民は太古以来共産主義者であり本性的に革命的資質を備えているのであるから、農民に向かっての長期にわたる宣伝活動は必要ではなく、蜂起のきっかけをつくることが大切であると説き、諸悪の根源である国家を廃絶して連合社会組織をつくることを主張した。ラヴローフは、ロシアにおいて農民を解放するのはあくまでも農民自身であるから、インテリゲンツィヤの任務は、農民がその位置と役割を自覚するのを助けることにあると考え、人民の中に入って不断に宣伝活動を行なうことが重要であると説いた。これと対照的に、トカチョーフは、農民解放は、インテリゲンツィヤが積極的な先導的役割を果たすときはじめて可能であるとして、少数精鋭主義あるいは陰謀主義的革命論を主張した。

これら三人の思想家は、七〇年代に展開された運動のそれぞれの段階において、それぞれの立場から、自らの理論を展開した。けれども彼らは、この時期のナロードニキ運動の直接的指導者であったとはいえない。というのは、三人とも、この運動が最盛期であった七〇年代の中頃には、ロシアから亡命し、国外でその地の革命運動に身を投ずるか、出版活動に従事するかしていたからである。J・H・ビリントンは、三人の思想家の、ロシア国内の運動に対する影響力を過小に評価して、運動の主な潮流を分けるのに、「バクーニン主義者」とか「ラヴローフ主義者」という特徴づけをするのは、作為的であって妥当性を欠くとまで言っている(1)。

実際のところ、七〇年代には、ゲールツェンやチェルヌィシェーフスキーらのナロードニキ主義の先駆的思想家をはじめとして、П・Г・ザイチネーフスキーやП・А・クロポートキンらの革命主義者たちも、国外に亡命するか逮捕投獄されるか、あるいは流刑に処せられるかして、ナロードニキの運動に直接参加することはなかった。そうした中で、終始国内に留まって運動と密着し、活動家を指導した代表的なイデオローグとして、Н・К・ミハイローフスキー（一八四二―一九〇四）が挙げられる。

ミハイローフスキーは、ナロードニキ運動の指導者の中で、一八六〇年代の初めから一九〇五年の第一次革命の前夜に没するまで、ずっとロシア国内にいて積極的な活動を展開した、ほとんど唯一の人であった。そして、彼の活動は、まことに多方面にわたるものであった。たとえば、当時の代表的な革新的刊行物であった『祖国雑記』《Отечественные записки》や『ロシアの富』《Русское богатство》の編集者・執筆者として、長年にわたって健筆を揮った。また彼は、J・S・ミル、H・スペンサー、マルクス、さらにプルードンといった、この時期の勝れた思想家の理論を、ロシアに導入するのに積極的な役割を果たした。実践活動の面においても、チャイコーフスキー＝サークル《Чайковцы》、「人民の意志」派《Народная воля》、「人民の権利」党《Партия "Народного права"》など、この時期の急進的な組織と密接な関係をもち、組織の活動において指導的な役割を演じた。

このようなミハイローフスキーの理論的実践的役割は、ナロードニキ主義の歴史を研究するに当たっては、軽視することのできないものである。にもかかわらず、ミハイローフスキーについての研究は、今日までほとんど進められていなかったといってよい。ソヴィエートにおいては、レーニンのミハイローフスキーに対する厳しい批判の影響がつよく、歴史家によってもミハイローフスキーは長いあいだ無視されてきた。ミハイローフスキーの著作集は、革命前に『一〇巻全集』《Полное собрание сочинений, т. 1-8, 10 (указат. лит.), 4 изд., Спб., 1906-14》が出版されていたが、革命後には、一九五八年に『文芸・評論集』《Литературно-критические статьи, М.》が刊行されているだけである。研究書や論文についてみても、A・A・ガラクチオーノフ、П・Ф・ニカーンドロフ共著の『ロシア＝ナロードニキ主義のイデオローグたち』《Идеологи русского народничества, М., 1966》の中で、ミハイローフスキーについて一章を設けて述べられている他は、M・Г・セドーフの論文『H・K・ミハイローフスキーの社会・政治思想の問題によせて』《К вопросу об общественно-политических взглядах Н. К. Михайловского, в сб.: Общественние движение пореформенной России, М., 1965》やШ・M・レーヴィンの『一九世紀六〇―七〇年代のロシア社会運動』《Общественное движение в России в 60–70-е годы XIX века, М., Соцэкгиз, 1958» の中での断片的な叙述が主なものとして挙げられるくらいである。本格的なミハイローフスキーについての研究としては、ようやく一九七九年にЭ・С・ヴィレーンスカヤの『ミハイローフスキーと一九世紀七〇―八〇年初めのナロードニキ運動におけるその思想的役割』が出版されたという段階である。(2)

また、わが国をも含めて、ソヴィエート以外の国においても、ミハイローフスキーの政治・社会思想についての研究は、これまで、ほとんど行われなかった。さきにあげたビリントンの "Mikhailovsky and Russian Populism, O. U. P., 1958" が、数少ない研究の一つであって、この書物は、レーヴィンとС・С・ヴォルクによって、ロシア語に翻訳されている。

こうした、ソヴィエート内外における研究の進み具合ともあいまって、ロシア思想史研究者の、ナロードニキ運動におけるミハイローフスキーの位置づけや評価はさまざまである。T・G・マサリクは、ミハイローフスキーの著作から判断して、彼を、実際政治家というよりはむしろ理論家であったと特徴づけ、「ミハイローフスキーは、もちろんのことながら、社会学者として、その時代の政治問題について考察し、また、社会主義者として、自由主義の敵対者として、急進派に味方したのであったが、わたしは、彼が親しく革命家の陣営に属していたとは思わない」(3)と述べている。

H・ベルジャエフは、ミハイローフスキーを、社会真理と社会正義の名において、人民の利益の名において、自由を放棄し、政治改革でなく社会改革を要求した指導者であったと説明している。(4) ポーランドの社会思想史家A・ヴァリツキは、ミハイローフスキーの社会学的見解を、一種の「社会学的ロマン主義」と特徴づけている。(5) さらに、わが国のロシア思想史研究者の中には、ミハイローフスキーがラヴローフとともに、人間の個性と自由の発展の過程にブルジョア的人間性が発生する危険性をも認め、これに対応する均等化の原理を主張したことを指摘して、ミハイローフスキーを「ボリシェヴィーズムにおいて牢固たる要求となっている均等化の原理」の思想的先駆者として位置づけるものもある。(6)

以上の点を要約すれば、ミハイローフスキーは、ロシアのナロードニキ主義の歴史において重要な位置を占めているにもかかわらず、彼の思想や行動についてほとんど研究がなされておらず、そのため、彼の位置づけや評価がまことに多様である。こうした空白部分を少しでも埋めようとするのが、本章において、ミハイローフスキーについて検討をすすめる所以である。

ミハイローフスキーは、一八四二年に、モスクワから南西に約二〇〇キロほど離れた、カルーガ県のメショーフスク市近郊の、あまり豊かではないが、長く続いた貴族の家に生まれた。彼の生まれ育った時代は、ちょうどニコライ一世の専制的統治の最盛期であった。一八二五年、即位をデカブリストの反乱で迎えられたニコライ一世は、ロシアの政治体制を、伝統的な社会階級構成を保持することによって強化しようとし、ツァーリ自身の権力を拡大するとともに、官僚に対しても、それぞれの部門において、先例のないほど大幅な権限を付与した。ミハイローフスキーの父コンスタンチーン＝ミハイローフスキーは、ツァーリの意向に忠実な貴族階級の一員として、カルーガ県の自分の所領に引退するまで、陸軍の士官や警察官僚として国務に励んだ。

ミハイローフスキーは、幼少の時期かならずしも家庭的には恵まれていなかったようである。彼は、一人息子であったけれども、父親はかれをあまり可愛がらなかったし、母親は彼が物心のつく前に死没した。不遇な生活は、彼の慈愛の心を育てた。ミハイローフスキーは、貴族の親戚との行き来よりも、屋敷内で働く農奴の子弟との交友により多くの親しみを感じた。彼がのちになって、幼少の頃のメショーフスクの生活を懐しそうに追憶するとき、それは、彼の家族や「貴族の巣」のことではなくて、これら農奴の子供たちのことであったと言われている。もともとあまり豊かでなかったミハイローフスキーの家の財政は、四〇年代の終りにはかなり逼迫していた。父親は、所有する土地と農奴を売り払って、モスクワの北東約三〇〇キロのコストロマーの町へ転居した。ミハイローフスキーは、この地で中学校《ギムナージヤ》に進学し、一八五六年、四年生のとき父親が死亡したのでこの学校から、ペテルブルクの陸軍鉱山技術専門学校≪Петербургский институт корпуса горных инженеров≫第二学年に転入学した。

メショーフスクやコストロマーの生活が、のちに形成される彼の社会・政治思想の背景に生きていることは、十分推測し得るところである。けれども、ミハイローフスキーの、ナロードニキのイデオローグとしての活動は、ペテルブルクに出てきたときから始まったと言うのがよろしいであろう。[7]

ミハイローフスキーは、早くから家庭においてフランス語やドイツ語などの外国語や、基礎科目を修得した。彼はこれらの学力を基礎として、専門学校において、豊かな自然科学の知識を身につけたが、この学校を卒業することはできなかった。彼は、一八六三年、卒業試験を受け、士官に任命されようとする直前に、学生騒動に参加したかどで退学処分を受けたのである。その後彼は、しばらくの間、ペテルブルク大学法学部へ受験するための準備をしたが、この試験に失敗したため進学を断念し、文筆活動に没頭するようになった。もっとも、彼は文筆活動を、すでに専門学校在学の頃から始めており、一八六〇年には、彼の最初の評論が『黎明』≪Рассвет≫誌に掲載されている。

それ以後、ミハイローフスキーは、自身の表現によれば、ときおり「雑文を書いて」はあちこちの雑誌にのせるようになった。彼は、のちになって、この頃の、「勢いのよかった」文筆活動の経験を皮肉まじりに回想しながら、こうした勢いは、「その当時の社会全般の雰囲気」と、ロンドンでゲールツェンによって発行されていた『鐘』≪Колокол≫や、ペテルブルクで、В・П・ネクラーソフ、Н・Г・チェルヌィシェーフスキー、Н・А・ドブロリューボフらによって発行されていた『同時代人』《Современник》などの影響によるものであったと説明している。

一八六二年に警察に逮捕されたチェルヌィシェーフスキーが、獄中で書いた小説『何をなすべきか』《Что делать ?》が、一八六三年から『同時代人』誌に掲載された。この作品がこの雑誌に掲載されるようになったのは、検閲官の手違いからであったと言われており、間もなく、単行本は発売禁止の処分を受けた。この小説は、文学作品としては高い評価を受けることはなかったが、当時は、手書きの写しなどもつくられて、行動の指針として多くの青年に読まれ、つよい感動を与えた。

ミハイローフスキーもチェルヌィシェーフスキーから大きな思想的影響をうけた一人であった。彼は、自分をチェルヌィシェーフスキーの後継者であると考え、『何をなすべきか』の中で述べられているアルテーリ（協同組合）組織の構想を具体化しようと努力した。そして、一八六四年に、亡父の残したわずかの遺産をもらって、それをアルテーリ組織の製本所に投資したが、その経営は、当時革新的思想家がつくった多くの企業の例にもれず、長続きはしなかった。

一八六五年、ミハイローフスキーは、詩人Ｈ・Ｃ・クーロチキンと知り合いになり、招かれて『書籍通報』《Книжный вестник》の仕事をするようになった。間もなくこの雑誌が停刊となってのちは、しばらくのあいだ、計画もなく目的もなしに、『週報』《Неделя》、『公開裁判』《Гласный суд》その他の雑誌に寄稿していた。やがて一八六八年、ネクラーソフから、『祖国雑記』《Отечественные записки》に招かれた。『祖国雑記』は、権力によって廃刊された『同時代人』の後継誌の意味をもつべく、この年ネクラーソフによって復刊されたものであった。それ以後、ミハイローフスキーは、一八八四年にこの雑誌が発禁処分を受けるまで、ずっとここで仕事を続けた。

ミハイローフスキーは、『祖国雑記』に招かれた当初から、有能な執筆者の一人であった。一八七七年にネクラーソフが死んでのちには、この雑誌の編集者となった。ミハイローフスキーが、一八六八年から八四年までのあいだに『祖国雑記』に発表した主要な論文にはつぎのようなものがある。『進歩とは何か』《Что такое прогресс》(1869)、『ダーウィンの理論と社会科学』《Теория Дарвина и общественная наука》(1870-73)、『門外漢の手記』《Записки профана》(1875-77)、『個性のための闘い』《Борьба за индивидуальность》(1875-76)、『無慈悲な天才』《Жестокий талант》、『真実と虚偽についての手紙』《Письма о правде и неправде》。

ミハイローフスキーは、『同時代人』の仕事を続けているあいだに、革命的、民主主義的傾向をもった評論家としての名声を高めていった。当時の多くのインテリゲンツィヤは、ナロードニキ主義に共鳴していた。ナロードニキにも革命主義者から改革論者までの広い幅があった。ミハイローフスキーは、改革論者であったが、彼の哲学や社会学の理論、さらには、資本主義の運命、ロシアの歴史的発展過程、社会発展におけるインテリゲンツィヤの位置と役割などについての主張には、多くの革命家たちが共鳴していた。こうした事情から、ミハイローフスキーは『祖国雑記』を、一般向きの合法的ナロードニキ主義の「機関誌」に変えていきながら、この雑誌での活動を通して、「土地と自由」結社のメムバーや「人民の意志」派さらには、自由主義的インテリゲンツィヤに対しても、幅広く思想的影響力をもつ存在となった。

このようなミハイローフスキーの指導的役割を、レーニンはつぎのように特徴づけている。「ロシア解放のためのブルジョア民主主義運動における、ミハイローフスキーの大きな歴史的功績は、彼が、農民の抑圧された状態に熱烈な同情をよせ、農奴制的圧制のあらわれのすべてと精力的に闘うとともに、公然たる合法出版物の中で、もっとも首尾一貫した毅然たる民主主義者のラズノチーネツ(雑階級人)が活動していた〝地下組織〟への共感と尊敬の念を――暗示的にではあるが――抱き続け、彼自身、この地下組織を直接援助しさえしたということであった。(8)」

ミハイローフスキーは、生涯を通じて、合法出版物において活動を続けた。これは、当時のロシアの政治・社会情勢のなかでは、そうした活動が可能でありまた必要であるという、彼の確信にもとづくものであった。この確信はまた、ロシア変革のための運動は、ロシアの国内において続けることが大事であるという判断とも結びついていた。

一八七二年から三年にかけて、ミハイローフスキーは、その時期チューリヒで革命的宣伝活動を拡大する準備をすすめていたП・Л・ラヴローフから、『前進』«Вперед!»誌の協力者として、チューリヒへ移住してくるよう招かれた。ミハイローフスキーは一時心を揺るがしたが、けっきょく、この招きをことわった。彼は、ラヴローフへの返事をつぎのように書いている。「わたしは革命家ではありません。だれにも自分の道があります。わたしは古い神との闘いをしておりません。なぜなら、神の讃歌も歌われましたし、神が没落するのも時間の問題でありますから。新しい神ははるかに危険であり、この意味においては悪い神です。事態をこのように見ておりますので、わたしは、ある程度古い神々とつき合うことができますし、したがって、ロシアで書くことができます。(9)」

今のロシアにとっては、人民についての真の知識を身につけ、西ヨーロッパ文明の善悪を識別しうる能力を養い、「行動すべき時」の到来に備える若い世代を教育することが、緊急の課題であるというのがミハイローフスキーの判断であった。そしてこの課題を遂行するためには、国内にとどまることが必要であった。国外へ移住してしまえば、国内の諸問題に身近に接することができず、『祖国雑記』の八、〇〇〇人の読者に対しても、思想や行動について指針を与えるという、執筆者としての責任を果たすことができなくなる。こうした理由からミハイローフスキーは、以後ずっと国内で評論活動を続けることを決意した。

しかしながら、つづいて起った七〇年代半ばの、ナロードニキ運動の中心勢力とミハイローフスキーとのあいだには、大きな見解の相違が生まれてきた。「土地と自由」結社に集まった多くのナロードニキは、国家権力の存在性格とか、それの奪取あるいは変革といった、いわば政治問題には関心を寄せず、農民の自然発生的な、一揆的騒擾によ る社会変革を重視していた。

ミハイローフスキーは、農民の騒動に変革への積極的役割を認めず、むしろ不信の念さえ抱いていた。また彼は、社会の進展の過程における政治の役割を重視していたので、ナロードニキの非政治的運動方式に共感を示すことができなかった。彼が、「土地と自由」結社の機関誌に執筆しなかった理由はここにあった。一八七九年に「土地と自由」結社が分裂したのち、ミハイローフスキーは、「人民の意志」派の機関誌に執筆するようになった。「人民の意志」派は、個人的なテロリズムの方法によって「政府を解体」することを主張した。こうした主張は、「合法主義的」な改革を標榜するミハイローフスキーの賛成するところではなかった。にもかかわらず、彼がこの派の機関誌に論文を掲載したのは、ミハイローフスキーと「人民の意志」派が、政治権力の役割、それとの闘争の必要性などについて、立場の違いを越えた共通の認識をもっていたからである。

一八八一年に、「人民の意志」派のメムバーによって、アレクサーンドル二世が暗殺されたのちは、大方の期待に反して、政府の抑圧政策は強化され、一八八四年には、『祖国雑記』も発禁処分を受けた。ミハイローフスキーは、これまでにも、政治活動にたいして、政府権力から種々の圧迫を受けてはいた。一八八二年以後二回にわたってペテルブルクからヴィボルクやリュバーニに追放されたこともある。少々の弾圧には屈しなかったミハイローフスキーも、『祖国雑記』の廃刊処分には、手痛い打撃を受けた。

その後ミハイローフスキーは、『北方通報』《Северный Вестник》、『ロシア彙報』《Русские ведомости》、『ロシア思想』《Русская мысль》など数種の雑誌を転々と移ったが、どこへも長く落着くことはできなかったし、それ故に、どの雑誌をも、『祖国雑記』の水準にまで高めることはできなかった。

一八九二年、ミハイローフスキーは、『ロシアの富』《Русское богатство》誌に移った。この雑誌は、一八七六年からペテルブルクで月刊として発行されていて、もともとナロードニキ主義の性格をもっていた。八〇年代には、Л・Е・オボレーンスキーによって発行され、Л・Н・トルストーイの宗教・道徳思想が宣伝されたりした。ミハイローフスキーは、九四年からこの雑誌を主宰し、一九〇四年に死去するまで、編集者としての仕事を続けた。

ミハイローフスキーが編集者になって『ロシアの富』は、ふたたび、ナロードニキ主義の機関誌としての性格をつよくもつようになった。ナロードニキ主義社会批評家、С・Н・ユジャコーフ、А・В・ペシェホーノフ、Н・Ф・ダニエリソーン、В・П・ヴォロンツォーフらが執筆陣に加わった。彼らは、この雑誌において、自由主義的ナロードニキ主義を展開し、その頃ロシアで勢力を張ってきたマルクス主義と対立した。

ちなみに、この雑誌の文芸部門には、Г・И・ウスペーンスキー、В・М・ガールシン、В・Г・コロレーンコ、М・ゴーリキー、А・И・クプリーンらの、そうそうたる作家が名前を連ねていた。

（1）See, James H. Billington, Mikhailovsky and Russian Populism, O. U. P., 1958, p. vi.
（2）«Н. К. Михайловский и его идейная роль в народническом движении 70-х—начала 80-х годов XIX века, Наука, М» は一九七九年に出版された。
（3）T. G. Masaryk, The Spirit of Russia, Vol. II, London : G. Allen & Unwin LTD., 1961, p. 160.
（4）ニコライ＝ベルジャエフ著、田口貞夫訳『ロシア思想史』創文社　一九五八年　一三五頁参照。
（5）Cf. A. Walicki, The Controversy over Capitalism, Oxford, 1969, p. 56.　日南田静真他訳『ロシア資本主義論争』ミネルヴァ書房　一九七五年　七九頁。
（6）田中忠雄著『ロシア思想史論』田中忠雄著作集　浪漫　第八巻　一九七三年　二七八—二七九頁参照。

（7）　ミハイローフスキーの生涯については、А. А. Галактионов, П. Ф. Никандров, Идеологи русского народничества. ЛГУ, 1966 ; Советская историческая энциклопедия, т. 9. Сов. энциклоп., 1966 ; J. H. Billington, Mikhailovsky and Russian Populism O. U. P., 1958. を参照。

（8）　Б. И. Ленин, Народники о Михайловском, пол. соч. соб., 5 изд., т. 24, М., 1969 стр. 333-334.　邦訳レーニン全集第二〇巻　大月書店　一九七二年　一一五―一一六頁。

（9）　Н. К. Михайловский, Полн. собр. соч., т. X. СПб., 1913, стр. 65. См. А. А. Галактионов, П. Ф. Никандров, Идеологи русского народничества, стр. 122.

二　『進歩とは何か』

すでに触れたように、ミハイローフスキーは一八六八年から八四年まで、『祖国雑記』で編集と執筆の仕事を続けた。この時期が、ミハイローフスキーの生涯を通じて、もっとも実りの多い、「創造的な」活動の時期であった。この時期を、さらに詳細には、三つの段階に分けることができる。第一は、一八六九年から七四年までで、彼はこの時期、主として分業理論を展開した。第二は七四年から七九年のあいだで、個性のための闘争の理論を、そして、七九年から八四年にかけての第三の時期には、「英雄」と「群衆」の問題の解決を試みて集団的模倣の理論を提起した。このような、一連の理論展開を通して、ミハイローフスキーは、主観主義的方法«субективный метод»に依拠した独自の社会論をつくりあげた。[1]

ミハイローフスキーが『祖国雑記』に発表した最初の論文が、『進歩とは何か』«Что такое прогресс ?»であって、これは一八六九年の二月号に掲載された。権威のある刊行物に発表したということも手伝って、論文の執筆者は、たちまちインテリゲンツィヤのあいだで名声を博するようになった。この論文は、新しい世代の社会活動家のあいだでは、ラヴローフの『歴史書簡』（一八六八—六九）と並んで、変革の運動に対して、理論的根拠と思想的指針を与えるものと受けとめられた。

『進歩とは何か』という論文は、「ハーバート＝スペンサーの理論」の検討を通して、課題の解明を試みようとするものであった。他にも、この頃ミハイローフスキーによって書かれた論文には、スペンサーやダーウィンの理論の引用や紹介がかなりみられる。彼がダーウィンやスペンサーの理論を積極的にとり上げた理由としては、これらの理論がロシアの思想界につよい衝撃を与えたという事情と、ミハイローフスキーが自身の思想に社会科学的骨組みをつくろうとする意図が重なったことが考えられる。

ダーウィンは、古典的著作『種の起源』（一八五九）において、生物の進化発展には、自然選択（自然淘汰）と生存競争の法則が作用していることを説いた。ダーウィンの進化論は、中世以来ヨーロッパにおいて支配的であった不可知論的自然観や人間観に大きな動揺を与えた。また、ダーウィンの生存競争の理論は、スペンサーやT・ハクスレーによって、社会・政治理論として展開され、社会ダーウィニズムとして広範囲にわたって影響力をもった。

ロシアで進化論が知られるようになるのは、一八六四年に『種の起源』がロシア語に翻訳され、Д・И・ピーサレフによって、ダーウィンに関する幾つかの論文が書かれることによってである。ピーサレフは、ダーウィンの自然選択の理論を真理として受け入れ、それを人間の進歩についての確信と調和させる手段として用いた。

六〇年代から七〇年代にかけてのロシアのインテリゲンツィヤの多くは、自然科学を熱心に学んだ。彼らは、ピーサレフによって紹介された、類人猿はアミーバより進歩しており、そして人間は類人猿よりも進んでいるとする進化論の命題を、抵抗なく受けいれた。ピーサレフや当時の多くのインテリゲンツィヤには、進歩の観念は容易に科学的法則性に沿うものであると考えられた。

また、ダーウィニズムは、ロシアに根づよく存在する偶像崇拝の習俗を改革しようとするインテリゲンツィヤが活動の理論的根拠として用いた。ピーサレフは、ダーウィンの突然変異や生存競争の理論から、「それぞれの種は、不断に、もっぱら自身の利益のために行動し、そして、絶対的な利己主義が、有機的世界全体の生命の根本法則を形づくっている」という結論を導き出した。

ダーウィンの、生存競争と進歩とを同一視する理論は、道徳的理想を追求するロシアのインテリゲンツィヤにつよい衝撃を与えた。ミハイローフスキーの、『書簡通報』以来の友人H・Д・ノージン（一八四一—六六）は、社会ダーウィニズムに対して批判を加えた一人であった。生物学者であったノージンは、生物学と社会科学とを結びつける方法を模索していた。彼は、ダーウィンの説く生存のための闘争の理論が、ある種と他の種との関係を説明するには有効であることを認めた。けれども、ノージンは、こうした闘争が同一の種、とくに人間同士のあいだでも行われるとする主張には賛成することができなかった。

ノージンによれば、同一の種のあいだでは、闘争よりも協同が支配的であって、闘争の状態は異常であり、それは、正常な生存の状態が侵害される場合にのみ起こるものであった。この見地に立ってノージンは、ダーウィンの進化論を、マルサスの人為淘汰の理論を用いて、生存のための闘争を絶対化するところまで追いやるものであると批判したのである。(2)

つけ加えれば、クロポートキンもダーウィニズムを批判した一人であった。ダーウィンの『種の起源』があちこちで論議されるようになった頃、クロポートキンはシベリアで探検や地理学的調査に従事していた。彼は、ダーウィンの理論につよい関心を示し、進化論や生存競争の理論を念頭において探検調査の活動を行った。けれども、クロポートキンは、ダーウィンの主張したような同一種のあいだで不断の闘争がくり返されているという確かな証拠を見いだすことはできなかった。

クロポートキンの研究によれば、事実はダーウィンの主張と反対であって、生物界の種や個体のあいだでは、競争よりもむしろ相互協力の関係が支配的であった。そこで彼は、生存にもっとも適しているのは闘争的な生物ではなくて相互協力的な生物であり、そしてこの相互協力的な性質が、直接的には種の安寧を図り、間接的には知能の発達を促進するが故に、生物の進化にとってもっとも主要な要素であると主張し、ダーウィニズムを批判した。こうした見地に立ってクロポートキンは、自身の社会理論を『相互扶助論』(Mutual Aid, A Factor of Evolution, 1890–1896) において体系化した。(3)

ミハイローフスキーは、ノージンのダーウィニズムに対する批判から、大きな影響をうけた。社会的分業が対立の原因となり、公正に組織された社会を特徴づけるのが人間相互の連帯であり、そしてけっきょくのところ、人間の意志によって、またその理想に基づいて社会をつくり変えることが可能だと、ノージンは考えた。こうしたノージンの主張は、ミハイローフスキーが社会学理論を構築するにあたって、つよい刺激となった。ミハイローフスキーは、のちに、ノージンのことを「ほとばしり出る知恵、ひらめく想像力、すぐれた仕事の能力と広い (生物学の) 知識を備えた人物」と評価し、(4) 彼自身長いあいだノージンの呪文の金縛りになっていたと述懐している。(5)

ミハイローフスキーは、ノージンに従って、ダーウィンの進化論を、自然界、あるいは人間と自然との関係を説明する場合には有効であるけれども、人間相互の関係を説明する際には説得力をもたないと批判した。ミハイローフスキーによれば、ダーウィンの自然選択や突然変異の概念は、人間社会においては無目的な闘争を意味するものであり、それはけっきょく、「略奪的利己主義」に陥るものであった。

「生物学と社会学の境界と両者の結接の可能性」の問題、言い換えれば、科学に対する信頼と人間社会の進歩とを調和させる問題を究明しようと努力していたミハイローフスキーは、続いて、スペンサーの理論について研究を進めた。

スペンサーの非国教徒的立場や「偶像破壊主義」的傾向は、当時のロシアのインテリゲンツィヤのつよい関心の対象となるところであった。ミハイローフスキーもつよい関心を示した一人で、彼はスペンサーの「真の改革者にとっては、神聖な制度とか批判を超越した信念といったものは存在しない。あらゆるものは公正と理性とに一致する。権威によって救われるようなものは何もない」という言葉につよい感銘をうけ、また個人人格はそれ自体目的であって経済的資力以上のものであるとする主張につよく惹かれた。さらに、社会において、あらゆる権威、とくに国家の権威が増大するのを危険な傾向だと指摘するスペンサーの社会観は、思想形成期にプルードンに傾倒したミハイローフスキーの大いに共鳴するところであった。こうして、彼は、ダーウィンの理論を批判し、スペンサーの理論に積極的な検討を加える過程で、自らの歴史・社会観を構築していったのである。

ミハイローフスキーは、『進歩とは何か』の中で、人間や社会の進歩の問題を解明しようと試みた。彼は、「社会構造のあらゆる変化は、その変化によってわれわれが、人間個性の発展、要求の満足、および多数の個人の幸福の総和の達成に、いっそう合致するような共同生活の形態に近づく場合にかぎって、進歩的であると判断されうる」と述べている。(6)彼はまた、右のような人間の進歩を測る基準として、スペンサーの説く生物学的「法則」――「ベーアの法則」――を援用する。それに従えば、有機体はますます発展して複雑となり、この有機体構成員のあいだの分業はいっそう発達して完全なものへと近づく。ミハイローフスキーは、この「ベーアの法則」を人間社会にあてはめようとして、根本的な問題に直面した。

すなわち、かりにスペンサーの言う「有機体」が社会全体を意味するものとすれば、その中で専門化と分業が進み、その結果として生産性が増大することは、それ自体進歩であると考えられる。反対に、この「有機体」が個人人格を指すものであるならば、進歩は個人に割り当てられた仕事や役割の多様性によって測られるべきものとなる。その場合社会が異種的となるにしたがって、個々の「有機体」は専門化する。反対に、個人が多面的となるにつれて、社会的有機体は同種的となり、構成員のすべてのものがすべてのことを少しずつ行うようになる。この、相互に反発しあう二つの有機体概念のどちらをとるかによって、人間社会の進歩についての把握の仕方がまったく異なってくる。どちらの見地に立つかを決めることが、ミハイローフスキーの重要な課題の一つであった。

彼はここにおいて、「有機体」を社会全体ととらえる「客観主義的方法」では、人間社会の進歩の問題について何ら解決の道を示すことはできないと考え、いま一つの、「有機体」を個人人格と考える立場に立って、「主観主義的方法」を展開した。ミハイローフスキーは、『進歩とは何か』やその後の論文のなかで、しばしばこの「主観主義的方法」について論じ、実際に社会学理論の展開のなかでそれを解説したり、その哲学的、社会学的基盤を指摘したり、あるいはまた、この概念の研究方法の要点についても説明している。

こうした努力にもかかわらず、ミハイローフスキーの「主観主義的方法」の定義は、かならずしも明確であるとはいえない。しかし、彼の説明から、この方法によって、社会に存在する生きた個人、歴史を動かす主体的な人間を把握し、そうした人間の自然や社会との関係を正確に位置づけようとする彼の意図は、十分に読みとることができる。

ミハイローフスキーは、「進歩」の意味を実際にもつ「有機体」は、個人人格のみであると考えた。彼によれば、社会は「考え、感じ、欲する」具体的な個人によって発展するのである。したがって、進歩について考えるときには、こうした個人をこそ考察の対象におくべきである。社会なる存在は抽象的であって、それは生きたり死んだり、苦しんだり喜んだりするものではない。功利主義者は、個人を実体として重視しながら、社会的効用という非人格的な抽象概念を価値の基準にしようとする。その限りにおいては、有機体的国家観の擁護者と同罪である。

ミハイローフスキーはさらに、社会的分業の発達が、個人人格の進歩にとって大きな障害となることを強調する。彼によれば、分業の発達は、人間から個人の全能と全体性を奪い、個人を社会的全体に従属させてしまう。社会の多様化（異種化）と社会的統合の度合は、個人の内面的多様化と人格的統一の度合に反比例する。ミハイローフスキーは、こうした主張を、古代より現代にいたる人間の生活や労働の形態の具体的な引用や、彼自身のトゥーラの兵器工場視察の体験によって裏づけようとしている。

専門化と分業の発達による個人の社会への従属の強化、社会の進化に比例しての個人の退化の過程から脱出して、「主観的」な、人間中心の時代の到来を志向する理論を構築する拠り所として、ミハイローフスキーは、オーギュスト＝コント（Isidor Auguste Marie François Xavier Comte, 1798-1857）の――とくに後半期の――理論に注目した。ただし、コントの理論を研究するに際しても、ミハイローフスキーは、他の理論に対してと同様に、その体系の様々の部分について、同意を「留保」したり、批判を加えたりしている。

コントは、代表的な著作の一つ『実証主義哲学講義』（Cours de philosophie positive, 1830-42）の中で、人間の社会的活動や歴史の発展過程は、数学や物理学と同様に、科学的、実証的方法によって体系的に説明されなければならないと説いた。彼によれば、人間の知識は、神学的段階から形而上学的段階を経て実証的段階へと発展し、実証的段階において、基礎科学としての数学と、天文学、物理学、化学、生物学および社会学の計六つの実証科学の体系を確立する。そして、それぞれの科学は、その対象と内容に応じて固有の方法を用いる。数学では演繹法、天文学では観測、物理・化学では実験、さらに社会学では歴史的方法といった具合である。学問体系をこのように整理することによってコントは、社会学を自然科学と同じように法則的科学であると特徴づけ、違いはただこの学問がいちばん遅れて実証的段階に到達した点のみであると説いている。

ミハイローフスキーは、右のようなコントの社会学の位置づけに対して批判を加えた。ミハイローフスキーの考えるところでは、ここに挙げられた自然科学のそれぞれの方法は、研究対象の取り扱い方の点からみれば客観的であり、理論を構築する論理の点からみれば分析的であって、いずれも自然科学の課題には十分こたえている。だが、社会学において用いられる歴史的方法を、こうした自然科学的方法と同一視するのは妥当でない。なんとなれば、社会学は、客観的な事実とともに、人間の行為の合目的的な、つまり意識的な性質をも考慮に入れなければならないからである。それ故に、社会学には補完的に総合的方法を導入しなければならず、そしてこの方法は、その性質から言って主観的である。と言うのは、それは、人間の目的や福利と所与の社会形態との相互関係を前提とするからである。

ミハイローフスキーがコントの実証主義の科学的厳密性につよい共感を示しつつも、それに同調しえなかった理由は、まさにその実証主義的な方法にあった。ミハイローフスキーにとっては、いかなる客観的真実も、それが「人間の苦しみに耳をかさないならば、」真理として容認することはできなかった。彼は、人間がみんな欲望をもっており、そしてすべての実証主義者も欲望をもっているにもかかわらず、実証主義それ自体は理想をもっていない、ということを十分認識していた。「理想は、主観的な気分の結果」[7]であるのに対して、実証主義は客観的科学の方法であるからである。

そうでありながら、実証主義が理想をもたないことが、ミハイローフスキーにとっては不満であった。社会学は、客観的ないしは科学的真理のみならず主観的ないしは道徳的真理についても、明確な認識をもたなければならない。

ミハイローフスキーの言葉で言えば、社会科学的探究の過程では、「真実としての真理《правда-истина》と正義としての真理《правда-справедливость》とが手を携えて進み、相互に裨益し合うことが可能であるという見解をもつことを禁じられているとは、けっして信ずることはできなかったし、今も信ずることはできない」[8]のである。

こうしてミハイローフスキーは、コントの実証主義哲学のもつ決定論的要素を拒否した。だが、コント自身も晩年には、実証主義の「客観的方法」を批判して、人間の心情を中心に置いて世界を把握しようとする「主観的方法」に転じた。ロシア思想史家A・ヴァリツキーの指摘するところによれば、ミハイローフスキーは晩年のコントの思想の中に、すなわち、第一には、形而上学的抽象主義と専門化に対するコントの批判に、第二には、いかなる真理も人間にとってこそ真理であって、「絶対的」な真理にとってそうなのではないというコントの命題に、第三には、知識の「主観的総合」の要請と結びついた「主観的方法」をコントが正当化したことに、そして最後に、人間の幸福を基本的条件として個的人間存在の統一と調和についてのコントの思想に、個人人格の普遍的再生の新しい時代の徴候を見たのである。[9]

真理と正義が両立し得る新しい時代に相応しい唯一の社会哲学が、実践的ないし主観主義的社会主義であるとミハイローフスキーは考えた。しかもこの場合、社会主義は、抽象的であってはならず、革命家は形而上学的であってはならなかった。彼によれば、抽象的社会主義思想のもつ歴史的意義は、カトリシズムや封建制を打倒する闘いとともに終ったのである。新しい社会主義は、実践的、経験的性格をもつべきであった。それによって、これまでの不正常な時代に、抽象的なカテゴリーのために忘れられていた、肉と血、思想と感情、愛と憎しみをもった人間の生きた姿を社会に再現するのが、社会理論の根本的課題である。これが『進歩とは何か』の中でミハイローフスキーの論じた主題であった。

（1）См. А. А. Галактионов, П. Ф. Никандров, Вышеуказ., стр. 121.
（2）Cf. J. H. Billington, op. cit., p. 29.
（3）本書に関しては第七章（三〇一—三〇二頁）の注（1）を参照されたい。
（4）Н. К. Михайловский, «Литературные Боспоминания», Полн. собр. соч. СПб. 1909, т. vii, стб. 17.
（5）Cf. Billington, op. cit., p. 30.
（6）Цит.: Ф. М. Суслова, «Н. К. Михайловский и движение революционного народничества», Исторические записки, No. 94, 1974, стр. 215.
（7）Н. К. Михайловский, «Что такое прогресс ?», Пол. соб. соч., т. I, стб. 75.
（8）Quot. from J. H. Billington, op. cit., p. 34.
（9）Cf. A. Walicki, The Controversy over Capitalism, Oxford, 1969, p. 52.

三　中庸の哲学

ミハイローフスキーの哲学は、中庸の哲学としての色彩を帯びている。また彼の政治・社会思想は、しばしば中道の思想として特徴づけられる。一般的に、中庸とか中道という言葉は、相対的な意味で用いられることが多い。ミハイローフスキーの場合においても、このような特徴づけは、一八六〇年代以降、ロシアにおいて急速に高まってきた反動主義と急進主義との緊張関係の中でされている。彼の政治・社会思想の全体像を把握するためには、当時のロシアの思想的潮流を概観しておくことが必要であろう。

この時期のロシアに台頭してくる反動主義は、これまで伝統的に続いてきた保守主義をさらに強化するという形で展開されたものではなかった。この時期の反動主義の担い手は、当初はむしろ、それまで存続した慣習や思想のもつ権威の「偶像性」を破壊しようとした。新たな反動主義の代表的担い手として挙げられるのが、К・Н・レオーンチエフ（Константин Николаевич Леонтьев, 1831-1891）であった。レオーンチエフは、生涯の前半を医者や外交官として過した人であるが、一八七〇年頃からロシア正教の熱心な信者となり、ビザンチン精神に基づいて、神の全能と絶対的神政擁護の思想を展開するようになった。

彼は、キリスト教信仰と「美学的価値」によって人類が救済されることを信じていたが、彼の信じたキリスト教は、人間の人格を評価せず、世俗的幸福を拒否する等、厳粛な教義を備えていた。それはまた、神の愛や人類愛の説教を虚偽であると非難し、神を畏敬し永遠に罪を恐れることを真髄とするキリスト教であった。レオーンチエフによれば、ビザンチン精神をその根底にもつキリスト教の原理は、政治的には貴族制を伴う専制でなければならなかった。

「神を全能のエホバ、力の行使者と考えるこの畏怖の宗教は、現世においては、理論的にも実践的にも、エホバに選ばれた君主によって実現される。この君主こそ、優しくない神の真の姿でなければならない。つまり、君主はこの世の神でなければならない。絶対主義的専制のみが、真実のキリスト教国家である。キリスト教の社会は神政の国であり、神権統治者は神の股肱である。専制的支配は、社会組織として必要であったし、今日も依然必要である。人間の集団は、武力で固めることが必要である。(1)」

レオーンチエフによれば、ロシアのツァーリは最高にして神聖な権威の担い手であり、ツァーリのなすことは、直ちに善であり法に適うものであった。こうした見地からみれば、この時期勢力を増してきた偶像破壊の思潮は、まさしくロシア人の生活の根底にある「美」を破壊するものに他ならない。彼は、文学や政治の中に現われた反抗的・革命的傾向を、「恐るべき散文」であると鋭く批判した(2)。

Ф・М・ドストエーフスキー（Федор Михайлович Достоевский, 1821-1881）は、この時代の急進主義を批判した代表的な作家である。彼は、よく知られているように、一時は、ペトラシェーフスキー＝サークルに参加し、社会主義や無神論に共鳴したこともあった。一八四九年に捕えられ、一〇年間にわたって、シベリア流刑などの拘束をうけた。その間に急進主義から離れて、六〇年代には、『時代《ヴレーミャ》』、『時期《エポーハ》』などの定期刊行物に載せた文章や、『地下生活者の記録』《Заиски из подполья》（1864）などで、唯物論や革命運動に対する批判を展開した(3)。

ミハイール＝カトコーフ（Михайл Никифорович Катков, 1818-1887）も、急進主義に反対し、絶対主義的神政を擁護する思想家であった。彼は、四〇年代には、モスクワでスタンケーヴィチのサークルに属し、ベリンスキーやバクーニンと親密な間柄であった。一八四八年以後の激動の中で、モスクワ大学哲学教授の職を失ったカトコーフは、五〇年から、政府筋の新聞『モスクワ彙報』《Московские ведомости》の編集に従事した。五六年には、自ら評論誌『ロシア通報』《Русский вестник》を創刊した。彼は、これらの新聞や雑誌を通じて、中庸な自由主義的評論活動を行っていたが、六一年の「農民改革」以後は徹底した体制擁護者となった。六三年からは、再び『モスクワ彙報』に戻り、亡くなるまでこの新聞の編集にたずさわった。

カトコーフは、六一年の「農民改革」やそれに続く一連の政治・社会改革を、国内に急進勢力が台頭するのを許し、ロシアの進路を誤るものであったと批判した。彼の考えるところでは、真の進歩のためには、君主制、貴族制、中央集権制の原則が不可欠であった。

カトコーフは、セルゲーイ＝ウヴァーロフによって定式化されて以来ロシアの国是となった、正教・専制・国民性の「三位一体」論を、崇高な統治の原理と理解していた。この原理によってこそ、ロシアは、共通の言語、共通の信仰およびミール共同体を土台として創造され、独自の国民性を備えた、強大な統一国家となり得るのであった。[4] こうした観点からカトコーフは、ゲールツェンの改革論やチェルヌィシェーフスキーのリアリズムに批判を加え、スラヴ主義者の民族理論に対しても、それを、ロシアの民族性の基礎を掘り崩すものであると非難している。一八六三年のポーランド蜂起、六六年のД・В・カラコーゾフによる皇帝暗殺未遂事件の後では、自由主義的な閣僚や官僚に対しても批判を加えるようになった。[5]

この時期台頭した排外思想を極度に鼓吹したのが、Н・Я・ダニレーフスキー（Николай Яковлевич Данилевский, 1822-1885）であった。彼も若い頃は、ドストエーフスキーらとともにペトラシェーフスキー＝サークルに属した急進主義者であったが、のちに、ロシア民族主義の熱烈な擁護者となった。もともと生物学者であるダニレーフスキーは、ダーウィニズムを批判的に受けいれて、この見地から歴史の中でのロシアとスラヴ民族の役割を位置づけようとしたのである。

彼は、こうした試みを、代表的な著作『ロシアとヨーロッパ』《Россия и Европа》（1871）において提示した。この中で彼は、一般的あるいは全体的な文明の担い手としての「人類」の存在を否定する。彼によれば、個々の「種」すなわち個々の民族のみが、それぞれの、譲渡することも借用することもできない固有の文明の担い手として存在するのである。[6] そして、歴史の過程において、これらの諸民族は生存のために闘争を繰り返し、けっきょくは、西ヨーロッパとは異質の文明を備えた専制ロシアが勝利するというのが、ダニレーフスキーの確信であった。彼の著作は、急進主義者の多くが体制の陣営に移っていく際の理論的拠り所を提供し、七〇年代の国粋主義的な汎スラヴ主義のための道を開くものであったと言われている。[7]

右にみてきたような、ウルトラ民族主義的思想の台頭に対応して、六〇年代以後、革新思想の潮流の中では、ジャコバン的革命主義がしだいに優勢になってきた。

ジャコバン的革命主義をまず最初に明確に打ち出したのは、「若いロシア」のサークルであった。このサークルは、もともと第一次「土地と自由」結社に属していた。メムバーの一人П・Г・ザイチネーフスキー（Петр Григорьевич Заичневский, 1842–1896）が、農民を煽動したかどで逮捕され、一八六二年獄中で檄文『若いロシア』«Молодая Россия»を書いた。『若いロシア』は、農村共同体《オプシシーナ》を基盤とする連邦共和制の樹立、民主的裁判制度の確立、税の公正化、公教育・社会福祉の充実、婦人の解放などを目標としてうたっている。そして、これらの目標はただ流血の革命によってのみ達成されうると主張する。

「現代人を破滅させ、それとの戦いにその最良の力を消費してしまう、この抑圧的なひどい状態からの出口はただ一つ、革命である。流血の仮借なき革命、すべてを、例外なしにすべてを、現代社会の基礎を根本的に変え、現秩序の支持者たちを抹殺する革命である。[8]」

この檄文がモスクワやペテルブルクでばらまかれたとき、ゲールツェンやバクーニンは、このような戦術は、政府に、反政府活動家に対する攻撃の口実を与えるものであると批判した。これに対して、サークルの「中央革命委員会」は、ゲールツェンやバクーニンには革命に対する信念が欠如していると応酬している。

一八六三年のポーランド蜂起の鎮圧ののち、第一次「土地と自由」結社は、政府の弾圧と排外主義の波に押されて、衰滅してしまった。しかしながら、この頃新しく制定された反政府的活動を制限する法律も、学生やインテリゲンツィヤの内外での運動を抑えることはできず、かえって、彼らの運動を秘密主義的、陰謀的なものへと傾斜させることになった。一八六三年モスクワにおいて、Н・А・イシューティン（Николай Андреевич Ишутин, 1840–1879）によって設立されたグループは、「土地と自由」結社崩壊後の中心的な地下活動の組織であった。やがて、この組織は、И・А・フヂャコーフ（Иван Александрович Худяков, 1842–1876）の指導のもとに、さらに徹底した革命組織へと変っていった。つまり、この組織の中に新たに「地獄」《Ад》という名の、テロリストの秘密グループがつくられた。この組織の目的とするところは、「祖国に対する限りなき愛と献身」であって、この目的を達成するために、組織のメムバーは、一切の家族的紐帯を断ち切ること、組織の必要に応じて自己の生命を犠牲にすることが要求された。一八六六年四月、皇帝アレクサーンドル二世暗殺未遂事件を起こしたドミートリー＝カラコーゾフ（Дмитрий Владимирович Каракозов, 1840–1866）は、カザーニ出身の、この組織に属する学生であった。

この極左的な粗暴なテロリズムは、六六年から六七年にかけての反動と「白色テロ」を誘発し、そしてそれがまた新たなテロリズム集団の結成を促すこととなった。こうした悪循環の一つとして生まれたのが、С・Г・ネチャーエフ（Сергей Геннадиевич Нечаев, 1847–1882）の組織であった。彼は亡命中、バクーニンとともに「世界革命同盟」《Всемирный революционный союз》という架空の組織をつくり、彼らの基本的な革命観を示す『革命家の教理問答』《Катехизис революционера》をあらわした。彼は、「革命家は死を宣告された人間である」と考え、革命という唯一の目的のためには、すべての人間的感情を抑え、現存の法律や道徳習慣と絶縁することが必要であると主張している。[9]

ネチャーエフは一八六九年にロシアに帰り、自分の革命理論の具体化に着手した。彼の設立した「人民裁判」《Народная расправа》という名の陰謀組織は、指導者に対するメムバーの徹底的な服従を義務づける独裁的中央集権の掟によって維持された。この秘密組織は、露見を防ぐために五人を単位として構成され、メムバーは隣接する単位組織だけは知りえても、組織全体については掌握できないように組みたてられていた。組織は、厳格な階級構成と規律をもち、この規律は、あらゆる個人的感情や利害関係に優先するものであった。ネチャーエフは、情熱のある学生を誘って組織に加入させ、ときには脅迫や瞞着などの方法も用いて、彼らを共通の「目的」に従わせようとした。組織のメムバーの一人И・イヴァーノフは、相互欺瞞や恐喝によって維持される組織は真に革命的な組織ではないとして、ネチャーエフの運動のすすめ方を批判した。ネチャーエフは、イヴァーノフの批判を組織に対する敵対行動であると断定し、「組織を血で固めるために」彼をリンチによって殺害した。この事件は、ロシアの革命家の多くから厳しく非難され、ロシアの革命運動の声価を、いちじるしく傷つけることとなった。(10)

以上にみてきたように、一八六一年以後の、「農民改革」をはじめとする「大改革」の時期は、反動と革命の両極端の思潮を産み出す時代でもあった。同じ時期に作家活動を始めたカトコーフとフヂャコーフが、一方は徹底したツァーリ専制の擁護者となり、他方は革命とツァーリ殺害の主張者となっていくこの過程こそ、時代の潮流をきわめて象徴的に示していると言えよう。

こうした、左右両極端の思想の相克の中にあって、ロシアの改革を志向する、いわゆるナロードニキ「中道」派が、六〇年代末から現れてきた。そして、その理論的指導者の立場にたっていたのがミハイローフスキーであった。ナロードニキ「中道」思想の源流は、J・H・ビリントンによれば、一八四八年のフランスにおける六月暴動後のゲールツェンの著作に求めることができる。(11)けれども、ゲールツェン自身のロシア国内の変革運動に対する影響力は、一八六三年のポーランド蜂起の失敗以来急速に衰えていった。

この時期にあって、中道的なロシアの改革の方法を積極的に追究した活動家に、Г・З・エリセーエフ（Григорий Захарович Елисеев, 1821–1891）がいた。エリセーエフは、一八五四年に、それまで一〇年ほど教授として勤務したカザーニ神学大学を退き、その後しばらくの間役人生活をおくっている。この頃彼は、『同時代人』誌に参加し、そこで政治評論を担当したりした。彼は、『同時代人《ソヴレメンニク》』誌の同人の中から、社会主義思想を信奉しながら、本誌の文芸部門の編集者であったチェルヌィシェーフスキーやドブロリューボフの主張する唯物論に共鳴できない人たちを糾合して、ロシアにもっとも適した道徳的社会秩序を樹立しようと努めた。(12)

エリセーエフや彼の同調者がロシアに実現しようとした社会制度は、農村共同体《オプシシーナ》を基盤としていた。周知のとおり、農村共同体はゲールツェンによって高く評価されて以来、革新的インテリゲンツィヤによって、政治・経済・社会生活のすべての分野にわたって、変革の原型として理想化されていた。そうした中にあってエリセーエフらは、この制度の価値をただその道徳的な側面にのみ認めていたのである。

彼らの主張するところによれば、西ヨーロッパには、自由や平等の観念が発達しているが、ロシアには、西ヨーロッパにない同胞の固いきずなが存在する。スラヴ主義者はこのきずなを、正教信仰の生活の中で発展したロシア固有のものであると考えているが、これは誤っている。同胞のきずなは、農村共同体が自然な形で家族的性格を保持しているところでは、どこにも存在していた。つまり、それは、機械文明や、新たな産業や、官僚制の発達によって侵蝕されないあいだは、西ヨーロッパの社会にも存在したのである。

利益や利己主義によって合理的に整序される社会機構は、共同体の特性とは相いれない。官僚制は、共同体の「道徳的要素」つまり相互の敬愛・扶助や勤労の精神を破壊するが故に、堕落した制度である。幸いロシアは、こうした「道徳的要素」を、まだ多く農村共同体の中に存続させている。この事実が、ロシアが道徳的に再生する拠り所となり得るのである。ロシアの再生は、ロシア正教会を再興することによっても不可能であるし、過激な手段で社会主義を実現することによっても達成されない。それは、農村共同体のもつ道徳的資質を強化高揚させることから始めなければならない。(13)

『同時代人』誌において、エリセーエフやその同調者によって展開された道徳的理想主義の主張は、当時の若い学生やインテリゲンツィヤが、フヂャコーフ的急進主義に対して批判的態度をとるうえに、大きな影響を与えた。ミハイローフスキーも、こうした影響を受けた一人であった。彼は、すでに学生の頃から、エリセーエフが編集していた『火花《イースクラ》』誌を読んで、そこからつよい感化を受けていた。それが、陰謀主義的革命組織と実際に接触したり、親しい友人ノージンの、カラコーゾフ事件前夜の不可解な死に遭遇したりするうちに、過激な革命理論にますます批判的な考えをもつようになったのである。

ミハイローフスキーが、「中道」的な立場に立って左右の極端な主張に批判を加えるようになるのは、ネクラーソフやエリセーエフの招きによって、『祖国雑記』で評論活動を行うようになってからである。一八六八年に彼は、過激主義から反動主義に転向した活動家の一人であったB・ケリシーエフ（Василий Иванович Кельсиев, 1835–1872）を槍玉にあげている。

ケリシーエフは、自身の専制主義的汎スラヴ主義への転向に関する手記を、カトコーフの主宰する『ロシア通報』に載せて、これはロシアの歴史の新しい時代の前触れであると弁明している。ミハイローフスキーはこれに対して、ケリシーエフの転向は、ロシアの神秘主義と白昼夢《メチターニエ》の産物以外の何ものでもないと批判した。ミハイローフスキーによれば、ケリシーエフがどのような立場に立って自己の主張を客観化しようとも、彼には、「社会の精神的、道徳的発展」に対する信念が欠如していたのである。ケリシーエフが真面目な真理探究者であったならば、あらゆる事実と思想に対して敏感に耳目を集中させていなければならず、また、彼が実際にそうしていたならば、おそらくは亡命者にも反動的汎スラヴ主義者にもならなくてすんだであろう(14)。

ミハイローフスキーは、反動に対するのと同様に、過激な革命運動や組織に対しても遠慮のない批判を加えた。彼は、ネチャーエフが同志に対して行ったリンチ殺害事件をとくにきびしく糾弾した。ネチャーエフはこの事件のあと官憲の追及を逃れて国外に脱出したが、逃亡地でも多くの亡命革命家から排斥されて、しばらくのあいだヨーロッパ各地を放浪することを余儀なくされた。一八七二年スイスの警察に逮捕され、刑事犯として身柄をロシアの権力に引き渡された。ロシアの裁判所は、ネチャーエフに二〇年の懲役を言いわたした。ミハイローフスキーは、ネチャーエフの裁判に関連して、ロシアの裁判官の高度の資質や識見を評価し、また、陪審制や証拠主義による近代的裁判が行われていることを称賛している。(15)

（1）Quot. from T. G. Masaryk, The Spirit of Russia, London, 1961, Vol. II, p. 209.
（2）T. G. Masaryk, op. cit.
（3）遠丸立「無政府主義サークルとドストエーフスキー――ペトラシェーフスキー＝サークルをめぐって――」（『無政府主義研究』Ⅶ所収）。
（4）Cf. T. G. Masaryk, op. cit., p. 194.
（5）Cf. J. H. Billington, Mikhailovsky and Russian Populism, p. 44.
（6）См. Советская историческая энциклопедия, т. 4, стб. 971.
（7）Cf. J. H. Billington, op. cit., p. 43.
（8）松田道雄編『ロシア革命』ドキュメント現代史Ⅰ　一〇一頁。
（9）ルネ＝カナック著・佐々木孝次訳『ネチャーエフ――ニヒリズムからテロリズムへ――』現代思潮社　一九六四年　五三頁参照。
（10）См. Советская историческая энциклопедия, М., 1967, т. 10, стб. 145–146.
（11）Cf. J. H. Billington, op. cit., p. 46.
（12）См. Сов. ист. энциклопедия, М. 1964, т. 5, стб. 491.
（13）Cf. L. Schapiro, Rationalism and Nationalism in Russian Nineteenth Century Political Thought, Yale U. P., 1967, p. 111.

（14）Н. К. Михайловский, «Жертва старой русской истории», Полн. собр. соч., Спб., 1909, т. 4, стб. 27.
（15）См. Н. К. Михайловский, «Дело Нечаева и "Московские Водомости"», Полн. собр. соч., т. 10, стб. 12–32.

四　ナロードニキ運動との関係

ミハイローフスキーの政治思想を把握しようとするためには、彼の、ロシアの一八七〇年代以降のナロードニキの運動や組織への関わり方、これらの組織のもつ綱領や主張に対する彼の基本的態度などについて考察することが必要である。さらにまた、西ヨーロッパの革命運動、パリーコミューンあるいはブルジョア体制や自由主義思想などに彼がどのように対応したかについて検討を加えなければならない。ところが、ミハイローフスキーの研究者Ф・М・スースロワも述べているように、この時期のミハイローフスキーの活動については、これまでソヴィエトにおいても充分な研究がされていないし、またとくに七〇年代のミハイローフスキーのナロードニキ運動との結びつきを知るための資料もかなり限られている。(1)

七〇年代のはじめ、ロシアのナロードニキの主要な活動家が集まってチャイコーフスキーーサークル（Чайковцы）を組織した。この組織は、ペテルブルク大学の学生であったН・В・チャイコーフスキーを中心に、クロポートキン、С・М・クラフチーンスキー、Д・А・クレーメンツ、Н・А・チャルーシンらの他に、М・А・ナタンソーンのグループやС・Л・ペローフスカヤの女性グループなど約六〇人の活動家が集まって結成された。やがて、Л・А・ティホミーロフ、М・Ф・フロレーンコ、Н・А・モローゾフらのモスクワグループ、Ф・В・ヴォルホーフスキー、A・И・ジェリャーボフらのオデッサのグループ、П・И・アクセリロート、Я・B・ステファーノヴィチらのキーエフのグループ、さらにはヘルソーンその他の都市からも活動家が加わって、チャイコーフスキー・サークルは、かなり大きな組織となった。

組織の綱領的文書の作成には、クロポートキンがあたった。それに示されたこの組織の主要目的は、大衆に対する宣伝・煽動および大衆の組織化を通して人民革命を準備することであった。戦術としては、バクーニンの性急な蜂起主義やラヴローフの宣伝一辺倒を排して柔軟な方策をとるというのが、この組織のメムバーの大方の意見であった。(2)

だが、人民革命の方向や運動の基本的課題については、この組織の構成員の多くのものは、バクーニン主義的な、いわば反「政治主義」的色彩をつよく帯びていた。たとえば、専制を変革し、ロシアに西ヨーロッパ的な立憲体制を樹立することの可能性については、否定的な見解が支配的であった。ロシアの貴族やブルジョアジーにその実現を期待することは、それぞれの国家内での有り様や政治力の点からみて無理である。インテリゲンツィヤは無力であるし、社会を変革し、国を現在の袋小路から救出する勢力となるべき人民大衆は、憲法にはまったく関心をもっていない、というのがその理由であった。

ロシアの七〇年代の革命家の多くは、ロシアを変革し、人民を解放するにあたっては、「社会」革命と「政治」革命を切り離し、後者よりも前者を優先させることが必要であると主張した。彼らには、西ヨーロッパにおいて展開されたブルジョア革命は、古い政治体制をただ新しい政治体制に変えるだけの単なる「政治」革命にすぎず、そこでは、憲法や法律によって制度化される権利や自由も形式的欺瞞的であって、人民を真に解放するどころか、かえって新たな抑圧と隷従をもたらしたにすぎない、と考えられた。

そこで彼らは、ロシアを真に変革し、人民を解放するための革命は、ブルジョア革命ではなくて社会主義革命でなければならず、したがってそれは、政治的自由や議会制の幻想を追い求める「政治」革命ではなくて、人民にとってもっとも切実な社会の経済的土台の変革を目指す「社会」革命でなければならないと主張した。七〇年代の革命的ナロードニキの多くは、自ら「政治に無関心《アポリティカル》」だと確信することが、自分たちの社会主義をブルジョア的汚染から守るあかしだとさえ考えていたのである。[3]

ミハイローフスキーは、西ヨーロッパ的自由主義や共和制についての自らの見解を、『ダーウィンの理論と社会科学』《Теория Дарвина и общественная наука》(1870–73)、とくにその第三部「ダーウィンの理論と自由主義」《Теория Дарвина и либерализм》の中で明らかにしている。それによれば、大革命の結果、フランスには、労働者大衆が法的には自由を享受するようになりながら、実際には企業に完全に従属させられてしまうような秩序がもたらされたにすぎない。工業の発達した社会においては、所有と労働の手段を奪われた人間は自由ではありえない。そこでは、自由主義は「個人の利益と自由」を擁護する如く装うけれども、けっきょくはある個人が他の個人を抑圧することを正当化するにすぎないのである。つまり自由主義は、それが「どのような急進的改革を提起しようとも、あるいはどのように勇猛果敢であろうとも、ただ堂々巡りをしているだけであって、そこから抜け出ることはできないし、またそうしようと欲しもしないのである。[4]」

西ヨーロッパのブルジョア的自由主義の体制に批判的であったミハイローフスキーが、パリ‐コミューンに対してかなり積極的な共感を示していたことは、断片的な資料によって窺うことができる。彼は、普仏戦争の混乱のさなかパリ市内で政府に抵抗し、人民自身の権力を樹立した「共産主義者」たちの過激な行動を、婉曲的な表現ながら擁護しようと努めた。彼は、西ヨーロッパの自由主義者やロシアの保守主義者から狂暴な輩と非難されたコミューン参加者を、思想の面からも道徳的資質の点からも、ヴェルサイユ政府の為政者より優れていると評価した。そして彼は、パリにおいて突然の変化が起こり、コミューンを通して、靴職人、職工その他の「取るに足らない」ものたちが権力を獲得したことに賛意を表明している。(5)

パリ－コミューンのなによりも重要な意義は、ミハイローフスキーによれば、そこで人類のもっとも崇高な社会主義の理想を実現しようとしたところにあった。物的福利と精神的幸福をひとしく分配しようとする望みこそ社会主義であって、それは人間の高度の感覚、偉大な思想を呼び起こすことのできる理想である。彼はつぎのように述べている。

「社会主義は新しい理想の社会構成員を産み出す……。献身、義務の感覚、共同事業のために自己を犠牲にする心構えは、西ヨーロッパで死に絶えることはなかった……。われわれがイギリスの労働組合、国際労働者協会、ドイツのさまざまな労働組合、あるいは労働者のストライキをどのように見ようとも、……もっぱらプロイセン人に、またある程度はロシア人に固有なものとされている資質が、右にあげた労働組合や高度に発達した社会において得られるということは、否定できないのである。」(6)

パリ－コミューンは、ミハイローフスキーの期待に反して勝利を収めることはできず、わずか七〇日の命脈しか保つことができなかった。それでも彼は、人民が自らの自由と権利を獲得しようとして血を流したこの悲劇的な事件から歴史的な意味を汲み取ろうとした。彼はつぎのように書いている。「この荘厳な、倦むことを知らぬ文明の行進は何処へ向かうのか。このような、一つの歴史的原理の他の原理による取り替えは、どこで起こるのか。歴史の意味はどこにあるのか。反動が勝ち誇っている、というのは、反動は歴史の後退を祝うからである。しかしわれわれは、それでもやはり、哲学について、歴史の意味について論ずるつもりである。なんとなれば、それは疑いもなく存在しているからである。」(7)

ミハイローフスキーにとっては、歴史の意味とはあくまでも人民大衆の実質的な解放であり、そのための社会主義制度の実現でなければならなかった。すでに触れたように、フランス革命やその他の西ヨーロッパの革命はブルジョアジーの支配をもたらした。革命の結果ブルジョアジーは、ますます成長して強大な勢力となり、資本や信用や政治機構や発達した知性や、さらには、これらすべてに立脚した政治的権威によって自らを武装した。(8) これに反して、人民大衆は、封建制との闘いのときには、その先頭に立って多くの血を流しながら、新しい体制のもとにあっても、依然として無権利のままである。

人民大衆にとって必要なのは、抽象的な自由や平等の理念ではなくてそれの具体的な実現であり、それを現実に生かす可能性を探求することであった。日常的な言葉でいえば、「パンか銃弾か」「働いて生きるか戦って死ぬか」の問題であった。こうした切実な問題は、一八四八年の革命によっても解決されなかったし、パリ－コミューンの敗北によって、またさらに新たな課題として残されたのである。

人民大衆が自由や権利を享受するようになるためには生活の不安が除去されなければならず、生活を安定させるためには労働の諸問題が解決されなければならなかった。そして労働問題の抜本的な解決は、ミハイローフスキーによれば、労働の手段を現在の所有者から剝奪して労働者に移譲することによる以外にはない。これは社会主義の実現であり、革命的な変革の問題である。(9)

西ヨーロッパにおいて、貴族がブルジョアジーに席を譲ってきたように、社会主義が資本主義的秩序を変革することによって、人民は無権利状態から脱脚するであろう。このような変化は、ロシアにおいても避けることはできないのである。こうした考えに立ってミハイローフスキーは、社会改革あるいは社会主義と政治的自由の問題について、さらに掘り下げた考察を進めていく。

七〇年代初頭の彼の、この問題についての基本的な見解は、一八七三年に書いたドストエーフスキーの『悪霊』についての文学的覚え書きのなかに、明瞭なかたちで表われている。

「〝人類〟にとって、市民《シトワイアン》にとって、知恵の木の実を味わった人間にとって、政治的自由や、良心、言論・出版の自由や、意見の交換（政治的集会）の自由などより魅惑的なものはない。だから、当然のことながら、われわれはこれらのものをすべて欲するのである。しかしながら、この自由と結びついているすべての権利が、われわれにとって、ただたんに鮮やかな香り高い花の役割を引き続いて演ずるだけのものであるならば、われわれは、このような権利や自由を欲しはしない。これらの権利や自由が、〔人民への〕債務の弁済の機会を与えないどころか債務を増大させるのであるならば、このような権利や自由は呪われるであろう。[10]」

ミハイローフスキーをも含めて、この時期のナロードニキは、ロシアが、西ヨーロッパとは異なった歴史発展の道を進み、ブルジョア的発展段階を経ないで、直接、最高最良の社会秩序に移行する可能性を有しているとする、А・И・ゲールツェンやН・Г・チェルヌィシェーフスキーの「ロシア社会主義」の理論を分かちもっていた。西ヨーロッパにおいてはつとに崩壊してしまった農村共同体が、ロシアには現在においてもなお存在している。そしてこの共同体が、農民の経済生活、共同生活の自治的運営、相互扶助の道徳的資質を支える基盤となっている。農村共同体は、ロシアで西ヨーロッパとは違った社会主義的共同生活組織をつくる際に、核としての役割を果たすべきものである。

ところが、近年ロシアにおいて、次第に資本主義的生産様式が発達し、共同体が侵蝕されてきた。ロシア独自の変革の道を進むためには、農村共同体を破壊から守ることが必要である。政治的権利や自由は、ミハイローフスキーの考えるところでは、社会主義的改革の課題に比して、それほど重要な価値を持つものではなかった。彼は、政治的権利や自由を、科学や産業と同様に、最大限に尊重する態度を保持していた。けれども、これらが人民の解放と生活の向上に直接役立たないようなものである場合には、これらを無視したり排除したりすることも必要だと考えていたのである。[11]

右にみてきたように、ミハイローフスキーは、政治的自由を、それがロシアの社会改革に役立つ限りにおいて、意義あるものと考えていた。そして彼は、政治的自由が社会改革の過程で果たす機能を、それほど高く評価してもいなかった。「生産の手段を働くものの掌中に集め、」「正しく組織された効果的な生産」が行われる制度をつくり出すためには、ただ政治的自由の原理に基づくだけでは不十分であると考えていた。彼によれば、政治的自由は、社会それ自体の中に存在する諸力の相互関係を変えることはできない。それはただ、これらの相互関係の実態をつきとめ、それを公衆の面前にさらし、そうすることによって、相互関係を緊張させることができるのみである。

政治的自由や権利については、大きな限界があることを指摘しながら、ミハイローフスキーは、それらは社会改革の中で利用する仕方によってはかなり意義のあるものであることも認めていた。この点からまた、政治的自由や権利を獲得してそれを社会改革のために利用する過程、すなわち「政治」についても、かなり肯定的な考え方をもっていた。

たとえば、彼は、人間の社会生活の中でもっとも多く関心が払われるのが経済の問題であると言っている。がまた同時に、将来において遅かれ早かれ、政治の問題もそうなるであろうと述べている。憲法についても、ブルジョア憲法は社会主義の理想や私的所有制度廃止の理念とは対立するものであると説きながら、「日本やトルコには憲法が存在する。順番としてわが国ももつべきである」[12]とも述べている。

ナロードニキ活動家の一人H・C・ルサーノフは、のちに、ナロードニキの間で「政治」を否定する考え方が圧倒的であった七〇年代の初めにおいて、ミハイローフスキーが、「経済」的色彩のつよい自分の世界観の中に、「政治」的要素を導入したことは注目すべきことであったと回想している。(13)

ミハイローフスキーの「政治」に対する態度は、一八七〇年代の中頃から後半にかけてかなり積極的なものへと変ってくる。これは、この時期活発に展開された、「人民の中へ」入る運動の挫折の経験と密接な関連がある。彼の人民についての観念も、この時期微妙に変化し、それとともに、社会変革の理論も変わっていった。彼は、人民大衆の蜂起によってロシアの社会改革を遂行することを主張する革命的ナロードニキとの論争を通して、ロシアにおける変革には、「英雄《ゲローイ》」と「群衆《トルパー》」の密接な結合が必要であるという結論に到達する。

ミハイローフスキーの主張するところによれば、社会変革によって解放される客体は人民である。と同時に、人民は解放運動の主体となるべきものでもある。ところが、大衆運動には、本質的に、その根底に無自覚性と模倣性が存在している。今日の社会において、大多数の人民は乞食のような生活を余儀なくされている。彼らは、あくせく働いて自分自身や家族を扶養しなければならないために、世間のことに関心をもつ余裕はないし、文化の恩恵に浴することが少ないために、精神的な活動がほとんど欠如している。

心身ともに貧しい生活を強いられている人民は、それ故に、一定の刺激が与えられるならば、容易に、雷同的な「群衆」に変わる。群衆は、英雄についてどこへでも行く。群衆は英雄の示唆煽動によって、「英雄的行為」もすれば、犯罪も行う。このような、主体性を欠いた、気まぐれな行動によっては、計画にそった社会改革を期待することはできない。合目的的な運動を展開しようとするならば、「群衆」を自覚的な人民に変えることが必要である。(14)

七〇年代の初めには、ミハイローフスキーは、英雄を、群衆がだんだんと自覚的な存在となる過程に、効果的な影響を与える存在として位置づけ、評価していた。彼は、活動的インテリゲンツィヤが、「人民の中へ」入って、彼らの貧困や文盲の原因について説き、ロシアの変革における彼らの役割を聞かせようとする努力を称賛した。しかしながら、ナロードニキの人民＝農民に対する啓蒙・宣伝活動は、所期の効果をあげることができなかった。人民＝農民は、ナロードニキが描いていたような「太古以来の共産主義者」でもなければ、「生まれながらの革命家」でもなかった。そこで彼は、社会変革の方法について再検討を迫られることになった。

ミハイローフスキーは、一八七七年の終り頃には、群衆を自覚的な人民に変えることよりも、国家の体制を根本的に変革する方が先であると考えるようになった。そして、国家権力との正面からの闘争を展開することこそ、「英雄」の重要な課題であると主張するようになった。

ミハイローフスキーは、自らの「政治」闘争の理論を展開するにあたって、当時ドイツにおいてつよい影響力をもっていたK・E・デューリング（Karl Eugen Dühring, 1833–1921）の、力学的社会理論を拠り所とした。デューリングは、一八六五年頃から七五年にかけて、哲学、経済学に関する数多くの著作を発表して、いわゆる「現実哲学」や社会主義思想の発展に貢献した思想家である。彼は、一八七二年に発表した『力学原理の批判的歴史』（Kritische Geschichte der allgemeinen Prinzipien der Mechanik）において、社会発展における力の役割を強調している。

ミハイローフスキーは、デューリングの理論に依拠して、赤裸々な具体的な力こそが、ロシアにおいて専制や無法と闘う有効な手段だと考えるようになった。彼の結論的判断によれば、「力」は一定の歴史的発展段階においては、不可避的な、合法則的な前進運動の要素であった。そしてこうした力は、ツァリーズムの専制的な権力の束縛の及ばない深淵な地下から、不正に対する抗議として湧き出てくるのである。(15)

ロシアの専制と無法を直視する「英雄」としての立場を貫こうとするならば、力によって悪を排除しなければならない。「ときには仮借なく、ときにはテロルの手段によって闘わなければならない。」かくて、ミハイローフスキーはテロリズムの擁護者となり、彼の「政治」闘争は、テロルを含むあらゆる方法でもってツァリーズムと直接対決することを意味するようになった。

（1）Ф. М. Суслова, Вышеуказ., Исторические записки, No. 94, 1974, стр. 221.
（2）См. Сов. ист. энциклопедия, М. 1974, т. 15, стб. 806.
（3）Cf. Walicki, op. cit., p. 82.
（4）Н. К. Михайловский, Полн. собр. соч., т. i, стб. 263–264, 265.
（5）См. Ф. М. Суслова, Вышеуказ., стр. 224.
（6）Н. К. Михайловский, «Из литературных и журнальных заметок (1872)», Полн. собр. соч., т. i, стб. 724.
（7）Н. К. Михайловский, «Философия истории Луи Блана», Полн. собр. соч., т. iii, стб. 2–3.
（8）Н. К. Михайловский, Там же, стб. 57.
（9）Н. К. Михайловский, «Из литературных и журнальных заметок (1872)», Полн. собр. соч., т. i, стб. 703.
（10）Н. К. Михайловский, Вышеуказ. (1873). Полн. собр. соч., т. i, стб. 869.
（11）См. Н. К. Михайловский, «По поводу русского издания книги Карла Маркса», Полн. собр. соч., т. x, стб. 8.
（12）Н. К. Михайловский, «Два письма П. Л. Лаврову (1873)», Полн. собр. соч., т. x, стб. 8.　ただしミハイロフスキーがこの手紙を書いた一八七三年には、わが国ではまだ憲法は制定されていなかった。なにか誤解していたのであろう。
（13）См. Ф. М. Суслова, Там же, стр. 229.
（14）См. Сов. ист. энциклопедия, т. 9, стб. 519–520.
（15）См. Н. К. Михайловский, «Утопия Ренана и теория автономии личности Дюринга», Полн. собр. соч., т. iii, стб. 207–253.

五　ナロードニキ運動の評価

ミハイローフスキーは、七〇年代の終りの頃から、「政治」闘争を積極的に主張するようになり、革命的地下組織と密接な関係をもつようになった。彼の主張や行動のこうした急進主義化は、すでに触れたように、七〇年代の中頃展開された「人民の中へ」入る運動が挫折したことと無関係ではない。彼は、この運動の経験から、ロシアを変革するにあたっては、無自覚な群衆を自覚的な人民に変えることよりも、国家体制を根本的に変革することが先決であり、そしてそのためには「英雄《ゲローイ》」による権力との果敢な対決が必要であると主張するようになった。

ロシアのナロードニキ運動の研究者の中には、ミハイローフスキーの「政治」闘争擁護の理論を捉えて、彼はもともと「人民の中へ」入る運動に対しては批判的な見解の持主であったと指摘するものもある。例えば、P・B・フィリッポフは、Б・С・イーテンベルクの、ロシアの革命的ナロードニキ主義の発展に対するミハイローフスキーの影響が大きかったとする見解に、Л・Г・デーイチの回想記を拠り所として異議を唱えている。デーイチは回想記の中でつぎのように述べている。「わが国のすぐれた若者の生活の中でのこの偉大な出来事に対する、彼の否定的嘲笑的な態度が、その当時、口から口へと伝わっていた。彼は、人民の中へ入ることを、目的に合わぬ無意味な行動であると考えて、そうした行動を〝仮装舞踏会〟«Маскарад»と呼んだと言われていた。」(1) フィリッポフは、デーイチの回想記が概して偏った内容のものであることは認めながらも、右に引用した部分の叙述は真実に近いとして、ミハイローフスキーの「人民の中へ」入る運動に対する態度に関する言わば通説に批判を加えているのである。(2) われわれは、ミハイローフスキーの「政治」的変革や「英雄」と「群衆」の理論を考察するに当っては、フィリッポフの指摘なども念頭におきながら、ミハイローフスキーの「人民の中へ」入る運動に対する評価を概略的にでも整理しておくことが必要であろう。

一八七三年から七四年にかけて、ロシアの革命的インテリゲンツィヤの間で、「人民の中へ」入ることの可否について、すなわち、革命運動の重心を農村に移すことの可否について活発に議論が展開された。П・Л・ラヴローフによって一八七三年八月に刊行された『前進』《Вперед》誌第一号の巻頭論文「前進！——われわれの綱領」《Вперед! — Наша программа》は、ロシアが将来発展していく基盤は共同体的に土地を所有する農民であり、それ故に、農村共同体を発展させること、ミールの集会をロシア社会体制の基本的な政治要素とすること、農民階級に彼ら自身の社会的要求を理解させるための教育を施すことなどが、祖国の進歩を望むすべてのロシア人が努力して達成すべき特殊ロシア的な目的である、という基本的時代認識を明示した。そして、この認識のうえに立って、ロシアの社会革命を準備するにあたっての、農民の中での啓蒙・宣伝の意義と役割が積極的に論じられた(3)。

また、「人民の中へ」入る運動の中心的組織としての役割を果したチャイコーフスキー＝サークル《Чайковцы》も、この時期、ロシアの革命的変革を準備するために人民の中で活動することが時宜にかなっていると主張するようになった。チャイコーフスキー＝サークルは、一八六九年から活動を始め、七一年の夏にペテルブルクにおいてН・В・チャイコーフスキーを中核として約六〇人の活動家によって組織された。このサークルは、当初、「自己教育」を主な目的として掲げ、良書を廉価で購入して会員に配布したり勉強会を開いたりする、「書籍運動」《книжное дело》を行っていた(4)。「自己教育」を通じてサークルのメムバーは、自分たちが恵まれた社会的地位に置かれ、教育を受ける機会を与えられるようになったのは、人民に負った「債務」のお蔭だと自覚するようになった。サークルのメムバーは、やがてこの負債を人民に返すために、真理探究者の気質を革命運動の組織者の気質と結合させることが義務と考えて、「人民の中へ」入る運動を積極的に展開するようになったのである。(5)

他方においては、このようにして革命的インテリゲンツィヤのあいだで高まってきた運動を抑圧しようとする勢力や、運動に批判的な動きも現れてきた。ミハイローフスキーは、『祖国雑記』において、早くから、「人民の中へ」入る運動を進める際に生ずる種々の障害を排除することの必要性について述べている。彼は、六〇年代に「農奴解放」後の農民や舟引人夫などの悲惨な生活を描いた作家、Φ・M・レシェートニコフの伝記資料などを用いて、ラズノチーネツ－インテリゲンツィヤがロシアや自分自身の運命を切り開こうと努力するとき、人民大衆の福利をその規準としている点を高く評価して、つぎのように書いている。「それ故にこそレシェートニコフの伝記は、わたしにとって貴重である。わたしは、この伝記から、レシェートニコフが第一には、舟引人夫や工場労働者――伝記で明らかなように、レシェートニコフは工場労働者の一人からつよい影響を受けて、貧しい人の〝役に立つことをする〟ことが必要だという考えを発展させた――あるいは百姓との直接の出会いの中で彼が得た、人民の生活についての深い知識を、第二には、人民に奉仕し、すべてのものを人民の利益になるように返済する義務の意識を身につけたということを知るのである。(6)」

一八七四年の春から夏にかけて、インテリゲンツィヤの「人民の中へ」入る運動はいよいよ盛んとなった。この運動に対して『ロシアのミール』《Русский мир》誌が批判的論説を掲げた。それによると、こうした運動によって活動家は、文化的に充分成熟せず確固たる自覚ももたない大衆と融合するだけであり、ロシアの社会にまだ自由を享受する条件が備わっていない時に人民を解放しようと試みることは、自由を弄び、さまざまな形で悪用することになるだけであって、けっしてそれを実現することにはならない。ミハイローフスキーはこのようなナロードニキ運動批判に対して、この論文の筆者は真面目に誠実な気持で書いているのであろうけれども、そこに描かれている情景は幻想によって産み出された怪物のようなニヒリストの行動にすぎず、それ故にこの論文も他の多くと同じように執筆者の失敗作という外はないと、皮肉まじりに痛烈に反論している(7)。

ミハイローフスキーは、一方では革命家が人民の中で啓蒙・宣伝活動を行なうことを称揚したが、他方では、革命家自身が行う地下活動も積極的に擁護した。この点に関して注目すべき出来事は、彼による、ドストエーフスキーの『悪霊』《Бесы》（一八七二年）に対する批判であった。周知の通りドストエーフスキーは、当時の有名なニヒリストC・Г・ネチャーエフが彼の結社「人民裁判」《Народная расправа》の同志И・И・イヴァーノフを殺害した、いわゆる「ネチャーエフ事件」を素材としてこの作品を書いた。ドストエーフスキーは、この作品によって、「父より子へ」、つまり一九世紀の三、四〇年代の理想主義者の時代から六〇年代のニヒリストの時代にかけて発展してきた思想の伝統と継承関係とを浮彫りにすることを意図していた。また同時に、作者は、ネチャーエフ気質のような現象が、どのようにしてロシアの社会に生起したかを明らかにしようとした。ドストエーフスキーにとっては、ネチャーエフ事件は単なる偶然の出来事ではなく、革命の所産であった。それ故に、彼はこのエピソードを捉えて革命の道徳的本質を暴露しながら、直接その心臓に打撃を加えようとしたのである。この作品のなかで「社会」が諷刺の対象となっているのは、社会が悪魔に憑かれ、社会に革命思想が浸潤していたからであった(8)。

『悪霊』が出版されたのは、ドルグーシン＝グループ《Долгушинцы》のメムバーが逮捕されたのと同じ時期であった。ドルグーシン＝グループは、この頃ペテルブルクやモスクワを拠点として活発に宣伝活動や地下出版活動を行なっていた。グループの中心人物A・B・ドルグーシンは、ネチャーエフ事件ではその一味と目されて、一八七一年に裁判にかけられた。けっきょく無罪放免となったけれども、グループのメムバーにとっては、同志の新たな逮捕やネチャーエフ自身の裁判開始などによって、一八六九年に起った「ネチャーエフ事件」は容易に忘れ難いものであった。政府権力は、ネチャーエフの裁判を、革命家の名声を損ない、運動の勢力を弱めるために最大限に利用した。こうした情勢のなかで『悪霊』が刊行されたのであるから、この作品は、作者の意図を越えて、政治的に大きな役割を演じた。ミハイローフスキーがこれを批判の対象に取り上げたのは、いわば自然であった。

ミハイローフスキーは、ドストエーフスキーがネチャーエフ事件の犯罪的な特殊例外的な性格に飛びついて、それを革命運動の悲劇的実相として一般化し、悲劇の土壌や悲劇と重なり合っている運動の健全な側面を見極めないでいるとして批判する。彼は、ドストエーフスキーにつぎのように語りかけている。「君が無分別な市民《シトワイアン》や人民の真実に興味をもっているあいだに、分別があって我を失うことなく、平和で静かな市民が、この人民の真実に猛然と襲いかかり、彼らを、猛禽のように貪欲に、だが人類に善行を施す人のような〔緩やかな〕テンポでもって〔人民を〕食いちぎっているのである。」急進主義的な若者の代表者たちのことについても、これらの市民が大勢群がって、透明で堅固なクリスタルガラスのような誠実さをもって時代の音調をつくり出している時には、ドストエーフスキーも彼らに触れない方がよいのだと言っている。(9) このようなドストエーフスキー批判は、一面においては、ミハイローフスキーによる合法的な刊行物の紙面での、政府の抑圧に対する痛烈な皮肉でもあったのである。

すでに触れたように、ミハイローフスキーが合法的出版物を足場にして、地下の革命組織の活動やその道徳的原理を擁護し、活動家が「人民の中へ」入る運動を援助したのは、彼自身のナロードニキの道徳・思想的動機への共鳴によるものであった。彼はつぎのように述べている。「われわれは、われわれが人民に対する債務者であるという考えに近づいた。……われわれは、債務の額やそれの返済の方法については言い争うことができるかも知れない。けれども債務はわれわれの気がかりとなっていることであり、われわれはそれを返済しようと望んでいるのである。(10)」

人民に対して債務を返済するにあたって、その出発点となるべきものは、人民と同じ立場に立ち、人民のために活動する人びとと同じ列に入ることであった。ミハイローフスキーは、こうした立場を鮮明にするために、自分のことをしばしば「わたし」でなく「われわれ」と呼んでいる。彼にとっては、「市民《シトワイアン》」と同列に居ることは名誉なことでもあった。それ故に、彼は、市民の活動に対して加えられる警察の弾圧を正当化しようとする主張に対しては、断乎として反撃を加えることが必要であると考えていた。例えば、一八七四年から七五年にかけて、『祖国雑記』誌上でミハイール＝カトコーフに対して加えた攻撃などはそれであった。

カトコーフは、まえに見てきたように、急進主義に反対して絶対主義的神政を擁護する、この時期の代表的保守思想家の一人であった。彼は、一八六一年の「農民改革」がロシアの伝統ある国家の進路を誤らせるものであったという判断に基づいて、それ以降国内に次第に盛んになってきている変革の運動は、ロシア帝国の土台を掘り崩そうとする反逆的行動であるが故に、それは徹底的に抑圧しなければならないと主張した。ミハイローフスキーはこのようなM・カトコーフの所説を、地位や金のためならばなんでもしようとするジャーナリストが、愛国的号泣によって真実を覆い隠そうとする奸計であるとして、それを痛烈に揶揄している。(11)

一八七四年の夏から翌七五年にかけて、ロシアの革命的な若者は大挙して「人民の中へ」入って行った。ナロードニキ主義の思想に共鳴したインテリゲンツィヤは、ヴォールガ、ドンおよびドニェプル川の流域、あるいは、ウクライナといった、農民騒擾の伝統を有する、豊かな穀倉地帯を選んで、三三五五グループをつくって入って行き、農民を相手とした啓蒙・宣伝活動に従事した。活動に参加した青年男女の数は数千人に達した。(12)

当然のことながら、ツァーリ政府の運動に対する取締りも厳重をきわめて、この時期革命的宣伝に従事したかどで逮捕された若者の数は一、〇〇〇人を超えたと言われている。(13)逮捕された者のうち約半数の数百人は、かなり長期にわたって監獄につながれ、そのために心身ともに衰弱して、発狂したり獄死したりする者も少なくなかった。被疑者に対する長期間の審問ののち、一八七七年から七八年にかけて、歴史上有名な「一九三人裁判」«Процесс 193-х»や「五〇人裁判」«Процесс 50-ти»が開かれた。これらの裁判について簡単に触れておくと、「一九三人裁判」は、元老院の特別法廷において開かれたナロードニキに対する裁判であって、ツァーリ・ロシア史上最大規模の政治裁判の一つであった。主な被告としては、И・Н・ムィシキン、Д・М・ロガチョーフ、П・И・ヴォイナラーリスキー、С・Ф・コヴァーリクらが名を連ね、さらには、А・И・ジェリャーボフ、С・Л・ペローフスカヤ、Н・А・モローゾフ、М・П・サージン、М・Ф・グラチェーフスキー、Л・Э・シシコー、М・Д・ムラーフスキー、Ф・В・ヴォルホーフスキー、Л・А・ティホミーロフ、А・В・ヤキーモヴァ、М・В・ラーンガンスなどがこの法廷で裁かれた。「一九三人裁判」は大規模の政治裁判であったけれども、判決の結果は九〇人が無罪釈放となり、懲役刑を言い渡されたのは二八人であった。皇帝アレクサーンドル二世はこの判決を不服とし、無罪とされたもののうち八〇人に対して、行政的追放処分の裁可を下した。(14)

「五〇人裁判」は、一八七七年の二月から三月にかけて、これも元老院の特別法廷において開かれた。この裁判では、一八七四年末から七五年初めにかけて結成された「全ロシア社会・革命組織」«Всероссийская социально-революционная организация»に参加した活動家が、秩序の転覆を図った廉で審理に付された。С・И・バールヂナ、П・А・アレクセーエフ、И・С・ジャバダーリ、Г・Ф・ズダノーヴィチ、И・Н・フィーグネル、さらには、ヴューラとオーリガのリュバトーヴィチ姉妹らが被告として名を連ねた。これは、ロシアで最初に労働者（一四人）や婦人（一六人）の活動家を裁いた政治裁判であった。この裁判は、「一九三人裁判」と同様に公開で行われたことも手伝って、支配者の期待に反して軽い判決でもって終った。この二つの裁判は、革新的な若者たちにつよい衝撃

を与え、彼らが無政府主義的非政治主義的な立場から専制に対する政治闘争の立場へと変っていく切っ掛けとなった。(15)

ミハイローフスキーは、一八七六年から七七年にかけて、『祖国雑記』に七回にわたって『交互に――幻想、現実、追憶、予言――』《Вперемежку-фантазия, действительность, воспоминания, предсказания》と題する、半ば物語調の文章を連載した。彼がこのような表現形式を選んだのは、当局の検閲の網をくぐって可能なかぎり「禁じられている」思想を伝達するためであった。彼は、自分の心の底にわだかまっているすべてのものを「歌い上げる」ために、また、窓を開いて風通しをよくするためにこの文章を書くのだと言っている。彼はこの中で、もしも自分が、音や形や色でもって自分の思うことや世に存在するあらゆるものを自在に表現することのできる第一級の芸術家であったならば、心の友達を歌い上げ、これらの人びとを歴史の殉教者として描き出すであろうに、と自らの才能の乏しさを嘆きながら、それでも、懺悔する心掛けでもって自分の心情を吐露し、活動家の勇気ある行動を称賛している。『祖国雑記』の読者は、ミハイローフスキーの文章によって、七〇年代のナロードニキの思想と行動を実感として理解することができた。(16)

すでに見たように、ミハイローフスキーにとって、「人民の中へ」入る運動を推進する道徳的契機は、人民に対する「債務」の返済であった。こうした考えは、多くのナロードニキに共通であったが、問題は「債務」を返済する仕方にあった。それは言い換えるならば、農民の中でどのような運動を進めていくかの問題であり、それはまた、農民をどのように捉え、ロシアの歴史・社会の中でどのように位置づけるかという問題に関わっていた。

ナロードニキの運動に強い影響を与えたM・A・バクーニンの『国家と無政府』《Государственность и анархия》が出版されたのが一八七三年であった。この書物でバクーニンは、ロシアの急進主義的な若者は、農民の中に入って彼らに反乱を起こさせることが必要であると説いた。こうしたバクーニンの主張の根底には、ロシアの農民が太古以来共産主義的本能を備えた自然発生的な革命家であるという基本的な認識が横たわっていた。[17] ナロードニキの多くのものは、O・アプテクマーンの回想の言葉を借りれば、あたかも生命の泉を見つけたかのように、貪欲にこの書物に飛びついた。彼らはバクーニンの教説にしたがって、人民には革命の用意ができているので、自分たちが人民の中へ入ることによって、革命は短期間に、容易に達成されるであろうと、事態を楽観的に見通していた。[18]

もっとも、ナロードニキの中には、バクーニン主義的な農民蜂起論に共鳴しないものもいた。例えばチャイコーフスキー＝サークルのメムバーは、もっと冷静に農民を捉えていた。この人たちは、近いうちに農民革命を起すことの可能性については懐疑的であった。彼らは、農民を直ちに蜂起させるための煽動には反対して、社会革命を準備するために農民に対して啓蒙・宣伝活動をすることが必要であると主張した。

ミハイローフスキーの農民についての見方は、チャイコーフスキー＝サークルに近かった。彼は、長年にわたって抑圧された生活を強いられてきた農民が、現存の秩序を転覆するだけの巨大な力を内に宿していることは認めていた。だが、この力がそのまま共産主義的本能であったり、革命的資質であったりするとは考えなかった。「人民は、神や、〝后に寄り添われた皇帝〟や、〝モスクワの商人〟から解放されたいと望んではいる。けれども自分からそうしようとまでは欲していないのである。[19]」

ミハイローフスキーの考えるところによれば、農民は、インテリゲンツィヤが描く像とは異なった実体であり、活動家が認識するよりはもっと遠いところに存在していた。インテリゲンツィヤが農民に対して「債務」を返済することを義務だと感じているとき、農民は自分自身を「債権者」だとは意識していなかった。ミハイローフスキーにとってもっとも重要な課題は、債権者たる自覚をもたない相手に、債務をどのようにして返済するかということであった。そのためには、まず債権者の状態を、主観客観の両側面から十分に把握することが必要であったのである。彼の、「英雄《ゲローイ》」と「群衆《トルパー》」の理論は、たしかに、「人民の中へ」入る運動の挫折ののちに形成されたものではあるけれども、その基礎は、すでにこの運動の始まる前からできていたと言うことができる。このように見てくるならば、ミハイローフスキーが「人民の中へ」入る運動に対して批判的であったとするフィリッポフらの説も、検証に十分耐え得るものでないことが理解されるのである。

（1）Л. Г. Дейч, Социалистическое движение 70-х годов в России. Ростов-на-Дону, 1925, стр. 44. Цит. из статьи: Ф. М. Сусловы «Н. К. Михайловский и движение революционного народничества 70-х годов XIX в.». Исторические записки No. 94, 1974, стр. 230.
（2）См. Там же.
（3）Под ред. Б. С. Итенберга, Революционное народничество 70-х годов XIX в. т. I, М., 1964, стр. 27–28.
（4）См. Там же, стр. 212.
（5）См. П. А. Кропоткин. Записки революционера. изд. «Мысль», М., 1966, стр, 272–273.
（6）Н. К. Михайловский «Из литературных и журнальных заметок» (1874). Полн. собр. соч., т. II, стб. 635–637.
（7）См. Н. К. Михайловский «Из дневника и переписки Ивана Непомнящего». Полн. собр. соч., т. II, стб. 683–693.
（8）昇曙夢『ロシア・ソヴェート文学史』恒文社　一九七六年　二八二頁参照。
（9）Н. К. Михайловский, «Из литературных и журнальных заметок» (1873). Полн. собр. соч., т. I, стб. 840.
（10）Н. К. Михайловский, Там же. Полн. собр. соч., т. I, стб. 868.
（11）См. Н. К. Михайловский «Из дневника и переписки Ивана Непомнящего». Полн. собр. соч., т. II, стб. 847–848.
（12）荒畑寒村『ロシア革命前史』筑摩書房　一九六七年　一一二頁参照。
（13）Cf. M. T. Florinsky ed., Encyclopedia of Russia and the Soviet Union, McGraw-Hill, 1961, p. 440.

(14) См. Советская историческая энциклопедия, т. II, стб. 668–669.
(15) См. Советская историческая энциклопедия, т. II, стб. 667.
(16) См. Н. К. Михайловский. Полн. собр. соч., т. IV, стб. 305 и след.
(17) 外川継男他編『バクーニン著作集』第六巻　白水社　一九七三年　二八一—三〇六頁参照。
(18) О. В. Аптекман, Общество «Земля и воля» 70-х годов, стр. 128. Цит. по статье: Ф. М. Сусловы, Вышеуказ., стр. 235.
(19) Н. К. Михайловский. «Из литературных и журнальных заметок» (1873), Полн. собр. соч., т. I, стб. 867.

六　農民啓蒙論

Н・К・ミハイローフスキーが、七〇年代において展開された「人民の中へ」入る運動に対してとった態度については、すでに見てきた。彼は、バクーニン主義者のように、農民を、太古以来共産主義的本能を備えた自然発生的な革命家であるとする見方には批判的であった。ミハイローフスキーは、長年にわたって抑圧され搾取されてきた農民が、現存の秩序を転覆させようとする力を内に宿していることは認めていた。しかし、この力が顕在化して現実的な効果を発揮しうるようになるためには、インテリゲンツィヤによる忍耐づよい働きかけを必要とすると考えていたのである。

ミハイローフスキーの、農民を冷静に捉えようとする姿勢は、七〇年代の前半頃からみられたが、「人民の中へ」入る運動の挫折から多くのナロードニキが、啓蒙・宣伝活動に幻滅し、一揆主義的行動を賛美しようとする雰囲気がつよまってきた七〇年代の後半においても、その姿勢は堅固に貫かれている。彼は、活動家の一揆主義賛美の根底にある農民の理想化について、「対象を理想化することがそれを研究することの意味ではない。百姓の理想化は、単なる虚偽であるだけでなく、とくに有害な虚偽である」(1)ときびしく戒めている。

農民が潜在的にいかにすぐれた共産主義者であり、有能な革命家の資質を備えていようとも、長期にわたる苛酷な生活のなかで、それらの資質は枯渇している。その反面、厳しい抑圧の結果、農民の意識の中に保守や私欲といった道徳的欠陥が生じてきている。これは、やむを得ない事情であった。ミハイローフスキーによれば、農民を解放し、ロシアに社会主義的共同体を実現しようとするためには、農民のもつこれらの欠陥をありのままに認識することがまず大切であった。実態を直視せず、誤った認識のうえに立てられた運動の方法は、目的を達成しえないばかりでなく多大の犠牲を強いることになる。それ故に、農民のもつ欠陥を無視することは、単なる誤謬ではすまされず、犯罪ですらあるとして非難されなければならなかった。(2)

ミハイローフスキーの、農民の実態を冷静に把握する必要性の主張と、一揆主義的行動に対する否定的な態度は、バクーニン主義的な農民蜂起論を信奉するナロードニキ活動家に対しては、かなり痛烈な批判となっていた。彼のこのような見解は、チギリーン事件に対する批判のなかにも端的に示されている。

ここで、チギリーン事件なるものについて簡単に見ておこう。周知の如く、一八七四年の夏を最盛期として、ロシアでは広範囲にわたって「人民の中へ」入る運動が展開された。この運動に参加した青年男女の数は数千人に達したといわれている。ロシアの歴史において重要な時期を画しているこの運動は、その規模の大きさや参加したインテリゲンツィヤの積極的な活動の割りには、期待された効果はみられなかった。「人民の中へ」入る運動の目的は、農民をして自らの解放と専制の転覆のために蜂起させることにあったのであるが、活動家の宣伝・煽動に呼応して騒動を起こした事例は皆無に近かった。チギリーン事件は、このきわめて稀な農民騒擾事件の一つである。しかもこの事件は、ナロードニキの活動家が自ら正当と確信する理論と方法に基づいて行動した結果として起こったものではなく、農民のもつ「保守」的意識を利用して起こした事件であっただけに、それに対しては厳しい評価が与えられている。事件の概略はつぎのとおりである。

チギリーン事件《Чигиринское дело》はチギリーンの陰謀《Чигиринский заговор》とも言われる。この事件は、一八七七年の夏キーエフ県チギリーン郡で起こった。計画は七五年の初め頃から、ナロードニキの南部ブンターリ・グループによって練られた。この計画に対しては、ブンターリ派の理論的指導者の立場にあったバクーニン自身は反対していた。理由は、方法に賛成できず、効果に疑念をもったからである。運動への参加者は、農民を蜂起させるという目的を達成するために、まず、①農民との密接な結合関係を確立する、②武器庫を設営する、③必要な資材を調達する、という任務にしたがって三つのグループに分れて活動した。組織の中心的人物Я・В・ステファノーヴィチは、ドミートリー＝ナーイトという偽名を用いて農民の中へ入り、彼らの不満や訴えを聞いて歩いた。このグループでは、Л・Г・デーイチ、И・В・ボハノーフスキー、С・Ф・チャバーロフなどが活動した。А・М・マカレーヴィチやМ・Ф・フロレーンコらは銃器の調達のためスイスなどにも出かけたが、ピストル三〇丁を手に入れたほかは期待されたほどの成果をあげることができなかった。資材獲得グループは、ほとんど活動できないままであった。

一八七六年の暮、ステファノーヴィチは、チギリーン郡の農民に、彼らの皇帝への訴えに対する回答として、農民を収奪し私刑を加える地主や役人に皇帝が懲罰を加えるから、農民はこの制裁行動に協力すべきであるという旨の書かれた「秘密勅書」《Высочайшая тайная грамота》や、農民蜂起に関する規則「農民結社『秘密民兵隊』規則」《Устав крестьянского общества "Тайная дружина"》および蜂起のための「神聖な宣誓式」の教典を持ち帰って示した。これらはすべて、皇帝自身によって裁可されたかのように偽造されたものであった。

一八七七年二月から、呼びかけに応じて集まった農民の組織づくりが始まった。この年の夏頃までには、おおよそ二、〇〇〇人からなる秘密民兵隊が結成された。隊員は、「皇帝によって組織の最高委員に任命された」ドミートリー＝ナーイトに服従すべきものと決められた。蜂起の日は七七年一〇月一日と決められ、準備が進められたが、組織的訓練の未熟な一人の隊員の不注意により、事前に、組織が警察に探知されてしまった。指導者は逮捕され、一、〇〇〇人以上の農民が取調べを受けた。裁判の結果、主謀者には、最高一二年から三、四年の懲役が言いわたされ、農民の多くも、追放されたり警察の監視下に置かれたりするなどの罰を受けた。最高指導者のステファノーヴィチ、デーイチ、ボハノーフキーらは、死刑に処せられることを恐れて、判決が下される前、同志の援助によって裁判所の留置場から脱走した。(3)

この事件において、ステファノーヴィチらが偽造の「秘密勅書」によって農民を騒擾に引き入れようとした行為は、直ちに、活動家仲間のあいだで鋭い意見の対立を生み出すこととなった。農民の意識の中に根づよく存在しているツァーリに対する幻想と神秘的権力に対する尊崇の念を、ツァーリ体制を転覆する手段として利用するというやり方を、一方では、合目的的で効果的であるとして肯定するものもあった。他方では、虚偽に基づく行動によって真実を求めようとするときには、道徳的権威を確立することはできないとして厳しく批判するものがあった。

ミハイローフスキーは、『真実と虚偽についての書簡』«Письма о правде и неправде»（1877）の中で、革命家が自らの理想を実現しようとする場合に、「その過程において詐欺、偽造、虚偽、策略、強制を他の人格に対して行うことが許され」うるものであるかという道徳上の問題を提起し、それに対する自身の見解を示している。(4)ミハイローフスキーによれば、「人民の中へ」入ることのできる活動家は、農民に対して「良心をもって語りかけ」る人びとだけであり、功名心や権力欲あるいは金銭欲によってではなく、ただひたすら農民を援助しようという心情によって動かされる人びとだけであった。話す言葉で、あるいは文章でもって自らの理想を語り、自らの知識や培った思想を農民に伝えようとする人間は、自分自身が高度の道徳的資質を備えていなければならない。このような見地からは、「目的は手段を正当化する」«Цель оправдывает средства» といったニヒリスト的主張を容認することはできなかった。

ミハイローフスキーのブンターリ派の一揆主義的行動に対する批判の根底には、ロシアにおいて農民を解放し社会主義共同体を建設するためには他ならない農民自身の意識の覚醒が不可欠であるという確信が横たわっていた。今は何も考えることなく、現在の事物の状態について何らの疑問をもたない農民も、やがて自分自身で考えるようになり、知識人と同じように批判的に思惟するようになるであろう。(5) そして、現存の秩序を変革するためには、こうした自覚的な農民大衆の力が必要であると考えられたのである。

したがって、「人民の中へ」入る運動におけるミハイローフスキーの大きな関心の一つは、農民大衆が、活動家の宣伝・煽動活動に対してどのような反応を示すかということ、言い換えれば、思想や理論に対して農民がいかなる感受性を示すかということであった。人民に対して効果的な働きかけを行うためには、宣伝・煽動活動を行うために必要な歴史・社会的知識を習得するだけでは不十分であった。活動の客体たる農民の生活様式や心情についての十分な知識をもつことが必要であった。

もともと、大学を捨て生業をなげうって「人民の中へ」入っていった活動家のなかには、学問や知識を軽視する傾向があった。たとえば、のちに「人民の意志」派の活動家となるH・C・ルサーノフは、ある時期このような雰囲気について、「われわれは、〝科学〟に対してきわめて懐疑的であったし、社会進歩の主要な役割は理性ではなく行動の感覚にあると考えていた」(6) と述べている。

ナロードニキのこうした傾向に対して、П・Л・ラヴローフは、一八七三年にスイスのチューリヒで発行した『前進《フペリョート》』誌の第一号において警告を発している。ミハイローフスキーの基本的な考え方は、ラヴローフの主張を踏襲するものであった。彼は、ナロードニキの活動家が科学や知識を軽視しようとする態度を、有害無益であると非難する。農民が、耳を傾けて活動家の話を聞き、胸襟を開いて活動家に自分たちの不満や悩みを訴えるようになるには、まず活動家が農民からの尊敬をかちとらなければならない。農民に信頼されるためには、有能な、価値ある人間と思われることが必要である。そしてそのためには、科学や技術を身につけることが不可欠である。ミハイローフスキーは、現在の情勢が知識を習得するのを許さないと考えている活動家たちを批判して、実践活動は知識を——小さな活動は小さな知識を、大きな活動は大きな知識を——必要とすることを強調している。

ミハイローフスキーが、社会の進歩において知識や理性が必要であると言うとき、それは、すでに明らかなように、たんに活動家自身の知識や判断力だけを指しているのではなかった。彼の主張の意味するところは、活動家が人民の中へ入っていくとき、短絡的に農民蜂起の組織をつくることを目的とするよりも、「説明的な行動」つまり啓蒙宣伝活動が重要であるということであった。

ミハイローフスキーは、農民蜂起を組織することを急務だと考える活動家の理論の中に、人間の意識の内で理性と感性とを極端に分離し、後者、とくに行動の感覚を過大に重視しようとする姿勢のあることを見てとり、これに批判を加えた。彼の考えるところによれば、理性と感性とは、もともと人間の活動においては、相互に作用しあい、制約し合う関係にあるものであった。感性は、それ自体の訓練のみによってではなく、「批判的に思惟する」習慣によっても培われる。なんとなれば、「批判的に思惟する」行為は、権威に対する無分別な信頼からは解放されており、それ故に、感性の自己解放へ向かっての起動力を養うからである。

ミハイローフスキーは、右のようなナロードニキ運動の基本的な課題を、一八七八年に書いた『文学的覚え書き』《Литературные заметки》の中でも詳細に論じている。この『覚え書き』においては、当時の検閲の事情が考慮されて、ロシアの問題を論ずるのに、トルコやブルガリアなどの国や国民の名が用いられている。ちなみに、こうした地名や人名を代用するというやり方は、この時代の革命家たちが、厳しい検閲のもとで自らの思想を最大限に表現しようとして用いた方法の一つであった。

彼は、この覚え書きの中で、ロシアの抑圧者と農民大衆との関係を、トルコとその圧制下にあるブルガリア人との関係として叙述している。それによれば、ブルガリア人はトルコ人に比較すると、その数は圧倒的に多い。にもかかわらずトルコに支配されているのは、彼らの中に独立しようとする意識がきわめて弱く、したがってまた、トルコの軛を脱ぎ捨てることが可能なのだということを思いつかないからである。そしてまた、ブルガリアには、国民の愛国的な感情に対して、ただ催眠術的な働きかけを行うだけで独立を達成できると信じている一握りの愛国者がいる。少数の愛国者は、自らの信念にそって行動することはできるであろう。けれども、現にブルガリアの国民大衆の独立の意識が弱かったならば、愛国者の目的は達成することはできない。国民大衆が強い独立の意識をもつようになるには、究極的に大衆自身が行動しなければならない。だがそれは、恐怖や恥辱におののくブルガリアの国民に対して、愛国主義者が、回教徒の圧制のもとに置かれている実態を、説明し理解させることによってはじめて可能である。愛国者にとって、行動とはまさしくこうした行為に他ならない。

ミハイローフスキーによれば、現在のブルガリア人は、ただたんに独立の意識が弱いばかりではなかった。彼らは、専制的な権力の抑圧のもとにあるが故に、無知であり、運命に従順である。彼らはお互いに孤立している。それぞれが自分のいちじくの木の下に坐っていて、同じように隣りに坐っている人と親しくなろうという希望さえ持ってはいない。彼らが、自らの力を知るためには団結しなければならない。がまたしても、彼らがそれを為しうるのは、その必要性と方法とを、啓蒙や宣伝によって知らされるときである。(7)

ミハイローフスキーはこの時期、右のような啓蒙宣伝の重要性に加えて、大衆の組織の不可欠なことや指導者が大衆からの離間を克服する必要性など、実践上の問題についてさかんに論じている。彼の論旨は、農民の蜂起を直接目的と考える陣営にはもちろん、啓蒙・宣伝活動を重視する陣営の活動家にも、そのまま受けいれられることはなかったと述べている当時の活動家もある。(8) ミハイローフスキーの理論が、地下で活動していた若者たちの抱く心情と離れすぎていたというのがその理由である。

こうした一面をもちながらも、ミハイローフスキーの主張は、ナロードニキの活動家に多くの理論的な拠り所を提供した。七〇年代後半の活動家たちは、七〇年代前半から半ばにかけての実践やその挫折の経験から、ロシアにおける農民解放の効果的方法を見いだそうとして苦悩していた。ミハイローフスキーは、合法的出版物を通して、活動家にとっての焦眉の問題について、素材と判断の指標を提供した。合法的出版物であったが故に、当局による検閲を意識しなければならなかった。彼は、さまざまの技法を用いて、問題の核心に触れる議論を展開した。活動家の一人O・アプテクマーンは、七〇年代の精力的で戦闘的な多くの若者が、ミハイローフスキーの提起する課題を自らの課題とし、それを理解しようとつとめたと回想している。

いずれにしても、彼のロシア変革の方法の特徴は、農民の中での宣伝活動を重視する点であった。ミハイローフスキーがこの方法を強調する論拠には、彼の農民の意識や心情についての冷静な把握があった。バクーニン主義的活動家たちは、農民蜂起を目的達成に効果的な手段と考えるとき、かつてのステパン゠ラージンの反乱のような、全ロシア的規模の、国家自体を破壊するような騒擾を念頭に置いていた。ミハイローフスキーは、農民の置かれている状態からして、よしんば蜂起が起きたとしても、それが直ちに農民の解放につながるとは考えなかった。ロシアの農民の解放、つまり、農民社会主義の実現は、ミハイローフスキーによれば、共同体的な土地所有と土地耕作の原理が具体化されることによってのみ可能であった。そしてこの原理の具体化は、大規模な騒擾や、現存の権力秩序を転覆させるような革命と結びつくものではなかった。なんとなれば、西ヨーロッパにおいては、労働者が労働の条件を獲得しようとすれば、資本の要求と正面から対立し、必然的に革命的とならざるをえない。それに比べてロシアでは、農民に必要な土地は、ある時代の偶然的な出来事によって切り離されたものであるから、それを再び農民のために確保する方策を講ずるだけでよいからである。ミハイローフスキーの考えるところでは、ロシアにおける農民解放は、西ヨーロッパの労働者の解放に比して、穏やかな性格を帯びていたのである。

それでは、ミハイローフスキーが、農民解放運動の過程で啓蒙宣伝活動を重要視する立場は、わたしたちがすでに見てきたような、彼のテロリズム容認の態度と理論的にどのようなつながりをもつのであろうか。この点については、彼の理論はかならずしも論理一貫性をもっていたとは言えない。それは、彼の国家についての考え方に起因している。ミハイローフスキーは国家を、その階級的帰属とは関係なく、人類全般に奉仕する組織であると考えていた。

彼は、社会の発展において国家の果たす役割を肯定的に評価し、農民の桎梏からの解放は、広範な国家の干渉によって、つまり「上からの革命」によって実現しうるとも考えていた。彼はこうした見地から、六〇年代にツァーリの政府によって遂行された「大改革」を理想化し、過去において優れた改革が為しえたからには、将来においても、さらに優れた改革が国家の手によって達成しうるはずであるし、そして真の農民の解放は、こうした国家の改革と結びついて遂行されるものと考えていた。それ故に、国家が自らの改革の可能性を否定し、反対の極に走って、人民の人格性の確立に奉仕する役割を放棄しようとするときには、テロリズムに訴えても、国家に本来の機能を果させることが必要であると考えるようになった。彼が、七〇年代において革命的な地下活動家たちと密接な結びつきをもっていたのは、このような判断に基づいてのことであった。ミハイローフスキーのテロリズムの主張は、人民を革命に蜂起させることを意図して、ツァーリを中心とした権力の要人の暗殺を直接目的とした「人民の意志」派や、政治権力の奪取をねらいとしたトカチョーフらの主張とは異なっていた。[(9)]

以上みてきたミハイローフスキーの社会・政治理論に対しては、その当時においてもさまざまな批判が加えられていた。たとえばB・И・ザスーリチは、ミハイローフスキーの理論が、ロシアの現実と深いかかわりをもっているにもかかわらず、行動へと突き進む活動家たちが自分自身の焦眉の問題に対する解答を見出そうとするには、彼の理論はあまりにも概括的で抽象的であったと述べている。[(10)] さらにはまた、ミハイローフスキーの理論は、革命を抜きにして展開されているから、本質的には保守的な思想であると批判するもの、あるいは、「これが革命的なナロードニキ主義の理論と言えるであろうか」と疑問を提起するものさえあった。

こうした種々の批判を考慮しながらもわたしたちは、アプテクマーンとともに、ミハイローフスキーによって精力的に展開された理論が、ロシア・ナロードニキ主義の展開の中で枢要な地歩を占めていることを認めないわけにはいかないのである。

（1）Н. К. Михайловский «Рецензия на соч. Н. В. Успенского» (1877). Полн. собр. соч., т. X, стб. 797.
（2）См. Ф. М. Суслова, Вышеуказ., Исторические записки, 94, 1974, стр. 237.
（3）См. Советская, историческая энциклопедия, т. 16, стб. 27–28.
（4）Н. К. Михайловский, Полное собрание сочинений, т. IV, стб. 462–463.
（5）Н. К. Михайловский «Вперемежку». Полн. собр. соч., т. IV, стб. 371–373.

(6) Цит. Указ. статью Ф. М. Сусловы. Исторические записки, 94, стр. 239.
(7) См. Михайловский, «Литературные заметки» Пол. собр. соч., т. IV, стб. 545.
(8) См. Ф. М. Суслова. Указ. статья. Исторические записки, стр. 242.
(9) А. А. Галактионов и П. Ф. Никандров, Вышеуказ., стр. 146.
(10) В. И. Засулич. Сборник статей, т. II, СПб., 1907, стр. 442.

第三編　社会と国家

第九章　「土地と自由」結社における「政治」主義をめぐる論争

一　結社の設立

ロシア・ナロードニキの、最大の組織であった「土地と自由」《Земля и воля》結社は、一八七六年にペテルブルクにおいて設立された。ロシアにおいて革命的インテリゲンツィヤの「人民の中へ」入る運動の最盛期は一八七四年であったのだから、この組織は、運動がすでに下降期に入り、あるいは運動の内容に種々の変化が現れてきた時期に結成されたことになる。

この結社は、これまで「人民の中へ」入って運動を続けながら警察による追及を免れて地下に潜伏していたもの、逮捕・監禁されたが予審で釈放されたもの、さらには、国外亡命から帰国したものなど約四〇人ほどによって結成された。参加者は、組織を結成するにあたってまず、これまで自分たちの進めてきた運動の戦術論や組織論について「総点検」《пересмотр》を行った。

活動に参加したものの多くは、ロシアの農民が太古以来の共産主義者であり生まれながらの革命家であるから、自分たちの役割は、農民に対してこのような資質を自覚させ、彼らをして運動に決起させるための宣伝・煽動活動を行うことにあるという信念を抱いていた。農村に入って農民に接触し、宣伝活動をすすめていく中で、間もなく彼らは、自分たちの抱いていた農民像を大きく修正することを余儀なくされた。活動家が政府の厳しい追及を逃れながら積極的に働きかけ、ロシアにおける革命の必要性、歴史における農民の位置と役割などについて説いてまわっても、農民はそれに対して、活動家が期待するような反応を示すことはなかった。むしろ反対に、農民は活動家たちの働きかけを「旦那方の新たな気まぐれ」《новые капризы бар》として冷やかに迎え、中にはそれを穏やかならざる行動であるとして、警察に通報したりするものもあった。

活動家は、農民の生活や意識についての認識を改め、運動のやり方を変えることが必要であると考えた。宣伝・煽動によって農民に訴えなければならないことは、抽象的一般的な歴史論や革命論ではなかった。その内容を、「すでに農民の中に存する自立的、革命的志向に適合させること」(1)、言い換えるならば、現在農民にとって切実な要求である土地と自由を獲得することの必要性を説くことが肝心であった。運動の進め方としては、これまでのように、あちこちの農村を「飛び歩き」あるいは漂泊しながら行う宣伝や説教は、ほとんどその効果を表すことができないと言うことがつよく反省された。そこで、ロシア国内の、肥沃な穀倉地帯や農民騒擾の伝統を有する地域を選んで、「定住地」《поселение》を設営し、地道な活動を続けることが考えられた。そうして、これらの運動全体を精力的に推進していくためには統一的組織をつくることが必要であるとして、「土地と自由」結社を設立する運びとなったのである。「土地と自由」《Земля и воля》という名称には、Н・П・オガリョーフやН・Г・チェルヌィシェーフスキーの影響の下に、一八六一年に、セールノ＝ソロヴィエーヴィチ兄弟、А・А・スレプツォーフらによって結成された、いわゆる第一次「土地と自由」結社の革命的伝統を継承しようとする意図も含まれていた。(2)だがなによりも、この名称は、上述のような、組織参加者の具体的な運動目標を示すものであったのである。(3)もっとも、「土地と自由」という名称は、結社の設立当初からつけられたものではなく、二年ほどたった一八七八年頃からそう呼ばれるようになったようである。(4)

「土地と自由」結社の下に勢力を結集したナロードニキは、決意も新たに、ヨーロッパロシアを中心として各地で運動を展開していった。けれども、献身的な活動を続けたにも拘わらず、と言うよりは、活動を続ければそれだけ、ナロードニキ自身と農民のあいだの意識の隔たりを痛感させられることになる。結局のところ活動家たちは、ロシアを革命的に変革し、人民を解放する方策としての、「人民の中へ」入る運動そのものの有効性について、根本的な検討を加える必要性に迫られることになった。けっきょく、運動方針をめぐる意見の対立の結果、「土地と自由」結社は、一八七九年の夏、「人民の意志」《Народная воля》派と「黒土総割替え」《Чёрный передел》派とに分裂する。

両派の主張がもっとも激しく対立したのは、革命の戦術、具体的にはテロリズムの位置づけをめぐってであった。だがこの論争は、ただ単に戦術論にのみ終始するものではなかった。当然のことながらそれは、戦略論あるいはこれらの理論を基礎づける歴史観、農民観の対立をも浮彫りにするものであった。こうした、テロリズムをめぐる論争の中に、わたしたちは、ナロードニキの間での「政治」観の対立の構図やその変遷をみることができる。ナロードニキの思想においては、「政治」《политика》なる言葉は特殊な意味をもっていた。また、テロリズムを採用するかどうかの論争は、彼らの革命のなかに、「政治」を取り入れるかどうかの争いでもあった。ナロードニキが「政治」ないしは政治的変革についていかなる認識をもっていたか、また、それに対してどのような対応を示してきたかを知ることは、ナロードニキ主義の思想を理解するうえで重要であると思われる。本章においては、一八七八年から七九年の分裂に至るまでのあいだに結社員によって行われた論争を通して、ナロードニキの運動の力点の移動と「政治」観の変遷をみてみたいと思う。

（1）Советская историческая энциклопедия, Т. 5, стб. 665.　この点に関して、一八七七年頃作成された『ナロードニキ・テーゼ』《Тезисы народников》にはつぎのように書かれている。「われわれは自分たちの要求を、もっとも近い将来において実質的に実現可能な要求にまで、すなわち、現在あるがままの人民の要求や願望にまで縮小する。」Под ред. С. С. Волка, Революционное народничество 70-х годов XIX века, т. II, М., 1965, стр. 33.

（2）См. Советская историческая энциклопедия, т. II, М., 1962, стб. 665.

（3）См. Революционное народничество 70-х годов XIX века, т. II, стр. 33-34.

（4）См. П. С. Ткаченко. Революционная народническая организация "Земля и воля", Высш. школа, М., 1961, стр. 53.

二　結社の綱領

周知のとおり、ナロードニキの思想は、アナキズム的色彩のつよいものであった。それは、一八七六年の末にまとめられた「土地と自由」結社の綱領《Программа〈Земля и воля〉》にもはっきりと現れている。綱領は、その冒頭において、自分たちが共鳴する思想は、あらゆる種類の西ヨーロッパ社会主義のうちで連合主義インタナショナル《Федералистский интернационал》すなわちアナキズムであることをまず表明している。(1)

つづいて綱領は、結社の構成員が活動をすすめるに際して立脚基盤とすべきものとしてつぎの三つを挙げている。その第一は、土地の私的所有の廃止である。綱領の主張するところによれば「土地は神のもの」であり、その土地を耕作しているものは、それぞれに、自分の労働によって耕すことのできる広さの土地に対して権利を有している

（傍点隔字体）。それ故に結社の成員は、すべての土地を農村労働者階層の手に移し、それを均等に分配することを主張すべきものとされた。

第二として、綱領は、現存の国家機構の廃止と農村共同体の自治の確立を掲げている。それによると、現存する国家機構は、ロシアの人民の精神に反している。ロシアの人民は、歴史の流れの中で、農村共同体の完全な自治や共同体の郷・郡・国などへの自由な統合を志向してきた。それ故に結社の成員は、いっさいの社会的機能を農村共同体の手に移すために、言い換えるならば、農村共同体の完全な自治を実現するために努力しなければならなかった。

第三に綱領は、現在のロシアの構成員の中には、例えば小ロシア（ウクライナ）、ポーランド、コーカサスなどのように、この国家的統一を重圧と感じ機会があれば離脱しようとしている地域や民族さえも含まれているので、結社は、ロシア帝国が地域の要望にそって分割されるのを妨げてはならない、と規定している。(2)

右にみてきたように、「土地と自由」結社の綱領には、その主要な立脚基盤において、アナキズム的特徴がはっきりと示されている。この綱領においては、革命を遂行するにあたって、国家権力を奪取したり、それを社会変革のために活用したりするとか、あるいは、国家機構そのものを変革するといったような、言わば政治的変革の主張はあらわれていない。「土地と自由」結社の成員は、ナロードニキの指導的な思想家П・Л・ラヴローフやM・バクーニンの理論的な影響を受けて、ロシアを社会主義的に変革し農民を解放するためには、国家は有害な存在であり、それを葬り去ることこそが肝要であるという考えをつよく抱いていたのである。

ナロードニキの思想や行動の中にアナキズムの傾向がつよくなった事情について、S・H・バロンはつぎのように説明している。「絶対主義の軛にあえいでいる国の革命運動に対しては、人は、その運動が政治的自由と立憲主義の実現に積極的な態度をとることを期待するであろう。それが、少なくとも西ヨーロッパ諸国の、これまでの歴史にみられる型であった。ロシアの発展が遅れていたというまさにこのことのために、急進的な運動はちがった色合いをおびた。一九世紀中葉からこの方、たとえばゲールツェンのようなロシアの西ヨーロッパ観察者は、自由主義革命が一つの専制を打倒して別の専制を樹立するものであったにすぎないと信じていた。絶対主義はブルジョアジーの支配に置き換えられた。けれども大多数のものは依然として抑圧されたままであった。こうした考え方に従ったロシアの急進主義者――七〇年代にはこのような人たちが多かったのだが――の目には、立憲政治や政治的自由は、人民を搾取する者の政治的優越性を隠蔽しようとする欺瞞に他ならないものと映った。法の支配の意義や、当時ようやく根のついた西ヨーロッパ諸国の政治体制を民主化する可能性を把握しそこなったロシアの急進主義者は、自由主義的な政治哲学を全面的に否定してしまいがちであった。彼らの結論はこうである。ロシア人は欺かれはしないであろう。ロシア人はただ人民の新しい主人を迎えるだけのためにツァリーズムを打倒しようと努力することはないであろう。その代りに、圧制と切り離し難く結びつくように思われる中央集権化した国家機構を破壊するであろう。人民はただ、権力が多数の共同体組織に分散され、そしてこれらの組織が政治体となるときにのみ解放されるであろう。[3]」

それでは、国家機構を解体して農村共同体を基盤とする自治的連合組織を樹立する方法については、「土地と自由」結社の成員はどのように考えていたであろうか。綱領は、社会変革の方法についてつぎのように規定している。「自明のことであるが、この「土地と自由」という」公式は、暴力的変革――しかもできるだけ速やかな――によってのみ実現され得る。なんとなれば、資本主義が発達し、ブルジョア文明のさまざまな害悪が――ロシア政府の保護のおかげで――人民生活の中へいっそう浸透することが、農村共同体を破壊し……人民の世界観を多かれ少なかれ歪曲する危険性を孕んでいるからである。[4]」

暴力《насилие》を変革の方法として用いる考え方は、ゲールツェンやオガリョーフ以来ナロードニキのあいだでつねに主張されてきたものであった。しかしながら、ナロードニキの多くのものは、この言葉を人民＝農民の騒擾の意味に理解しており、革命家の行動も、こうした人民大衆の暴動と結びつけて把握されていた。このような彼らの暴力観にあっては、テロルはしたがって消極的な、むしろ否定的な意味をもっていた。

もっとも、六〇年代以降の革命思想の潮流の中には、テロリズムを変革の有効な手段として評価し、それを積極的に取り入れようとする考えも存在していた。たとえば、初期のナロードニキの組織の一つであるイシューティン・グループ《Ишутинцы》(1863–66)の中の急進派は、個人テロルによってツァーリを弑逆することを運動の方針として採用している。(5) 彼らは、この手段が農民を蜂起させる導火線として、きわめて効果的な役割を演ずると考えていたのである。一八六六年四月には、このグループのメムバーの一人Д・В・カラコーゾフによって、皇帝アレクサーンドル二世の暗殺が試みられたがこれは失敗に終り、カラコーゾフは死刑に処せられた。

一八六九年にС・Г・ネチャーエフによって組織された結社「人民裁判」《Народная расправа》は、「目的は手段を正当化する」《Цель оправдывает средства》という命題を保持してテロリズムを標榜した、この時期のもっとも急進的なグループの一つであった。(6) ネチャーエフは、バクーニンと共同で書いたといわれている『革命家の教理問答』《Катехизис революционера》のなかで、革命を遂行するにあたっては国内の特権階級を解体し、社会の有害な分子を容赦なく「処刑」することが必要であると述べている。(7) 彼は組織の原理としても、徹底した独裁的中央集権を主張し、結社のメムバーの一人が動揺しかけたのを知ると、「組織を血で固める」《сцементировать кровью》ために、その同志にリンチを加え殺害した。ネチャーエフは、官憲の追及を受け、けっきょく逮捕されて、禁固・流刑に処せられたのち、一八八二年に獄死している。

「土地と自由」結社は、すでにみたように、革命の方法としては暴力ないし暴動によるのをもっとも有効なものとして綱領に規定した。けれども、テロリズムについては、それを効果ある戦術として評価することはなかった。結社の綱領は、革命を準備することを、革命党があらゆる注意を向けなければならない一般的な任務として規定している。そして、それを準備する方法として二つあげている。その一つは、人民が団結することの必要性を理解している革命的な分子が、団結し、すでに存在している革命的な人民組織に合流するのを援助することであった。そしてその二つは、国家の力を弱め、動揺させること、つまり攪乱することであった。これをしなければ、どんなに広範囲にわたってよく練られた蜂起の計画であっても、その成功は保証され得ないと考えられていたのである。(8)

こうして、「土地と自由」結社に集ったナロードニキは、大衆的規模でのロシアの革命的変革を目指して、辛抱づよく「人民の中へ」入る運動を展開していった。しかしながら、情勢はますますナロードニキの活動にとって厳しくなってきた。以前にもまして精力的に農民に対して働きかけを行っても、農民の反応は従来と変るところはなかった。(9)活動家に対する政府権力の弾圧は、だんだんと苛酷になってきた。対立が尖鋭化するなかで、テロリズムも再び活発となってきた。一八七八年一月には、B・И・ザスーリチによって、ペテルブルク市長官トゥレーポフ将軍暗殺未遂事件が引起こされた。これは、トゥレーポフ長官の命令によって、監禁されていた活動家ボゴリューボフに対して不当な笞刑が加えられたことに対する抗議として決行されたものであった。(10)

同じ年の八月には、C・M・クラフチーンスキーによって、「皇帝陛下直属官房」第三課の長官H・B・メゼンツォーフ将軍が暗殺された。この事件は、実行者が「土地と自由」結社の有力なメムバーであっただけに、結社内に大きな衝撃を与え、のちにみるように、結社の運動方針をめぐる論争に一つのきっかけを与えることになった。暗殺そのものは、意図的に周到な計画のもとに実行されたものであった。けれども、クラフチーンスキーは、自らの行為に積極的な、あるいは攻撃的な意味をもたせてはいない。かれは、メゼンツォーフ将軍暗殺を決行するにあたって、

『死には死を』《Смерть за смерть》と題したパンフレットを発行し、その中で、この度の行動があくまでも、彼らの革命運動を不当に抑圧する政府権力に対しての、止むをえない防衛的な行動にすぎないものであると弁明している。また彼は、自ら編集した結社の機関誌『土地と自由』第一号においても、テロリズムをつぎのように位置づけている。「テロリストは警備隊以外のなにものでもない。この部隊の任務は、これらの〔ナロードニキ〕活動家を敵の背信的行為から護ることである。[11]」それ故にこうした行動や組織は、恒常的に存続させられるべきものではなかった。「われわれの自由やわれわれの人格が専制から保障される瞬間から、われわれは、今は止むを得ず頼っているリンチや自衛の組織を無条件に廃止するであろう[12]」と彼は言っている。

(1) Ред. С. С. Волка, Вышеуказ., т. II, стр. 27.
(2) Там же, стр. 27-28.
(3) Samuel H. Baron, Plekhanov : The Father of Russian Marxism, Stanford U. P., 1963, p. 13.
(4) Революционное народничество 70-х годов XIX века, т. II, стр. 28.　田坂編訳『テロルと自由』ロシアナロードニキ運動資料集Ⅱ　新泉社　一九七六年　九頁参照。
(5) Cf. R. Seth, The Russian Terrorists – The Story of the Narodniki, Barrie & Rockliff, L., 1966, p. 29.
(6) 『革命家の教理問題』の執筆者が誰であるかについては、多くの議論がある。例えば、ルネ＝カナック著、佐々木孝次訳『ネチャーエフ』現代思潮社　一九六四年　五二―五三頁参照。
(7) 『革命家のカテキズム』松田道雄編「ロシア革命」―ドキュメント現代史―平凡社　一九七二年　一一〇頁。
(8) Революционное народничество 70-х годов XIX века, т. II, стр. 29.
(9) この時期の農民運動の概略については、См. Ш. М. Левин, Общественное движение в России в 60-70-е годы XIX века, М., Соцэкгиз, 1958, стр. 405-422.

（10）例えば、ステプニャーク＝クラフチーンスキー著、佐野努訳『地下ロシア』三一書房　一九七〇年　六一頁参照。
（11）Революционная журналистика 70-х годов, стр. 124. Цит. по кн.: В. А. Твардовская. Социалистическая мысль России на рубеже 1870–1880 гг., Наука, М., 1969, стр. 28.
（12）В. А. Твардовская. Там же, стр. 28.

三　論争の開始

パンフレットや組織の機関誌で従来の運動方針を支持したС・М・クラフチーンスキーも、国内の情勢の推移に直面して、組織の運動全体における大きな転換の時期が来ていることは感じていた。彼は、この時期В・ザスーリチに宛てた手紙の中でつぎのように書いている。「われわれは、たとえ巨大な壁から僅かの砂粒をうまくほじくり取ることができたとしても、せいぜいそれだけのことをしたにすぎません。壁それ自体は依然として分厚く、見通しがきかず、打ち破ることのできないままであります……。壁にぶつかっている大勢のものが、とうとう疲労困憊してきたことは明らかです。われわれの運動において、新しい、きわめて重大な時期が始まろうとしております。」(1)

このような手紙は、この時期、従来通りの活動がいよいよ困難になってきている事情を示すものであった。官憲の追及はますます厳しくなり、農村での活動はいっそう困難になってきていた。活動家の多くのものは捕えられて、投獄、流刑あるいは死刑に処せられた。活動家の中には、無力感や挫折感に陥るものも出てきた。この時期の活動家の心情を、『土地と自由』第一号（七八年一〇月刊）は、「われわれは人民の中でほとんど何もしなかった」という言葉で説明しているし、(2) また、П・Б・アクセリロートは、『わが党の転換期』《Переходный момент нашей партии》という論文の中で、七〇年代のナロードニキの運動が悲しい結果に終ったことについて縷々《るる》説明している。(3) こうした状況の中で、「土地と自由」結社の内や外において、テロリズムを防衛的、報復的手段としてではなく、革命の有効な手段として積極的に取り入れるべきであるとする主張が有力になってきた。

比較的早い時期から、テロリズムを有効な革命手段として評価した理論家の一人にН・К・ミハイローフスキーがいた。ミハイローフスキーは、ロシアにおける革命運動が困難になり、ナロードニキの指導者の多くが国外に亡命したり戦列から離れたりする状況下にあって、終始国内に留まって、「合法主義」的な活動を行った人である。彼は、合法、非合法の刊行物を通じて、テロリズムを肯定的に評価している。彼によれば、権力に対する権利のための闘争の手段としてテロリズムを容認することは、首尾一貫性のある活動家にとっては不可避的なものであった。そしてまた、このような活動家は、「その知性的特質からいって、彼らが歩み出した途の論理的帰結にまで到達せざるをえなかったのである。(4)」

ミハイローフスキーのテロリズムに対する肯定的評価は、彼の「政治」理論から導き出される判断であった。彼は、テロリズムを提起するにあたって、ナロードニキの革命思想の根底に横たわっているアナキズム的要素すなわち非政治的社会変革理論に批判を加えた。

「土地と自由」結社の綱領がアナキズム的色彩をつよくもっていたことについては、すでにわたしたちは、簡単にではあるけれども見てきた。概して七〇年代のナロードニキは、国家機構そのものに対して否定的な見解を有していた。それ故に、専制を打破して、ロシアに西ヨーロッパ的な立憲制を樹立することは、ただ国家機構の外見を古いものから新しいものへと変えるだけのものであり、憲法や法律の条文の中に謳われるもろもろの権利や自由も、形式的欺瞞的であって、これらの実現を目指す「変革」は、人民を真に解放するどころか、かえって新たな隷従を正当化するものにすぎないと考えられていた。

七〇年代のナロードニキは、またそれ故に、革命を遂行するにあたっては、国家権力と相対して、これと闘いこれを変革することを主眼とする「政治」革命を「社会」革命と切り離し、後者を前者に優先させることが必要であると考えていた。かれらの主張するところによれば、ロシアを真に変革し、人民を解放するための革命は、ブルジョア革命ではなくて社会主義革命でなければならず、したがってそれは、政治的自由や議会制の幻想を追い求める「政治」革命ではなくて、人民にとってもっとも切実な社会の経済的土台の変革を目指す「社会」革命でなければならなかった。七〇年代の革命家たちは、A・ヴァリツキも指摘しているように、自分たちのことを「政治に無関心《アポリティカル》」なものであると考えていたし、またこれをもって、自分たちの社会主義がブルジョア的な汚れに染まっていない証拠だとさえ考えていたのである。(5)

ミハイロフースキーも、七〇年代の中頃までは、多くのナロードニキと同じように、立憲主義的変革や政治的自由の制度化といった言わば「政治」的革命に対しては悲観的な見解を示していた。ところが七〇年代の後半に入ってからは、ロシアの変革の過程においてこれらが積極的な役割を果すことを認めるようになった。そして、彼はK・E・デューリング（Karl Eugen Dühring 1833–1921）がその著作『力学原理の批判的歴史』（Kritische Geschichte der allgemeinen Prinzipen der Mechanik, 1872）などにおいて展開した社会発展における力の役割についての理論を援用して、自らの「政治」革命の理論を構築し、その中で、目的を達成するためには、「ときには仮借なく、ときにはテロルの手段によって闘わなければならない」ことを強調したのである。(6)

超党派的なナロードニキの機関誌『ナチャーロ』«Начало»は、当初は、ミハイローフスキーの「政治」的変革の主張を批判していた。ところがその主張はだんだんと変ってきて、同誌の第四号（一八七八年五月発行）においては、「政治的変革はきわめて望ましいものと言わなければならない」と述べるまでになった。「こうした変革は、歴史の中で強固になった現存の国家機構を爆破し、政府の後見役的組織を粉砕し、ツァーリの力や全能に対する社会の期待を打ち砕き、そして、権力を商人や地主の手に移したのちに、人民を新しい〝地主政府〟に対して公然と敵対的な関係に立たせる(7)」ようになると判断するに至ったのが主張の変った理由であった。

しかしながら、『ナチャーロ』においては、立憲制をロシアへ導入することは、依然として、ブルジョア自由主義的であるとして拒否されている。そしてまた、ロシアの人民にとって切実な要求であった身分証明書制度の廃止、移住・移動の自由、人格の不可侵といったような基本的権利の獲得も、革命の主要な目的として掲げられるべきものとは考えられなかった。『ナチャーロ』によれば、これらの要求は、税制や土地制度についての言わば社会改革と並行して、あるいはそれの副次的な産物として実現されるべき事柄であった(8)。

同じような見解は、『土地と自由』誌第二号にもみられる。その紙面で、Д・А・クレーメンツはつぎのように述べている。「政治的自由は、われわれの活動の主要な課題ではない。政治的自由は、活動の不可避的な結論として、化学・工業的な生産を行う場合の取除き難い副次的産物として、照明用のガスを採取する際のコークスのように、暖炉のたき口の煙のように生ずるものである(9)。」ナロードニキのあいだでは、国家権力との直接的な闘争が考えられるような時期になっても、「政治」的改革は容易にそれと結びつけては論じられなかったのである。

「政治」的変革が必要であるという見解が台頭するようになったのは、農村における宣伝・煽動の活動が行きづまったことと相俟って、ナロードニキの、都市労働者の位置と役割についての評価が変ってきたことも大きな原因の一つである。農村で献身的な活動を続けた結果、自分たちの運動が「ダナイデスの底なしの甕(10)」に水を満たすように空しい仕事であることを痛感した革命家の中には、従来は農民と革命的インテリゲンツィヤとを媒介する存在として位置づけていた都市労働者を、革命の有力な担い手として評価し、この階級に対して積極的に働きかけるものも多くでてきた。

情勢の変化に応じて、ナロードニキのあいだでは、「人民の中へ」入る運動について、さまざまな観点から根本的な検討が加えられるようになった。ここでは、運動のために割く時間、エネルギーについての計算違いや、運動を展開するうえで不可欠な組織を拡大強化するための努力が不十分なこと、あるいは、運動の過程での技術的な誤りなどについては、厳しい自己批判が行われた。しかしながら、「人民の中へ」入る運動の根本理論や、それを基礎づけている歴史・社会観については、ナロードニキの大方のものは、これを誤りないものであると改めて確認した。

旧来のナロードニキ主義の変革理論をもっとも強硬に主張した代表的思想家がГ・В・プレハーノフであった。かれは、『土地と自由』誌の第三、四号に、「社会の経済発展の法則とロシアにおける社会主義の課題」《Закон экономического развития общества и задачи социализма в России》という標題の論文を掲載し、その中で、ロシアは西ヨーロッパが経験したような資本主義的発展の過程を経ないで、独自の発展過程を経て社会主義に到達するということ、しかもその社会主義は、ロシア独特の「農民社会主義」であるといったような、正統派ナロードニキ主義の主張を展開している。(11)

アクセリロートは、ナロードニキが農村の活動で失敗した原因が、彼らが掲げた理想や、その理想に対する人民の反応の鈍感さにあるのではなくして、ナロードニキ自身の、問題に取組む力量の不足にあったのだと説明している。

プレハーノフやアクセリロートとはやや異なった結論を出したひとに、Я・В・ステファノーヴィチがいる。(12)彼は、ナロードニキの活動の失敗の原因が農村の中にあると考えた。彼は、ロシアの農民が「共同体精神」を保持していることは否定しなかった。けれども、一八七七年のチギリーン事件をはじめとした農村での長い革命運動の経験から、農民には団結心や自発性が欠如していること、彼らは無学蒙昧であってつよい偏見に捉われていること、そしてなによりもまず、ツァーリに対して無分別に親愛の情を抱いていることなどを見てとっていた。そして彼は、ナロードニキの失敗の原因は、なによりもまず、こうした農民の実態についての革命家の認識不足にあると指摘している。(13)ステファノーヴィチの農民描写は、それまでは、ジャコバン主義的革命理論の代表者П・Н・トカチョーフの主宰する『警鐘』«Набат»以外にはみられないものであっただけに、農村や農民を理想化していたナロードニキにはかなりの衝撃を与えるところとなった。けれども、ステファノーヴィチも、プレハーノフやアクセリロートと同じく、革命運動の基本方針としては、従来通り、否これまで以上に、困難な条件を克服して農村で活動することを主張したのである。「農村は、状況の相違を超えて、ロシアのすべての社会主義者の合言葉とならなければならな」(14)かった。

「政治」革命を提唱し、都市労働者を改めて認識し、テロリズムを採用しようとする革命家は、これらの「農村活動家」«Деревенщики»とのあいだで激しく議論をたたかわさなければならなかった。

（1）　«Из переписки С. М. Кравчинского». — «Красный архив», 1926, т. 6, стр. 247. Цит. по кн. : В. А. Твардовская, Социалистическая мысль России на рубеже 1870–1880 гг. нк, 1968, стр. 33.

（2）　См. В. А. Твардовская. Там же.

（3）　«Община», 1878, No. 8-9, стр. 28.　В. А. Твардовская. Там же.

（4）　Н. К. Михайловский, «Утопия Ренана и теория автономии личности Дюринга», Полн. собр. соч., т. iii, стб. 233.

（5）　Cf. A. Walicki, The Controversy over Capitalism, Oxford, 1969, p. 82.

（6）　Н. К. Михайловский. Там же, стр. 233.

（7）«Революционная журналистика семидесятых годов», стр. 89. Цит. : В. А. Твардовская. Указ. кн. стр. 32.
（8）В. А. Твардовская. Там же, стр. 32.
（9）Там же, стр. 33.
（10）См. Литература социально-революционной партии "Народной воли", стр. 9.
（11）«Революционная журналистика семидесятых годов», стр. 249. Цит. : В. А. Твардовская. Указ. кн. стр. 34.
（12）Я・В・ステファノーヴィチのプロフィールについては、ステプニャーク＝クラフチーンスキー著　佐野努訳　前掲書七一—八一頁参照。
（13）«Община», 1878, No. 8-9, стр. 33. Цит. : В. А. Твардовская. Указ. кн. стр. 35.
（14）«Община», Там же.

四　皇帝暗殺論

一八七九年に入ると、「土地と自由」結社のメムバーのあいだでの、政治闘争をめぐる論争はいよいよ活発となってくる。論争の舞台となる結社の機関誌『土地と自由』は、この時期編集担当者が入れ替った。С・М・クラフチーンスキーはすでに前の年の暮、当局の追及を逃れて国外に亡命していた。七九年の二月には、Д・А・クレーメンツが逮捕された。Г・В・プレハーノフとН・А・モローゾフらが残っていた編集部にЛ・А・ティホミーロフが補充された。

新たに構成された編集部の中で、プレハーノフとモローゾフが、「土地と自由」結社内での「政治」論争について、対立する二つの派を代表する形となっていた。ティホミーロフは、編集部に加わった当初は、まだ自分の態度を決しかねていたが、やがて、政治闘争を擁護する立場へと傾斜していった。けれども、政治闘争の必要性を主張する人びとは、もっと積極的に自分らの主張を展開するために、七九年三月、『土地と自由』新聞《Листок "Земля и воля"》を発行した。こうして、結社内の政治論争は、二つの刊行物の紙面で展開されるようになった。

『土地と自由』新聞をも併せて編集したモローゾフは、この紙面で、ロシアの革命における政治変革の必要性と政治変革の過程における少数者の役割の重要性とを強調した。そして彼は、テロリズムをF・シラーの戯曲『ウィルヘルム＝テル』に因んでテリズムと呼びながら、これをきわめて有効な政治闘争の手段として評価した。このようなかれの見解は、さらに、『土地と自由』新聞の第二、三号に掲載された論文「政治的殺人の意義」《Значение политических убийств》においても、繰り返して示されている。モローゾフの主張するところによれば、「政治的殺人こそが、まさしく革命を実現するもの」であった。こうしたモローゾフの主張には、これまで「土地と自由」結社において支配的であった人民大衆観、すなわち、人民大衆が現存の秩序を「自覚的に破壊し、まったく新しい基盤に立脚した新たな秩序を意識的に創造する勢力」[1]であるというような考え方を修正しようとする姿勢がうかがわれる。それとともに、新たな刊行物によって、これまでジャコバン的であるとして批判されていた少数陰謀説が積極的に主張されるようになったということは、結社内の雰囲気にもかなりの変化があらわれていることを示すものでもあった。

モローゾフらの主張に共鳴して、新しい「政治」的傾向を擁護する活動家は、その立場を具体的に示すために、一八七九年三月、「社会革命党執行委員会」《Исполнительный комитет социально-революционной партии》にその勢力を結集しようとした。そしてこの年の五月には、この中のテロリズムを標榜する急進分子は、「執行委員会」に付属する組織として、「自由か死か」《Свобода или смерть》を結成している。これらの組織に参加した活動家は、テロリズムを、「土地と自由」結社において、従来のような、政府の攻撃に対しての単なる自然発生的な防衛手段としてでなく、積極的な政治的変革の方法として認めさせようと努力した。彼らは、ロシアの現状は、それを改革するためには国家権力との流血を伴う闘争を必要としているのであり、そしてまた、革命家の多くのものはそれを望んでいるのだと自ら確信していた。それ故に、「土地と自由」の綱領を楯にして、「政治」闘争への転換に反対するものに対しては、「事実の論理以上に、理論によって影響を受ける」(2)人びとであると批判したのである。

それでは、「政治」主義者によって批判された、綱領擁護者たちの見解はどのようなものであったろうか。彼らは、国内に、政府に対するテロリズムを歓迎しようとする雰囲気が高まってくるのを、革命運動にとってきわめて危険な兆候と受けとめていた。彼らは、革命家が国家権力を相手にして政治闘争に熱中することは、けっきょく人民大衆から離反することを意味するものであり、そして、人民の中に根を下ろさない運動は、ただ単にブルジョアジーのために勝利の道を準備するものにすぎないと考えていた。例えば、П・Б・アクセリロートは、「人民の中へ」入る運動の情勢が変化するなかで、苛酷な権力の弾圧に抵抗して自分たちの運動を続けていくためには、権力に対して断乎たる反撃を加える必要があることを認めていた。けれども、闘争の手段としてテロリズムを用いることについては、種々の危険を伴うものであるとしてそれに疑念を抱いていた。彼はつぎのように述べている。「われわれが否応なしに絶対主義と闘争しなければならず、したがってそれ故に、間接的にブルジョア的権利を獲得しなければならないとしても、それでもなお、われわれは、政治闘争のためにわれわれが社会主義の道から踏みはずし、けっきょくは混乱に陥るということがないように、全力を尽さなければならないのである。」(3)

「土地と自由」結社の綱領を支持し、従来通りの活動方針を堅持しようとする、「農村活動家」《Деревенщики》たちは、アクセリロートと同様に、政治闘争やテロリズムに対しては批判的であった。彼らは、「テロルの方法は、きわめて危険な、引き込まれたら最後出ることのできない密林のようなものである」[4]から、それを革命の手段として採用すべきではないと主張した。彼らの主張するところによれば、テロリズムによる政治闘争は、つねに多くの危険を伴うものであって、かりにそれが一時的に好結果をもたらすことがあったとしても、この方法によって人民の生活状態が改善されることは期待できなかったのである。彼らにとっては、多くの障害や困難が横たわってはいても、農村こそが依然として「明るく輝く唯一つの星」«единственная светлая звездочка»なのであった。

革命運動においてテロリズムの有効性について論ずるときには、いきおいテロルの方法や対象が問題となる。そして、テロルによって目指す効果を最大限にもたらそうとするためには、広い範囲にわたって政治的影響力を与えうる立場にある人物をその目標とすることが必要となる。かくして、ナロードニキ革命家のあいだでテロリズムをめぐって活発に論争が行なわれるようになったとき、もっとも熾烈な争点となったのが、皇帝の暗殺であった。

А・Д・ミハーイロフは、テロルを最大限に効果あらしめるために、皇帝暗殺を強く主張した一人であった。彼は、テロルは元来一騎打の闘争方法であると考えていた。それ故に、皇帝をその対象とする場合には、結果はロシア全体にわたって大きな衝撃を与えるような事件となるにも拘わらず、それを決行するにあたっては、困難を克服して特段の準備をする必要はなかった。また彼は、少数の尖鋭分子によって実行されるテロリズムが、他方で広範な人民大衆に対して行なわれる啓蒙宣伝の活動と抵触しないどころか、むしろ相互補完的に作用すると考えていた。こうした見地に立って彼は、皇帝暗殺が「土地と自由」結社の方針として認められない場合には、同志のみによってでも断行すべきことを提案している。

このような過激なテロリズムの主張に対して、Г・В・プレハーノフ、М・Р・ポポーフ、О・В・アプテクマーン、А・И・イグナートフらの「農村活動家」たちは、皇帝暗殺を終極点とする「政治」的テロリズムの計画を、「土地と自由」結社の綱領の基礎を破壊するものとして厳しく批判した。プレハーノフは、政治主義者の無謀な企みのために、「われわれの組織は、古くからの活動の分野をつぎつぎと見捨てなければならなくなっている。それは恰も、ローマが蛮族の圧迫のもとに、領土をつぎつぎと失わなければならなかったのに似ている」(5)と述べている。アプテクマーンは、テロリズムがかりに効果的な政治闘争の手段であるとしても、つねに成功するとは限らず、そして失敗した場合には、激化した政府との闘争の過程で、第二第三のテロルを計画することが不可避となり、組織はもはやそれ自体の危険をおかしながらその計画を実行しなければならなくなるであろうと言って、テロリズムのもつ危険性を批判している。(6)

一八七九年に入って活発に展開された運動方針をめぐる論争は、三月の段階では、まだ組織の中で決着をみるには至らなかった。組織に加わっている活動家は、それぞれの立場に立って、行き詰まり状態となっている運動の局面を打開する道を真剣に模索していた。組織として、情勢の推移に対応しての新たな方針が打ち出されないでいるとき、政治闘争を主張する活動家の中には、個人的に行動を起こすことによって状況を打破しようとするものがあらわれてきた。

一八七九年四月、А・К・ソロヴィヨーフは、皇帝アレクサーンドル二世暗殺を決行した。彼はこれまで、В・フィーグネルらのグループに属してニージニーノーヴゴロトやサマーラ、サラートフなどの定住地で農民に対する宣伝活動を続けてきたが、活動の成果があがらないのをみてとって皇帝暗殺を計画し、前の年一二月末にペテルブルクに出て来て情勢を窺っていた。(7)暗殺は未遂に終り、ソロヴィヨーフは逮捕されて、同年五月末絞首刑に処せられた。この事件は、すぐさま政府の新たな弾圧をひき起こすこととなり、つい前年に結成されたばかりの労働者組織『ロシア労働者北部同盟』《Северный союз русских рабочих》が手入れされて、同盟員が大量に逮捕され、一二名が処刑されるという結果を導いた[(8)]。

ソロヴィヨーフが皇帝暗殺を決行するに至った動機としては、すでに触れたような、ニージニーノーヴゴロトをはじめとしたあちこちの定住地での宣伝活動の成果に対して、大きな幻滅を感じたことがあげられる。それと同時に、ナロードニキの活動に加えられる政府の理不尽な弾圧に対する復讐の念が、他の多くのナロードニキと同様に、かれの胸中にも存在していた。だが、ソロヴィヨーフの行動を支えていたのは、このような消極的な、あるいは心情的な動機だけではなかった。彼は、「テロルや皇帝暗殺が、社会の覚醒、政治体制の変革、憲法問題などを日程に上らせることを促すであろう[(9)]」ことを確信していたのである。

ソロヴィヨーフの事件について、『土地と自由』新聞第四号は、巻頭論文において、彼の行動が、政治的無法、前代未聞の抑圧、無神経な専横に対する抗議であると主張した。論文にはつぎのように書かれている。「政府は、いまや一人の革命家に対してではなく、全ロシアに対して戦いを宣しているのである。そうであるとすれば、われわれは、挑まれた決闘に応ずる用意がある。われわれは闘うことを恐れはしないし、とことんまで政府を怒らせるであろう。たとえどんなに、われわれの側から犠牲者を出そうとも[(10)]。」ソロヴィヨーフの皇帝暗殺未遂は、混乱に陥っていた「土地と自由」結社の運動方針を、綱領に則して根本的に再検討することを、組織成員全体に対して、事実の側面から促す事件であった。

（1）《Община》, 1878, No. 8-9, стр. 22. Цит.: В. А. Твардовская. Указ. кн. стр. 38.
（2）F. Venturi, Roots of Revolution, N. Y., 1964, p. 639.

（３）«Община», 1878. No. 8-9, стр. 33. Цит.: В. А. Твардовская. Указ. кн. стр. 40.
（４）О. В. Аптекман. Общество «Земля и воля» 70-х годов, Пг., 1922, стр. 349.
（５）Г. В. Плеханов. Сочинения, т. XXIV.: М-Л., 1927, стр. 305.
（６）О. В. Аптекман. Там же, стр. 359.
（７）См. Деятели революционного движения в России. Био-библиографический словарь, т. II, Вып., 4, Под ред. Ф. Я. Кона и др., М. 1932, стб. 1570.
（８）Cf. Samuel H. Baron, op. cit. p. 37.
（９）«Показания А. К. Соловьева» — «Былое», 1918, No. 1, стр. 145-149. Цит.: В. А. Твардовская. Указ. кн. стр. 46.
（10）«Революционная журналистика семидесятых годов», стр. 448. Цит.: В. А. Твардовская. Указ. кн. стр. 48.

五　ヴォローネシの大会

「土地と自由」結社は、運動の基本方針について協議し、構成員の意見を調整するために、一八七九年六月下旬、ヴォローネシにおいて大会を開催することとなった[1]。これまでみてきた経緯から明らかなところであるが、この大会において議論されるべき中心的な課題は、人民の中での宣伝活動とテロリズムのいずれを組織活動として優先させるかという点であった。この問題に関連して、現在のロシアにおいて農民と都市労働者のいずれが有力な勢力となりうるかについても論じられることになった。さらにまた、「土地と自由」結社がロシアの革命を遂行するにあたって、「政治」目的を掲げることの可否について検討が加えられる必要があった。これらの問題は、「土地と自由」結社がこれまで進めてきた運動の基本方針、つまり組織の綱領にかかわる問題であり、したがってそれは、結社の根本性格を左右する問題であった。

ヴォローネシで大会が開かれる直前に(2)「政治」主義者のグループは、この町より一一五キロほど北にある保養地のリーペックで秘密の大会をもった。この大会には、А・Д・ミハーイロフ、А・А・クヴャトコーフスキー、Л・А・ティホミーロフ、Н・А・モローゾフ、А・И・バラーンニコフ、М・Н・オシャーニナ、А・И・ジェリャーボフ、Н・И・コロトケーヴィチ、Г・Д・ゴーリデンベルク、С・Г・シリャーエフ、М・Ф・フロレーンコらが参加した。

この大会に故郷オデッサから参加したジェリャーボフは、「土地と自由」結社が強硬な政治路線をその方針として採用することが緊急の必要事であると、きわめて明快な論旨で主張した。かれの主張の概要はつぎのようなものであった。すなわち、ロシアの革命家が究極の目標とすべきものが社会革命であることは明白である。しかしながら、その社会革命は、それに先立って、長期間にわたる宣伝活動が行われなければ、達成不可能である。そして、宣伝活動なるものは、国内に政治的自由が保障されていてはじめて行いうるものである。したがって、革命家は、憲法制定会議の設立を主要な目標として掲げ、それに向かっての煽動活動を展開することに大きな関心をもたなければならない。西ヨーロッパと違って、ロシアにおいては、この目的は自由主義者によっては実現されえない。この目的を実現するためには、新しい勢力が新しい方法で、大衆に対して煽動活動を行うことが必要である。新しい勢力とは何か、それはわれわれ革命的活動家のことである。新しい方法とは何か、これはすなわち組織的テロリズムに他ならない。われわれはもはや、テロリズムの手段を、斃れた同志に対する報復のみに限定すべきでない。テロリズムの合目的性やその効果を積極的に容認すべきである。そしてこれらの点から考えるならば、組織的テロリズムの最高の目標を皇帝そのものとすべきである。なんとなれば、皇帝を「処刑」することによって、体制側に降伏を余儀なくさせることができるのである。ここではじめて、市民的自由が確保され、社会革命のための宣伝活動が可能となる。このような、真に革命的な活動は、今始まろうとしている。われわれは、皇帝暗殺を首尾よく達成するために、これまで以上に集権化した陰謀組織をつくらなければならない(3)。

右のようなジェリャーボフの提案に、この大会の指導的な役割を演じていたミハーイロフが全面的な支持を表明し、他の参加者もこれに賛成した。その結果リーペックの大会《Липецкий съезд》は、政府との政治闘争が第一義的な、独立した課題として必要であるということを承認し、「土地と自由」結社の綱領にこれを書き入れることを結社の大会で提案することを決議した。さらに、この大会への参加者は、自ら「社会革命党執行委員会」《Исполнительный комитет социально-революционной партии》のメムバーであることを宣言し、執行委員会は、来るヴォローネシの大会で、政治闘争を容認する新綱領が採択されたならば、テロルの実行を引き受けることを確認した。そして、これを実行するために、中央集権主義、規律主義、陰謀主義を原則とした執行委員会規約を採択した(4)。「この大会においては、大きな論争や長時間にわたる議論はなかった。すべてのことについては、前もって話し合われていた。ここでしなければならないのは、考えられたこと、全員が同意したことを、文章化し、定式化することだけであった(5)」

ヴォローネシの大会は、リーペックの大会で結束を固めた「政治」主義グループや、Г・В・プレハーノフ、О・В・アプテクマーン、М・Р・ポポーフらの「農村活動家」、それに、В・Н・フィーグネル、С・Л・ペローフスカヤなど合計で約二〇名が参加して開かれた(6)。

すでに触れたように、この大会での論争点は組織の存廃に影響を与えるものであっただけに、参加者の意見は鋭く対立したけれども、危惧されていた分裂という最悪の事態は避けることができた。参加者の多くは、今後の運動の進め方についてそれぞれの見解をもちながらも、革命を達成するためには「現在存在しているすべての勢力を結集する」ことが必要であるという共通の認識に立っていた。それに加えて、テロリストのグループが積極的に動いた結果、大会においては、早くからこのグループに有利な雰囲気が出来上っていた。たとえば、モローゾフは、会議の中で、五月にキーエフで処刑されたB・A・オシーンスキーの最後の手紙を朗読した。オシーンスキーは、「土地と自由」結社の設立者の一人であり、組織の中心的な存在であったが、早くより政治闘争とテロリズムを有効な方法として実践した革命家であった。彼はその遺言の中で、自分の行動が正しかったという確信を披瀝していたのである。さらにまた、S・H・バロンによれば、オシーンスキーと共にテロル活動を続けていたД・A・リゾグープが最近処刑されたという情報が大会で発表された。(7) これらのために、大会参加者の政府への憎しみが急につのってきて、現状ではテロリズムを組織の必要な手段として認めることが不可避であるという気持ちが強まってきた。その結果、問題を徹底的に究明して「正しい」解決を導き出すという理論的要請よりも、革命を達成するために勢力の統一を維持するという大義の方が優先させられることとなった。

討議の末ヴォローネシの大会においては、つぎのような決議が満場一致で採択された。

「ヴォローネシにおいて、六月一九日、『土地と自由』大会の義務的決議

ロシア人民革命党は発生当初から、またその発展の全期間を通じて、ロシア政府の中の冷酷な敵と遭遇したので、また最近において、政府の弾圧はその極点に達したので、大会は政府と闘争するという意味において、攪乱グループを特別に発展させることが必要であると考える。それと同時に、また、定住と人民的攪乱という意味において、人民の中での活動も継続する。(8)」

ている。

この大会の決議は、概して言えば、政治主義テロリストグループと農村活動家との妥協の産物としての性格を有している。つまり、この決議によって、「土地と自由」結社のもとの綱領には、なんらの根本的修正は加えられなかったのである。「土地と自由」結社の活動の重点は、従来通り農村に置かれたままであった。そして、農村における特別の煽動の形態としてテロリズムが取り入れられ、これを遂行する主体として攪乱グループの拡大が認められたのである。農村活動家にとっては、テロリズムは、この段階においても、それ自体政治的目的を追求する手段とは考えられなかった。彼らにとってこれを導入することは、B・A・トヴァルドーフスカヤが指摘しているように、従来の農村における活動を新しい形の力によって蘇生させようとする試みであり、まさに農村において「大規模の明白な事業」«крупное и яркое дело»を組織しようとする試みに他ならなかった(9)。それ故に、農村活動家は、この決議を、ただ新たに攪乱グループの活動を容認するだけのものであって、組織の綱領の枠を越えるものではないと理解したのである。

テロリストのグループは、大会において政治的テロリズムを他の闘争手段よりも優越させることの可否について採決がなされたとき、かなりの柔軟な態度を示した。そして結果的には、この方法を、「ぎりぎりの例外的な闘争形態」という意味においてであっても、結社の方針として認めさせたことによって、自分たちが依然として本質的にナロードニキであることを農村活動家たちに納得させることに成功した。テロリストのグループはこの大会において名よりも実をとったと言うことができる。C・H・ヴァールクは、このような決議採択に至る経過を観察して、大会においては論争があったと言うより、むしろなかったと言うべきであると述べている(10)。

こうした表面的な妥協にもかかわらず、「土地と自由」結社は、この大会において、いよいよ決定的な分裂の危機を内包することになった。M・Φ・フロレーンコが述べているように、この大会においてテロリズムを必要な闘争手段として容認したということは、「土地と自由」結社内において、テロリストグループが自立的組織として存在し、組織の印刷所を利用して自説を展開する機関誌を発行し、さらにまた、組織の活動資金を独自に支出することにも賛意を表明したことに他ならなかった。[11] テロリズムはもっとも重要な、緊急の場合に限ってのみ許されるものであり、そして、このために支出される組織の資金は、総額の三分の一を越えてはならないという制限が課せられてはいた。しかし、「このような決定はテロリストの側からの一時的な譲歩に過ぎないものであって、彼らの行動がけっきょくは、ブンターリ派の処理に任されていた資金までも食ってしまうことは明らかであった。[12]」

総括的に言うならば、この大会において、妥協的な決議が採択されたにもかかわらず、政治主義者は、「土地と自由」を獲得するという自らの目標を実質的に達成するという点において、大きな勝利をおさめた。大会は、参加者の努力の結果分裂を避けることはできたけれども、実際には、農村活動家にも政治主義者と同様に、自らの「政治的」立場を規定し、将来の新しい組織の性格や自立的な組織形態を構想する機会をもたせることとなった。そしてまた、政治主義者に対しては、「結社の活動家のすべてを点検して、もし将来組織が分裂することを余儀なくされる場合には、これらの活動家を自分らの陣営に引き入れるためにその人たちの考えを知っておく[13]」機会を与えることにもなった。組織の分裂は、この大会によってもはや不可避的なものとなったのである。

（1）　ヴォローネシで大会が開かれた日は必ずしもはっきりしていないが、六月一八―二一日（新暦では六月三〇―七月三日）であったとするのが通説。См. Архив «Земли и воли» и «Народной воли», Под ред. М. Б. Каплана и др., М., 1930, стр. 154.

（2）　リーペック大会開催の日もはっきりしていないが、六月一五―一七日（新暦六月二七日―二九日）の三日間であったとする説が有力である。См. Архив «Земли и воли» и «Народной воли», Там же.

（3） Cf. Hugh Seton-Watson, The Decline of Imperial Russia 1855–1914, Praeger, 1961, pp. 69–70.
（4） См. Советская историческая энциклопедия, т. 8, стб. 694.
（5） П. С. Ткаченко, Революционная народническая организация "Земля и воля", стр. 282.
（6） 大会参加者の氏名、人数については、資料によって若干の相違がみられる。См. П. С. Ткаченко. Там же, стр. 286.
（7） cf. Samuel H. Baron, op. cit., p. 39. しかしながら実際にリゾグープが処刑されたのは一八七九年八月一〇日（新暦八月二二日）である。См. Советская историческая энциклопедия, т. 8, стб. 678. 事実が誤り伝えられたか、あるいは意図的に虚偽の情報が流されたかのいずれかであろう。
（8） «Июнь 1879г.-Резолюция Воронежского съезда "Земли и воли" о борьбе с правительством». Революционное народничество семидесятых годов XIX века, т. II, Наука, 1965, стр. 42.
（9） П. С. Ткаченко. Вышеуказ., стр. 287.
（10） Там же, стр. 288.
（11） Там же, стр. 289.
（12） Там же.
（13） Вера Фигнер, Запечатленный труд, М., 1964, стр. 151.

六　結社の分裂

ヴォローネシの大会において、結社の分裂は一応回避することができたものの、「政治」主義者グループと「農村活動家」グループのあいだには、すでに、変革の理論やその基盤となる人民観や国家観をめぐっての深刻な対立が存在していたために、組織の統一はその後長くは続かなかった。大会から二カ月後の八月には両派は分裂して、前者は

「人民の意志」《Народная воля》派を、そして後者は「黒土総割替え」《Чёрный передел》派を結成した。「人民の意志」派が結成されたことによって、「土地と自由」結社内では、綱領的な制約や組織統一の大義のためにしばしばあいまいな表現で示されていた「政治」主義の内容やテロリズムの思想が、ここに初めて綱領その他の文書で明確な形で提示されることになった。わたしたちは、「土地と自由」結社の綱領と「人民の意志」派のそれとを比較することによって、革命運動の過程で多くのナロードニキが、無政府主義・非政治主義思想から「政治」主義、テロリズム擁護の思想へと転換していった跡を知ることができる。

一八七九年九月から一二月にかけて作成された「人民の意志」派の「執行委員会綱領」《Программа исполнительного комитета》は、国家の抑圧的、搾取的本質についてつぎのように規定している。

「鎖につながれた人民が、国家によって創り出され、保護されている搾取者層によって覆われていることにわれわれは注目する。この国家は、国内における最大の資本主義勢力を作り出しており、またこの国家こそが人民の唯一の政治的迫害者であり、そして、国家のおかげで小搾取者はやっと存在し得ているにすぎないのだということにわれわれは注目する。この、国家的ブルジョアジーの贅肉はもっぱらむきだしの暴力――軍隊・警察・官僚の組織――によって維持されており、そしてそれは、わが国でチンギス＝ハンのモンゴル人が勢力を保持したのとまったく同じであるとわれわれは思う。人民の願望や理想となんらの共通点をもたない国家・経済の原理や形態を、力づくで制定し維持しているこの専横で暴力的な権力は、人民の承認をまったく得ていないものであるとわれわれは思う。[1]」

つづいて綱領は、このような「人民を抑圧している国家の重圧を人民から取除き、権力を人民に引渡す目的をもって政治的変革をなしとげること」を組織の当面の任務として規定し、それを遂行するための具体的方策として、まず、全国民の投票によって自由に選ばれる憲法制定会議《Учредительное собрание》を召集することを掲げている。

綱領によれば、憲法制定会議は、現在の政府から権力を剥奪したうえで、この国のすべての国家・社会機関を再検討し、これらを再編成する役割を担う、変革期の最高機関となるべきものであった。

さらに綱領は、憲法制定会議を舞台として遂行すべき改革の具体的項目としてつぎのものを掲げている。

(1) 全国民の投票によって自由に選ばれた代表者によって構成され、国家全般のあらゆる問題について全権を有する常設の人民代表機関の設置

(2) すべての公職の選挙制、ミールの自立性および人民の経済的独立によって保障される広範な地方自治

(3) 経済的ならびに行政的単位としてのミールの自立性

(4) 土地の人民への帰属

(5) 各種大小の工場のすべてを労働者の手に渡す措置を講ずる制度

(6) 良心、言論、出版、集会、結社および選挙運動の完全な自由

(7) 身分や財産によって制限を課せられない普通選挙権

(8) 常備軍の民兵との交代

ここにわたしたちは、「人民の意志」派のメンバーの、政治的変革と経済・社会的変革を包括的に遂行することが必要であるとする見解を窺うことができる。

続いて綱領は、上述のような変革をすすめるための活動について述べており、その中で、「土地と自由」結社において論争が続けられた宣伝・煽動活動とテロリズムについては、つぎのように具体的に規定している。

(1) 宣伝活動と煽動活動

宣伝は、社会改革の手段としての民主主義的な政治的変革の思想を国民のあらゆる階層に広めること、また

同じく党の綱領そのものを広めることを目的としている。現体制に対する批判、変革と社会改革の方法の説明と解明が宣伝の本質をなしている。

煽動は、人民と社会の側から、現存秩序に対する抗議、また党の精神に従っての改革の要求、とりわけ憲法制定会議招集の要求が、可能なかぎり広範に表明されるようにすることを目指さなければならない。抗議の形態としては、集会、デモンストレーション、請願、抗議文、納税拒否などがあり得る。

（2）　破壊活動とテロル活動

テロル活動とは、政府のもっとも有害な人物を撲滅したり、スパイ活動から党を守ったり、政府・行政機関の側からの暴圧や専横がきわめてひどい場合に懲罰を加えたりなどすることであるが、その目的は、政府の力の魅惑を打破り、政府に対する闘争の可能性を絶えず証明し、そうすることによって人民の革命的精神と事業の成功に対する信念を高揚させ、そして最終的に、戦闘に役立つ勢力を形成するということにある。(2)

「人民の意志」派「執行委員会綱領」の大きな特色は、すでにみてきたように、政治的変革の課題つまりロシアの民主主義的な変革の課題を、社会的改革の課題すなわち社会主義的改革の課題と同列に置くか、あるいは少なくとも、後者の実現のためには前者の遂行が不可欠であることを明記した点にある。それと、変革を遂行するにあたって、テロリズムを宣伝・煽動活動と有機的に関連づけながら、運動の重要な手段として採用したことである。「執行委員会綱領」においては、「政治」はすでに、西ヨーロッパ的観念でも、ブルジョア自由主義的思想に限られるものでもなく、ロシアの革命家が積極的に取組むべき課題となった。

しかしながら、「政治」的変革についてのナロードニキの認識の変化は、彼らの運動の厳しい状況の中で、きわめて短い期間に生じたものであった。そのため、ナロードニキの意識の中で「政治」についての認識がじっくりと成熟することはなかった。このことは、「綱領」において、政治的変革と社会的改革とが相互に充分関連づけられることなく、混然としたかたちで規定されているところによく現れている。また、ナロードニキの意識の中で、「政治」についての観念は、ツァーリ政府との闘争が不可避であるという認識に随伴するかたちで形成されたものであって、それ自体として自立的に成長したものではなかった。言い換えるならば、ナロードニキの「政治」観はテロリズムと不可分の関係をもちながら形成されたとみることができる。結成以後の「人民の意志」派の活動が、条件の制約をつよく受けたとはいえ、もっぱらツァーリを目標としたテロリズム活動に極限されて、「政治」変革についての構想の豊かな展開をみることができなかったのも、右のような「政治」観形成の事情と無関係ではなかった。ロシアにおいて政治についてのさまざまな議論がたたかわされるようになるには、いま少しの時の流れが必要であった。

（1）　«Программа исполнительного комитета». Под ред. С. С. Волка, Вышеуказ., т. II, стр. 171.

（2）　Там же, стр. 172–173.（傍点隔字体）。

第一〇章　ナロードニキの国家観
――人民の意志派の場合――

一　はじめに

一八七六年に設立されたナロードニキの結社「土地と自由」は、運動の過程で、所属するメムバーのあいだに、闘争のありかたをめぐって意見の対立が生じ、三年後の七九年には、新しい闘争の形態を採用すべきだとするA・Д・ミハーイロフ、Л・A・ティホミーロフらの人民の意志派と、これまでの運動をさらに積極的に推進すべきだとするГ・B・プレハーノフらの黒土総割替え派とに分裂した。

主な意見の対立点は、運動の対象と方法とにあった。対象について前者のグループは、これまでの、「人民の中へ」入って、ロシア変革の必要性や革命における人民の役割を啓蒙・宣伝するやりかたの非生産性を反省し、革命的活動家が人民に代って変革の主体的担い手となるべきであると論じた。そして、自分たちのすすめる革命が社会主義革命であり、それ故にそれは「政治」革命ではなくて「社会」革命でなければならないとした従来の見解を批判して、この目的を達成するためには、権力を直接相手とする「政治」闘争を展開することこそ必要であると主張した。方法について彼らは、結社や言論の自由が保障されていないロシアにおいては、宣伝活動によって人民を解放することは不可能であると考えた。専制的支配と奴隷的従属が牢固として存在するこの国においては、政治闘争の手段として組織的テロリズムが不可欠であるとして、この手段の合目的性を承認し、その効果を評価するように訴えた。このような主張は、たんにナロードニキがこれまですすめてきた運動の方法や技術、つまり戦術のみの変更を要求するものではなかった。

こうした主張の根底には、ナロードニキの国家や政治権力についての基本的な見解を改め、それらの社会における存在性格や機能について見直しをすることが必要であるとする考え方が横たわっていた。「土地と自由」に結集したナロードニキは、これまで、国家機構に対しては否定的な考えをもっていた。一八七六年に作成されたこの結社の綱領には、つぎのように謳われていた。「現存する国家制度はロシア人民の精神に反している。なぜなら、歴史の流れのなかでロシアの人民は、農村共同体の完全な自治への志向、また郷、郡、国などへの農村共同体の自由な統合への志向を証明したからである。それ故にわれわれは、いっさいの社会的機能の農村共同体への移行、すなわち、農村共同体の完全な自治を勝ち取らなければならない。」(1)人民の意志派に結集するメムバーは、人民の中へ入る運動を通して、こうした国家観の根本的な見直しを要求した。いやそれのみにとどまらなかった。彼らはもっと積極的に、国家権力を、たんに破壊の対象としてだけでなく、新たな社会を建設していく過程においてもそれなりの役割を演ずるべき機構として位置づけようとしたのである。この間の事情を、プレハーノフは、「ナロードニキ主義は、あらゆる国家思想に対して厳しく否定的な態度をとっていた。人民の意志派のメムバーは、自らの社会改革の計画を国家機構の援けを借りて実現することを期待していた」(2)と説明している。人民の意志派のメムバーは、本来の目的である社会改革を達成するためのもっとも効果的な方法を、国家を媒体とする「民主主義的政治変革」であると考えたのである。

以上見てきたように、「土地と自由」結社の分裂は、ナロードニキの政治・国家観の変化を示すうえでも重要な出来事であったと言える。そこで本章においては、人民の意志派に焦点をあて、主としてその綱領的文書、小論文、裁判記録などをとおして、一八七〇年代末から八〇年代初めにかけてのナロードニキの政治・国家観をみていきたいと思う。

（1）Под ред. С. С. Волка, Революционное народничество 70–х годов XIX века, т. II, стр. 28.
（2）Г. В. Плеханов. Сочинения, т. II, М.–Пг., 1922, стр. 41.

二　国家問題の認識

人民の意志派は、一八七九年の九月から一二月にかけて作成した「執行委員会綱領」«Программа исполнительного комитета»において、この組織の基本的理念をつぎのように示している。「基本的信念からすれば、われわれは社会主義者でありナロードニキである。われわれは、社会主義の原理に基づいてのみ、人類は、自由・平等・友愛を実現し、共同の物質的福祉と個人の完全な全面的発展、したがってまた進歩を保証することができると確信している。われわれは、人民の意志のみが社会形態に承認を与えることができるのだということ、また人民の発展は、それが自主的にかつ自由にすすむ場合にのみ、そして実現されるべきおのおのの思想があらかじめ人民の意識と意志を通過している場合にのみ、揺ぎないものになるということを確信している。人民の福祉と人民の意志——この二つは

われわれのもっとも神聖な、そして切り離しがたく結びついている原則である。」(1)

さらにまたこの綱領は、国家の本質的性格についてつぎのように規定している。「鎖につながれた人民が、国家によって創り出され、保護されている搾取者層によって覆われていることにわれわれは注目する。この国家は、国内における最大の資本主義勢力を作り出しており、またこの国家こそが人民の唯一の政治的迫害者であり、そして、国家のおかげで小搾取者はやっと存在し得ているにすぎないのだということにわれわれは注目する。この、国家的ブルジョアジーの贅肉はもっぱらむきだしの暴力——軍隊・警察・官僚の組織——によって維持されており、そしてそれは、わが国でチンギス＝ハンのモンゴル人が勢力を保持したのとまったく同じであるとわれわれは思う。人民の願望や理想となんらの共通点をもたない国家・経済の原理や形態を、力づくで制定し維持しているこの専横で暴力的な権力は、人民の承認をまったく得ていないものであるとわれわれは思う。」(2)

こうした問題意識をもって新たな活動を開始した人民の意志派は、機関誌『人民の意志』において、国家的諸問題に積極的に取組み、政治権力に対して真正面から闘争を展開することの必要性を論じた。たとえばその第一号（一八七九・一〇・一）の論説は、「現在のもっとも純粋に実際的な問題の一つは、国家的諸関係の問題であるようにわれわれには思われる。無政府主義的思潮は、これまで長いあいだこの重要な問題からわれわれの注意をそらしてきたし、いまもそうしている」と論じ、(3)その主張を“Delenda est Carthago!（カルタゴは滅ぼされざるべからず）”というアピールで結んでいる。それ以後この言葉は、この機関誌のスローガンとして用いられるようになった。つづいて第二号（一八七九・一一・二）の論説「党の課題」は、このスローガンを受けるかたちで、「現存の形態の国家を転覆させ、国家権力を人民に従属させることこそを、われわれは現在の社会革命党の主要な課題であると定め」今日のロシアの状態がわれわれを心ならずもこの課題へ誘うのであると、彼ら自身の心情を吐露している。(4)同じような主張は、さら

に同誌の第六号（一八八一・九・一〇）においても見ることができる。(5)

このように、人民の意志派のメムバーは、これまでの人民解放運動の経験から、国家や政治権力を社会生活における重要な条件と考えるようになってきた。しかしながら、彼らのこのような見解は、当時の西ヨーロッパで支配的であった市民的国家政治観、あるいは、マルクス主義的な階級国家観とは異なっていた。それは、ロシアの社会・経済の発展がヨーロッパとは異なって独自に発展するとする、これまでのナロードニキの判断を基礎におくものであった。彼らはつぎのように主張している。「われわれの国家は、けっしてヨーロッパの国家と同じではない。わが国の政府は、西ヨーロッパのような支配階級から全権を付与された委員会ではなく、独立した、それ自身のために存在する機構であり、身分階層的な、訓練された団体であって、このような政府は、わが国に搾取階級がなんら存在しないような場合でも、人民を経済的、政治的に奴隷状態におくのである。(6)」こうした考えからは、いきおい、現存の国家機構の破壊が当面の重要な課題として引き出されてくる。

一方で、人民の意志派と袂を分って、従来の「土地と自由」結社の運動方針を踏襲した黒土総割替え派は、その綱領草案の中で、発生しつつある地域的な人民運動を「土地と自由」結社の根本的目標と矛盾しないかぎりできるだけ援助することをその直接的任務としていた。(7)そしてまた彼らも「国家の圧制と行政の専横から個人と社会を完全に解放する」ことを目ざすために、「なによりもまず国家体制の解体に自分たちの勢力を集中しなければならない」と訴えていた。「現代の国家がその基礎においている強制の原理の完全な除去と、下から上への自由な組織のみが、国民生活の正常な発展の道を保証することができる(8)」と判断する黒土総割替え派は、基本的には、国家権力を破壊する革命と、その奪取した権力を利用する革命とをはっきり区別していた。

彼らによれば、国家権力の破壊は、右のような革命の目的に照らして、首尾一貫したものであった。これに反して、権力の利用は、本質的には保守的なものだと考えられた。なんとなれば、すべての国家制度は中央集権的であり、そして、あらゆる権力に不可欠の権威や主導性の誇示は、すべて反動的な性格をもつものだからである。(9)彼らの理解するところによれば、いかに今日の国家が、根底に個人主義の原理を横たえていて、人民の要求や利益に迎合しようとしたとしても、国家は、人民に対してはつねにきわめてわずかな程度のものしか与えはしないのである。なんとなれば、個人主義の原理は、人民の生活をつねに打ちたてている共同体の基礎にある相互援助と連帯の集団主義的原理よりも水準の低い原理だからである。(10)そうであるが故に、黒土総割替え派にとっては、国家機構の利用よりはその破壊こそがもっとも重要な課題となるのであった。

右のような黒土総割替え派の、いわばアナキズム的見解に比較するならば、人民の意志派の国家権力に対する態度はかなり積極的であった。たとえば、人民の意志派の執行委員会のメムバーのひとり、A・クヴャトコーフスキーは「われわれは、以前からアナキストと呼ばれているけれども、これはまったく正しくない。実践的な課題の中で、われわれは国家一般を否定したことは一度もない。われわれはただ、社会の取るに足りない部分の利益を守るような現存の国家の組織形態を否定するだけである」と述べている。(11)А・И・ジェリャーボフは、一八八一年のアレクサーンドル二世暗殺者の、いわゆる「三月一日事件裁判」における弁論の中で、「われわれは国家容認主義者(государственники)であって、アナキストではない」と主張しており、(12)さらには、執行委員会のメムバーであったП・А・テラーロフも、いわゆる「一七人裁判」(一八八三年)の法廷で、「われわれが望んでいるのは国家の破棄ではなくて、ただ、わが国の人民の意志が自由に表明できるようなすべての政治的条件を総体的に実現することのみである」と陳述している。(13)

しかしながら、彼らのこうした積極的な態度は、具体的な内容を伴うものではなかった。さきに引用した人民の意志派の「執行委員会綱領」の中では、「われわれは、社会主義者としてまたナロードニキとして、人民を抑圧している現在の国家の重圧から人民を取除き、権力を人民に引渡す目的をもって政治的変革をなしとげることを当面の任務としなければならない」との見解を表明し、その構想として、全国民によって自由に選ばれる憲法制定会議«Учредцтельное собрание»の召集、すべての国家・社会機関の再検討・再編成、すべての公務員についての選挙制度の確立、常備軍の廃止とそれの人民軍による取替えなどをうたっている。[14] だが、これらを実現するための手順や方策については、この綱領のどこにも触れてはいなかった。

（1）«Программа исполнительного комитета». Под ред. С. С. Волка, Вышеуказ. т. II, стр. 170–171.
（2）Там же, стр. 171.
（3）Литература социально–революционной партии “Народной воли”, Тип. Партия Соч. –Рев., 1905, стр. 7.
（4）Там же, стр. 75.
（5）Там же, стр. 402 и в дальнейшем.
（6）Там же, стр. 7.
（7）«Проект Программы чернопередельческого общества “Земля и воля”». Под ред. С. С. Волка, Вышеуказ., т. II, стр. 145.
（8）«Памятники агитационной литературы», т. I, Пг., 1922, стр. 106. Цит. из Твардовской, Вышеуказ., стр. 171.
（9）Там же, стр. 126.
（10）Там же, стр. 115.
（11）См. В. А. Твардовская, Вышеуказ., стр. 171.
（12）Под ред. С. С. Волка, Вышеуказ., т. II, стр. 252.
（13）«Речи подсудимых в процессе 17–ти», — «Былое», 1906, №. 12, стр. 252.

(14) «Программа исполнительного комитета», —Там же, стр. 171-172.

三　理論的受容

人民の意志派のメムバーは、革命の過程に国家権力を位置づけるにあたって、かなり多くをП・Н・トカチョーフの理論に依拠していた。トカチョーフは、ナロードニキ運動の初期の段階、つまり、バクーニンのアナキズムやП・Л・ラヴローフの「大衆路線」論がナロードニキの運動を支配していた当時から、革命を遂行するにあたっては、国家権力を利用することが不可欠であると主張したイデオローグのひとりであった。トカチョーフは、革命の主要な課題は「政府権力を占拠し、現在の保守的な国家を革命的な国家に変えることである」と述べている。(1) 彼によれば、革命は始めから終りまで国家によって遂行されるものであった。そして国家は、一面においては、保守・反動的な社会分子と闘ってこれを撲滅し、平等と友愛の確立を妨害するすべての制度を廃止する役割をはたす。そして他面では、社会に平等や友愛が発展するための制度をつくりだすという任務を遂行する。(2) その過程において国家は、革命的少数者の独裁の形態をとって、新しい政治・経済制度の創設者として立ち現れるのである。

人民の意志派のメムバーの中には、初めの段階においては、他のナロードニキと同様に、このようなトカチョーフの主張を、ロシアの「ジャコバン主義」と捉えるものが少なくなかった。『人民の意志』第五号の巻頭論文にも、トカチョーフの権力観は、政治形態にあまりにも大きな意義を与えすぎており、彼は、国内での好都合な経済的変更はすべて、ただ権力による上からの命令や市民の下からの服従のみによって遂行できると考えているとする批判がみられる。[3] 人民の意志派のメムバーは、その後においてもなお、「政治問題」を考える際には、経済領域を十分に考慮し、社会革命における大衆の決定的な役割を承認するという、六〇―七〇年代のナロードニキ主義にとって一般的であった基本的態度を重視しようと努めた。このような態度をもつ人民の意志派のメムバーはしたがって、「人民の生活の中へ、上から社会主義の諸原理を実現しようとし、実際的な改造へ向かって人民が積極的に行動するよう呼びかけることはせず、それはかりか、〝事情に応じて〟人民の革命的主導性を抑圧しようとさえする」[4] ようなトカチョーフの理論には容易に同意し得なかったのである。だが、情勢の変化とともに、人民の意志派の多くのものは、トカチョーフの、少数の陰謀によって変革を推進しようとする主張が、自分らの構想ときわめてよく似ていることを理解し、自分たちの権力理論の形成にとっての重要な拠り所とするようになった。

さらにまた、人民の意志派の国家・権力理論の形成に対しては、ラヴローフも影響を与えた。ラヴローフは、周知の如く、「人民の中へ」入る運動においては、トカチョーフとは対照的に、徹底した大衆路線を主張した活動家であった。だが、一八七〇年にパリに亡命し、インタナショナルやパリ・コミューンへの参加を機として、マルクスやエンゲルスに接するようになった。そして一八七六年には、『共産党宣言』や『資本論』などを引用した大部の論文『未来の社会における国家的要素』«Государственный элемент в будущем обществе»を、自ら編集する『フペリョート』誌に発表している。彼はこの論文において、現在の集権化されている国家と将来の社会とのあいだに、暫時的に、「国家的要素」の比較的制限された「つぎの政治形態」が必要だということを理論づけた。[5] もっとも、ラヴローフが七〇年代末のナロードニキに対して影響を与えたのは、こうした彼自身の国家・権力理論によってというよりはむしろ、さきにあげたようなインタナショナルやパリ・コミューンの経験、あるいは、西ヨーロッパの社会主義に関する知識によってであったという方が適切であろう。

ところで、アナキズムの国家理論とマルクス主義国家理論のあいだには、いちじるしい差異が存在する。この点について、レーニンの言葉を借りてみよう。彼はつぎのように述べている。「マルクスとプルードンは、彼らが両方とも現在の国家機構の〝粉砕〟を支持しているという点で一致している。マルクス主義とアナキズム（プルードンやバクーニン）との一致を日和見主義者もカウツキー主義者も見ようとはしなかった。」周知のように、マルクス主義とアナキズムとのこの点における一致は、いつまでも続くものではなかった。アナキストは、国家の存在自体を悪とみなし、それのすみやかな破壊こそがなによりも先になされるべき課題であるとした。これに対してマルクス主義者は、「プロレタリアートが政治権力を獲得してのちに、古い国家機構を完全に破壊し、それを新しい、コミューン型の武装した労働者の組織からなる機構をもって替えること」が必要であると考えていたからである。(6)

マルクスはすでに『ルイ＝ボナパルトのブリュメール一八日』の中で、「マルクス主義の国家に関する主要な、基本的な教説」（レーニン）を展開している。ここに述べられている教説の結論は、これまでの革命は、国家機構をいっそう完全なものに仕上げてきたが、重要なのは、それを粉砕し解体することであると言うものであった。マルクスはさらにまた、一八七二年に書いた『フランスの内乱』において、パリ－コミューンの政治闘争の経験を詳細に分析している。こうした分析にもとづいて、彼はエンゲルスとともに、『共産党宣言』のドイツ語版への序文（一八七二年）において、「労働者階級はたんにできあいの国家機関をその手に握り、それを自分自身の目的のために使うことはできない」(7)と主張したのである。肝心なことは、既成の国家機構を粉砕し、破壊（zerbrechen）し、それを替えるに、プロレタリアートの独裁をもってするということであった。

人民の意志派のメムバーが、政治闘争に対するこれまでの「禁欲的」な態度を変え、国家・権力の問題に積極的に取組もうとするにあたって、ちょうどこの時期に西ヨーロッパにおいて構築されていたマルクシズムの国家・権力理論から直接間接に影響を受けるのは自然であった。それまでにも、ナロードニキのなかにマルクス主義理論に注目し、それを高く評価するものが少なからずいた。だが彼らの評価は、多くの場合その経済理論の面に偏していた。政治的な関係においては、彼らははっきりと連合主義すなわち、バクーニン主義的インタナショナルの思想と結びついていたのである。(8)

これに比して、人民の意志派のメムバーがマルクス主義の政治理論に注目するのは、まさしくこのバクーニン主義的国家・権力理論を克服するための武器を探求する過程においてであったということができる。言い換えるならば、人民の意志派は、社会の経済的諸問題を変革する道具としての国家の問題を解明するために、マルクス主義を拠り所にしようとしたのである。たとえば『人民の意志』第五号の巻頭論文の執筆者Н・И・キバーリチッチは、この問題を考えるにあたって、マルクスがパリ・コミューンについて「これは労働の経済的解放が達成される最後に考えだされた政治形態である……。それ故にコミューンは、諸身分の存在のもととなっている経済的基盤を破壊するための梃子として役立たなければならない」(9)と主張したことを自分の判断の基礎としていた。そしてキバーリチッチは、経済的な問題を解決するための政治的手段を、考えうる合目的的な手段から除外することはできないと結論づけている。

黒土総割替え派のメムバーはこの時期においても依然として、革命の過程において国家権力を利用することに対しては、否定的な態度をとりつづけていた。パリ・コミューンを評価するにあたっても、『黒土総割替え』誌第四号では、あたかもキバーリチッチと争うかのように、「コミューンの指導者を不可避的に破滅に導いたもっとも主要な、基本的な誤りは、彼らが政治革命によってプロレタリアートの解放を実現しようとしたところにある」(10)と論じている。この派のメムバーの目には、コミューンが政治革命を闘争の路線として取り入れたことが、まさしく経済的変革を達成するのを妨げたと映ったのである。(11)

黒土総割替え派は、マルクス主義の「現代社会にたいする批判は、社会の基礎に主として経済的諸関係が横たわっていて、この関係がもっぱら他の——国家的・法律的その他の権利上の——諸関係を規定するという科学をひとびとに確信させるのだ」[12]と述べたりして、マルクス主義の社会観を肯定的に受けとめてはいる。だが彼らがこのような態度を示したのは、マルクス主義が経済主義であると理解するかぎりにおいてであった。黒土総割替え派の見解によれば、「われわれにとっては、社会における経済的諸関係は、その他のすべてのものの基礎であって、たんに政治生活のすべての現れであるのみならず、社会構成員の知的、道徳的気質の根源でもあると認められているが故に、われわれの考えによれば、急進主義はなによりもまず、経済的急進主義とならなければならな」[13]かったのである。

（1）П. Н. Ткачёв. Избранные сочинения, т. III, М., 1933, стр. 224.
（2）См. Там же, стр. 225.
（3）«Литература социально-революционной партии “Народной воли”», стр. 337.
（4）Там же.
（5）П. Л. Лавров. Государственный элемент в будущем обществе-Избранные сочинения, М., 1935, т. IV, 207.
（6）В. И. Ленин. Государство и революция-Полн. собр. соч., т. 33, стр. 53.
（7）マルクス・エンゲルス著『共産党宣言』国民文庫　八頁。
（8）См. «Программа “Земли и воли”» Под ред. С. С. Волка, Вышеуказ., т. II, стр. 27.
（9）マルクス『フランスの内乱』岩波文庫　一〇一—一〇二頁（訳文は改めた）。
（10）«Памятники агитационной литературы», т. I, стр. 285. Цит. из Твардовской, Вышеуказ., стр. 175.
（11）См. Там же, стр. 286.
（12）Там же, стр. 112.

(13)　Там же, стр. 188.

四　憲法制定会議構想

人民の意志派のメムバーは、革命の遂行にあたっては、国家権力の利用が不可欠であるという主張を強化するために、西ヨーロッパの社会主義者の理論を多く学んだ。中でも彼らがとくにつよい親近感をもったのがK・E・デューリングの理論であった。デューリングは、社会生活において政治的要素に第一義的な意義を付与し、新しい社会経済機構を組織するにあたっての決定的な要素として強制力を重視する、いわゆる「強制力理論」を展開した。彼の理論は、一時ドイツ社会民主党を支配するほどのつよい影響力をもつまでになった。デューリングの「強制力理論」を軸とする哲学・経済学・社会主義理論に対して、エンゲルスが『オイゲン＝デューリング氏の科学の変革』（一八七八）で批判を加えたのは、デューリングの社会民主党内での影響力を懸念したのがその動機であった。

『人民の意志』誌の編集者のひとりであったЛ・A・ティホミーロフは、デューリングの思想につよく共鳴した。ティホミーロフは、奴隷制から資本主義にいたるまでの社会の発展を検討し、それぞれの段階において、デューリングの説くごとく「力の組織」すなわち政治的要素が決定的な役割を果していることを理解した。[1] ティホミーロフの認識するところでは、政治の変革が社会改革の要件なのであった。つまり、政治体制の変革は、なんの結果ももたらさないというものではけっしてなく、つねに一定の「社会的権力関係の変化」をもたらすのである。社会的諸関係に対する「富」（すなわち「労働手段の所有」）のもつ影響力は否定することができないけれども、それの重要性は、「力の組織」に対しては副次的である。「社会に存在する、人間の相互関係を律するための強制の要素は、生産の要素よりも重要である。[2]」このようにして、政治体制の変革が社会改革の根本的要件であると主張するティホミーロフは、マルクス主義を政治的要素を無視する「特殊経済主義」であると規定して攻撃したのである。[3]

人民の意志派の多くのものは、「強制力」についてティホミーロフと同じような理解をもった。彼らにとっては、国家権力を占有することが、社会革命を遂行するうえでの主要な、決定的な条件であった。人民の意志派の執行委員会は、こうした見解を、外国向けのある書簡の中でつぎのように表明している。「国家の変革はわれわれにとっては、とりもなおさず〝生きるべきか死すべきか《быть или не быть》〟なのである。国家の変革がなされるならば、革命は一挙に正しい潮流を獲得する。もしその変革がなされないならば、革命は道に迷い、歪曲され、その効果のもっとも大きな部分を失うことになるだろう。[4]」彼らはこの時期国家に、まさしく「すべてを捉える意義」《Всепоглощающее значение》を付与したのである。

こうして人民の意志派は、デューリングの「強制力理論」へ、大きく傾いていった。しかしながら、人民の意志派のこのような理論的展開を、これまでのナロードニキのアナキズム的「農村主義」に対するたんなる反動とのみみることは性急にすぎるであろう。彼らは、直接人民大衆に依拠することができないような条件のもとで、専制といかに闘ってこれを打倒するかという、もっとも困難な問題をつねに抱えていた。この課題に対する解答を模索する過程で、デューリングの理論を受け入れていったのである。こうした事情から、デューリングの思想は、人民の意志派の中でますます優勢となった。ティホミーロフは、繰り返して社会革命に対する政治革命の優越性を説いたし、これまで「経済主義」を主張していたH・C・ルサーノフその他の指導的な活動家も、「強制力理論」に共鳴するようになった。[5]

以上みてきたように、人民の意志派の多くのものは、革命の過程における国家の役割に大きな意義を与え、政治革命の社会革命に対する先行性、あるいは少なくとも両者の同時性を深く信じていた。この信念にもとづいて、既存の権力の打倒と新たな権力の樹立の重要性を主張したのであった。だが、人民の意志派の中では、新しく樹立される権力の具体的組織形態については、必ずしも意見が統一されてはいなかった。これは、彼らのあいだで、国家権力なるものが革命の過程においていかなる作用をするのか、そのメカニズムはどのようなものであるのか、についての理解のしかたがさまざまであったことに起因していた。

権力機構のもっとも具体的な構想は、憲法制定会議として示された。これについて、人民の意志派「執行委員会綱領」は、つぎのように謳っている。「人民の意志は、全国民の投票により自由に選ばれた憲法制定会議によって、選挙人からの指示のもとに、十分に表明され、実施に移されるであろうとわれわれは考える。これはもちろん、けっして人民の意志を表明する理想的形態ではないが、しかし現在ただ一つの実際に可能な形態であり、したがって、われわれはまさにこの形態に注意を集中することが必要であると考える。(6)」「われわれの目的は、現在の政府から権力を剥奪し、その権力を上述のように構成された憲法制定会議に引渡すことである。憲法制定会議は、わが国のすべての国家・社会機構を再検討し、選挙人の指示にしたがってそれらの機構を再編成しなければならない。(7)」この綱領によれば、憲法制定会議に人民の権力、人民の意志が具体化され、この組織によって必要なすべての改革が達成されるべきものとされた。

他方、『〝人民の意志〟党党員・労働者綱領』は、つぎのように定めている。「成功をかちとるためには大都市を占領し、それらの都市を保持することがきわめて重要である。こうした目的のためには、蜂起した人民は、都市から敵を一掃したあと直ちに、労働者あるいは人民の事業への献身ということでよく知られている人たちからなる臨時政府を選出しなければならない。臨時政府は、民兵に依拠しつつ、都市を敵から防衛し、他の諸地点の蜂起にあらゆる援助をあたえ、蜂起した人びとを統一し、方向づける。[8]」「蜂起が国中で勝利をおさめ、土地や大小の工場が人民の手に移り、農村・都市・県において選挙にもとづく人民的統治機関が確立され、国家の中に民兵以外の軍事力が存在しなくなるとき、人民は躊躇することなく憲法制定会議（同盟政府）へ代表者をおくる。憲法制定会議は、臨時政府を廃止してのち、人民の成果を承認し、全同盟的秩序を確立する。[9]」

ここでは、社会革命を遂行するのが憲法制定会議ではなくて臨時革命政府だということが強調されている。この綱領によれば、憲法制定会議は、遂行された革命をただ認証する機関としてあらわれるのである。このような考え方を『人民の意志』第八・九号の巻頭論文はさらに発展させて、臨時政府を選出しそれを支えるはずの人民の運動が欠如している場合には、臨時政府は、人民の政治的解放や新しい政治機構の樹立と併せて、経済的変革をも遂行すべきだということを強調している。[10]この論文の説くところによれば、本来、革命の党が中央権力を保持するのは、もっぱら、新しい国家体制を創出し、改革を法制化する場から遠ざかっていた人民が組織されるのを助けるためである。それ故に、権力を掌握する党は、革命によって自覚的な政治勢力へと変った人民にその権力を委譲しなければならない。だが、不幸にも人民大衆の組織がそうした変化をなんら示さない場合には、党は上からの社会改革を推進するために、権力を保持しつづけなければならないし、またそうすることが容認されるのである。[11]

問題は改造を、憲法制定会議すなわち国家の中に組織された人民が行うのか、それとも、人民に立脚した臨時政府が行うのかということであった。ロシア社会運動史の研究者C・C・ヴォールクは、著書『人民の意志』（一九六六）の中で、ティホミーロフを代表者とする憲法制定会議を重視する立場と、『〃人民の意志〃党党員・労働者綱領』の執筆者ジェリャーボフの意見との不一致を、要するに、革命的変革の過程において、国家権力を行使しての社会的変革

を拒否するかそれとも承認するかの差異であると説明している。(12)

両者の意見の対立は、これ以上に深まることはなかった。『〝人民の意志〟党党員・労働者綱領』の立場の支持者は、革命を人民の力で達成するのが正当であるとする判断とそれの実現性が殆どないという見通しとの乖離を解決しなければならないと考えた。憲法制定会議の主張者も、国家はこの国にあっては、たんに調整委員としての意義を有するのみではなく、必然的に闘争の手段となっているし、またそうならなければならないと考えていた。いずれにしても、両者の対立は、革命過程における国家や権力の機能についての詳細な把握の欠如から出てきたものであっただけに、対立はそれほど深くはならなかった。

（1）См. В. А. Твардовекая. вышеуказ. соч., стр. 177.
（2）Там же.
（3）См. Там же.
（4）«Письмо исполнительного комитета “Народной воли” загрничным товарищам», Под ред. С. С. Волка, Вышеуказ., т. II, стр. 316.
（5）См. К. Тарасов〔Русанов〕, Банкротство буржуазной науки-Вестник “Народной воли”. 1883, № 1, стр. 77.
（6）«Программа исполнительного комитета», Под ред. С. С. Волка, Вышеуказ., т. II. стр. 172.
（7）Там же.
（8）«Программа рабочих, членов партии “Народной воли”», Под ред. С. С. Волка, Вышеуказ, т. II, стр. 190.
（9）Там же, стр. 190-191.
（10）См. Литература социально–революционной партии “Народной воли”, Тип. Партия Соч. –Рев., 1905, стр. 495.
（11）См. Там же. стр. 292.

(12) См. С. С. Волк. Народная воля, М.–Л., 1966. стр. 207.

五　理想的社会体制

さて、上述の如くにして推進される政治的改革は、人民の意志派にとっては、根本的な経済的変革の達成に向かっての不可避的な第一歩となるものであった。そしてこの経済的変革は、「社会主義」の実現を目標としていた。新しく組織された国家権力は、自らの課題として、資本主義的生産の破産性を明らかにし、私的経済を駆逐して、ブルジョアジーをその胎児のときに締め殺し、それに代って、人民が共同組合の原理に基づいて全般的生産の組織をつくるのを容易にし、大規模生産の利益を示さなければならなかった。(1) 革命国家の経済政策の本質は、人民の意志派のメムバーの考えるところによれば、人民の生産を支え、それぞれの共同体が、自らの原理に基づいて、団体として自立し、相互間の交易を発展させるようになるための条件を保障することであった。

人民の意志派の社会主義国家体制についての構想は、ナロードニキの伝統的な、ロシアの農民共同体制度を人間の共同生活の理想とする考えかたから出発している。彼らは、自治の原理、自立経済および連合の萌芽を備えた共同体制度の復活に新たな民主主義の基礎を求めた。彼らにとっては、未来の国家体制の構築は、人民の権利や自由を確保するためのものであり、そしてそれは、人民自身の参加によってはじめて達成され得るものであった。『人民の意志』第一号は、「将来の新しい体制が人民の働きかけのないままであることを容認するのは、許しがたい誤りである」(2) と述べている。ティホミーロフもH・A・ドブロリューボフの「できるだけ大きな規模で人民をわれわれの社会制度の……仕上げにひきつける」(3)という主張に共感の意を示している。人民の意志派のメムバーは、民主主義の「光り輝く未来」は、伝統的な共同体生活を、「原始的」(4)な純粋さと連合の精神を内包する人民の「政治能力」でもって復活させることで、保障され得ると考えたのである。

ここで忘れられてならないのは、人民の意志派の革命家たちが、革命後の国家の経済的基礎を農業経済だと考え、したがって、新しい社会における支配的な階級を農民だと信じていたということである。彼らは、革命後の国家に、大小の工場や工業生産の集団が存在するであろうことは承知していた。一八八〇年の指令「党の準備活動」は、革命の過程における労働者の位置をつぎのように規定している。「その立場という点からみても、また大きな知的成長という点からみても、党にとってとくに重要な意義をもっている都市労働住民にかんして、党は重大な注意を払わなければならない。……運動の性格全体と人民にとっての革命の有効度は、蜂起に対する、また臨時政府の政策や臨時政府の構成自体に対する彼らの多かれ少なかれ積極的な態度如何にかかっているわけである。」そして、こうした認識に立って、労働者に対して、社会主義思想の宣伝や人民の諸要求の実現の第一歩としての政治的変革と民主主義政府樹立の宣伝を粘りづよく進めること、さらにはこれと並んで、労働者大衆の組織をつくることを方針として示していた。(5)しかしながら、新しい社会の経済生活における主導的役割は、工業生産や都市労働者ではなく、これまでのナロードニキの考え方と同様に、農村共同体に割りあてていたのである。

人民の意志派のメムバーは、真の理想的な国家は、人民全体の利益を確保し、全人民の権力を表現する機構であると確信していた。(6)この派の多くのものは、革命後も国家が必要であるということのみならず、その意義や役割の重要性をも認めていた。だが彼らは、将来の理想的な社会体制としては、アナキーに対するつよい信念を保持していた。たとえばA・A・クヴャトコーフスキーは、アナキズムという言葉の意味が、日常の会話や学校の書物の中で付与されているような、戦闘的であるかさもなければ月並みであるといったようなものではなくて、未来の社会体制の理想に関わったものであると述べている。(7) またΠ・A・テラーロフも、前述の「一七人裁判」の法廷において、革命家は新しい体制にあっても「社会主義的、無政府主義的思想を宣伝する」権利を留保すると言明している。(8) 彼らの構想する将来の社会とは、農民が共同体的に土地を所有し、それを基盤として、自由な自治的な共同生活を営む社会を意味していた。

まず、共同体的自治の原理は、人民の土地に対する権利と不可分に結びついていた。人民の意志派は、農民から土地を奪うことが、共同体秩序を解体し、富農が強大な権力を僭主することになる主要な原因だと考えていた。(9) 言い換えれば、共同体制度の復活は、ゲールツェンやチェルヌィシェーフスキーの場合と同様に、農民への土地の分与の問題と切り離すことはできなかった。A・Д・ミハーイロフはこの関係を「土地を得るために自由を獲得する。幸福になるために土地と自由を得る」(10) という言い方で示している。けだしロシアの「人民は自由を愛する先祖によって遺言された、自由な生活に対する心の底からの志向をまだ失ってはいな」かったのである。

つぎに農民の政治能力については、人民の意志派は、それを過大に評価することはなかったが、将来の可能性に大きな期待をかけていた。たとえば、『祖国雑記』に掲載された「田舎の暮し」の執筆者は、「百姓の寄り合いはロシアの議会の理想とはほど遠い」と語り、「この寄り合いを前にして有頂天になったり、いわんや西ヨーロッパの労働者の会合と比較したりすることなどできない」(11) と予めことわりながら、それでもこうした会合は、個人的利益と社会的利益の合流点であり、もっとも広範な公開性のあらわれであって、高度に社会的統制の機能をはたすものであると述べている。またH・B・シェルグノーフも『事業』誌においてつぎのように言っている。「あらゆる村で寄り合いを開きなさい。そして、農民に、土地や首脳部やさまざまな保険について、病院について、学校について、尋ねてみなさい。諸君はすべての問題がいかに簡単に、実際的に、容易にその場で解決されているか、そしてまた、百姓が、何が自分にとって都合よくてなにがそうでないかをよく知っている、ということに驚かされるであろう。[12]」こうした見解からは、当然のことながら、農民の生活の中への、郡警察署長、地方長官、郷裁判所、その他の地方統治機構の介入は、極力排除されることになる。

要するに、人民の意志派の理解するところでは、国家が共同体の事業に介入したり、農民大衆の自発性や自立性を抑圧したりすることが、とりもなおさず共同体の原理を衰退させる原因に外ならなかった。事実、これまでの歴史を見ても、国家は共同体を、新兵調達、年貢の徴収、滞納金の督促、労役義務督励のための機関に変えてしまっていたのである。[13]「村や郷の行政が人民の生活に対して致命的な影響を与え、富農との結合が共同体秩序を破壊するきわめて強力な要素の一つであるということを誰が知らないであろうか。[14]」

ロシアの将来の理想をアナキーに求めた人民の意志派の活動家たちは、農村共同体的生産様式やそこでの農民の生産や意識について、かなり楽観的な見方をしていたと言えよう。彼らが革命のための闘争を続けていた当時のロシアにおいて、すでに共同体的原理が崩壊していることを認識しながらも、彼らは、農民革命後にこの原理の復活を基礎とした国家体制の刷新を深く信じていたのである。

（1）См. «Автобиографическое заявление А. А. Квятковского», Красный архив, М., 1926, т. I, стр. 17.
（2）Литература социально-революционной партии "Народной воли", Тип. Партия Соч. -Рев., 1905, стр. 9.
（3）И. К. —в Неразрешенные вопросы— «Дело», 1880, №. 1, p. II, стр. 12.
（4）Литература социально-революционной партии "Народной воли", Вышеуказ., стр. 79.
（5）«Инструкция "Подготовительная работа партии"», Под ред. С. С. Волка, Вышеуказ., т. II, стр. 181.

（6） См. Литература социально–революционной партии “Народной воли”, Вышеуказ., стр. 403.

（7） См. «Автобиографическое заявление А. А. Квятковского», Там же, стр. 163.

（8） «Процесс 17–ти» – «Былое», спб, 1906, №. 7, стр. 190.

（9） См. «Литература социально–революционной партии “Народной воли”», стр. 336 в дальнейшем.

（10） А. П. Прибылева-Корба, В. Н. Фигнер ; Народволец А. Д. Михайлов. М–Л., 1925, стр. 205.

（11） «Деревенские будни» – «Отечественные записки», №. 5, спб., 1879, стр. 511.

（12） Н. Ш. 〔Шелгунов〕. «Внутреннее обозрение» – «Дело», №. 2, спб., 1882, стр. 74.

（13） «Литература социально–революционной партии “Народной воли”», Вышеуказ., стр. 77.

（14） Там же, стр. 16.

余録二　П・А・クロポートキン研究ノート

一　アナキズムにおける位置づけ

わたしたちは本書の第六章で、M・バクーニンのアナキズム思想について検討をすすめてきた。そこで、バクーニンのアナキズム思想の形成過程、その理論的特徴、彼の思想のロシア・ナロードニキの潮流における位置、あるいは、バクーニンがロシアにおいてアナキズムの父と言われる所以などが、ある程度あきらかにされた。バクーニンのアナキズムについてさらに知りたいと思う場合には、言うまでもないことながら、これまでに挙げた彼の著書や論文や、バクーニンについての諸種の研究論文について個別的に検討を加えていくことが必要である。また反面において、バクーニンをその巨峰とするアナキズムがロシアにおいてどのように展開していったかを知ろうとするためには、バクーニン以外のアナキストの思想についても検討を加えることが必要である。そしてその場合、とり上げられるべき思想家の一人に、П・А・クロポートキン（Пётр Алексеевич Кропоткин, 1842–1921）がいる。

クロポートキンの思想は、ロシアにおけるアナキズムの潮流の中では、概して中庸的な位置をしめていた。バクーニンのアナキズムは、無神論に立脚し、急進的な傾向を示していた。レフ＝トルストーイ（Лев Николаевич

Толстой, 1828–1910）は、宗教的色彩のつよい穏健な主張を展開した。トルストーイ主義者たちは、いかなる状況のもとでも暴力を認めなかった。(1) これらのアナキズムに比較すると、クロポートキンのそれは、独自の「相互扶助」の理論を根底にもった進化論に特徴があったということができよう。クロポートキンは、実践活動の面においてもそうであったが、理論の面から見ても、バクーニンとトルストーイの間に立っていた。そしてまた、クロポートキンの理論は、前二者に劣らぬ強い説得力をもっていた。これには、彼の厳格な科学的思考方法やきびしい科学研究の訓練、あるいは、豊富な動物学・人間学および歴史に関する知識があずかって力あったと考えられる。

「多くの男女は、偉大な人生の事業を達成したけれども、その人たちの生活のほとんどは、われわれの興味をひかない。その生活がわれわれの興味をひく多くの人々は、その達成したことがくだらなく平凡である。しかるにクロポートキンの生涯は、偉大であってしかも同時にきわめて興味深いものである。(2)」これは、ゲオルク＝ブランデスがクロポートキンの生涯と彼の事業をもっとも端的に言い表したことばである。クロポートキンは、人間性豊かな、しかも、波瀾に富んだ自分の生涯を、代表的な著作の一つ『一革命家の思い出』(Memoirs of a Revolutionist, Boston, 1899）のなかで詳細に述べている。本書を読むならば、彼のアナキズム思想の萌芽は、すでに幼少の頃から培われていたことが分る。モスクワの由緒ある旧貴族の家に生まれた彼は、三歳のとき生母に死に別れ、それ以後は主として父の抱えていた農奴によって養育された。生前の母から与えられた愛の感化と、農奴の献身的な世話の中で育てられた彼は、はやくから、自分が貧しい農奴たちと同じ人間であり、これらの人びとのために尽すのは当然であると考えていた。

貧しい人びとに愛情を抱き、農奴の労働を搾取して尊大と虚飾にみちた生活を送っている貴族に反感を抱きながらも、クロポートキンは、性格的にはきわめて温和であった。この性格の故に彼は、当時、貴族の子弟のなかでもっとも優秀なものが入学を許された「貴族幼年学校」(Пажеский Корпус)の特権的な教育にもよく耐えて、最優秀の成績をおさめることができたし、またこのため、卒業後には、ツァーリ・アレクサーンドル二世にお側つきとして直接仕えることを許された。だが皮肉にも、一年間の宮廷での生活の経験によって、クロポートキンは、他のどの革命家ももたなかったような、専制政治に対する鋭い洞察力をもつようになった。

名門貴族の直系という恵まれた血統に生まれ、すぐれた才能と多彩な教養を身につけた彼は、ロシア帝国の偉大な廷臣となる資格をすべて備えており、輝かしい未来が約束されていた。だがクロポートキンは、多数の親戚、廷臣、さらにはツァーリの驚きをよそに、優雅な宮廷生活と世俗的な誘惑の一切を拒否して、科学研究に従事するためにシベリアへ去っていった。

数年間のシベリア滞在中、クロポートキンは、軍隊勤務のかたわら、シベリア各地の探検や地理学的調査に従事した。彼は、たとえばアジア大陸の地質構造に関する学説、地球の歴史における氷河期の理論、ユーラシア大陸の土壌の漸進的乾燥の説などといった一連の重要な研究発表を行い、この分野の学問の発達に大きく貢献した。こうした一連の活動の結果、クロポートキンは、探検家や地理学者として広く知られるようになり、彼の眼前には、科学者としての明るい前途が開けてきた。

だが、彼は、またしても多くの人びとに意外の感を与えながら、しだいにこの分野の科学研究から遠ざかり、別の途を歩み出した。彼は、一八七一年頃から、いよいよ自分の階級と訣別し、ナロードニキのなかに入っていった。「自分のまわりに、ただ貧窮と、かびの生えた一片のパンのための闘いとしかない時、どうしてわたしにそんな高尚な楽しみを味わう権利があろう。この私が高尚な情緒の世界で生活するために費やさなければならない一切のものは、他人のために麦をつくりながら、自分の子供のためには十分なパンも得られない人びとの口からもぎとらなければばならないのだ。」[3] これらの貧しい人びとに、事柄の真実を教え、この人たちのために働くことが、自分の進むべき道であると決意したと、彼はこの当時の心境について、『一革命家の思い出』のなかで語っている。その後は、拘禁、脱走、国外逃亡といった、当時の多くの革命家と同じ途をたどりながら、彼はたちまち、国際的なアナキズムの指導者となり、暴力革命と国家の破壊の宣伝に献身するようになった。

（1）G. Woodcock, Anarchism – A History of Libertarian Ideas and Movements, Pelican Books, 1963, p. 13.
（2）P・クロポートキン、藤本良造訳『一革命の思い出』上巻　角川文庫　一九五八年　一二頁（ゲオルク＝ブランデスの序文）。
（3）П. А. Кропоткин, Записки революционера, Мысль, M., 1966, стр. 226.

二　生　涯

クロポートキンが、シベリアで探検や地理学的調査に従事し始めたのは、ちょうど、ダーウィンの進化論が自然科学・社会思想の分野に、大きな衝撃を与えていた時期であった。ダーウィンは、古典的著作『種の起源』（On the Origin of Species, 1859）の中で、生物の進化発展の過程には、自然選択と生存競争の法則が作用していることを説いて、中世以来支配的であった不可知論的な人体論に大きな動揺を与えた。ダーウィンの生存競争の理論は、さらに、H・スペンサーやT・ハクスレーによって継承され、社会・政治理論として展開された。

クロポートキンは、シベリアにおいて、ダーウィンの進化論や生存競争理論を念頭におきながら、探検活動を行った。けれども、クロポートキンは、ダーウィンが、同種族の個体のあいだに不断に闘争がくり返されていると主張した理論の確かな証拠を見つけだすことはできなかった。クロポートキンの研究によれば、事実はダーウィンの説とは反対であって、生物界の種族や個体のあいだでは、競争よりもむしろ相互協力の関係が支配的であった。

クロポートキンは、一八九〇年から雑誌『一九世紀』に連載した「相互扶助論」を、単行本として一九〇二年に発行した。彼はこの本で右のような見解を表明し、ダーウィンやハクスレーの理論を批判した。クロポートキンは、もっとも生存に適しているのは闘争的な動物ではなくて相互協力的な動物であり、そしてこの相互協力的性質が、動物進化のもっとも主要な要素である、なんとなれば、それは、直接的には種族の安寧をはかり、間接的には知能の発達を促進するからである、と述べている。

クロポートキンによれば、相互扶助の原理は、たんに動物界を支配するにとどまらず、人間の世界をも支配するものであった。人間の歴史的発展の過程で、古くは原始的な部族組織からはじまって農村共同体、ギルド、自由都市といった、さまざまな相互扶助組織が一九世紀にいたるまで存在し、これらの組織が人間の繁栄をもたらしたことが、そのもっとも明確な証左であった。

共同体を基盤とする人類社会の進歩は、一六世紀はじめに現れる中央集権国家によって妨げられるようになった。中央集権国家が社会統治の組織体として歴史に登場してくるのは、他の共同体組織に比較すれば、かなり新しいことである。けれどもそれは、いったん形成されたならば、教会制度や私有財産制度と結合して鉄の規律で人民を支配することを通して、それまでに存在していた人間の自発的な相互扶助の制度を破壊したばかりでなく、人類の進歩にとってもっとも重要な創造力の自由な発展までも抑圧してしまった。これは言い換えれば、国家が人間の魂を腐敗させたことに他ならない。なんとなれば、クロポートキンの見解によれば、人間社会において、物理的、法的あるいは経済的制約が、つねに人間を萎縮させその事業に掣肘を加えている中で、この創造的自由こそが、文明の豊かな発展を促すものであったし、そしてこれまでの共同体組織こそが、この自由を備えた相互扶助の制度に他ならなかったからである。

そうは言いながら、クロポートキンはかなり楽観的に歴史を眺めていた。彼は、国家が右に述べられたような機能を果たそうとしながらその目的を十分達成することはできず、けっきょく現代の文明を破壊することはできないと考えていた。というのは、私有財産制度そのものに備わる害悪と国家の行う不正は、やがて、抑圧され搾取されている大衆が明白に理解するようになるであろうし、そのときには不可避的に革命が起こって国家が破滅してしまうとみていたからである。

三　相互扶助論

クロポートキンは、国家を、社会の発達を阻害する目的でつくり上げられ、成り立った歴史形態であり、それ故に、平等・自由の原理に基づく社会発達にとって最大の障害物であると考えていた。彼によれば、国家の害悪は、それが搾取者によって統治されているという現象面に存在してはいなかった。言い換えるならば、国家が奴隷所有国家か、封建国家か、あるいは資本主義国家かといったことは、大して重要な問題ではなかった。害悪は国家そのものであり、国家がその原則として備えている暴力と不平等の要素である。それのみならず、クロポートキンによれば、社会の階級的分裂さえも、国家統治の結果として生じたものであった。

このような見地からするならば、社会主義者をも含めて、たとえ一時的な革命政府もしくはプロレタリアート独裁という形態であろうとも、国家機構を存続させそれを利用しようとする試みは、きびしく批判されなければならなかった。国家は、すでに説明されたように、人びとの結合を妨げ、地域の自発性を抑え、現存する自由を圧しつぶすという特定の目的に向かっての、進化発展の過程をたどって形成されたものである。このようにしてできた国家は、特定の目的をもってつくられた他のあらゆる機関と同じように、別の目的のために利用しうるということはありえないことであった。「なんらかの政府、正統化された強大な権力の樹立を承認することは、革命の仕事をただちに麻痺させることである。(1)」

クロポートキンの確信するところによれば、革命のみが、国家権力の手中に陥った暴力と不平等の王国から自由の王国への脱出を可能にする。けれども、そこに起こる革命は、予め作成された青写真にしたがって展開され、革命勢力が既存の国家権力を奪取して遂行されるという性質のものではない。革命は、まずなによりも、反国家的性格を帯びなければならず、大衆の中から自然発生的に生ずる動乱といった性質のものでなければならない。国家のない社会のみが真の自由と平等を実現することができる。したがって、私有財産を廃止することによってもたらされるさまざまな条件に適合する新しい社会形態の綿密な仕上げは、硬直した政府機構によっては不可能であり、柔軟な人民全体の集団的な発意によってはじめて可能となる。

クロポートキンは、革命をたんなる政治的構造の交代としてではなく、社会構造の根本的な変革として理解していた。彼はつぎのように述べている。「文明社会においては、すべてのものは相互に依存しあっている。全体を変えることなしに、なにかある一つのものを改革しようとすることは不可能である。それ故に、われわれが、土地所有形態であれ生産の形態であれ、いずれか一つの私有財産制に攻撃を加えようとするときには、われわれは、それらのすべてに対して攻撃を加えることを余儀なくされるであろう。革命の成功それ自体がこのことを望んでいるのである。」(2)「私有財産制度を廃止したすべての社会は、共産主義的アナキズムの路線にそってみずからを組織することを余儀なくされるであろう、とわれわれは主張する。アナキズムは共産主義に通じ、そして共産主義はアナキズムに帰着する。どちらもひとしく、近代社会において支配的な傾向である平等の追求の現れなのである。」(3)

クロポートキンは、革命運動の担い手を人民大衆であると考えていたけれども、人民の実体について理解する仕方は、ロシアで一九世紀前半期から継承されてきたナロードニキの伝統的な考え方に従っていた。彼によれば、人民はヨーロッパにおいてはプロレタリアートの意味であるのに対して、ロシアにおいては農民であった。また彼は、ヨーロッパやロシアで革命を準備するに際して、革命党の役割を重視しなかった。彼は、バクーニンと同様に、革命の指導的役割を統一的な組織にではなく、個々の小集団、小組織に与えた。革命家の役割は、革命の条件が熟したと判断されたときに、最初に「正気を失った人」として登場し、大衆がそのあとを追ってたち上がるようにすることにあると考えられていたのである。

革命家たちは、革命の条件が「すべての文明国家において完全に成熟するのを」待つにはおよばないし、またそれは不可能なことでもあろう。革命はすべての国において同時に起こることもないであろうし、同じ方法でおこることもないであろうからである。さらに言うならば、革命は一つの国においてもあらゆる部分で同時に起こるものでもない。けっきょくは、革命家自身が革命の条件をつくり出すことが重要なのである。

右のようなクロポートキンの革命理論は、その非組織論的性格の故にきびしく批判されながらも、ボリシェヴィキによってもとり入れられ、革命の「不均衡的発展の理論」や、それに依拠する一国社会主義論の下地としての役割を果たした。

（1） P. A. Kropotkin : Revolutionary Government (1880 ; London, 1945), p. 11.
（2） P. A. Kropotkin : The Conquest of Bread (1892 ; London, 1902), p. 62.
（3） Ibid., p. 31.

四　革命論

クロポートキンは、革命から生まれるべき社会について、独自の、かなり具体的な構想を示している。この社会は、彼がみずから無政府主義的共産主義社会と特徴づけたものであって、それは、フーリエの構想したファランステール（phalanstère）とは異なり、マルクスの国家機構を媒介とする共産主義社会とも対立するものであった。

クロポートキンは、理想社会を構想するにあたって、まず、人間の「必要性」を経済構造の出発点として設定しなければならないと考える。こうした観点から世の経済学者たちの所説をみるならば、そのほとんどは生産を経済のもっとも重要な要素と考えていることが明白になる。生産を重要視するところからは、人間を経済生活の手段とする考え方しか生まれて来ず、これは明らかに人間の本性を無視する結果をもたらす。

多くの経済学者は、生産を重要視するところから、分業を、すぐれた社会的機能として賛美する。クロポートキンは、これについても批判的な見解をもっていた。彼によれば、分業の発達は、個人の資質能力や人間性の豊かな発展を止め、社会的な不平等や階級分裂を固定的なものとしてしまう。人間社会の絶え間ない発展のためには、豊富な経験をもった健康な人間の創造能力が必要であり、そしてこの能力は、人間が精神と肉体の両面にわたる訓練を受けることによってはじめて養われ得るものである。それ故に、来たるべき社会は、生産の場からだれも排除されることなく、個々人の多様な資質や気性や能力を十分に生かしうる仕組みをもたなければならない。それは、クロポートキンによれば、具体的には、精神労働と肉体労働、工業と農業とを結合させる田園都市として構想されるものであった。

経済学者の多くのものはまた、国際的規模での生産の分業や専門化を称揚している。クロポートキンは、これを国際的規模での資本主義的搾取体制の確立に他ならないと批判した。彼は、歴史の趨勢は、国際的分業や専門化とは反対の方向に流れていると考えた。たとえば、機械工業は、かつてはイギリスの独占的産業であったけれども、いまでは地球全体に広がっている。あるいはまた、かつては巨大な工場の動力機関として強大な力を発揮した蒸気機関は、現在では電力モーターにその座をとって代わられた。新しい動力機関は巨大な工場のみでなく、田園都市や農村の作業においても、利用することが可能になったのである。

つぎにクロポートキンは、理想社会を構想するにあたって、賃金制度は廃止されなければならないと考えた。彼の眼には、資本家の支配に終止符を打とうとしながら、その支配の基礎を構成している賃金制度についてはそれを存続させようとする多くの社会主義者の主張は奇異なものに映った。多くの社会主義者は生産手段の共有のみを重要視するところから、それが達成されれば賃金制度の存続はなんら害悪を生ずるものではないと考えた。これに対してクロポートキンは、人間の「必要性」が社会生活の槓杆であり、それ故に理想社会においては消費財もすべて共有とされなければならないと考えていた。こうした見地からは賃金制度は理想社会樹立の大きな障害となるものであった。

生産の方法は人びとの共同作業であり、生産物は種族の集団的財産でなければならない。個人的な盗用は公正でもなければ、奉仕的でもない。すべてのものはすべてのものに属する。「すべてのものはすべてのもののために存する。なんとなれば、すべての人間がそれを必要とするからである。そしてまた、すべての人間は、それらを生産するため

に、自分たちの能力に応じて働いたのだからである。」(1)

クロポートキンは、農業・工業のあらゆる分野にわたって、生産物の分配は、個々の人間の生産に対する貢献度によってなされるべきではなく、あくまでも各人の必要に応じてなされるべきであると主張した。彼はその主要な理由として、つぎの三つをあげている。

その第一として、生産に対する貢献度を基準として分配を決めようとすることは、貢献度そのものを個別的に測定することができないが故に不可能である。とくに近代社会においては、生産の方法が全般にわたってきわめて複雑となり、生産行程は相互に密接に結合している。言い換えるならば、一つの生産物は、自然、知識、発明あるいは資本といったような、共同の遺産の総合的な利用の結果としてでき上がるものである。このような生産の過程から、各人の貢献度を計算して割り出すことは不可能である。

第二に、生産に対する貢献度を基準とする分配方式は、それが賃金制度を必然的に伴うが故に望ましいものではない。たとえそれが労働券とか時間通貨とかいったような別の形態をとるものであろうとも、その根底に横たわる賃金観念そのものが、不平等と搾取を不変なものとして定着させてしまうのである。

そして第三に、経済学やその他の関連諸科学が発達して、個々の人間の生産に対する貢献度が厳密に公正に測定し得るようになったとしても、なおこのような基準に従った分配の方式は、けっして好ましいものではないであろう。なんとなれば、アナキズムの倫理は、公正ということばの意味する、人間の必要性を人間の功績に適用させようとするけちな計算に満足させられるような性質のものではないからである。アナキズムの倫理は、このような計算を越えて、人間の人間に対する寛容をその内容として備えるものでなければならない。クロポートキンはこの点について、「もしも各おのの人間が、ただ商人の資質のみを鍛えて、一日中、他の人から受けとる以上には他の人には与えないように気を配っているようであったなら、社会は死滅してしまうであろう」[2]と書いている。各自が為した労働が計算されることなしに、生産物が収めてある共同の倉庫から各自の必要なものを必要なだけとり出して消費するという完全な自由が実現する社会[3]、これがクロポートキンの理想とするアナキズムの社会であった。

（1） P. A. Kropotkin, The Conquest of Bread (1892 ; London, 1902), p. 15.
（2） P. A. Kropotkin ; Anarchist Morality (1890 ; 9th ed., London, n. d.), p. 28.
（3） Cf. T. Anderson, Russian Political Thought, Cornell U. P., 1967, p. 246.

五　理想社会論

すでにみてきたように、国家機構を本質的に諸悪の根源であると考えるクロポートキンは、多くの社会主義者が積極的な評価を与えた代表制や普通選挙制度に対しても、きびしく否定的な態度を示した。多くの社会主義者は、国家機構を政治的支配と経済的搾取を維持するための装置だと考えながらも、資本主義国家に発達した代表制度や普通選挙制度については、これらが人民の自由や権利を幾分かは保障するものであるとし、さらには、資本主義国家から社会主義国家へ移し植えられる機構であるとして、期待をかけていた。これに対してクロポートキンは、このような期待をかけることは無駄であると主張した。

彼の主張するところによれば、国家の枢要な機構として存在する議会は、弱い者を助けることもできなければ、社会生活の中に不断に生ずる対立抗争を調停することもできない。また、議会制度を支える多数決の原理は、つねに凡庸の支配を意味するにすぎないし、それと不可分に結びついた普通選挙制も、真に人民を代表しうる人物を見いだす方法ではありえない。要するに政治生活はすべて大嘘以外のなにものでもない。くり返していえば、諸悪の根源はまさしく国家の原理そのもののうちにある。だから、国家のあらゆる機能は、最小限にではなくて無に至るまで圧縮すべきである。無政府主義とは国家そのものの無化であり、政府の無化である。

クロポートキンは、こうして種々の側面から理論的に構築していくアナキズムの社会を、人間が将来に向かってあれこれと構想する理想社会のなかで、任意に選択しうるものの一つとして描いたのではなかった。彼は、アナキズムの社会を、人類が進化発展する過程で人間の心にしみ込んでしまった相互扶助の普遍的な意識が、不可避的に自己を実現させる形態であるという風に考えていた。

第四編　マルクス主義への展開

第一一章　ナロードニチェストヴォから社会民主主義へ

ロシアにおいて、一九世紀七〇年代の後半から八〇年代の初めは、ナロードニキの運動が衰退し、それに替って社会民主主義的な運動が大きく台頭してきた時期であった。一八七六年に結成されたナロードニキの代表的な組織、第二次「土地と自由《ゼムリャ・イ・ヴォーリャ》」結社が一八七九年にヴォローネシで大会を開いた。この大会は、ロシアにおける革命運動の転換を象徴的に示す出来事であった。この大会で、代議員のあいだに、戦術論上の問題をめぐって争いが起こり、ついに組織は分裂を招いた。プレハーノフを中心とする少数派は、バクーニン的なアナキズムに親近感を示しながらも、人民の中へ入ってのインテリゲンツィヤの活動を重要視して、「黒土総割替え《チョールヌィ・ペレデール》」派を組織した。これに対して、П・Н・トカチョーフの革命思想の影響を多く受けていた多数派は、А・И・ジェリャーボフにしたがって、「人民の意志《ナロードナヤ・ヴォーリャ》」派を結成した。「人民の意志」派のメムバーは、従来、ナロードニキの多くの運動家が行ってきた、人民の中に入って、彼らに、革命の意義とその過程における彼らの役割とを自覚させるための宣伝・啓蒙活動を、非現実的であると批判し、それよりも、少数の活動分子による、権力中枢との直接的な闘争こそが、革命にとって有効な方法であると主張した。

「人民の意志」派が組織されてのち、これまでは、個人によって散発的に行われていたテロリズムが、かなり組織的に、積極的に展開されるようになってきた。この組織のメムバーは、ナロードニキの運動の有力な指導理論であったラヴローフ主義や、さらには、バクーニン主義に基づいた宣伝活動や人民に対する働きかけさえも、それをブルジョア的政治談義であるとして非難し、彼ら自らは、政府高官やツァーリを殺害する計画を、次つぎと実行に移していった。一八八〇年二月には、C・H・ハルトゥーリンによって、ツァーリの在所である冬宮が爆破され、翌八一年三月一日には、И・グリネヴィツキーによって、ついにツァーリ・アレクサーンドル二世は暗殺された。

「人民の意志」派のこのような過激な闘争戦術にもかかわらず、ロシアの政治情勢には、この派のメムバーが期待したような変化はなにも起こらなかった。ツァーリの殺害も、人民の蜂起を触発することにはならなかった。むしろ反対に、この事件をきっかけとして、ツァーリ政府はいっそう権力機構を強化し、反動的色彩をましてきた。そして、「人民の意志」派その他の反政府活動家に対する弾圧は、言語に絶するほど苛烈なものとなってきた。この組織の指導者で捕えられたものの多くは、厳しい拷問ののち死刑に処せられた。組織の中には、行動の結果に対する見込み違いや、抑圧による組織の機能麻痺のために、幻滅や落胆の気分が蔓延して、これまで積極的に活動してきたメムバーのなかに、変節したり、転向したりするものも出てきた。「人民の意志」派は、けっきょくは、自分たちの投げた爆弾によって壊滅してしまった。この他にも、反政府的な傾向のあった組織はほとんど粉砕され、活動家たちは、シベリアや国外へ追放されてしまった。

ナロードニキのテロリズムは、こうして、ロシアの革命運動の主役の座からは姿を消すことになるけれども、そこに展開された少数精鋭主義的な戦術論は、西ヨーロッパのマルクス主義者によっても高く評価され、ロシアにおいては、やがて、ナロードニキにとってかわって革命運動の主流となる社会民主主義者によっても、その一部分が継承されることになる。マルクスやエンゲルスも、早くからナロードニキの運動に注目していたが、「人民の意志」派によるアレクサーンドル二世の暗殺は、とくにエンゲルスにとっては、かなりの衝撃となったようである。彼は、この事件についてつぎのように述べている。「パリ・コミューンが秩序の擁護者によって演じられた残忍な殺戮ののち陥落したとき、勝利者は、一〇年もたたないうちにはるかなペテルブルクに、——おそらくは長期にわたる苛烈な闘争ののち、けっきょくは不可避的にロシアのコミューンの創設をもたらすような事件が起ころうとは、夢にも思わなかったのである。」

このように、マルクスやエンゲルスの側からも、ロシアナロードニキの運動に対してつよい関心が寄せられ、ときには共感さえも示されていた。そしてそれに呼応するように、ナロードニキの中にも、早くから、マルクス主義の経済・社会理論を研究するものがいた。ラヴローフによる『共産党宣言』に関する叙述、トカチョーフによる『経済学批判』序説についての解説、あるいは、Π・A・ロパーチンとH・Φ・ダニエルソンによる『資本論』の翻訳などは、その代表的な例であった。

しかしながら、マルクスやエンゲルスのロシアの社会・経済の分析は、かならずしも実態に即しておらず、また、その将来についても、的確な予測がなされていたとは言えない。またナロードニキも、マルクス主義を熱心に学習しはしたけれど、その理論の本質を把握し、自分たちの理論に活用するということはなかった。両者のあいだには、具体的なロシアの社会情勢の分析についてかなりの意見の食い違いもあった。彼らの見解の根底には、歴史観や政治哲学の相違も横たわっていたのである。

マルクス主義の運動は、ナロードニキのそれとは異なって、民族や地域の条件を超えて、すべての産業社会に適用することの可能な、普遍的で合理的な原理に立脚すべきことを自ら要求している。この見地からみれば、ロシアの産業経済は、まだ充分な発展段階には達してはいなかった。けれども、この国も、西ヨーロッパの諸国と同様に、やがて資本主義的社会発展段階を経過するはずであった。

これに対して、ナロードニキの多くのものは、А・И・ゲールツェンやН・Г・チェルヌィシェーフスキーの「ロシア社会主義」の伝統的な歴史観を継承して、ロシアは、西ヨーロッパとは異なった独自の歴史的過程を歩み、資本主義の段階を経過しないでも社会主義へ発展することが可能であるし、またそうなるであろうと考えていた。彼らは、このように考える事実的根拠として、ロシアの農民が、昔から、本能的に、社会主義的性格を有していること、ロシアには古くから農村共同体が存続していて、そこでは土地の共同利用、共同作業、共同体の自治的運営が慣習的に行われていることなどを挙げている。

ロシアにおける革命の展望や方法をめぐって、一九世紀九〇年代の中頃、エンゲルスとトカチョーフのあいだに激しい論争が展開された。ロシア国内においても、九〇年代に入ると、マルクス主義者とナロードニキのあいだで、この問題をめぐる論争が活発に行われるようになった。これらの、革命の戦略や戦術をめぐる論争の基盤には、上述のような、ロシアの歴史的発展についての根本的な見方の対立が横たわっていた。その意味においては、マルクス主義者とナロードニキの論争は、П・Б・ストルーヴェも指摘しているように、それより五〇年もまえから行われてきた、西欧主義者《ザーパドニキ》とスラヴ主義者との論争の流れを汲んでいるともみることができるのである。

一言つけ加えておくならば、これらの論争の特徴を把握しようとする場合、それをナショナリズムの強さの違いとしてだけ処理してしまうには、多くの問題が残りそうである。ナロードニキの多くのものは、ロシアの歴史的発展の独自性を強調したけれども、それだからといって、彼らがすべてナショナリストであったわけではない。ナロードニチェストヴォの創始者といわれているゲールツェンでさえも、若い頃は熱烈に西ヨーロッパの社会や文明を賛美していたのである。彼がナショナリズムの気分をつよくもつようになったのは、ロシアから西ヨーロッパに亡命して、実際にブルジョア的な社会の中で生活し、そこに存在している矛盾や虚偽を身をもって体験し、そのあげく、西ヨーロッパの社会に幻滅を感ずるようになったその反動としてである。つまり、ゲールツェンは、L・シャピロの表現を借りるならば、「いやいやながら《malgré lui》」のナショナリストであったわけである。また、チェルヌィシェーフスキーにあっては、ナショナリズムは、本質的には合理主義的性格をもった彼の社会主義思想の、付随的要素として存在していたにすぎないとも考えられる。ナショナリズムを、この論争の要素として過大に重要視することは、問題の本質を見誤る危険性を有していると言えそうである。

以上にみてきたように、諸種の重要点において、ナロードニキはマルクス主義とは根本的に相違する考え方をもっていた。それにもかかわらず、やがて、ロシアの内外において展開された政治・社会運動や、あるいは、ナロードニキとマルクス主義者とのあいだで行われた論争を通して、ナロードニキのなかにも、マルクス主義の理論を受け入れるものが多くなってきた。またそれと並行して、しだいに、ロシアの中にマルクス主義思想が浸透していった。それでは、ロシアにおけるこの歴史的な社会変革理論の転換は、どのような社会背景において、いかなる過程を経て行われたのであろうか。

ナロードニキがマルクス主義を受け入れるようになった客観的条件としては、なによりもまず、ロシアにおける近代産業労働者の増大が挙げられる。こうした社会情勢の変化は、これまでナロードニキの急進派によってとられてきたテロリズムの戦術をも、真剣に検討し直すことを余儀無くさせるようになった。ナロードニキが、ロシアの政治や社会を革命的に変革するために過激な行動に訴える決意を固めた背景には、すでに指摘したような、ロシア農民の素朴な共産主義的資質に対する絶大な信頼があった。にもかかわらず、革命的インテリゲンツィヤが農民に近づいて、農民に、歴史の展望と変革における彼らの役割とを説けば説くほど、農民は、ますますかたくなに、自己の生活の殻にとじこもり、これらの活動家を「余所者」として排斥した。ナロードニキの過激派は、一方では農民大衆の固陋な態度に幻滅を感じながらも、他方では、「無知なる」農民の利益をわれわれがかわって表明しなければならず、「保守的なる」農民にかわって、われわれがそれを実現しなければならないと考えていた。この思考の論理的帰結が、犠牲のみ多くして得るところのほとんどないテロリズムの方法であった。かくして、ロシアにおける労働階級の台頭は、従来の「人民大衆」観や革命理論に反省を促す条件となるものであった。

しかもまた、労働者が成長して、しだいに革命運動の主体的な役割を担うようになってくれば、O・クリコーフスキーも指摘しているように、革命的インテリゲンツィヤの倫理感も大きく変質する。ナロードニキの多くのものは、H・K・ミハイローフスキーの教義にしたがって、「ロシアのインテリゲンツィヤは、農民の苦悩とその苛酷な収奪を犠牲として自分たちは教育を受け得たのであるから、その贖罪のためにも、農民の解放のために働かなければならない」という意識をもっていた。こうした「負債」の意識と使命感とがないまぜとなって、彼らを積極的な行動へと駆り立てていったのである。

情勢の変化とともに、このような教義もしだいにその訴える力を失っていった。多くの革命運動家は、新しい視点に立った社会分析の方法と変革の道を探し求めることを余儀なくされるようになった。前述のように、プレハーノフは、「土地と自由《ゼムリャ・イ・ヴォーリャ》」結社の分裂ののち、主流派の主張するテロリズムに反対して、「黒土総割替え《チョールヌイ・ペレデール》」派を組織し、間もなくスイスに亡命してのちは、同志とともに、「労働解放《オスヴォボジェーニエ・トルダー》」団を結成して、マルクス主義を研究しそれをロシアに普及する努力を続けるようになった。

ナロードニキの中には、マルクス主義の変革理論を自分たちの行きづまった革命運動の道を打開するための、いわば戦術的な補強策として受け入れようとするものもみられた。たとえば、レーニンの実兄アレクサーンドル＝ウリャーノフが、「社会民主主義者について述べるならば、われわれとかれらとの意見の不一致は、それほど重要なものではなく、ただ理論的なものだけであるように思われる」と言って、マルクス主義に対する親近感を示していることなどは、その例である。レーニンについてみても、彼が革命運動を始めた時期には、すぐれて「ロシア的な」革命家であった。彼が、マルクス主義と接触し、それを信奉するようになったのは、運動を始めて二年経ってのちのことであった。彼も、この時期の多くの革命家たちと同様に、ナロードニキ的革命運動の経験のうえにたって、マルクス主義への「転身」を示したわけである。彼自身、同僚の社会民主主義者たちの経歴について、「彼らが、革命家として考えはじめたときは、ナロードニキの革命家としてであった……。この一連の英雄的な伝統との決裂は、彼らに新たな闘争を要求するものであった」と述べている。

　マルクス主義の理論を学習する過程で、多くの運動家たちは、ナロードニチェストヴォの理論の主要な柱の一つである「農村共同体」論について、だんだんと疑問をいだくようになってきた。ロシアで最初にマルクス主義を詳細に解説した理論家の一人H・И・ジーベルは、ナロードニキの農村共同体論を批判して、土地の共同体的所有から個人的所有への移行は、世界を通じて普遍的な法則であり、それはただ国民経済の発展段階によってのみ規定されるものであって、ロシアの共同体もその例外ではありえないと論じている。このような見解も、ナロードニキの理論の中になかったわけではない。チェルヌィシェーフスキーは、ジーベルよりもほぼ二〇年ほど前に、彼の見解とあまり違わない共同体論を展開している。両者の相違点は、ジーベルがこのような変化を必然的で、必要なものと考えていたのに対して、チェルヌィシェーフスキーは、共同体の崩壊はロシアの社会の長所を失わせ、西ヨーロッパのブルジョア社会へ堕落することを意味するものであるから、それを避けるために、共同体を作為的に存続させることが必要であると考えたところにあった。

ナロードニキの歴史観を批判しはじめた当時のプレハーノフにとっても、国民経済の発展過程において、農村共同体は不可避的に崩壊していくという命題は、ジャコバン的陰謀が戦術的に無益であるという命題とともに、彼の主張の基本的な柱となっていた。農民の政治意識や農村共同体の共産主義的要素に幻滅を感じた活動家たちの中には、プレハーノフの思想的影響もあって、変革の主体的勢力としての期待を工場労働者にかけようとする傾向があらわれてくる。

たとえば、初期の代表的なマルクス主義者の一人であったH・E・フェドセーエフは、ミハイローフスキーに宛てた書状の中で、これまでのあらゆる政治・社会運動において、農民を、主体としても客体としても、その中心に置こうとする試みがなされてきたが、もっと早くより、その地位に労働者をおくべきであったと主張している。フェドセーエフはその理由として、労働者が、即自的《アンジッヒ》には、「政治中枢に集中的に存在している」こと、また、向自的《フュールジッヒ》な存在としては、労働者の方が農民よりはるかに明確に、政治闘争の意義とその必要性を理解する能力を備えていることを挙げている。

マルクス主義者がナロードニキの理論を攻撃する基本的視点は、ロシアも、普遍的な歴史発展の型に嵌って、やがてここに近代産業が発達し、それに伴って、ブルジョア的国家構造とかイデオロギーといったような、西ヨーロッパ的な社会的特徴が現れてくるというところにあった。ロシアの革命的インテリゲンツィヤは、理論の普遍的妥当性を主張するマルクス主義が、ロシアの具体的現実に適合すると確信しうるかぎりにおいて、それを受け容れようとしたのであった。だが、やがて彼らは、その妥当する範囲が次第に拡大していくように思うようになったのである。

もっとも、このようなマルクス主義とロシアの革命的インテリゲンツィヤとの結びつきは、後者が前者へ歩みよることによってのみ行われたわけではなかった。マルクス主義者の側にあっても、ロシアについての見方には変化があったのである。マルクス自身、みずから唱えた経済発展段階についての理論が、ロシアにそのまま当て嵌るかについては、いささか疑念をいだいていた。彼は、ロシアにおける産業経済の発展は、土地所有制度の近代化いかんにかかっていると述べている。マルクスより一二年ほどあとまで生きたエンゲルスは、晩年に、ロシアにおける資本主義発展の実態を考察して、マルクスの抱いた疑念を払拭し、普遍的な歴史発展理論をロシアに適用することを積極的に主張した。

いずれにしても、重要な点は、こうして主張されたマルクス主義の歴史発展の理論を、ロシアの革命的なインテリゲンツィヤが受けいれ、それを特殊ロシアに適用しようとした際の手法にあった。彼らが試みた手法の違いが、ロシアにおける社会民主主義理論の展開や、政治・社会運動の実際に、さまざまな潮流を生み出すことになる。以下、二、三の代表的理論家のこの問題への対応の仕方を、簡略にではあるがみておこう。

ストルーヴェは、この問題を、著名な論文「ロシアの経済発展に関する論評」（一八九四）において論じている。彼は、その中で、ロシアが真の社会的発展を示すためには、西ヨーロッパの文明をできるだけ多く吸収することが必要であり、そして、マルクス主義は、西ヨーロッパの市民的、政治的自由をロシアにもたらすための、もっとも効果的な青写真である、と述べている。彼はつぎのように書いている。「わたしは西ヨーロッパの文化を、温かい太陽、新鮮な空気のごとくに、愛する……。わたしは、自分の西ヨーロッパ主義《ザーパドニチェストヴォ》について論ずることはしないであろう。それはちょうど、自尊心のつよい人間が、自分の徳の完全性については論じないのと同じである。」

ストルーヴェの西ヨーロッパの文化への心酔の仕方は、相当に熱烈なものであったけれども、彼のマルクス主義の解釈は、かなり独善的な性格を帯びていた。彼は、一八九八年のロシア社会民主労働党設立総会の結党宣言を起草し、その中で、プロレタリアートがリーダーシップを確立することの重要性を強調した。しかしながら、ここで展開された論旨は、マルクスやエンゲルスによって主張されたプロレタリアート独裁の理論とは、かなりかけ離れたものであった。ストルーヴェの主張は、「ヨーロッパを東へ進むにつれて、ブルジョアジーはだんだんと弱く、臆病に、下劣になる。それ故に、その文化的政治的任務は、ますますプロレタリアートによって遂行されなければならなくなる」といった、かなり皮相的な階級観に立脚していた。

ストルーヴェは、社会の発展は、つねに普遍的な一定の経済発展段階を経過しなければならないというマルクス主義の歴史解釈に基づいて、ロシアに社会主義を実現するためには、まず資本主義を発展させることが必要であり、したがって、ブルジョア的社会体制を充実させるために努力することこそが、社会主義者の当面の課題であると説いた。彼はまた、社会の進歩は、つねに、その経済構造によって規定されるという史的唯物論の定式にしたがって、ロシアに市民的・政治的自由を実現するためにも、近代産業を発展させることが不可欠であると述べている。「西ヨーロッパに追いつけ。けっして、近道をしようと思ってはならない」――これがストルーヴェのロシアに対する忠告の骨子であった。彼のこのような主張は、一九世紀末において、ロシアがようやく資本主義的発展の端緒についたばかりであるという判断に基づいたものであった。こうした主張は、あとで触れるような、ロシアがすでに資本主義の高度の発展段階に到達しているとするレーニンの見解とは、かなり懸け離れたものであった。

ストルーヴェは、二〇世紀のはじめになって、マルクス主義の理論を放棄してしまった。それは、彼自身の説明によれば、より急進的な自由主義をロシアに実現するためであった。彼はこの時期になると、かつて自分が起草したロシア社会民主労働党の結党宣言までも否定するようになった。ただプロレタリアートを解放することだけに社会の将来の希望が見いだされるわけではないし、それに、そもそも自由を強調する倫理思想は、どれかある階級に特権的に帰属すべきものでもないというのがその理由であった。

ロシアにおけるマルクス主義の父といわれたプレハーノフは、ロシアの後進性の実態を究明し、それを克服する道を探し出すことを、自分に課された重要な課題であると考えていた。彼の未完の著作『ロシア社会思想史』の長文の序説は、この問題についての見解を述べたものである。彼はこの本において、すべての国は社会主義社会へ到達するまでに、それぞれ一定の経済・社会的な発展段階を経過しなければならないという主旨のことを述べている。彼の見解によれば、ロシアはいまようやく「アジア的専制」の段階を離れはじめたばかりである。この条件を無視して社会主義を実現しようとする試みは、どれも、歴史の発展をはばむ、「早まった行為」に他ならなかった。

プレハーノフの説くところによれば、ロシアにおいて、モスクワ公国の統一以来ずっと続いていた「アジア的専制」から「西ヨーロッパ化」への過程がはじまったのは、ピョートル一世の時期からであった。だがしかし、この変化を促進するために、ピョートル一世以上に重要な役割を演じたのは、アレクサーンドル二世であった。アレクサーンドル二世によって遂行された一八六一年の「農民改革」を中心とする一連の改革は、ロシアの資本主義的発展を加速することとなった。一連の改革を機として、ロシアの国家体制は整備され、経済・社会も発展するようになった。けれども、ロシアが西ヨーロッパ並に高度な段階に到達するためには、これからさらに、長い道程を歩まなければならない。なんとなれば、ロシアには、一連の改革にもかかわらず、農奴制の遺制が根強く残り、解放される筈の農民からの収奪は過酷になった。新たな農民収奪の仕組みこそが、皇帝専制の政治組織をいっそう強固に支えるようになっているからである。

レーニンができるだけ速やかに、ロシアに社会主義体制を構築しようとして打ち出した戦略や戦術に、プレハーノフが反対したのは、右のような見地に立っていたからであった。プレハーノフは、わけても、一九〇六年のロシア社会民主党第四回大会において、レーニンの提案した土地の国有化案に対しては、つよく反対し、みずからは土地を農民に分割する政策をさえも提案している。彼はこの時期、土地の分割は社会主義を実現しようという将来の目的に照らしてみれば、あきらかに不合理であり不利益であるということを十分に承知していた。だが、それでもなおロシアの現段階においては、土地分割の方が国有化よりは、はるかに好ましい措置であると考えていたのである。

プレハーノフの考察するところによれば、ロシアで現在土地を国有化するということは、取りも直さず、すべての強大な「アジア的専制」国家の根底に横たわる経済秩序のモスクワ公国版を復活強化することに他ならなかった。ロシアにおいては、ツァーリ専制のもとにおいてさえも、「土地と土地耕作者の双方が国有財産であった」のであるから、この土地を農民のあいだで分割することは、古い体制に決定的な一撃を加えることになるはずであった。

以上みてきたような、ストルーヴェやプレハーノフのロシア社会発展段階の把握に比較するならば、レーニンの捉え方はいちじるしく相違している。レーニンは、ロシアにおいて資本主義は少なくとも一八九三年以後になると、都市ばかりでなく農村にも存在しており、すでに、それを打倒することが必要なほどに、構造のもつ矛盾や欠陥も成熟しているとみていた。彼は、こうした判断に立って、可及的速やかに社会主義革命を遂行し、プロレタリアート独裁の権力を樹立することを、社会民主主義者のもっとも重要な課題としていたのである。

一九〇二年に、ロシア社会民主労働党の綱領草案を作成するにあたって、レーニンとプレハーノフのあいだで、ロシアにおいて遂行すべき社会主義革命の戦略・戦術をめぐるはげしい論争が行われた。レーニンは、プレハーノフがアクセリロートらとともに、自由主義者を革命の同盟者とみなしていることに反対し、自由主義者の政治的な惰弱と臆病、さらに彼らの反革命的な性質を断固として暴露することが必要であると主張した。レーニンはまた、プレハーノフの理論には、プロレタリアートが、資本に抑圧されているすべての人びとを糾合して運動のヘゲモニーを握る能力を備えているということについての認識が欠如しており、そのために、彼は、プロレタリアートを勤労者大衆全体の中に解消させてしまうという誤謬をおかしていると批判した。両者の論争をつぶさに検討したイギリスのロシア史研究家J・L・H・キープは、右のレーニンの主張を解釈して、「レーニンの定式は、党が古い経済秩序と新しい経済秩序との両方に対して、同時に闘争を行うべきであることを示唆している。これは、……レーニンが伝統的な二段階革命の考え方を尊重していないことを示すものであった」と述べている。

レーニンは、マルクス主義を学び、これをロシアの社会変革に適用するにあたって、この理論のもつ一般性や普遍性を重要視したストルーヴェやプレハーノフとは対照的に、ロシアの経済や社会の特殊性を十分に考慮しなければならないと考えていた。したがって彼においては、特殊ロシアで展開される社会的変革のための具体的な方法も、そうした条件に見合ったものとして生み出されることが必要であった。レーニンは、このような観点から、一方では、マルクス、エンゲルスの経済・社会理論を、すぐれた科学的理論として熱心に学びながら、他方においては、ナロードニキの活動家たちが伝統的に用いていた変革の戦術論や組織づくりの方法などを積極的に摂取してきたのである。たとえば、革命政党は権力の峻厳な弾圧政策のもとでは、主要な都市や重要な地域に枝や蔓を張りめぐらせて網状の陰謀組織をつくり、少数の指導者によって中央集権的に運営するのがもっとも効果的なやり方であるとする考え方などは、その一つの例であった。

レーニンがくり返して主張した「先手必勝」の考え方も、彼がナロードニキの運動理論から受け継いだものである。「先手必勝」とは、革命の条件を敏感に把握して、好機を逃さないように、つまり、敵方が勢力を増して防衛態勢を強化するよりも前に事を運ぶのが、目標を達成する要諦であるという意味であった。言い換えるならば、状況に応じて、「今か、さもなければけっしてできない」という判断を的確に下すことが重要であるという意味であった。彼は、「坐して革命を待ってはならない。立ち上がってそれを行え」という言葉を、論文『何をなすべきか』のモットーとしているが、こうした、いわば状況を先取りする考え方は、一九一七年の革命を通しても変わることはなかった。彼は、この時期においても、同じ主旨のことをつぎのように述べている。「もしもわれわれが権力を手に入れないならば、地方の権力機関でさえも、われわれを押し止める感覚を学びとるであろう。」レーニンや彼の支持者たちにとっては、革命はあくまでも目的であって過程ではなかったということができる。革命によって達成されるべき課題は特殊ロシアの問題であって、シャピロの表現を借りるならば、たとえそれがドイツ語のマルクス主義用語で述べられてあったとしても、「普遍的な一般的形式でとり扱われる範囲にとどまっている性質のものではなかった」のである。革命の遂行と権力の獲得を、なによりも先に行わなければならないとする考え方が、レーニンやボリシェヴィキをして、一九一七年の革命を成功させ得た大きな要因の一つであったと言うことができよう。

さらに挙げれば、レーニンは、ロシアの専制権力の位置づけについての考え方も、ナロードニキの革命理論から多くを学びとっている。繰り返すならば、ロシアの多くの革命家にとって最大の目標は、ツァーリ専制を打倒することであった。ところで、ツァーリ体制批判の内容を検討してみると、マルクス主義者とナロードニキとのあいだには、当然のことながらかなりの相違がみられる。ナロードニキは、打倒したツァーリ政府にかわってどのような政府を樹立するか、またその政府によっていかなる政策を遂行していくかという問題については、具体的な構想をあまりもっていなかった。ツァーリ専制を直接攻撃し、人民蜂起によって権力を変革することをともかく、彼らの中心目的としていた。

これに対して、マルクス主義者、それもとくに二段階革命論を主張する「正統派」マルクス主義者は、ツァーリの専制権力を打倒するのは、歴史の筋道からいってもブルジョアジーのはずであり、したがって、プロレタリアートの政党の役割は、やがてブルジョアジーによって樹立されるであろう権力を奪取し、その権力によって、ブルジョア的社会体制を破壊し変革していくことであると考えていた。この観点から一九〇五年の「ブルジョア革命」をみるならば、それは、準備不十分なままに行われた非現実的な、人為的な革命にすぎなかったということになる。そこで、プロレタリアートの政党の当面の仕事は、この革命によってつくり出された早産児的な権力を、いっそうブルジョア的なものへと変革していくことであると彼らは主張したのである。

レーニンの見解はこれとは異なっていた。彼は、一九〇五年のブルジョア革命やそれによって実現されたブルジョア的社会・経済秩序の未熟さを、一方では十分承知していた。それでいながら、彼はやはり、プロレタリアートの政党にとっての最大の課題は、できるだけ早く権力を獲得することであって、社会・経済上のとり残された課題は、新しく樹立された権力によって、社会主義的課題と並行して解決していけばよいと考えていた。ロシアにおいて、一九〇五年から一七年にいたる政治運動の過程をみるならば、レーニンのこのような判断が、他の「正統派」マルクス主義者たちのそれよりも、この時期の政治条件を、もっと的確に把握していたということができるであろう。このような、ロシアの特殊性を重視するレーニンの考え方には、ナロードニキの代表的イデオローグであったトカチョーフの政治思想が、かなり大きな影響を及ぼしていると思われる。

レーニンが、トカチョーフの論文にどの程度目を通していたかについては、かならずしもあきらかになっていない。トカチョーフは、一八七三年以来一緒に雑誌編集の仕事をしていたラヴローフと、革命運動についての見解の相違から袂を分かって、七五年からジュネーヴにおいて雑誌『警鐘《ナバート》』を刊行し、その誌上で、彼独自の歴史観やナロードニチェストヴォの理論を展開した。トカチョーフの政治思想や、彼によって展開された革命運動の理論には、多くの点でレーニンのそれとの類似性がみられる。もっとも、両者の類似性を検討するにあたっては、ロシアの革命運動の潮流の中に、ジャコバン主義の伝統が存在していたことを十分念頭においておかなければならない。ジャコバン主義は、トカチョーフに対しても、レーニンに対しても、ひとしくつよい影響を与えている。それ故に、注意しておかないと、レーニンに対するジャコバン主義の影響とトカチョーフの影響とがしばしば混同されがちとなるからである。

それにしても、トカチョーフとレーニンの主張を比較してみると、両者のあいだには、多くの類似性がみられる。たとえば、トカチョーフは、革命の成就は、それぞれに性格の異なる革命分子を、一つの目的に向かって、一つの指示にしたがって行動する活動的な組織に融合させることによってのみ、はじめて可能となると述べている。同じような主旨のことがレーニンによっては、権力を集中し機能を分散させる「中央集権制」の組織理論として展開されていった。

すでにみてきたように、レーニンは、一九世紀の末において、ロシアにも、資本主義が十分に発達していると判断していた。トカチョーフはレーニンよりも早くから、同じような判断に立っていた。ただ二人のあいだの重要な相違点は、レーニンが、「それ故に」論理的にはロシアにおいて社会主義革命がすでに可能であるとする見通しを展開していったのに対して、一世代早くロシアを観察したトカチョーフは、「それ故に」ロシアにこれ以上資本主義が発展することを防止しなければならないと結論づけたところである。トカチョーフによれば、農村共同体や農民の共産主義的資質を核とすることによって、資本主義がこれ以上進展しない前に、言い換えるならば、人民大衆がこれ以上に新たな苦しみを経験するようになる前に、ツァーリ政府を転覆することが必要であるし、またそれが可能であると考えられたのである。

さらに挙げるならば、社会革命を遂行するにあたっては、既存の権力装置をすべて破壊するよりも、それを奪取して、革命権力の樹立と革命的独裁の維持のために利用すべきであるとするレーニンの『国家と革命』の理論も、すでにその原型は、トカチョーフによって主張されている。

以上にあげたのは、レーニンとトカチョーフの理論の類似性を示す一、二の例である。レーニンは、周知のとおり、ナロードニチェストヴォに対して、その歴史観、革命理論の全般にわたる鋭い批判を展開した。レーニンの理論は、一方におけるナロードニチェストヴォの批判と、他方における「合法的」マルクス主義者すなわちエコノミストの批判を通して形成されたとも言われている。にもかかわらず、右にみてきたように、レーニンとナロードニキの理論のあいだには、多くの類似点が存在している。これは、ナロードニチェストヴォとマルクス主義のはげしい葛藤とはうらはらに、両者の革命理論の流れの中に、かなり共通した思考様式が存在することを意味するものであろう。

ロシアにおける社会民主主義理論の展開を、純粋なマルクス主義のロシアへの移植と考えるのは、一面的な捉え方である。また逆に、それをただロシアの古くからの革命運動の延長線上にあるものとして説明するのも行きすぎであろう。みずから普遍性を要求するマルクス主義の理論が、特殊ロシアにおいてどのように具体化されていったか。この問題を解明していくためには、当時ロシアの内外で展開された政治・社会理論の、さらに一層多角的な検討が必要である。

余録三　ロシアにおけるマルクス主義の発展とプレハーノフ

ロシアでマルクス主義が台頭し、それが一九一七年の革命のイデオロギーとして機能するまでの過程において、Γ・B・プレハーノフが演じた役割や及ぼした影響などについては、改めて過不足のない位置づけがなされなければならないであろう。プレハーノフには、「ロシア・マルクス主義の父」というニックネームも寄せられている。

それは言うまでもなく、彼がマルクス主義をはじめてロシアに知らせたという意味でではない。マルクス主義は、すでに一八四〇年代、すなわち、マルクス自身が著作活動を始めた初期の頃から、ロシアの前進的思想家たちによって知られていた。B・Γ・ベリンスキーや彼の仲間たちは、この頃すでにマルクスの『ヘーゲル法哲学批判序説』や『ユダヤ人問題』などを読んで、自分たちの革命的民主主義思想を形成する糧としていた。M・A・バクーニンも、はやくからマルクスの著作に接し、その資本主義経済分析の方法を受けいれた一人であって、のちに彼は、『共産党宣言』をロシア語に翻訳し、また完了はしなかったけれども、『資本論』の翻訳に着手したりしている。『資本論』の第一巻は、けっきょく、ナロードニキによって翻訳され、ほかのどの国語に翻訳されるよりも早く、一八七二年に出版されている。一八六〇年代に、代表的な革命的ナロードニクΠ・H・トカチョーフは、みずから、マルクス主義と同意見であると宣言した。ナロードニキの代表的思想家の一人、ラヴローフは、マルクスを自分の教師と呼んでおり、七〇年代のラヴローフの後継者たちは、漠然とではあるが、マルクス主義者と呼ばれていた。のちには、ロシアのあちこちの大学でマルクスの経済理論を受けいれる経済学者も増えている。

プレハーノフが、「ロシア・マルクス主義の父」と呼ばれる所以は、彼がたんにマルクス主義を受けいれ普及させたということにあるのではなく、それをロシアの土壌に根付けさせ、ロシア社会思想・革命思想の一つの流れとして創造的に発展させたところにある。

プレハーノフの政治活動・著作活動は、ロシアにおいて、革命的な労働運動が急激に高揚した時期に展開された。彼は、ペテルブルク鉱山専門学校の生徒時代から、ナロードニキの結社「土地と自由」の設立に参加して、その綱領草案を起草したり、一八七六年一二月にペテルブルクのカザーニ大寺院広場で行われたロシア最初の政治デモンストレーションを指導したりするなど、積極的な反ツァーリ活動を行った。彼は、該博な知識と政治活動家としてのすぐれた資質のゆえに、たちまちに、「人民の中へ」入る運動の中で頭角をあらわすようになった。一八七九年に、「土地と自由」結社は分裂した。分裂ののち、少数者の陰謀とテロルを社会変革の最良の手段であると主張するトカチョーフ主義者は、「人民の意志」派を結成した。人民の中でインテリゲンツィアが活動することがもっとも重要な課題であると主張するプレハーノフのグループは、「チョールヌィ・ペレデール（黒土総割替え）」派を組織した。「チョールヌィ・ペレデール」という名称は、地主の土地をふくめてすべての土地を農民のあいだで割り替えよ、という主張をスローガンとしてつけられたものである。

反ツァーリ運動の過程で再度にわたって逮捕されたプレハーノフは、ますます厳しくなってきたツァーリ官憲の追及を逃れて、一八八〇年にスイスに亡命した。亡命地において、彼は、マルクス、エンゲルスの一連の著作について本格的な研究を続けるとともに、J・ゲード、K・カウツキー、W・リープクネヒト、E・ベルンシュタインなどの、当時の西ヨーロッパにおける代表的な社会民主主義者たちと知り合った。こうした研究や交友関係を通じてプレハーノフは、それまで抱いていたナロードニキ主義と袂別して、しだいにマルクス主義へと移っていった。

彼は、すでに学生時代から、ロシアの社会思想史について深く勉強していた。とりわけA・И・ゲールツェン、B・Г・ベリンスキー、H・Г・チェルヌィシェーフスキーなどの革命的民主主義イデオロギーや唯物論哲学から強い影響を受けて育った。プレハーノフが、ナロードニキの思想から脱却して、マルクス主義思想へ比較的スムーズに移行していったのは、これらの、ロシアの革命的民主主義者から受け継いだ思想的遺産が、彼の思想の素地としてあったからだとみて差し支えないであろう。

プレハーノフは、亡命地スイスのジュネーヴで、一八八三年に、「労働解放」団を組織した。この組織に参加したのは、П・Б・アクセリロート、B・И・ザスーリチ、Л・Г・デーイチ、B・H・イグナートフらの、あい前後して亡命してきた、かつての革命的ナロードニキであった。「労働解放」団は、マルクス主義をロシア国内に普及させること、ロシアの革命運動の仲間たちを支配しているナロードニキ主義を批判すること、マルクス主義の立場に立ち勤労者の利益を擁護する見地からロシアの社会生活のもっとも重要な諸問題を解決することを、その基本的任務とすると声明した。

プレハーノフは、「労働解放」団を組織する前年（一八八二年）に、すでに『共産党宣言』を翻訳していた。この『宣言』の出版に際しては、マルクスとエンゲルスは、特別に序文を書いている。このほかに、「解放」団のメムバーによって、『賃労働と資本』『哲学の貧困』『ルートヴィヒ＝フォイエルバッハとドイツ古典哲学の終結』『空想から科学への社会主義の発展』『ルイ＝ボナパルトのブリュメール一八日』などが、あいついで翻訳、出版された。ロシアの読者は、これらの翻訳を通して、より正確にマルクス主義を理解し、ロシアが抱えている幾多の社会問題をマルクス主義の立場から考える機会を与えられた。

「労働解放」団のメムバーは、ロシアの社会生活の重要問題を、マルクス主義の立場から解明するという、いま一つの基本的なプログラムにそって、一連の論文を執筆した。プレハーノフは、この時期に、『社会主義と政治闘争』『われわれの意見の相違』『専制の新しい擁護者、別名ティホミーロフ氏の悲しみ』（一八八九年）その他の論文を発表し、これらの論文を通して、マルクス主義が西ヨーロッパにとってばかりでなく、ロシアにとっても、唯一の正しい科学的な理論であることを主張し宣伝した。

当時のロシアにおいては、ナロードニキ主義が依然として優勢であった。一八八一年三月、「人民の意志」派によるアレクサーンドル二世の暗殺を契機として、ツァーリ政府の弾圧は激化し、ナロードニキの革命運動は潰滅的な打撃を蒙った。この頃の重苦しい社会的雰囲気は、八〇年代の作家と言われるA・П・チェーホフやB・M・ガールシンの作品に、深いペシミスティクな陰影を残している。こうして、ナロードニキの革命運動はその影をひそめたけれども、その思想的影響は、八〇年代から九〇年代にかけて、ロシアのインテリゲンツィヤの間に、まだ深く根ざしていた。実践活動の目的と方法を見失ったこれらのナロードニキ思想家たちは、一方では、H・K・ミハイローフスキーや、ラヴローフらの著作活動を通じて、しだいに、プチ・ブルジョア的自由主義へと後退していった。彼らは、ロシアにおける資本主義の発達、新しい階級関係の形成の事実に目をつぶり、このような態度から、社会理論においては、人民を「一般大衆」として軽視し、「批判的に思惟する個人」が歴史の真の担い手であると考えるようになった。他方では、陰謀と個人的テロルをツァーリ打倒の最善の手段と考えるナロードニキも依然としてあとをたたなかった。

このような左右両極端へと転向していったナロードニキ主義を批判して、ロシアにおける合法則的な社会主義的変革の途を示すことが、プレハーノフの論文執筆の主要な意図であった。

一八八三年に公にされた『社会主義と政治闘争』は、プレハーノフがマルクス主義の立場に立って書いた最初の論文である。彼は、この論文のエピローグに、『共産党宣言』の、「すべての階級闘争は政治闘争である」という命題を引用している。この論文において彼は、科学的社会主義の基本的な命題の解説をおこなうとともに、ロシアの革命運動の分析にもとづいて、労働者階級が政治的自由を獲得するためには、その階級みずからツァリーズムに対する闘争に勝利して、権力を掌握することが必要であると述べている。彼はまた、この論文において、革命運動の過程におけるインテリゲンツィヤの役割についても、つぎのようにあきらかにしている。「労働者階級の強さは、他のどの階級の強さとも同じように、なによりもその階級の政治意識の明確さ、その階級の団結、その組織化の度合いにかかっている。われわれ社会主義インテリゲンツィヤが影響を与えなければならないのは、これらの諸要素に対してである。インテリゲンツィヤは、さし迫った解放運動を指導し、労働者階級に、その政治的・経済的利害、さらにはこれらの利害の相互関係を説明し、彼らに、ロシアの社会生活において独立した役割を演じさせる準備をしなければならない。」

このような主張を通してプレハーノフは、ロシアのナロードニキが、政治闘争を陰謀や個人的テロルと同一視したり、あるいは政治闘争を拒否したり、さらには、労働者階級を無視し、人民の中での活動を無益だと考えることの誤りを批判した。

右のような、ナロードニキ主義の判断が誤りであることを実証するためには、当時のロシアに生じつつある経済的変化を、より詳細に分析することが必要であった。プレハーノフは、一八八五年に出版された『われわれの意見の相違』においてそれを行った。

ナロードニキは、ロシアの資本主義は、ツァーリの政策によって無理につくりだされたものであるから、それは発展の条件をもっていない、つまりそれは「偶然の現象」にすぎないものであると主張していた。そして彼らは、当時のロシアに存在していた農民共同体を不変なものとみなして、それに、社会主義の到来の期待をかけていた。

プレハーノフは、『われわれの意見の相違』の中で、国内市場の実態、労働者数やその構成、家内工業者の状態、工場の数やその規模などを研究して、ロシアがすでに資本主義の発展の道を進んでいることを証明した。彼はまた、農村共同体も資本主義の打撃を受けて崩壊しつつあることを明らかにし、「農村共同体は、その組織の内的性格の故に、まずなによりも共産主義的共同生活形態へよりも、ブルジョア的共同生活形態へ地位をゆずろうとする傾向にある」と論じて、ナロードニキの幻想が実現不可能であることを教示した。

ロシアにおいて、まだなおナロードニキのイデオロギーが支配的であった時期に、マルクス主義の哲学的基本原理に関する諸命題を擁護し、ナロードニキの社会観を批判することは、プレハーノフや「労働解放」団のメンバーにとってきわめて重要な課題の一つであった。プレハーノフは、この課題を達成することを意図して、一八九五年に『史的一元論の発展の問題によせて』を公刊した。

ナロードニキは、歴史の中に客観的法則が存在することを否定し、歴史をつくるものは個々のすぐれた個人、英雄であると考え、また思想が世界を支配すると考えていた。それ故に、彼らは、社会に対して決定的な影響を与えるものは、インテリゲンツィヤであり、インテリゲンツィヤの意志が歴史の歯車をどの方向にまわすかを決定すると主張していた。

プレハーノフは、『史的一元論の発展の問題によせて』において、ナロードニキの歴史・社会観を攻撃し、マルクス主義の史的唯物論をいっそう豊かに発展させた。彼は本書においてつぎのような主張を展開した。すなわち、社会生活やその発展を規定するものは、すぐれた個人の願望や思想などではなくして、社会の物質的条件であり、社会的生産様式の変化である。生産様式の矛盾を集中的に担っている人民こそ、歴史の真の創造者でなければならない。思想は、それ自体として世界を支配するのではなく、人民大衆と結びつくことによってはじめて物質的な力となる。すぐれた個人は、その人がまさに機の熟した社会発展の要求を正しく表現するときにのみ、重要な役割を演ずることができるのである。どんなにすぐれた個人でも、このような歴史の諸条件を理解せず、社会の要求に背反した行動をするならば、かならず失敗するであろう。プレハーノフの、このような歴史・社会観は、さらに、『歴史における個人の役割について』(一八九九年)において、より具体的に展開された。

『史的唯物論の発展の問題によせて』は、マルクス主義の古典的著作の一つに数えられている。レーニンもこの書物をひじょうに高く評価して、この書物によって「ロシアのマルクス主義者の一世代は育てられた」といっている。本書はまた、プレハーノフ自身の理論的労作のうちでももっともすぐれたものと評価されている。そのことは、この本が出てからすでに一世紀にわたる批判にたえぬいて、いまなお、世界の各国語に翻訳され読まれていることによっても証明されているといえよう。

プレハーノフや「労働解放」団のメムバーは、著作活動を通じて、マルクス主義をロシアに普及させ、ロシアの経済・社会構造をマルクス主義の立場から分析し、ナロードニキの誤った見解を批判するための積極的な活動を展開した。彼らは、さらにすすんで、政治運動の具体的な綱領をつくりだすことにも努力を集中した。

プレハーノフは、ロシア社会民主党の綱領草案を起草した。この草案には、労働者階級だけが社会主義を実現する自主的勢力であること、社会主義を実現するためには、労働者階級が権力を獲得しなければならないことを強調し、そして、なによりもまず、専制の打倒を第一の政治的任務とする革命的な労働者党を結成することが必要であると宣言していた。この綱領はさらに具体的な当面の要求として、①民主主義的憲法を制定し、選挙権、無償義務教育、人格の不可侵、言論・集会の自由、学問研究の自由など一連の民主主義的権利を保障すること、②労使関係を法的に規制し、労働者代表によって構成される監督機関を設置して、労働者の利益を保護する措置を講ずること、③農民の利益を擁護するために、農地所有関係を抜本的に解決し、農村に存在する農奴制の遺制を根絶すること、などを掲げていた。

この綱領は、当時のロシアの経済的社会的条件のもとでのマルクス主義者の闘争方法と課題を正しく規定していたということができる。事実またそれは、労働運動や、ロシア国内のあちこちに結成される政治結社の運動に多大の影響を与えた。当時のロシアの革命運動にとってもっとも緊急な問題は、ツァーリ専制の打倒と農奴制の一掃であった。言いかえるならば、きたるべき革命は社会主義革命ではなくてブルジョア革命であった。この意味において、ロシアにおいて直接社会主義革命を遂行しようとしたナロードニキの幻想を、「労働解放」団が粉砕したことは大きな功績であったといわなければならない。

しかしながら、プレハーノフや「労働解放」団の理論にも、いくつかの大きな欠陥があったことが見落されてはならない。プレハーノフは、すでに指摘したように、ナロードニキを批判して、ロシアにおいても資本主義段階が到来し現に発展していると強調した。けれども、彼は、社会主義の前提としての資本主義を強調するあまり、ロシア解放運動における自由主義ブルジョアジーの役割を高く評価しすぎた。彼は、いくつかの著作のなかで、プロレタリアートは、その政策の面では、ブルジョアジーに適応しなければならないと述べている。また彼は、綱領草案の作成にあたっては、当分のあいだ、自由主義ブルジョアジーを社会主義という「赤い妖怪」でおびやかしてはならないから、自由主義者にも賛成できるような綱領を作成することが必要であると主張している。

プレハーノフのいま一つの大きな欠陥は、ロシアの革命過程における農民の評価と位置づけを誤ったところにある。彼は、農民の意識のただ保守的な側面のみをみて、この階級が備えている専制にたいする革命的潜在力を見いだすことをしなかった。このような判断からは、革命運動の過程でプロレタリアートが農民を指導し、農民と同盟を結ぶことが可能であり、そうすることによってはじめて専制に対して勝利をおさめうるのだという結論が導き出されることはなかった。

このような見解の故に、プレハーノフは、一九〇三年には、社会民主労働党の綱領や戦略戦術をめぐって、レーニンと対立するようになり、メニシェヴィキの立場へ移った。それ以来プレハーノフは、とくに実践の面でいちじるしく後退していって、一九〇五年のモスクワ蜂起のあとでは、労働者は「武器をとるべきではなかった」と公言して、ボリシェヴィキや多くのかつての同志からさえも非難されるまでになった。また、第一次世界戦争では、社会排外主義の立場に転落して祖国防衛主義を唱えた。

プレハーノフの、このような晩年における政治的後退は、一八八〇―九〇年代の革命的マルクス主義者としての活動ときわめていちじるしい対照を示している。これにはいくつかの理由が考えられる。かれは、亡命以来、わずかの帰国期間を除いてほとんど国外で生活していた。国外において、彼は、すでに触れたように、第二インタナショナルの指導者たちと親しく接触し、ヨーロッパの社会民主主義的革命運動の積極的な経験を多く受けいれていた。そのため彼は、ベルンシュタインらの「修正主義」に対しては厳しい批判を加えながらも、ロシアにおける資本主義発展の特徴、社会構造の変化、社会運動の実際について十分知悉することができず、実践的な理論に疎遠になっていたということもその理由として挙げられよう。しかしプレハーノフの欠陥は、なによりもまず、特にロシアにおいて急激に進展した新しい政治・社会的変化を帝国主義的発展段階と性格づけることができず、そのために、この新しい諸条件にマルクス主義を創造的に適用することができなかった結果生じたものであると言うことができよう。

プレハーノフの生涯の理論的・実践的活動は、すでに述べてきたところから理解されるように、一八七五年から八三年までの革命的ナロードニキ主義の時期、八三年から一九〇三年までの革命的マルクス主義の時期、そして、一九〇三年以後のメニシェヴィキないし日和見主義の立場に立った時期、の三期に区分することができる。このようなプレハーノフの活動の時期区分は、ロシアにおいてマルクス主義が、それまで支配的であったナロードニキ主義を克服する過程、さらにそれが帝国主義段階の理論として発展を示す過程に、それぞれ肯定的・否定的に照応しているとみることができる。そしてこの肯定的に照応する時期のプレハーノフが、「ロシア・マルクス主義の父」といわれるのである。

第五編　体制護持の思想

第一二章　自由主義の展開

一　デカブリスト以後

もうかなり前のことになるが、わたしはある誌上で「ロシアの保守主義」について検討を加えたことがある。これを熱心に読んで下さったある知人から、かなり長文の批評を寄せて戴いた。その中に、わたしの文章を読んで、ニコラーイ一世の治世に、国民教育大臣C・C・ウヴァーロフによって国家統治の原理として定式化された「三位一体論」が、ソヴィエートの体制において、形を変えながらもそのまま支配の原理として生きているということを改めて強く感じたと書かれてあった。この人は、以前にかなり長期間、外交官としてモスクワやレニングラードに滞在し、ソヴィエートの事情に精通している方である。その人の指摘されるところによると、ウヴァーロフの説いた「正教・専制・国民性」の三つの言葉を、マルクス・レーニン主義、共産党独裁、社会主義国家への忠誠と書き換えれば、ソヴィエート体制における官許イデオロギーに酷似しているのではないかというわけである。言い換えてみれば、社会主義ソヴィエート連邦の統治を支える理論の構造は、一世紀半も前の専制ロシアにおいて作り出された理論の構造と、本質的には変わってはいないように思われるというのが、この人の指摘の要旨であった。

ソヴィエートの体制について論じられるときに、しばしば革命前のロシアとの連続性あるいは断絶性を軸として検討が加えられる。そして、ソヴィエートの統治構造のもつ中央集権的性格、民主主義的国家意志形成の回路の欠如、さらにはまた、統治の過程における個人の自由の軽視などについて批判がなされる場合、ソヴィエートがこうした諸種の「欠陥」をもっている理由として、よく、ロシアが市民社会の段階を経験しなかったことが挙げられる。

西ヨーロッパの諸国においては、絶対主義権力と新興市民階級が闘争を展開する中で、個人の自由は政治社会の存立の原理として確認されるようになり、これを権利として保障する制度として民主主義的統治構造が作り上げられた。ロシアにおいては、自我の覚醒をもたらすルネサンスも宗教改革も起こらなかったし、市民階級の台頭を促す経済的な発展もみることはなかった。一九世紀の中頃アレクサーンドル一世によって推進された改革は、結局のところツァーリ体制を強化することを狙いとしたものであったし、「農民改革」の後も、ロシアの人民は農奴制遺制の桎梏に苦しんだ。一九世紀を通して展開された諸々の体制変革の運動も、ロシアの社会に、自由や権利の思想を浸透させることはなかった。ロシアは、西ヨーロッパ諸国のような「近代」を経過することなしに、社会主義国家の誕生を迎えたのである。

それでは、ロシアにおいては、自由主義や民主主義の思想展開がなかったのかというと、そうではなかった。一九世紀の初頭から、ロシアの「近代化」を推進しようと試みる国政家の中にも、専制・農奴制を革命的に変革しようとする活動家のあいだにも、自由主義思想の担い手はかなり存在した。よく知られているように、一九〇五年の第一次革命の過程においては、自由主義や民主主義を標榜する政党が組織され、これらの政治勢力は、一九一七年の革命の過程においても、それなりに重要な役割を演じた。だが、十月社会主義革命においてこれらの政党は駆逐されてしまい、それとともに、「ブルジョア的」自由主義や民主主義の思想は排除されてしまった。

ロシアにおいて市民社会的経験の欠如していることが、ソヴィエートの政治文化をどのように特徴づけているかを究明することは、容易ではない。けれども、こうした問題を考える一つの手掛かりとして、ロシアにおいて、自由主義や民主主義がどのように展開したか、あるいはどのように展開しなかったかについて、検討を加えることは重要であると思われる。

＊　＊　＊

ロシアにおいて、いつから自由主義思想が展開されるようになったかを、断定的に述べることは難しい。それは、自由主義の概念をどのように規定するか、だれを自由主義者とするかによって、時期の設定に差異が生じるからである。アメリカのロシア史研究者C・E・ティンバーレイクは、ロシアの自由主義研究を難しくしている理由の一つに、用いられている自由主義という言葉そのものの意味が明確でないことを挙げている。(1) 用語の概念の規定の仕方は、対象を考察する方法に関わってくる。ティンバーレイクは、今日まで進められてきたロシア自由主義研究に二つの傾向があることを指摘する。

一つは、V・レオントーヴィチの著作『ロシアの自由主義史』(Victor Leontovich, Geschichte des Liberalismus in Rußland, Frankfurt, 1957) に代表される方法である。それは、レオントーヴィチ自身「自由主義の歴史であって自由主義者の歴史ではない」(2) と述べているように、自由主義的思想ないしは見解を歴史的に考察する方法である。この方法によれば、ロシアの大きな自由主義的集団と考えられている立憲民主党はもちろんのこと、皇帝や政府官僚の思想や施策も考察の対象となる。レオントーヴィチは、エカチェリーナ二世、アレクサーンドル一世、アレクサーンドル二世、M・M・スペランスキー、П・A・ストルィピンおよび、C・Ю・ウィッテについて、B・A・マクラーコフ以外の立憲民主党員についてよりは多くの紙幅を割いて考察している。

いま一つは、機能主義的方法とでもいうべきもので、G・フィッシャーに代表される。フィッシャーは『ロシアの自由主義』（Russian Liberalism : From Gentry to Intelligentsia, Harvard U. P., 1958）の中で、専制・農奴制国家を民主主義的国家へと改革しようとした活動家や集団を取り上げている。その際彼は、ロシアに展開された自由主義を、西ヨーロッパの伝統的なそれと区別して、「もたざる国」（"have-not"）の自由主義と呼んでいる。それは、後発的社会において、少数者によって担われた思想や運動としての特徴を有していた。

フィッシャーは、このロシアにおける「もたざる国」の自由主義を二つに分けた。一つは、自分たちの思想を、現存する「反自由主義的な政府」を通して追求しようとした人々であり、他は、このような政府を「転覆するかあるいは徹底的に変革」しようとした人々である。彼によれば、ロシアの自由主義の特徴は、後者の方に強く現れており、そしてそれは、一八二〇年代のスペインやギリシア、さらには、現代のアジア、ラテン・アメリカ諸国の自由主義と多くの類似点を持っている。このような捉え方からすれば、レオントーヴィチによって取り上げられた、皇帝や政府官僚などは、検討の対象には入らなくなってくる。(3)

右に簡単に見てきたように、ロシアの自由主義の始まりを何時とするかは、自由主義の意味をどのように捉えるかによって違ってくるのである。だが、ここで重要なことは、自由主義研究の方法や視点を抽象的に考察するよりも前に、まず、ロシアにおいて自由主義的な思想や運動が展開された過程を具体的に知ることであろう。そこでまず、上述のような研究上の問題点を一応念頭に置きながら、代表的な思想や運動について検討を加えていきたいと思う。

＊　　＊　　＊

ロシアにおいて、自由主義を体して展開された最初の運動としては、一八二五年のデカブリストの蜂起を挙げることができる。デカブリストの蜂起は、ツァーリの専制と農奴制を変革しようとして起こった最初の、公然たる組織的運動であった。デカブリストは、政治的にはロシアに西ヨーロッパないしはアメリカ合衆国のような立憲民主主義を樹立し、経済・社会的には農民を奴隷的な束縛から解放することを目標として掲げていた。デカブリストの南方結社の最高指導者ペーステリによって作成された綱領「ルースカヤ＝プラーヴダ」《Русская правда》の序文にはつぎのように書かれている。

「国家は政府と国民から成り立つ。……政府は国民のために存在し、国民の幸福の達成以外には存在と成立の根拠をもたないのに対して、国民は国民自身の幸福のために存在し、また地上の人間にその名をたたえ、有徳で幸福であることを命じ給う神のみ心の実現のために存在している。神のこの掟はすべての人間に対して平等に決められており、したがって、すべての人間はこの掟を遂行する平等の権利を有する。この故に、ロシアの国民は、何らかの個人ないしは家族の所有物ではない。反対に政府は国民に所属し、政府は国民の幸福のために設けられているのであって、国民が政府のために存在するのではない。(4)」

デカブリストの多くのものは、彼らの生まれ育った家庭環境において、自由主義的観念を培われた。彼らの父親や祖父の中には、エカチェリーナ二世やアレクサーンドル一世の治世の貴族として、啓蒙思想に共感を抱き、ヴォルテールを崇拝したものが少なくなかった。これらの啓蒙主義的貴族は、自分たちの抱いたロシア改革の夢をつぎの世代に託した。彼らの中のある人たちは息子や孫を、当時ロシアにおいて自由主義教育の温床であった貴族幼年学校(Пажеский корпс)へ入学させた。またある人たちは、自分たちの子弟に、西ヨーロッパ人の家庭教師をつけて合理主義の哲学やヒューマニズムの精神を学ばせた。さらには、ドイツやフランスに留学の機会を与えて、子供たちに先進的文化や思想を身に着けさせようとしたものもかなりあった。帝政末期のロシアの著名な歴史家Б・クリュチェーフスキーは、デカブリストのことを、これらエカチェリーナ二世、アレクサーンドル一世時代の自由主義思潮の「遺伝したもの、あるいは感染したもの」[5]と呼んでいる。

デカブリストは、幼少の頃から青年期にかけて、感性的にあるいは抽象的に育ててきた自由の観念を、一八一二年の「祖国戦争」の中で生きた思想として具体化し、続く解放戦争やパリ進駐などのヨーロッパの大混乱の中で、それを検証する場をもった。デカブリストの北方結社の指導者の一人であったアレクサーンドル＝ベストゥーゼフは、「祖国戦争」の過程で自由主義思想が発展した事情について、ニコラーイ一世に宛てた書簡の中でつぎのように述べている。

「ナポレオンが侵入し、実にそのときにロシアの国民は自分たちの力を感じとり、……全国民に独立心が目覚めました。それも初めは政治的独立心が、やがて民族心が目覚めたのであります。これこそロシアにおける自由思想の始まりと言えます。政府自身が、〝自由・解放〟という言葉を口にし、ナポレオンの絶対権力の濫用に関する著作を広めました。……まだ戦争の最中から兵士たちは家に帰るや、人民階級の中で最初に不平を鳴らし始めました。〝わしらは血を流したのに、またもや賦役でわしらの汗を流させようとしている。わしらは祖国を暴政から救ったのに、旦那たちはまたもやわしらを苦しめる〟と。[6]」

デカブリストは、ロシア改革の具体的構想を前記ペーステリの「ルースカヤ＝プラーヴダ」やＨ・ムラヴィヨーフの「憲法草案」などにまとめた。デカブリストによって主張された自由主義は、地主貴族的性格をつよく帯びていた。その意味においては、都市資本家的性格の薄かったイギリスのホイッグ党員やアメリカのジェファーソン派の主張と似ていたといえよう。

周知のように、ジェームズ＝ハリントンやジョン＝ロックなど西ヨーロッパの先駆的自由主義思想家の理論には、財産の私的所有を絶対視する見解が、一つの重要な柱として存在していた。それ故に、資本主義経済の発展と新しい階層秩序の形成の過程で、資本の私的所有や経済的競争を擁護する側面が強調されるようになって、自由主義が、マルクスの指摘を待つまでもなく、ブルジョアジーのイデオロギーとしての役割を担うようになったのも自然である。それに比較するならば、デカブリストによって主張されて以来ロシアにおいて展開される自由主義は、二〇世紀に至るまで、容易に「ブルジョア的」性格を帯びることはなかった。(7)

＊　＊　＊

わたしたちが、デカブリスト以後のロシアにおける自由主義の展開を考えようとする場合、スタンケーヴィチ＝サークルについて触れておく必要がある。スタンケーヴィチ＝サークルとは、一八三〇年代に、当時モスクワ大学の学生であったН・В・スタンケーヴィチの周辺に集まった学生や若いインテリゲンツィヤによって作られたサークルである。このサークルは、ロシアの政治思想・文化の発展の歴史において重要な役割を演じた。にも拘らず、スタンケーヴィチ自身が若くして死んだ（一八四〇年、二六歳）ため、資料がほとんど残されていないという事情もあって、これから研究されるべき対象とされている。(8)

スタンケーヴィチ＝サークルには、В・Г・ベリンスキー、В・П・ボートキン、М・А・バクーニン、К・С・アクサーコフ、М・Н・カトコーフなど、哲学、社会思想、文学、教育、芸術の分野に関心をもつ多くの青年が参加した。錚々たるメムバーを周りに集めたスタンケーヴィチは、自身もすぐれた学問的資質を備えていて、一四―一五世紀における『モスクワ公国の興隆の原因について』《О причинах возвышения Москвы》と題する論文を書いている。それに加えて彼は、I・バーリンの説明を借りれば、卓越した精神、端麗な容姿を備え、学問に対してひたむきな情熱を燃やす、品位のある理想主義的な人物であった。(9)さらにスタンケーヴィチは、サークルのメムバーが哲学や思想について研究するとき、骨身を惜しまず援助し助言を与えたので、多くの人から深い尊敬を集めた。この時代のロシアにおいて、比較的覚めた目で物ごとを観察したとされた作家のトゥルゲーネフも、『ルーヂン』のなかで、バコールスキーという人物に託して、スタンケーヴィチをつぎのように好意的に描いている。

「……ちょっと手短にその人柄を説明することは出来ませんが、あの人のことを話しだすと、もう他の者の話はしたくなくなってしまうのです。高尚で、清純な人柄で、あれだけの頭脳には、その後も出会ったことはありません。……彼のもとには大勢人がやって来ました。みんなに愛され、慕われていたのですね。」(10)

さてスタンケーヴィチ＝サークルのメムバーは、ドイツ観念論哲学を熱心に研究した。彼らは、シェリング、カントおよびフィヒテの哲学を学んだ後ヘーゲルに取り組んだ。この時期ロシアの若者たちがドイツの思想を学んだのには理由があった。客観的な条件としては、デカブリストの反乱以来、フランスの啓蒙思想や自由主義は危険な革命思想であるとして、ニコラーイ一世の政府によって、これらを受け入れたり、あるいはフランスに留学したりすることが禁止されていた。主体的条件としては、ドイツ観念論あるいはロマン主義の思想のもつ有機体的ないしは民族主義的歴史観が、ロシアの若者にとっては、国の歴史や人民の存在、さらにはその中にあって自分たちの為すべき事柄について考えるとき、的確な示唆や強い刺激を与えてくれたからである。スタンケーヴィチ＝サークルのメムバーは、トゥルゲーネフによれば、「まるで生まれ変った」(11)ように、感動しながら、これらの哲学、思想の研究を続けた。

やがて、このサークルのメムバーは、ロシアの歴史や民族の運命などについての解釈をめぐって意見が分かれ、アクサーコフやＩО・サマーリンらはスラヴ派を、そして、ベリンスキーやカトコーフらを中心とする大部分のものは西欧派を形成した。西欧派の考えるところは、要約的に言えば、ロシアの発展の道は先進的な西ヨーロッパの諸国が歩んだのと同じ道であり、それ故に、ロシアを発展させるために、西ヨーロッパの思想や制度に沿って改革を進めなければならないということであった。ところが間も無く、今度はロシアの改革の手段・方法をめぐって、ベリンスキーやバクーニンらの急進派とカトコーフやT・H・グラノーフスキーらの自由主義派とが対立するようになる。後者のグループが、デカブリストを除いて、しばしばロシアの先駆的自由主義者と呼ばれている思想家たちである。

＊　　＊　　＊

自由主義派の中で指導的な役割を果したのが、グラノーフスキーであった。彼の経歴について簡単にみておこう。グラノーフスキーは、ヨーロッパロシアの中部の都市オリョールの貴族の家に生まれた。一八三三年、二〇歳の時ペテルブルク大学法学部に入学した。大学では、ギボン、ティエール、ギゾーなどの著作によって啓蒙思想やフランス革命史、ヨーロッパ文明史などを研究した。在学中には、ドイツ哲学について学ぶことはほとんどなかった。一八三五年ペテルブルク大学を中途退学し、翌三六年ベルリン大学に留学する。スタンケーヴィチと親しくなったのはこの時期である。スタンケーヴィチとの出会いは、グラノーフスキーにとっても、思想的な運命を決するほどの出来事であった。[12] だが、正確に言えば、彼は、スタンケーヴィチ＝サークルに加わる機会はもたなかった。スタンケーヴィチを通じて、サークルのメムバーと交流したのである。ベルリン大学では、L・ランケ、F・K・サヴィニー、K・リッターらについて専門的に歴史を学び、ヘーゲル哲学の研究をすすめた。一八三九年の秋、ロシアに帰って、モスクワ大学で西ヨーロッパ中世史の講座を担当した。

正規の講座以外にも、グラノーフスキーは公開講座を開いたり、歴史的評論活動を行ったりした。彼は、ローマ帝国やフランス絶対王政の繁栄が、人民の労働の成果を暴力的に収奪することによって築かれたこと、それ故に、これらの権力が、どのようにその強大さを誇る時期があったとしても、けっきょくは人民の抵抗によって崩壊せざるをえなかったことを、該博な知識と雄弁とでもって、聴視者に訴えた。彼は、西ヨーロッパの古代や中世を講ずることを通して、聴視者に、現在のロシアの状態について考える素材を提供した。彼の歴史叙述の根底には、進歩主義史観が横たわっていた。専制や奴隷制といった抑圧的な制度は、あくまでも一時的なものであって、早晩それらは変革されるべきものであった。[13]

だが彼は、急進的な変革の方法には反対した。急進主義は、人間を抽象的な理念に従属させると考えたからである。「理念なるものは、祭の行列に引き出され、迷信的に崇拝するものを、車輪の中に身を投じて破滅させるようなインディアンの偶像とは違うのである。[14]」彼は、専制や隷従を改革するに必要な条件を、学問や教育の普及であると考え、絶対主義的権力に取って代わるものとして立憲主義統治形態を構想した。

グラノーフスキーの論説は、「正教・専制・国民性」の三位一体をロシア立国の基盤とし、これに背反する思想を厳しく取り締まるニコラーイ一世の統治下にあってまことに勇気ある主張であった。それは、権力を恐れず真実を愛する真摯な態度から生まれたものであるとして、西欧派からばかりでなく、スラヴ派からも、急進主義者からも賞賛の声が寄せられた。ベリンスキーやバクーニンと並んで急進主義の代表的理論家であったＡ・И・ゲールツェンはつぎのように書いている。

「すべてのものが地面に押し倒され、官製の、卑しい思想だけが声高に語られていた時代、文学は押し止められ、学問の代わりに奴隷の理論が教授され、検閲官がキリストの格言にさえ首を横に振って、クルィローフの寓話を削除していた時代、ロシアがやっと今抜け出ようとしている、あの重苦しい時代の終わりごろその頃に教壇に立ったグラノーフスキーを見て、人々は心の軽くなるのを覚えたのである。〃彼が講義を続けているからには、まだすべてが滅びてしまったわけではない〃とだれもが考えて、今までよりもっと自由の息吹を感ずるようになった。[15]」

（１）Cf. C. E. Timberlake (ed.), Essays on Russian Liberalism, Missouri U. P., 1972, p. 1

(2) Victor Leontovich, Geschichte des Liberalismus in Rußbland, Frankfurt, 1957, p. VII.
(3) Cf. C. E. Timberlake, op. cit., pp. 1, 2.
(4) Восстание Декабристов, Документы, том VII, М., 1958, стр. 115–116.
(5) См. Б. Ключевский, Курс Русской истории, часть V, Госиздат, М., 1958, стр. 242.
(6) А. А . Бестужев, «Об историческом ходе свободомыслления в России (Письмо Николаю I)» «Избранные социально-политические и философские произведения Декабристов», т. I, Госизд. Полит. литер., М., 1951., стр. 491–492.
(7) Cf. T. Anderson, Russian Political Thought, Cornell. U. P., 1967, p. 273.
(8) См. Советская историческая энциклопедия, т. 13, Сов. Энцикл., М., 1971, стб. 798.
(9) Cf I. Berlin, Russian Thinkers, Pelican books. p. 141.
(10) 金子幸彦訳　『ルーヂン』　岩波文庫　九四頁。
(11) 同右九七頁。
(12) Vgl. Dmitrij Tschizewskij (Hersg.), Hegel bei den Slaven, Wissenshaftliche Buchgesellschaft, Darmstadt, 1961, S. 232.
(13) Cf. S. V. Utechin, Russian Political Thought, Dent, B., 1964, p. 104.
(14) S. V. Utechin, ibid.
(15) А. И. Герцен, Былое и думы, гл. XXIX, II, «на могиле друга». Собр. соч., т. 9, М., 1956, стр. 121–122.

二　К・Д・カヴェーリン

これまでの叙述の中でわたしたちは、ロシアの自由主義が、一九世紀の三〇年代の初めに、主としてスタンケーヴィチ＝サークルを中心にして展開された様子や、この時期の代表的な理論家が、モスクワ大学でヨーロッパ中世史の講義を担当していたТ・Н・グラノーフスキーであったことなどを見てきた。だがなんといっても、この時期は、ニコラーイ一世のきびしい統治の時代であった。デカブリストの反乱を鎮圧することから皇帝としての職務を始めたニコラーイ一世は、当時の西ヨーロッパにおいてはとっくに支配的となっていた「民主主義」の原理を、これこそが西ヨーロッパ諸国に絶え間なく混乱を引き起こしている元凶であると考え、このような危険思想からロシアを防衛することが、ツァーリたる自分の第一の課題であると考えていた。

ニコラーイ一世は、即位の年にただちに「鉄の」検閲条令を施行し、翌二六年に「皇帝直属官房第三課」《Третье отделение "Собственной его императорекого величества канцелярии"》を新設し、つづいて、農民子弟の中等教育を禁止し（一八二七年）、さらに一八二八年には、「正教・専制・国民性」を国民教育の三原則とする旨を定めた学校令を発布した。Н・А・ポレヴォーイ、Н・И・ナデージュディン、П・Я・チャーダーエフ、А・С・プーシュキン、М・Ю・レールモントフ、А・А・ベストゥーゼフ＝マルリンスキー、Т・Г・シェフチェーンコら多くの作家や思想家が、ニコラーイ一世の弾圧政策の犠牲となった。このような時世であったために、グラノーフスキーやМ・Н・カトコーフらの活動にもかかわらず、この時期には、自由主義思想は、十分な展開を見ることができなかった。

＊　　＊　　＊

ロシアにおいて、自由主義がさらに発展し、まがりなりにも政治の場において問題となるのは、ニコライ一世が死去し、農民解放の準備がだんだん進められるようになってくる時期からである。そして、この時期からしばらくの間に、西欧派的自由主義の代表的な理論家として登場してくるのが、К・Д・カヴェーリンであり、Б・Н・チチェーリンであり、そして、А・Д・グラドーフスキーであった。ここでは、カヴェーリンの思想と行動について、当時のロシアの政治・社会との関連において検討を加えることにしよう(1)。

カヴェーリンは、一八一八年に、ペテルブルクの教養ある貴族の家に生まれた。彼の父親は、新設のペテルブルク大学の初代学長を勤めたひとであった。カヴェーリンは一八三〇年代に、彼の家庭教師となったВ・Г・ベリンスキーから、歴史や地理を教わった。カヴェーリンがやがて西欧派の思想に共鳴するようになるのは、この頃ベリンスキーから受けた思想的影響によるところが大であった。もっともカヴェーリンは、ベリンスキーに従って急進主義に走るということはなかった。カヴェーリンは、一八三四年モスクワ帝国大学法学部に入学する。大学在学中には、И・В・キレエーフスキー、А・С・ホミャコーフらのスラヴ主義者とも友人となり、キレエーフスキーの家で開かれていたサークルの会合にも出席したりしていた。だがここでも、スラヴ主義の思想に与するということはなかった。

一八三九年大学を卒業したのちも、彼はさらに研究をつづけ、一八四二年に法学修士の学位を得た。その後しばらくのあいだ、ペテルブルクの都市行政にたずさわっていたが、一八四四年に母校モスクワ帝国大学法学部助教授に任命され、ロシア法制史を講義することとなった。この頃からカヴェーリンは、自らの西欧派的立場を明確にするようになり、たとえば「古代ロシアの法制度に関する私見」«Взгляд на юридический бы́т древней России»と題する論文などでスラヴ派を攻撃するなど、はなばなしく活動した。だが、一八四八年に、国民教育大臣С・ウヴァーロフとの人事に関する些細な事柄をめぐって意見が対立し、これがもとでモスクワ帝国大学を辞職した。

＊　＊　＊

その後カヴェーリンは、急速にナロードニキ主義に接近し、当時ロンドンにあってロシアの言論界に影響を与えていたゲールツェンともしばしば文通するようになる。カヴェーリンはチチェーリンとともに、一八五五年に、農奴解放に関する「覚え書き」をまとめた。この「覚え書き」はロンドンのゲールツェンのところへ送られ、ゲールツェンはこれを『ロシアからの声』《Голоса из России》誌に、「発行者への手紙」という標題をつけて発表した。この「覚え書き」の中でカヴェーリンは、農奴制こそが国内に横行しているあらゆる暴力や道徳的退廃の根源であり、国政改革にとっての最大の障害であると論じた。

農奴を解放するにあたってカヴェーリンは、政府の施策による穏健な方法を主張した。彼はつぎのように述べている。

「われわれは、どうしたら有機体的な社会の全体を動揺させることなしに農奴を解放することができるかを考えている。われわれは、国家に良心の自由を導入し、検閲を廃止するかあるいは少なくともそれを縮小することを夢みている。われわれは、少しでも自由主義的な政府であればどんなものであっても、そこに結集し、全力をあげてそれを支持する用意がある。なんとなれば、われわれは、わが国においては、何事も政府を通してのみ効果を表わし、結末に到達することができるということを確信しているからである。(2)」

具体的な方策としてカヴェーリンは、農奴を解放する際、農奴が土地を買い戻しすることができるように国家が資金その他の援助をすべきであると主張した。それと同時にまた彼は、自由主義者らしく、政府が地主貴族にたいして、改革によって失う土地のみならず、失う農奴の労働力についても、正当な補償をすべきであると提唱している。(3)

つけ加えるならば、この「覚え書き」の中でカヴェーリンは、ゲールツェンに、彼のロシア批判がしばしばたんなる非難に終ったり、あるいは、急進的な言辞となりがちなので、それをもっと建設的な方向へと改めていくべきであると忠告している。カヴェーリンら自由主義者にとって大事なことは、批判ではなくして改革であったのである。この「覚え書き」はのちに、チェルヌィシェーフスキーが国内で編集する『祖国雑記』にも掲載された。カヴェーリンによって提示された農奴解放の試案は、政府周辺にかなりの波紋を投げかけた。

カヴェーリンはこの時期、農奴解放以外の重要な問題に関しても著作をまとめた。これら一連の著作は、一九世紀なかばのロシア自由主義思想の基礎を形づくるにあたって、重要な役割を果した。J・L・ブラックの説くところによれば、この時代のロシアの「自由主義者」の範疇には、ヨーロッパの自由主義者とは異なった思想を保持する人びとも含まれていた。そうでありながら、ロシアの自由主義者は、主権者の無制限で絶対的な専制権力になんらかの枠をはめようとしたり、市民的平等や合法性を実現したりしようとする点においては、西ヨーロッパの自由主義者たちと同じ考えをもっていたのである。(4)

＊　　＊　　＊

一八五七年にカヴェーリンは、ペテルブルク帝国大学の民法学教授に就任した。彼は、五年間この大学に勤務し、その講義は学生の人気を博した。この間彼は、大学総長И・Д・デリャーノフの息のつまるような取締り政策に抵抗して、学部や講座の自立性を擁護するように学生や教授に訴えたりした。しかしまた一方で彼は、大学内外の多くの人たちと政治的・思想的なあらゆる問題についてはげしく議論した。そのために彼は、親しい友人であったゲールツェンらや、あげくにはチチェーリンとまでも仲違いするようになり、大学の同僚も彼から遠ざかるようになった。けっきょくカヴェーリンは、大学当局と教授仲間との両方からの信頼を失っていることを自ら認めなければならないこととなった。

一八六一年の秋ペテルブルクで学生騒動が起こり、これがきっかけとなって国民教育大臣プチャーチンが更迭され、代って新たに、自由主義的傾向をもったA・B・ゴロヴニーンが任命された。ゴロヴニーンは、大学制度の改革を推進するにあたって、それに必要な資料を収集するため、カヴェーリンを西ヨーロッパ各国の大学に派遣した。この措置は、当時苦境に立っていたカヴェーリンにとっては大きな救いであった。彼がヨーロッパに滞在していた留守のあいだに、彼の講座は、六三年のポーランド蜂起のあおりも受けたりして閉鎖された。

カヴェーリンが西ヨーロッパから送ってくる情報や助言を参考にしながら、ゴロヴニーンは、大学制度改革の構想をまとめ、一八六三年六月に新たな規則を制定した。この規則には、学長は全学の教授会によって四年毎に選出され、皇帝の認証を得ること、学部長は学部によって選出され、国民教育大臣の承認を得ること、教授は全学の教授会によって選任され、大臣の承認を得ることなどが規定されていた。教育内容についてみれば、これまで当局によってきびしく統制されていた研究や固定していたカリキュラムがかなり緩和され、とくに法学教育においては、学部の自主性が認められるようになった。また、教育・研究の諸問題に関して、時に応じて教授が所見を述べることもできるようになった。

当然のことながら、大学に対する全般的な裁量権は、国民教育省当局が保持していた。だがこの時期当分の間、この権限は控えめに行使されていた。こうした事情も手つだって大学は、六六年四月の皇帝暗殺未遂事件でゴロヴニーンが大臣を更迭されるまでは、実質的には自治的に運営されてきた。(5)

大学の自治は、人事と研究・教育の内容について、大学・学部が自主的にそれを決定することをその重要な要諦とするという点からみるならば、ゴロヴニーンによる大学制度の改革は、かなり思いきった、自由主義的な改革であったと言うことができよう。彼によって推進された教育制度の改革が、「農民改革」をはじめとする六〇年代のいわゆる「大改革」の重要な一翼を担っていたことは、よく知られているところである。後任の国民教育相Д・トルストーイ伯によって、大学制度はふたたび大幅に改変され、きびしい統制のもとに置かれるようになった。しかしながら、ゴロヴニーンによって進められた教育政策が以後のロシアの教育文化の発展に与えた影響は、けっして小さくはなかった。

＊　　＊　　＊

以上みてきたように、カヴェーリンが行った西ヨーロッパの教育情勢についての調査・報告は、ロシアの教育制度の改革に大きな貢献をした。けれども彼自身は、ヨーロッパ諸国に滞在中これらの諸国に対して好感をもつことはなかった。一八六四年に帰国するころには、とくにフランスに対してはつよい嫌悪感を抱くようになり、六三年に起こったポーランド事件の責任を、西ヨーロッパに負わせようとするまでになった。この時期ロシアにひろまってきた無政府主義的な風潮に抵抗し、とくに、さきに触れた六六年四月の皇帝アレクサーンドル二世暗殺未遂事件をきっかけとして、カヴェーリンはこれまで以上に、汎スラヴ主義的で権力主義的な国家観を抱くようになった。この年に皇帝に提出したニヒリズムに関する「覚え書き」《О нигилизме и мерах против него необходимых》においては、ニヒリズムを西欧主義と結びつけて論じ、ロシアを西欧化しようとする理論は国内を混乱させるだけであるとして、西欧主義をきびしく非難している。

だが、このような思想的変化にもかかわらず、カヴェーリンは、基本的には自由主義的な考えを変えることはなかった。彼は、この「覚え書き」の中で、ロシア社会の混乱や無政府化は、教育制度を発展充実させることによって予防することができると主張し、皇帝政府に、早急にそのための施策を推進することを提言している。彼には、貴族のなかに深く根をはっている超保守主義のほうが、ロシアにとっては、依然として危険なものであると考えられたのである。

＊　＊　＊

すでにわたしたちは、スタンケーヴィチ＝サークルについて検討をくわえたときに、ロシアの自由主義者が、ヘーゲルの思想に精通していたことを見てきた。ロシアの自由主義者には、ヘーゲルの哲学に依拠して、国家を、市民の安寧にとっても重要な基盤であり、そしてまた、社会の変化にとっても有効に作用する媒体であると考える傾向、つまりは「国家万能」主義的な考え方をする傾向がつよく見られた。ロシアの自由主義者たちは、理念的にはロシアの国家にたいして深い尊崇の念をもち、その気持でもって、ニコラーイ一世やその配下に巣食う貴族や官僚の現実を批判的に見ていたのである。カヴェーリンもそうした自由主義者の一人であった。

さきに触れておいたように、カヴェーリンは、一八四七年に、「古代ロシアの法制度に関する私見」と題する論文を発表した。これは彼にとっては最初のロシア史に関する論文であったが、彼の思想的立場を公けにするという意味においても重要なものであった。この論文において彼は、右に述べたような自由主義者たちと同様に、ヘーゲルの弁証法につよく依拠しながら、国家万能主義的な見解を展開している。

カヴェーリンの説くところによれば、「九世紀にヴァリャーク人がわれわれの土地に、国家についての最初の観念をもたらし」、ついでイヴァーン四世がモスクワ公国を統治するようになって以来、ロシアの歴史は、氏族有機体的関係から世襲領的な関係へと平和的な発展の過程をたどってきた。その間、自国が他国の属領となったり、内乱に陥ったりというような、絶望的とも思われる時代もあったけれども、そのような時代でさえも、自国の発展にとっては有意義な時代であった。なんとなれば、ものごとはすべて「それぞれの段階において、ロシアの政治的存在を全うするためにあるにちがいないと考えられる」からであり、そして、民族の生活の最高の発展段階であり、社会生活の最良の形態であるロシアの国家は、こうした発展の過程を経て形成されるものだからである。イヴァーン四世と、とくにピョートル大帝の為した事業は、近代国家を実現する過程において、大いなる道標となるべきものであった。

カヴェーリンは、ロシアの歴史展開をつぎのように結論づけている。「ロシアの歴史は、相互に無関係な事実の、未成熟な、無分別な寄せ集めではない。歴史は……わが国民の生活の組織的、有機的、合理的な成長であって、つねに統一され……、つねに独立している……。」そして現在の制度は、未完成ではあるけれども、上のような発展の論理的な帰結なのである。カヴェーリンは、このような歴史観を、のちになって、たとえば「ロシア史の見方と注意事項」（一八六六年）や、「ロシア史に関する簡単な意見」（一八八七年）などの論文において、さらに精細に論じているが、その基本的な考え方は変らなかった。こうした歴史観に立ってカヴェーリンは、君主制をロシアの発展の極点であるとして擁護したのである。

＊　＊　＊

右にみてきたようなカヴェーリンの有機体論的な歴史解釈の図式は、彼が一方で、歴史の発展は人間の個性の解放の過程であり、ロシアには人民の自立的な生活様式が存在したとする主張と矛盾するところがあった。でありながらカヴェーリンは、むしろこうした矛盾を含むことによって、スラヴ主義者ときわめてよく似た方法で、ロシアの歴史が西ヨーロッパのそれとは異なった独特のものであると主張することができたのである。

彼の見解によれば、歴史上の変化は、ヨーロッパにおいては下からくるけれども、ロシアにおいては上からくるものであった。具体的に言えば、ロシアの領土拡張や政治形態の君主制への成長は、すべて平和的に行われた。ところがヨーロッパにおいては、それらはみな、暴力によって生みだされた。このように見てくるならば、「自由な国家」

は、ただロシアにおいてのみ建設されうると考えられたのである。

カヴェーリンは、ロシアに自由を具体的に実現するために、とくに農民改革の後には、女性に、男子とまったく平等な自由や権利を認めるべきことや、六四年の改革によって復活したゼムストヴォ（農村自治体）にもっと広範な自治権を付与すべきことを主張した。彼の自由主義思想をもっと詳細に知るためには、右の点に加えて、彼の立憲政体についての見解をも見る必要がある。これらの諸点については、カヴェーリンと並んでこの時期のロシアにおける自由思想の発展に大きな貢献をしたБ・Н・チチェーリンの所説と一緒に考察するのが望ましい。別の機会にそうしたいと思っている。

いずれにしても、カヴェーリンは、歴史・哲学の領域において、半実証主義とも言える独自の立場を構築した。その立場は、一方においては形而上学に対し、他方では唯物論にたいして批判的であった。彼自身は、こうした立場を理念的実在論と呼んでいる。この立場に立って彼は、歴史的な事象を、一面では実証的に考察しながら、他面においては、つねに法的な関係のプリズムを通して解明し、政治的な意味を付与しようとつとめた。それ故に、カヴェーリンの自由主義思想は、当時の多くの仲間の思想と同じく、政府の官許イデオロギーと急進的な革命思想によって挟みうちにされて、その存在をつよく訴えることはできなかった。これからの研究によって、カヴェーリンをも含めたロシアの自由主義者の思想は、歴史の中で適正な位置づけがなされるようになってくるであろう。

（1）カヴェーリンの生涯については、J. L. Wieczynski ed., The Modern Encyclopedia of Russian and Soviet History, vol. 16, pp. 75–77 および、Советская историческая энциклопедия т. 6, М., 1965, стб. 757–758 を参照。

（2）Голоса из России, вып., I, изд наука, М., 1974. стр. 21, 22.

（3）Cf. S. V. Utechin, op. cit., p. 105.

（4）J. L. Black : Kaverin, Konstantin Dmitrievich ; The Modern Encyclopedia of Russian and Soviet History, vol. 16, Academic International Press, 1980, p. 75.

（5）Cf. H. Seton-Watson : The Decline of Imperial Russia, 1855-1914. Praeger, 1961, pp. 49-58.

第一三章　ロシアの保守主義

一　C・C・ウヴァーロフ

ロシアの一八二五年は、デカブリストの反乱の年としてよく知られている。この反乱は、貴族出身の将校によって指揮された軍隊の反乱ではあったが、ロシアの歴史において最初の、ツァーリ体制に対する公然たる組織的反乱であって、その後に起こるもろもろの解放運動や組織に対して、政治的にも思想的にも多大の影響を与えている。この意味において、一八二五年は、反ツァーリ体制運動の一つの段階が始まった年と言うことができる。

しかしまた、この年は、それ以来ほぼ一世紀にわたってこの国の統治構造を基本的に支えることになる「ロシア保守主義」が形成される端緒となった年であるとみることもできる。デカブリストの武装蜂起によってその即位を「祝福された」ニコラーイ一世のツァーリとしての仕事は、反乱の指導者を絞首台におくり、シベリアへ流刑することから始まった。それ以来、一八五五年にニコラーイ一世が病死するまでの三〇年間は、厳しい検閲と抑圧の治世であった。

ニコラーイ一世の治世が、それまでの歴代ツァーリの治世と比較して、厳しい反動の色を濃くしたのには、いくつかの理由が考えられる。ツァーリ自身が、幼少の頃から徹底した軍人教育を受けて成人した結果、良心的ではあるが平凡な武人精神の持主となり、政治や文化に対してゆとりのある対応がなかなかできなかったことも、その理由の一つにあげられる。また、フランス革命やその後の西ヨーロッパの政治のはげしい変動も、ニコラーイ一世が統治における「力の要素」を重要視するようになる条件として機能した。

いずれにしても、ニコラーイ一世は、近代の西ヨーロッパにおいて支配的な政治原理となっていた「民主主義」を、これこそが西ヨーロッパの諸国に絶え間ない混乱を引き起こす元凶であると考え、こうした「危険思想」からロシアを防衛することが、ツァーリたる自分の第一の課題であると信じていた。「皇帝直属官房第三課」を設立して、出版や言論に対する検閲を強化し、あらゆる不穏な活動を取締まり、さらにまた、国民思想の涵養に重大な関心を払って厳格な教育統制を行ったのも、すべてこの課題を達成するための具体的な方策に他ならなかったのである。

ニコラーイ一世の体制を原理的に擁護する政治思想も、実際政治家や思想家によって次つぎと産み出され展開された。これらの政治家や思想家は、一七、八世紀の西ヨーロッパの影響を受けながらロシアで形成された政治思想が、この国の政治風土には適合していないと考えた。彼らは、たとえば啓蒙専制主義は、ロシアの国民感情を克服することはできず、反対にそれに打ち負かされてしまうと考えた。あるいはまた、アレクサーンドル一世が発意し、国政家によって作成された「立憲主義的」統治機構導入の構想も、ロシアの土壌には適合しにくいものと思われていた。つまるところ、これらの政治理論の支柱となっている合理主義そのものが、ロシアの精神的風土とは異質なものであると考えられたのである。

一言つけ加えるならば、ツァーリ体制を支える思想は、ただ西ヨーロッパ的思考様式を異質なものとして排斥するだけにとどまらず、それに代わるものとして、否それよりも優れたものとして、ロシアの歴史や文化的伝統を強調するところにその特色があった。一般に「官許イデオロギー」と呼ばれている政治理論は、こうした体制擁護思想がそれなりの体系をもって結実したものであるとみることができるであろう。

「官許イデオロギー」を体系的な思想として呈示するのに貢献をした人がC・C・ウヴァーロフ（一七八六―一八五五）である。ウヴァーロフは、由緒ある貴族の家柄の出身という理由からばかりでなく、優れた才能の持主でもあったために、早くから「ロシアでもっとも教養豊かな人物」としての名声を博していた。彼は、さまざまの公職を歴任したが、なかでも、一八一八年以後長期にわたり、王室科学アカデミー総裁の地位にあって、ロシアの学問・芸術の発展に寄与した。

ウヴァーロフは、はげしい勢いで変わりつつあった社会的文化的潮流には抵抗したが、ニコラーイ一世のお気に入りの多くの国政家たちとは異なって、独自に、ロシアの民族文化の将来を展望していた。彼は、世界の歴史においてロシアの果す積極的な役割を確信し、その見解を明確な理論として呈示し、ツァーリの政策によって具体化することを自分の責務だと考えていた。ウヴァーロフの思想の特徴は、かなり徹底した保守主義と適度の適応性が混り合っているところにあると言うことができよう。

一八三三年、ウヴァーロフは、ニコラーイ一世によって国民教育大臣に任命された（一八四九年まで、一六年間在職）。大臣就任にあたって彼は、文部官僚および教育関係者に向けて、つぎのような告示第一号を発した。

「国民の教育が畏き皇帝の気高い目的にそって、正教、専制、国民性（народность）の三位一体の精神で続けられるように保障していくことが、われわれの共同の責任である。王位や祖国に奉仕するという同じ気持が浸みこんでいる教授や教師は、みずから政府の政策の有用な媒介者となるべく、あらゆる努力を払うであろうことを、わたしは確信する。(1)」

この告示の中に、以後ロシアの官許イデオロギーの基調となる正教、専制、国民性の三本の柱が明示されたわけである。ウヴァーロフは、この年に、この「三位一体論」をさらに徹底させ、「教育なる社会制度の主要原則」として定式化してつぎのように述べている。

「ヨーロッパの宗教制度ならびに市民制度が急速に崩壊しつつあるとき、革命思想が広範に普及しつつあるとき、祖国の基礎を盤石の安きにおくことがわれわれの義務である。また、正しい行動がつくり出される基盤をみつけだし、ロシアをもってロシアたらしめ、ロシア独特のものであるところの力を見出し、わが民族性の神聖な遺産を一つの全体へと総合し、この遺産の上にわが国の救済の錨をしっかりと結びつける力を見出すことが、われわれの義務である。ロシアが救済の原理を心から信じていることは、なんと幸せなことだろう。ロシアは、この原理がなくては、正しく行動することも、強力になることも、生きていくこともできないのである。――祖国に身を委ねたロシア人は、モノマーフの王冠から一つの真珠をも盗み去ることを許さないように、座右の銘たるわが正教信仰のたった一つの教義をも疎かにすることを許さない。専制政体は、ロシアが政治的に存立するための主要な条件である。これら二つの国民的原則とならんで、同じく重要で同じく強力な第三の原則すなわち国民性の原則がある。」(2)

ここで簡単に、三つの柱について説明しておくと、まず正教とは、ロシア正教会の教義や儀式に対する帰依を意味していた。それは、ある面では、一八世紀の懐疑主義や一九世紀初頭の神秘主義に対する反動として現れたものであり、ピョートル一世以前のロシアの精神的源流の復活でもあった。また、正教の強調は、人民大衆を精神的に統合する掛橋を再建しようとする試みでもあった。アダムの原罪が人間の堕落の源泉であり、この問題の究明こそが歴史を解明する鍵であると信じていたウヴァーロフは、専制政体は人間の罪悪の結果必要となった政治制度であるとして、ツァーリ体制の正当性の根拠を正教に見いだそうとした。

専制の原理は、一八三三年に発布されたロシア帝国法典の第一条において、つぎのように定義されている。「最高の専制権力は、全ロシアの皇帝に属する。畏怖からでなく、良心の問題としての皇帝の権力に従うことを神自身が命じ給う。(3)」神によって専制的支配を正当化されたツァーリは、また同時に、教会の保護者でもあり、その監督者でもあった。この関係が明文をもって示されたのは、一九〇六年の国家基本法においてであったが、基本的な観念は、すでに一八三二年の頃から定着していた。一九〇六年の国家基本法第六四条にはつぎのように述べられている。

「ロシアのツァーリは、キリスト者君主として、ギリシア、ロシア信仰の教義の最高の保護者、擁護者であり、かつまた、神聖教会を通じての正教とよき秩序全般の監督者である。この意味において、ツァーリは教会の長と呼ばれる。(4)」

専制の原理の強調は、自由主義的政策の終焉を意味するものであり、また、エカチェリーナ二世やアレクサーンドル一世の治世の初めにみられた立憲主義の目論見を欺くことを意味していた。それは、言い換えれば、専制こそがロシア国家体制の基本的、永久的特色であるとする、モスクワ公国的国家観への回帰を意味していた。一八世紀から一九世紀にかけて小説家、評論家として名高かったニコラーイ＝カラムジーン（一七六六—一八二〇）は、代表作『ロシア国史』（История государства российского, 1818–1829）の中で、ロシア国家の建設と統一は専制政治によってはじめて可能であることを歴史的に実証しようと試みた。(5) 当時の多くの理論家たちも、カラムジーンの方法に学んで、ピョートル一世、エカチェリーナ二世あるいはアレクサーンドル一世の治世を例に挙げながら、これらの時代のロシアの国威の保持と国力の発展は、ツァーリが絶対権力を保持していたが故に為しえたことであると主張した。これらの理論家にとっては、ロシアにおいて専制は、常態であったのである。

第三の国民性の原理、これは、三つの原理のうちでその概念がもっとも明確さを欠くものである。ウヴァーロフは、この原理を要約的に、ロシアの民族的遺産とロシア人の気質に対して愛着をもつこと、西ヨーロッパがロシアの模範であり、西ヨーロッパの理論がいやしくもロシアにとって適切であるとする信念を拒否することと解釈していた。彼によれば、ロシアは、歴史的にも地理的にも、東と西の中間に位置する国である。そして、今日までの経験からみても、この国は、ただ単に、東西両方の世界の長所を吸収し欠陥を排除してみずからの文化を築くといった、消極的な営みをしてきただけではない。この国はさらに進んで、両世界とは異質な、新しい、高度の文化を創造することを運命づけられており、実際その道を歩んできたのである。それ故に、ロシアの進むべき道を正確に把握し、それに向かって国民の教育を実施することが、ツァーリ政府にとっての急務である、とウヴァーロフは考えた。

このように、宗派主義、権威主義、そしてさらに文化的保守主義の原理を主張したウヴァーロフが、個人的には、宗教信仰には懐疑的で、政治的見解においては自由主義的で、趣味や生活態度はコスモポリタン的であったと言うことは、よく知られているところである。言うまでもなくウヴァーロフは、自分自身の信念と矛盾する見解を、ロシアにおいて最初に、公的な立場で述べた公人ではなかった。がしかし、ウヴァーロフが、おそらくは、不誠実についてのヨセフの教戒を、自分の全政治信条の鍵としたロシア最初の政治家であっただろうと言うことはできよう。(6)

ともかく、国の文教政策の最高責任者の地位にあったウヴァーロフは、国民精神の涵養にあたって指導的な立場から積極的な役割を演じた。彼は、国民にとって教育が重要であること、教育の重要性はその内容の重要性を意味すること、それ故に、教育に国家が介入する必要があることについてつぎのように述べている。「粗野な、無知の暗闇から逃れ、知識の光明に向かってできるかぎり前進することが、個人にとって必要であるとするならば、政府がこの問題を心配してこれに介入することは、国民にとって必要なことである。ただ政府だけが、世界的規模での文明の発展の度合いと、祖国が現実に必要としているものとの両方を知る手段をすべてもっているのである。(7)」

ウヴァーロフの説くところによれば、国民の一人ひとりが有益な知識を習得することは、すなわち国の発展に寄与することとなり、それ故に、国に相応しい教育の制度を確立することは、政府の重要な施策の一つであった。しかしながら、ここにいう有益な知識とは、かつてピョートル一世がその普及を督励したような技術的・実業的知識でなければならなかった。自由な真理の探究や、豊かな創造的精神の育成は、ウヴァーロフにあっては有益な知識に含まれるものとは考えられなかった。国民には生気が与えられなければならなかったが、それは、つねに、秩序と安全の枠内においてであった。新しい観念の運動は、正教の教示する路線すなわち現存の秩序から逸脱しないこと、国教に対する批判を導かないことが保証される場合にのみはじめて許され得るとされたのである。

国家の権威は、ウヴァーロフにあっては、ただ国民精神の涵養や教育の分野においてのみ誇示されるものではなかった。ツァーリの絶対性と権力執行の排他性は、国の政治のすべての分野において発揮されるべきものであった。彼によれば、政府が社会のすべての事象について、もっとも多く、もっとも正確に知っているのであるから、政策を決定することができるのは政府だけである。それ故に、国民は国の政策決定の過程に参加すべきではない。そればかりでなく、一たび決定された政策に対しても、評釈を加えることは、ロシア全体にとって利益となる所以ではない。たとえそれが好意的な評釈であっても、政府に対しては有害な影響を与えることになるであろう。こうした見解に裏うちされて、実際に、一八三〇年以後はツァーリ政府によって、政府の施策および決定、ならびに、正教会の施策および決定に対して批判を行うことがすべて禁止された。「賞賛も非難も、政府の尊厳や、幸いにもわれわれのあいだに存在する秩序と両立しない。ひとは、服従し、自分に対する自らの省察を大事にすべきである」(8)と禁止の理由について、ニコラーイ一世自身もこのように述べている。

ウヴァーロフは、ロシア国民の抱くべき思想や知識の内容については、まことに厳しい制約を加えようとしたけれども（あるいは、したが故に）、思想や知識の源泉となる国民教育そのものに対しては、きわめて積極的な態度を保持していた。彼はつぎのように自分の国民教育観を表明している。

「ロシアの若さを伸ばし、ともかくそれを教育することが必要である。それがわたしの政治体系である……。わたしの仕事は、ただ教育を監督することだけでなく、この若い世代の精神を保護することである。もしわたしが……ロシアを変えることができるならば、そのときわたしは満足して死ぬであろう。これがわたしの意見である。[9]」

ウヴァーロフが文部大臣在任中に、教師は、その資格や採用条件や、あるいは勤務内容において統一されるようになり、それ以外の私的な教育を行うものは、政府の認可が必要とされるようになった。彼は、国民のおのおのが自分に適した社会的位置を得るようにすることを、教育の具体的目標とした。言い換えるならば、社会的落伍者や、たとえばM・П・パゴージンやB・Г・ベリンスキーのような教育過剰の雑階級人《ラズノチーネツ》が増大するのをできるだけ防ぐことをその目標とした。ウヴァーロフは、おのおのがその立場において必要とする知識は、各自の帰属する社会階層や置かれている条件によって、おのずからその範囲や内容が規定されると考えていた。こうした点からみれば、彼は有機体論的社会観の保持者であり、階層的社会秩序の擁護者であった。

ウヴァーロフの保守的政治思想を概観する参考とするために、彼の農奴制に対する態度について簡単にみておこう。農奴制の存廃は、当時、ロシアにおいてようやく政治・社会上の重要問題となりつつあった。ウヴァーロフに比較してはるかに保守的で、反動的でさえあったニコラーイ一世が、この問題に関しては、あいまいな態度をとり続けていた。それに対して、ウヴァーロフは、確固たる信念をもって農奴解放に反対した。

彼の確信するところによれば、政治なる宗教は、キリスト教と同じく、それ独自の不可侵の教義《ドグマ》を有している。そしてロシアにおいては、この教義《ドグマ》が専制と農奴制なのである。両者は不可分に結びついており、ともに立ち、ともに倒れる運命を担っている。このようなウヴァーロフの見地からは、農奴解放が実施される場合に地主貴族の多くが補償を要求しようとしていることは、専制の権力を自分の利益のために犠牲にしようとすることに他ならず、はなはだ不穏当なことに思われた。農奴制は、「深く根をはった一本の木であって、教会と王位とを保護している」ものであるから、みだりにその制度を変改することは許されるべきではなかった。

ツァーリ体制をイデオロギー的に支える、正教、専制、国民性の「三位一体論」は、こうして、まずウヴァーロフによって定式化された。この「官許イデオロギー」は、ツァーリ体制を擁護する多くの学者や評論家によって、さまざまな角度から論じられた。

たとえば、Φ・B・ブルガーリンはその一人であった。彼は著名なジャーナリストで、一八二五年まではK・Φ・ルィレーエフの『北極星』に寄稿したりしていたが、後に「皇帝直属官房第三課」に協力するようになり、プーシキンと論争したこともある。ブルガーリンは、C・ヴラジーミル大公やその息子ヤロスラーフ＝ムードルィが、キーエフ・ロシアを専制国家として建国したことの背後に、神の摂理を感じ、さらにこれらの君主によってロシアへ正教が導入されたことを、ロシアの国家や国民性を築き上げていくための重要な一歩だと考えた。ブルガーリンの見解に従えば、正教、専制、国民性の三つの要素は、初めから結合して、ロシアのために存在していたのである。それはちょうど、引力の法則が遊星のために存在しているのと同じ理屈である。彼は、「三位一体」の原理以外のいかなる原理によっても、ロシアを統合することは不可能であると考えていた。

作家のニコラーイ＝ゴーゴリも、晩年にはこの「三位一体論」を説いた。彼は、種々の文章の中で、ツァーリはこの世の神であるという趣旨を、くり返して述べている。それによれば、ツァーリは現実の社会においては、法を超越した存在である。法は、その性質が粗野で硬直している。このような法が、柔軟に現実の流動的な社会で機能していくためには、至高の恩寵が必要であり、そしてその恩寵を施すことは、法を超越した絶対的な権力を保持した人にのみ可能である。言い換えるならば、ゴーゴリの目には、絶対君主の存在しない国家は、うるおいのない自動機械としてしか映らなかったのである。

（1）Журнал министерства народного просвещения, I, No. 1（1834), xlix.: quot. from T. Anderson, Russian Political Thought, Cornell U. P., 1967, p. 174.

（2）T. G. Masaryk, The Spirit of Russia, Vol. 1, L., George Allen & Unwin Ltd., 1961, p. 109.

（3）この第一条は、一九〇六年に新編国家基本法が制定されたとき第四条として置かれた。基本法の詳細については、中村義知『ロシア帝国議会史』風間書房　一九六六年　九八頁参照。

（4）T. G. Masaryk, op. cit., Vol. 1, p. 110.

（5）Cf. N. V. Riasanovsky, Nicholas I and Official Nationality in Russia, 1825–1855, Univ. of California Press, A., 1959, p. 178.

（6）Cf. S. V. Utechin, op. cit., pp. 72–73.

（7）Сергей Уваров, Предисловие к Журналу министерства народного просвещения, I（1834), iv.: quot. from T. Anderson, op. cit., p. 176.

（8）P. Miliukov, C. Seignobos, and L. Eisenmann, Histoire de Russie, Vol. 2. Paris, 1932, p. 785.

（9）А. В. Никитенко, записки и дневник, I, Ст. Петербург, 1893, стр. 360.: Quot. from T. Anderson, op. cit., p. 177.

二　M・Π・パゴーヂン

セルゲーイ＝ウヴァーロフが「正教、専制、国民性」の「三位一体論」を、ロシア統治の基本原理として定式化して以来、この「官許イデオロギー」を擁護し、種々の角度から論ずる政治家や学者・評論家が次つぎと現われた。すでにあげたΦ・B・ブルガーリンやH・ゴーゴリに加えて、C・Ш・シェヴィリョーフや詩人のB・A・ジュコーフスキーあるいはЯ・И・ロストーフツェフなども、その代表者として数えられる思想家たちであった。(1)

シェヴィリョーフは、文学史の研究者であって、モスクワ大学でロシア文学を講ずるかたわら、文芸評論を行ったり、詩作したりもした。彼は青年の頃、ドイツの哲学者シェリングやシュレーゲルのロマン主義思想に熱中し、その影響をつよく受けて、極端な民族主義を奉じていた。彼にとって「三位一体論」は、崇高な民族の観念が集中的に表現された定式であり、したがってそれは、まさにロシア人の人間性そのものの顕現にほかならなかった。彼はつぎのように述べている。「わたしは、ロシア国民の名と、二つの観念とを分ち難く結びつける。すなわち、教会への無条件の服従と、君主に対する同様の献身と服従がそれである。(2)」シェヴィリョーフは、ロシアの国民が教会と君主に有機的に結合することによって、ロシアは、ヨーロッパの社会の中でも特別に至高の運命をたどるであろうことを予想した。

専制の強力な擁護者の一人であったジュコーフスキーは、詩や文学の分野では、ロシアの消極的ロマン主義の代表者として特徴づけられる人物である。彼は、西ヨーロッパの文学を広く学び、イギリス、ドイツ、フランスの作家の多くの作品を翻訳し、それをロシアの文学的土壌に移植した。また自分自身でも、多くの詩を書き、これまでの伝統的なロシアの詩の中では描かれなかったような夢や幻想の世界、伝説的な東方の諸民族の生活、騎士や吟遊詩人の登場する中世のヨーロッパ、あるいはまた、遠い異国的な情緒などをうたった。(3)

ジュコーフスキーがつねに求めてやまなかったものは、到達しがたい幸福へのあこがれや、失われたものへの郷愁であった。彼は、こうしたかなり幻想的な思索の中で、ロシアの社会生活や政治体制をも捉えた。そして、専制こそはまさに最高の人間的知力の顕現であり、人間の力と神の力をつなぐ最終の環であると強調したのである。ジュコーフスキーの説くところによれば、真にその名に値する専制は、人びとに対しては絶対的な支配権を有し、彼らに神の権威を示しながらも、神に対しては、自らすすんで完全に服従するという二重の性質を備えていなければならなかった。なんとなれば、君主の神に対するこの服従の故に、「人間の法は神の真理となるのであり、そしてこの法は、神の真理の浸透した権威から導き出される」のだからであった。(4)

このようなロマンチシズムが、政治思想として機能する場合に、ツァーリの反動政策を擁護し強化するのに役立つということは、疑いをいれないところであった。ゴーリキーは、そうなる理由についてつぎのように述べている。「なぜならば、それは現実を蔑視して、ひとびとを誘って空想の社会へ逃避したからである。西欧でも〔またわが国でも〕、すでに述べたとおり、ロマンチストの一部は生活よりも夢をこのんで、平気で官憲に服従し、また一部は、個性の絶対自由のプリンシプルを擁護し、まさにそのことによって、君主制の傾向をも擁護する羽目に陥ったのである。(5)」

アレクサーンドル二世の側に仕え、一八六一年の「農民改革」案の起草者として活躍したロストーフツェフも、ツァーリ専制の熱心な信奉者であった。ロストーフツェフは、実際政治上の必要性から「官許イデオロギー」を継承し発展させた政治家の一人であった。彼はもともと軍人であり、「農民改革」以前は、その生活のほとんどを軍隊のなかで過ごしてきた。けっして高貴な身分の出身ではなく、政治的訓練も充分受ける機会をもたなかった。加えて、彼には引き立ててくれる後ろ楯や先輩もいなかった。

そうしたロストーフツェフが皇帝の注意をひくようになったのは、一八二五年一二月、彼の仲間であったデカブリスト北方結社のメムバーが企てた陰謀の情報を、ニコラーイ一世にもらしてからのことである。デカブリストが武装反乱を起こしたときには、彼はその鎮圧に参加したりして、それ以来、ニコラーイ一世に重用され陸軍教育総監などの要職をつとめた。この間、皇太子アレクサーンドルとも親しく接触していたので、アレクサーンドルが即位したときには、すぐさま国務院議員その他の要職に任用され、さきに触れたように、「農民改革」にあたっては、その中心的役割を演ずることとなったのである。(6)

ロストーフツェフは、『陸軍諸学校の生徒の教育に関する命令』の中で、皇帝に対しては絶対的に服従することが必要であると主張している。彼の主張するところによれば、最高の権威は、ロシアの公共的良心に他ならず、公的事象に関しての権威者の決定は、個人の生活におけるその人自身の良心の命令と同様に、道徳的に個人を拘束するものであった。(7)それに対して、人民の意志は、他の意志と不可避的に争闘する性向を内包しており、それ故に、道徳的秩序を脅かす、いわば無政府的要素であった。そこで、「社会を破壊から守る」ためには、人民の意志とは別の力すなわち専制が必要となるのである。(8)

さきに指摘しておいたように、ウヴァーロフが「正教、専制、国民性」の「三位一体論」を主張して以来、いろいろの立場からこの理論を展開する思想家や政治家が現われてきた。だが、三つの要素のうちのどれをもっとも基本的な要素としてとらえ、それを基本として全体をどのように有機的に結びつけるかという点については、論者によって主張が異なっていた。アメリカのロシア思想史研究者T・アンダソンの説くところに従えば、「三位一体論」における力点のおき方は大きく二つに分類することができる。

その一つは、三つの要素のうち「専制」を最上位におき、「正教」と「国民性」をこれに従属させようとする主張であって、これはウヴァーロフによって代表されていた。この立場に立つ人びとは、ロシア国民のもっとも称賛に値する特質を、権威に対する従順であると理解していた。この理論の提唱者の多くは、ペテルブルクに住む高級官僚であった。彼らの中には、バルト地方出身のドイツ人も含まれていた。それ故大ロシア民族主義に無条件に熱狂することはなかったのである。

これに対して、「国民性」が最高位にあるものだと主張する人たちがいた。この見解の保持者は、M・M・シシェルバートフの『ロシア史』（一七七〇—九一）や、カラムジーンの『ロシア国史』の中に描写されているロシア民族の歴史につよい共感を覚え、その歴史の中に、ロシア民族のすぐれた資質と特別に与えられた使命を見出そうとした。彼らは、スラヴ主義者ほどには専制の権威や支配力を割り引いて評価することはなかった。それでも彼らは、「三位一体論」を理論的に展開する場合にも、あるいはまた、それを実際政治の場で主張するに際しても、しばしば国家や国民の利益をツァーリの政策より優先させようとしたのである。この理論の主張者の多くは、モスクワに住む大学教授や学生や、あるいはジャーナリストたちであって、彼らは概して、特別高貴な身分の出身ではなかった。理論の内容の点からも、身分の点からも、この型の「三位一体論」をもっとも代表していたのが、M・П・パゴーヂンである。(9)

パゴーヂンは、この時代としては珍しく、農奴階層の出身でありながら、ロシアの学界で重きをなすようになった人物である。彼が、モスクワ大学の歴史学教授となったのは、並はずれた才能と幸運とがうまく結びついた結果であると言われている。パゴーヂンは、若い頃よりロシア古代史の研究に従事し、その功績によって王室科学アカデミーの会員に選ばれた。彼はアカデミックな仕事以外にも、定期刊行物『モスクワ人』《Москвитянин》(1841–1850)を発行して多くの読者を集めるなど、評論の分野においても精力的な活動を行った。このように彼は、文筆家としての仕事も活発にすすめたし、自分のする仕事については自信をもっていた。だが反面、性格的には純朴で短気なところもあり、指導的な大学教授の立場に要求される包容力とか行政的手腕には欠けるところがあった。そのために、学部内での些細な争いごとがもとで、一八四四年に大学を退いた。

パゴーヂンは、幼少の頃からつよい愛国心の持主であった。その祖国愛は、ロシア政府の外交内政の施策のいちいちについて、それが成功したといっては喜び、不成功に終わったといっては失望落胆するほどに熱烈なものであった。彼のこうした熱狂的な祖国愛の精神の形成に大きな影響を与えたものに、まず、ナポレオンに対して全ロシアが一丸となって戦った「祖国戦争」が挙げられる。さらには、ロマン主義の文学やカラムジーンの歴史などからも、つよい刺激を受けている。幼少の頃から愛国心を培ってきたパゴーヂンは、大学に入って以後ずっとすすめた歴史の研究や国内国外の政治社会の発展の観察を通して、自身の愛国主義や民族主義を、ユニークな政治思想として掘り下げ、展開するようになった。

ロシアの政治社会諸制度の改革を積極的に推進し、国力を増大することに専念したピョートル一世を、パゴーヂンは祖国の英雄として崇拝した。パゴーヂンはピョートル一世について、いくつかの文の他に戯曲も書いたりしている。ピョートル一世と並べて、パゴーヂンがロシア民族の誇りとして高く評価したのが、歴史学者のカラムジーンであった。しかしながらパゴーヂンは、カラムジーンの歴史研究の方法に対しては、その哲学的態度、つまり価値評価的態度が欠如しているとして批判を加えた。カラムジーンは『ロシア国史』の叙述を通して、ロシアにおいては専制政治と貴族階級とが社会の発展と秩序の維持に重要な役割を果たしてきたことを実証し、それを根拠として絶対主義を称賛したのである。だが、熱烈な愛国主義者のパゴーヂンには、実証主義的なロシア礼賛では、まだもの足りなかったのである。

パゴーヂンは、友人を通して間接的に、ヘルダーやシェリングらの神秘主義的な要素をもつローマン主義哲学の影響を受けていた。パゴーヂンの考え方によれば、歴史とは、予定された神の目的が有機的に発展し実現される過程に他ならなかった。そしてそれは、他のすべての有機的存在と同様に、一定の原理に従って、些細と思われる起源から重大な結末へ向かっての展開を示すものであった。それ故に、歴史家の課題は、みずからの研究対象の中に、歴史の中に存在する基本的原理を見出すことでなければならなかった。

ロシア語のナチャーロ（начало）という言葉には、もともと原理という意味と、起源という意味の両方が含まれている。パゴーヂンはこのことを重視し、ロシアの歴史をその起源にさかのぼることによって、国家体制の原理を導き出そうとつとめた。『原初年代記』（Повесть временных летиль Начальная летопись）がもっともその目的にかなう史料であった。『原初年代記』は、キーエフ時代の洞窟修道僧ネーストルによって、その時代まで存在していた諸種の年代記が集大成された、ロシアのもっとも古い歴史書の一つである。この書物は、旧約聖書に説かれている、大洪水のあとにノアの三人のむすこが世界を三分した物語から書き起こして、ロシアの建国にまつわるさまざまのエピソードや、この時期の大公や指導者たちの功績を書き伝えている。

その記述によると、ロシアの地域には、はじめノーヴゴロト人が住んでいたが、そこには法律もなく統治者も存在しなかった。そのため諸部族のあいだには争いが絶えなかった。そこで、各部族の代表者が集まって、部族間の争闘を終わらせ平和と秩序を確立することを協議し、法による支配を実現しうる実力者を迎えるために、海を渡ってヴァリャーク人のところまで使者をたてた。招請状には、「われらの国土は広大であり、豊かであるが、ここには秩序がない。来たりてわれらを統治し、われらに君臨せよ」と書かれてあった。この招きに応じてノーヴゴロトに赴き、この国を統治し始めたのがリューリクであり、したがって、この王朝の成立がとりもなおさずロシアの建国であった。パゴーヂンは、『原初年代記』の記述をそのまま無批判に受け入れ、これをロシアの建国、リューリク王朝の成立の歴史として承認した。それだけでなく、彼は、この建国の過程そのものの中に、ロシアの国家体制の基本的特質をも見出そうとした。すなわち、彼は、ヴァリャーク人が征服者としてでなく、ノーヴゴロト人の招きに応じてこの地を訪れ統治を始めたという事実の中に、ロシアと西ヨーロッパ諸国とのあいだの国家起源の、したがって体制の根本的な相違が存在すると考えたのである。

西ヨーロッパの諸国は、征服と支配とによって建国され、物理的な力と法律的な力とによって維持されてきた。それ故に、西ヨーロッパの諸国においては、紛争や敵対が建国の初めから国家の中に組み込まれていた。これは、それらの国の歴史が示す明白な「原理」であった。それにひきかえ、ロシアの歴史や制度は、土着の国民の中から有機的、平和的に発展してきたものである。両者の相違は、世紀を重ねるにつれてますます大きなものとなった。ロシアの運命が西ヨーロッパのそれと異なっているということがますます明確になってきた。しかも、ロシアは、歴史の過程において、西ヨーロッパ諸国で発達した知識や技術を恐れずに吸収していながら、それでなお、自国の文化の独自性を今日までずっと保持することができたのである。

パゴーヂンは、ヴァリャークの王子によって設立されたロシアの政府と、もともとロシアに存在するスラヴの共同体を、別個の性格のものとは理解しなかった。これは、彼の弟子にあたるコンスタンチーン＝アクサーコフやその他のスラヴ主義者たちの理解とは異なっていた。パゴーヂンは、政府を国の有機体の一部と理解していた。だから彼は、ツァーリ体制や権力関係を説明する場合にも、すべて家族や共同体を説明する言葉でしたのである。たとえば、ツァーリ体制についてつぎのように説明している。

「さあ、そこだ。わたしはここでつぎのことをつけ加えておきたい。ロシアの歴史の秘密は、西ヨーロッパの聖賢のだれ一人として理解しうるような秘密ではない。ロシアの歴史はつねに、この国を、国王が父で臣民が子供であるただ一つの家族として描いており、そこでは、父は子に対して十分な自由を認めながら、しかも子に対して完全な力を保持している。父と子のあいだには、なんらの疑心も反逆も存在しえない。彼らの運命、彼らの幸運、彼らの平穏、これらはすべて彼らみんなのものである。これは国全体についての真理である。がまた、それぞれの部分にも同じ法則が反映することに注意することが必要である。軍隊の指揮官は兵士の父であり、土地貴族は農民の父なのである……。」(10)

パゴーヂンにとっては、ニコラーイ一世やアレクサーンドル二世が、ピョートル一世と同じようにロシア国民に対して指導力を発揮し、ツァーリの権威を誇示しようとする場合には、これらのツァーリの支持者となることはいともたやすいことであった。けれども、政府の政策に反対することがロシアの利益になると思われるときには、彼はあえてその道を選んだのである。

パゴーヂンが、政府の政策に反対した重要問題の一つに農奴制があった。すでに触れたように、彼自身が農奴階層の出身であった。自分自身の出身と歴史研究にもとづく判断とが重なりあって、ニコラーイ一世の治世の頃からずっと一貫して、熱心に農奴解放論を主張してきた。彼は、歴史の中で地主貴族の果たした役割をカラムジーンほどには高く評価してはいなかった。また彼は、西ヨーロッパに見られるような階級の分裂や敵対関係を、ロシアには不自然であると考えていた。ニコラーイ一世が考えていたのと同様に、ツァーリのもとにはただ一つの階級が存在すればそれでよかったのである。

ウヴァーロフは、農奴の解放が早晩ロシアにおいて必要となることを予期していた。それ故に彼は、農奴を解放するに際して、地主農奴主の不満を如何にやわらげるか、彼らが既得権を失うことによって被る損害をどのように補塡するかということに腐心していた。パゴーヂンは、ウヴァーロフのこうした懸念や配慮が誤りであり、不要なものであると考えていた。パゴーヂンには、貴族階級がそんな不満や要求を並べられるほど平穏に事態が推移するようには思えなかったのである。彼には、かつてエカチェリーナ二世の治世にみられたように、農奴自身が不公正に対して大規模な反乱を起こすことも十分に予想されたのである。それに加えて、農奴制は、国家の有用な人材を広く集めようとする場合にも大きな障害となっていた。その昔ピョートル一世は、「官吏等級表」（Табель о рангах）の制度を実施することによって国家有為の人材を発掘した。今日の政府も、先人を見習って、国家発展のために思いきった施策を講ずることが必要であると考えられた。

これと関連して、第二にパゴーヂンが重要視したものに人民の世論があった。著作家であり雑誌の編集の仕事もしたパゴーヂンは、政府による検閲を思想表現に対する抑圧と感じることがしばしばあった。彼は、人民の意見は、国の有機的活動の一部としてきわめて重要なものであると考えていた。為政者の政治も、人民の意向を汲みとることによって、よりすぐれた結果をもたらすことができる。「すべての権力者は、それがどのように賢明なものであっても、全人民の声を聞いてさらに賢明になるのである。」実際、歴史の経験に徴してみても、ツァーリはゼームスキー・ソボール（国民会議）からの進言や支持を受けることによって、強くはなっても、弱くなることはなかった。

パゴーヂンが政府の政策より優位させようとした第三のものが「国民性」の観念であった。すでに触れたとおり、パゴーヂンは、ロシア民族が他のヨーロッパ諸民族よりすぐれた伝統と資質を備えていることを確信していた。彼が、ツァーリ専制の存在の基礎に「国民性」を置こうとするのはこの理由からであった。したがって、ツァーリの政策はすべて、民族的資質の発展と民族的利益の擁護を主眼として遂行されるべきものであった。これはパゴーヂンの見解によれば、具体的には、ツァーリ権力の支配下にある他の人種グループを「ロシア化」することを意味していた。もっともこの場合、パゴーヂンは、「国民性」とか「ロシア化」という言葉に大ロシア人の意味をつよくもたせていた。こうした意味づけは、当時、宮廷でバルト出身のドイツ人が重要視されていた風潮とは相容れないやり方であった。

大ロシア人の立場に立って、ドイツ系高級官僚に批判的な態度を示したひとは、パゴーヂンの他にもいた。たとえば、パゴージンの弟子でスラヴ主義の代表的理論家の一人Ю・Ф・サマーリンなどはそうであった。サマーリンは、農奴解放論の主張者であって、これに関する多くの著作を発表している。また、「農民改革」にあたっては、実際に改革令の草案の作成に参画した一人でもあった。彼は、これらの仕事に専念するようになる前、つまりモスクワ大学を卒業した一八四四年から五二年までのあいだ、ペテルブルクの官庁に勤務したことがあった。この勤務の時期を通してバルト地方の貴族たちの特権的態度を快く思わなかったサマーリンは、これら貴族の生活様式を微に入り細をうがって描写し、それを、ロシアの伝統的国家生活の様式に背反するものであるとして非難した。この「骨折り」のかどで、ツァーリはサマーリンをじきじきに懲戒処分に付した。

パゴーヂンは、サマーリンのこうしたいきさつを十分承知しながら、サマーリンよりもっと積極的に「ロシア化」の理論を展開した。パゴーヂンの見解にしたがえば、歴史が明らかに示しているように、スラヴ人は、もともと彼らが住んでいた多くの地域からチュートン人によって追い出されたのである。「スラヴ人は、オーデル（旧東ドイツとポーランドの国境をなし、バルト海に注いでいる川の流域）、ヴィストゥーラ（ポーランド中央を流れる川の流域）やメーメル

（旧ソヴィエート連邦リトアニア共和国の一地域）さえも失ってしまった。それ故に、近いうちに、ドヴィナ（旧ソ連西部を流れる川の流域）を確保することが必要である……。レット人（ラートヴィアを中心に住む人種）やエストニア人を、ぜひともできるだけ早い機会に、ロシア化することが必要である。[11]」

それぞれの地域をロシアの領土として確保し、その地域の人種グループを「ロシア化」しようとする主張は、パゴージンの言うような、防衛的な性格の主張にとどまるものではなかった。むしろ反対に、それは、容易に領土拡張主義へと発展するものであった。事実彼は、白色人種優越論を説くことによって、防衛論の主張とはうらはらな独善的な領土拡張主義を展開したのである。彼はつぎのように述べている。有色人種は白色人種より劣っている。だから「ヨーロッパ人をアシャンテ人（西アフリカ黄金海岸地域の住民）、ビルマ人、シナ人、日本人の王位につけよう。そしてこれらの人種のなかにヨーロッパ人の慣習を導き入れよう。そうするとき、これらの国ぐにの運命は定まるであろう……。人類の幸福はここにかかっている。[12]」パゴージンは、ついには日露戦争にまで発展するロシアの帝国主義的アジア侵攻政策の、古くからの弁護者であったと言うことができる。

パゴージンの領土拡張論は、ただ単に、アジアに対してだけ向けられていたのではなかった。それはヨーロッパに対しても向けられた。彼は、非スラヴ人種であっても、その人種がツァーリの支配力の及んでいる地域に住んでいるならば、もはやそれだけの理由で、その人種を「ロシア化」することが必要であり、またそれが可能であると考えた。彼はまた、南スラヴ人が西スラヴ人と人種的に近親性をもっているということが、そのままただちにロシア帝国の権力をその地域にまで拡大する正当な根拠となりうると考えたのである。このような彼の領土拡大主義は、政府の汎スラヴ主義政策よりも、はるかに積極的なものであった。

パゴージンが熱烈な「愛国主義者」であったのは、なんと言っても彼の血気さかんな時期であった。この時期の彼は、自国の軍事力を過信し、諸国間の紛争を、ロシアの領土拡大のために最大限に利用しうるものとして歓迎した。年をとり、幻想から覚めるにしたがって、彼の構想は、輪郭のはっきりしない連邦制の創設を目論むところにまでしぼんでいった。スラヴ諸人種のあいだの宗教の相違が、「ロシア化」にとっての障害と映るようになってきた。あるいはまた、ロシアとポーランドとの紛争も、ポーランド貴族の非スラヴ的性格に起因していると思われるようになってきた。

そうはいうものの、パゴーヂンにとっては、ドイツの人民やオーストリアの人民は依然として主要な敵対者であった。ニコラーイ一世は、兄アレクサーンドル一世と同様に、その治世を通して、ドイツやオーストリアとの友好関係を維持しようと努めてきた。ところが、バルカンの対立が激化したとき、政府の方針はしだいにパゴーヂンの見解へと近づいていった。やがてロシアに汎スラヴ主義が高まり、これがけっきょくは、第一次世界大戦の勃発とロマーノフ王朝の崩壊とを導く大きな要因となった。パゴーヂンはスラヴ主義、汎スラヴ主義の両方を、先駆的に発揚したのである。

右に指摘したとおり、パゴーヂンは、ロシア民族の特質を尊重し、汎スラヴ主義を主張した。この点からみれば、スラヴ主義の先駆者であった。ニコラーイ一世の治世に、農奴制の終結を求め、排外主義政策を擁護したという点では、ツァーリの政策の予見者であった。だが、彼は他のスラヴ主義者たちより積極的に、より直接的にツァーリ政府の政策に参画しているという意識をもっていた。それ故に彼は、ニコラーイ一世の用心深い政策ではロシアに何ももたらすことはできないと考え、それにがまんできなくなったのである。一八四八年のヨーロッパの革命のあと、ロシア国内で抑圧が厳しくなってくると、彼は、ロシアの官僚がロシアを「肉体的にも精神的にも腐敗し悪臭を放つ墓場」にしようとしていると非難した。そしてこれまで、熱心に支持してきたニコラーイ一世の政策に対する共感を失い、アレクサーンドル二世の政策転換につよい期待を寄せるようになった。パゴーヂンは善きにつけ悪しきにつけ、ロシアが新しい方向に転換することを支えた思想家であったということができよう。

（1）T・G・マサリクは、シェヴィリョーフを、カラムジーン、シシコーフ、パゴーヂンあるいはブルガーリンらとあわせて「アレクサーンドル一世以来ながく続いた反動を指導した人たちは一般的にはすぐれた思想家ではなかった」と酷評している。cf. T. G. Masaryk, The Spirit of Russia, Vol. 2, p. 220.
（2）Quot. from T. Anderson, op. cit., p. 174.
（3）金子幸彦『ロシア文学案内』岩波文庫、八七頁参照。
（4）В. Жуковский, Полное собрание сочинений в одном томе, М., 1915, стр. 171. Cf. N. V. Riasanovsky, op. cit., p. 98.
（5）ゴーリキー著、山村房次訳『ロシア文学史』岩波文庫　一一七頁。
（6）Cf. T. Emmons, The Russian Landed Gentry and the Peasant Emancipation of 1861, Cambridge U. P., 1968, p. 221.
（7）Cf. N. V. Riasanovsky, op. cit., p. 98.
（8）Cf. T. Anderson, op. cit., p. 175.
（9）Cf. T. Anderson, op. cit., p. 178.
（10）М. Погодин, Речи, Произнесение в Торжественных и прочих собраниях, 1830–1872. Сочинения том IV, Москва, 1872, стр. 90. Quot. from T. Anderson, op. cit., p. 179.
（11）М. Погодин, Остзейский вопрос, М., 1869, стр. 108, 111.
（12）Н. Барсков, Жиэнь и труды М. П. Погодина, том. 2, спб., 1889, стр. 71.

三　自由主義的スラヴ主義者

ニコラーイ一世のあとツァーリの位についたアレクサーンドル二世の治世は、一般に改革の時代と言われている。とくにそのはじめの時期は、エカチェリーナ二世やアレクサーンドル一世の治世のはじめの時期によく似て、政治・社会の改革を積極的に推進しようとする気運にみちた時代であったと言うことができる。

ニコラーイ一世の在位中に起こったクリミア戦争（一八五三—五六）の敗北は、ニコラーイ体制の内部的崩壊すなわち、レーニンのいう「農奴制の無力と腐敗」(1)を白日のもとにさらすことになった。国家財政は窮迫し、ツァーリの対外的威信は失墜した。政府は国内秩序の維持と当面の民心の安定をはかるための施策に没頭しなければならなかった。でも、そうした施策は、国民の心底からの期待に添うことはできなかった。

すでにクリミア戦争が起こる前、つまり、一八四〇年代のはじめの頃から、国内に農民解放の風説が広まり、農民のあいだには、かなりの動揺もみられた。こうした中で一八四二年に公布された「農民の義務に関する勅令」には、農民は地主との契約にもとづいて義務を負うことが規定されたが、これがかえって農民のあいだに自由の幻想を抱かせることになり、地主への不服従運動が広まったりした。さらに、クリミア戦争の勃発によって、一八五四年に海兵隊の徴募令が発せられると、「徴兵者には三年後に自由が与えられる」といった流言がとび、自由を求めて応募者が殺到するという事態も起こった。(2)

ところが、クリミア戦争の予想しない長期化と情勢の悪化のために、戦争前に期待された政治・社会的改革はすべて遅延し、ツァーリ体制のもつ、もろもろの欠陥が露呈してきた。情勢の悪化を敏感にとらえ、積極的な改革を主張した政治家や官僚の多くは、反動家と交替させられた。このために、一時期インテリゲンツィヤのあいだに浸透していた楽観論は、しだいにくずれ、改革は幻想にすぎないという失望へと変わっていった。戦争最中の一八五五年三月、ニコラーイ一世は失意と落胆のうちに急死した。そのあとを襲ったアレクサーンドル二世の即位は、ロシアの新しい時代の到来を示すものとして、国の内外で歓迎された。

一八六一年二月、アレクサーンドル二世は、ロシアの農奴制廃止の詔勅に署名した。詔勅のなかでツァーリは、「農奴の状態の改善」が「時勢の流れを通じて、神がわれわれに与えたもうた運命」であるという考えに到達したと述べている。しかしながら、アレクサーンドル二世自身の改革の動機は、T・アンダソンも指摘しているように、かならずしも高邁な政治理念にもとづくものではなかった。(3) 彼は、一八五六年三月に発布した、パリ講和条約の締結を知らせる宣言の中で、ロシアの内政改革を遂行することが必要であるという考えを明らかにした。この年四月には、モスクワ貴族代表のレセプションの席で、政府が農奴の解放を意図しているという噂はなにも根拠のあるものではないとそれを打ち消しながらも、「おそかれ、早かれ農奴制は廃止されなければならなくなるであろう。それは、上から行われた方が、下から行われるよりもはるかにましである」(4)と述べている。

アレクサーンドル二世は、避けられなくなった農民改革を遂行するにあたって、有能な、しかも誠実に公務を執行する政治家や官僚を集めて計画を練らせた。改革草案には、

一、貴族の領有する土地はすべて、これを地主所有地とみなすこと
二、農民に対する地主の警察権は、これまで通りとすること
三、租税その他、農民からの徴収金の国庫納入を円滑にすること

という三つの原則をその基礎におくことが要求されていた。政策の立案者たちは、これらの基本原則について、時間をかけて詳細に検討を加えその具体化に努力した。けれども、これらのスタッフの中には、かつてA・H・ラヂーシェフが政府機構の中枢にいて農奴制・専制を批判したように、この原則に対して公憤を示すものは、一人もいなかった。彼らは、自然法の原理とか、個人人格や自由の不可侵性といった観点から問題をとり扱うことはしなかった。彼らは、政府・地主・農民のすべてを包含する社会全体の安全と福祉を擁護することが国家において優先されるべき課題であるとする、伝統的な国家観に立脚していた。それ故に、個人に賦与されるべき自由が、農民全体の福祉あるいは国家の安全と抵触すると判断されるときには、いつでも個人の自由は制限されうると考えたのである。こうした政治思想をもつ貴族・官僚によって、「農民改革」や「大改革」が遂行されたがために、その結果は、しばしば指摘されるように、ロシアにおいて新たに始まる改革の運動の出発点ともなったのである。(5)

「農民改革」令の施行によって、農奴は、地主の権力から人格的には解放された。農民は、法的には、それぞれの家庭生活において自由となり、財産を所有する権利、公務に服する権利、自分の好む商工業に従事する権利、他の個人および法人と契約を結ぶ権利などが承認された。つまりこの勅令によって、ロシアの人民は、形式的に、市民的自由や権利を享受することになったのである。しかしながら、こうした権利は、農民が「解放」後も、依然として、経済的に地主に従属することを余儀なくされていたために、実際に、農民にとっては、絵に描かれた餅以上の意味をもつことはなかった。

農民は、「改革」令の施行後も、農民として経済的に自立することはできなかった。農民は、「解放」後も、土地を自分のものとするために地主と買戻契約を結ぶまでは、「一時的義務農民」(Временно обязанный)として地主の土地に緊縛され、いままでと変わらない貢賦の義務を負っていた。契約を結んでのちも、長期間にわたって買戻金の返済のために苦労しなければならなかった。

それにひきかえ、地主＝農奴主は、農民改革によって多くの利益を得た。彼らのもつ政治的特権と、古い封建的収入源は最大限に温存された。そのうえ、農民と土地の「買戻契約」を締結するときには、その土地の代金は、即金で国庫から支払いを受けた。国家は、地主に代わって農民に対する新たな主人となった。高利の伴った土地の買戻金や租税の定期的徴収を確実にするために、農民共同体《オープシシナ》を基礎とする農民の連帯責任の制度が確立強化された。まさに農民は、マルクスの説明を借りれば、こんどは政府の奴隷となったのである。改革が地主にとって有利なように遂行されたことを証明するかのように、アレクサーンドル二世は、国務院において、「地主の利益を守るためにできるだけのことがなされたことを、諸君は確信するがよい」(6)と言明している。

こうして、地主＝貴族に支払われた土地代金や補償金は、新たに起こりつつある資本制工業生産の分野へ投資されたり、大農場経営の資金として用いられた。また、前述のように、さまざまな制限を付されながらも行われた農奴の人格的解放の結果、従前よりはるかに多くの労働力が供給されることとなった。これらの両方が結びついて、一八六一年以後のロシアにおいては、急速に資本制の経済組織が発展することとなったのである。(7)

六〇年代から七〇年代にかけて遂行された、「大改革」といわれる政治・社会上の一連の改革は、こうした国内の経済構造上の変化に伴って、またそれを促進することを目的として行われたものであった。以下「大改革」の主なものについて簡単に目を通してみよう。

一八六四年には、ゼムストヴォ（земство　農村自治体）の改革が行われた。この改革によって、イヴァーン四世の治世以来久しく廃絶されていたゼムストヴォが再編成されることとなった。ゼムストヴォの議員の選挙には、二段階の間接選挙制が採用された。議席は、地主＝貴族が全体の半数を占め、商人が一割、農民が四割を占めるように定められていた。また、ゼムストヴォの常任委員の中にも、農民の代表者は僅かしかいなかった。こうして、ゼムストヴォの権限は、地主＝貴族に握られてはいた。しかしながら、地方行政機関に選挙制度がとり入れられたこと、そして、この機関に、従来は中央や上級の機関の管掌事項であった、地方経済、初等教育、医療・衛生施設などに対する行政権が移管されることになったことは、なんといっても大きな改革であった。(8)

同じ年六四年には、裁判制度の改革も行われた。新しく制定された裁判所法には、あらゆる階層の国民が、法のまえですべて平等であるということが定められた。政府の「農民改革」計画案の基本原則の第二にあげられていた地主の農民に対する警察権は、農民や思想家たちの反対にあって、「改革」の過程ですでに廃止されていた。新裁判所法は、この傾向をさらにすすめて、裁判機構の一元化、組織化をはかった。また、近代的訴訟原理にもとづいて陪審制が実施された。審理は、訴訟当事者、利害関係人の出席のもとで、公開で行われ、その記録はすべて公刊されることとされた。訴訟当事者は、法廷において自分の利益を守るために弁護人を雇うことができた。弁護人になるための要件としては、司法上の知識をもっていること、官職についていないことなどが定められた。

新裁判所法は、こうした近代市民国家的法原理をとり入れる反面、封建的・専制的側面もかなり温存していた。主として農民の裁判をとり扱う地方の郷裁判所には、改革後においても体刑が残された。政治犯は、陪審員の参加なしで裁判され、しかも、裁判所において無罪の判決が下されたのちにでも、その被告に対して行政上の処罰を行うことができることとなっていた。あるいはまた、政府官吏の職務上の犯罪は、普通裁判所の管掌外とされた。

ゼムストヴォの改革よりやや遅れて、一八七〇年には、都市の行政制度が改革された。都市の行政機関は、これまで身分制的色彩がつよかった。プロイセンの都市自治制度をとり入れた七〇年の改革によって、財産資格を基準とした選挙による市会《ドゥーマ》制度が確立された。その結果、市会において、大家主、大商人、工場主など、経済的な力をもつものが優勢な立場を占めるようになってきた。もっとも、このように改革された市会も、中央政府に対する独立性は、それほど強いものではなかった。つまり市会は、常時政府の監督下におかれており、市会の制定する条例は、中央政府の承認をへてはじめて発効することとなっていたのである。

六〇年代には、教育制度も改革された。初等国民学校のかなりの充実がはかられた。その基盤の上に、古典の教育を主眼とした中学校《ギムナージヤ》とならんで、算術や自然科学など実用的な学科目に重点をおいた実業学校《ウチーリシチェ》が開設された。六三年には大学法も改正され、学長や学部長の選挙制や教授会の権限拡大など、部分的に大学の自治が認められるようになった。また、六九年には、モスクワに、ロシアで最初の女子のための大学講座が開設されて、一般教養科目の講義が行われるようになった(9)。

六〇年代から七〇年代にかけて、兵制も改革された。戦術理論の発達に伴って軍事操典が改正され、裁判所法の改正と関連して軍隊内の体刑も廃止された。これらの兵制改革が一応の完結をみるのは、七四年の一般徴兵制の実施によってである。これまで地主が強制的に徴兵したり、農村共同体が集会の決議によって徴募させられたりしていたやり方は、新法令によって、二〇歳に達した青年のすべてから徴兵する方法に改められた。それに伴って、軍務の服役期間は、これまでの二五年という気の遠くなるような年限から六―七年に短縮され、予備役も九年間と定められた。その結果、近代的な訓練を施した八〇万の常備軍と五五万の予備役とが配備されることとなり、ここに、ヨーロッパにおいて最強の陸軍の一つと言われるロシア陸軍が創設される基礎が固められたのである。

その他、六〇年代には出版事情にもいくぶんかの好転がみられる。六二年に政府機構が改組されて、新たに内務省が設置され、ここが文部省に代わって出版物を監督することになった。六五年に新たに法律が制定されて、出版物に対する事前検閲がかなり緩和された。たとえば、四〇万字をこえる大部の書籍は、事前検閲が免除された。また、別途に申請の出されている首都の定期刊行物に対してもほぼ同様の取り扱いがなされ、これらの刊行物が検閲規定に違反した場合にも、ただちに出版禁止の処分はとられないで、その間に、警告とか、一定期間の出版停止といった、段階的措置が講ぜられるようになった。

以上が、一八六一年の「農民改革」に関連して、政治・社会の各分野において遂行された「大改革」の主なものである。(10) これらの改革は、すでに述べたとおり、中途半端で未完成なところも少なくはなかったが、ロシアの資本主義的発展にとっていっそう好都合な条件をつくり出した。

「それとともに、六〇年代の諸改革は、古い封建制の多くの特徴を温存させることになった。農奴制の名残りは、改革後のロシアにおける社会・政治体制のすみずみにまで沁みこんでいた。専制権力は、あいも変わらず、貴族・地主の利益を擁護していた。ゼムストヴォ機関、都市ドゥーマ、学校、出版、裁判機関がツァーリ官憲の意のままに、じかに左右されることも変わらなかった。優良地の大部分は貴族の手に残され、農民の土地使用はいちじるしく減らされたが、そのために農民は、地主所有地の賃借をよぎなくされ、そのカバラ（奴隷）的従属が強められた。一時的義務農民に対する重い賦課、農村共同体の法制化、買戻金の弁済——これらのことは、農村社会に対する強い権力を調停裁判に与えたばかりでなく、ある程度は、これを地主自身の手にも残すものであった。数百万にのぼる〝解放された〟農民大衆も、帝政ロシアではみじめな状態におかれ、完全な市民権はもってはいなかった。」(11) 中途半端な性格をもった「農民改革」やそれに続いての一連の改革は、政府の意図に反して、国民の意気を高揚させることはできなかった。アレクサーンドル二世自身も、当初いだいていた改革への情熱をしだいに失って、歴代のツァーリと同じように、力による抑圧の政策をとるようになった。国民の感情は、希望から絶望へと大きな振子の揺れを示し、革命家は、やがてアレクサーンドル二世の暗殺を計画するようになる。

こうした厳しい国内世論の動向の中にあって、ツァーリの体制を強力に支持したのが、スラヴ派のなかの、一般に「第二線級」といわれる思想家たちであった。スラヴ主義者の指導的立場にあったА・С・ホミャコーフやИ・В・キレーエフスキーらは、政府を、ピョートル一世の誤った国家観によってつくられた「強制のお化け」であると考えて、それに共感を示さず、終始超然たる立場を保持していた。ところが、他のスラヴ主義者の多くは、指導的スラヴ主義者と同様に、「正教・専制・国民性」の「三位一体」論については独自の見解を保持し、国の政策決定に対する世論の重要な忠告的役割についてはつよい確信を抱いていた。彼らは総じて保守的で、非政治的な立場に立っていた。そうでありながら、改革の時期においては、かなり安易に、政府の「官許イデオロギー」に接近していったのである。

* * *

一言つけ加えておくならば、これらのスラヴ主義者のほかに、はじめは政府の政策に批判的立場に立ちながら、のちに協力的態度をとったものに、Е・П・オボレーンスキーによって代表される自由主義者たちがあった。オボレーンスキーは、もともと活動的なデカブリストであった。フィンランド連隊の親衛隊に陸軍中尉で勤務している頃より、「救済同盟」(Союз спасения)や「福祉同盟」(Союз благоденствия)に加わり、デカブリストの「北方結社」(Северное общество декабристов)の結成にあたってはその設立者の一人となった。一八二五年一二月の反乱には積極的に参加した。裁判の結果死刑を宣告されたが、のち罪一等を減じられてシベリアへ流刑となった。流刑生活のあいだに、宗教的神秘主義におちいり、革命的な思想を棄てた。一八五六年に恩赦によって流刑から釈放されてのち、政府の「農民解放」の準備に参画するようになった。オボレーンスキーらの自由主義者やスラヴ主義者が、「農民解放」の時期に、はじめは政府の政策に反対しながら、のちにそれに積極的に関与するようになった最初のグループであると言われている。

だがやはりなんと言っても、アレクサーンドル二世の「大改革」を効果的に遂行する役割を担っていたのは、政府の官僚であった。官僚の中には、国家のために自分の為しうるだけのことをしようと真面目に考えているものが少なくなかった。そういった人物の一人に、Ю・Ф・サマーリンがいた。サマーリンは、すでにかんたんに触れておいたように、きわめて精力的に農民改革案の作成にとり組んだ一人であった。彼の、専制権力は善政を施すとする確信と、地主＝貴族の改革に対する態度についての懐疑の念は、「農民改革」令のなかにも反映している。

サマーリンに協力して、農民を「土地つき」で解放しようと努力した人物に、スラヴ主義者のВ・А・チェルカースキーがいた。サマーリンやチェルカースキーは、А・И・コシェリョーフやИ・С・アクサーコフとともに、「自由主義的スラヴ主義者」と呼ばれていた。彼らの農民解放思想は、五〇年代を通じて、国内の農民改革の動向に広範囲にわたって影響を与えた。もともとチェルカースキーは、専制君主や官僚や地主、さらには農民に対しても、十分な信頼をおいてはいなかった。しかしそれでも、「農民改革」の計画の具体化にあたっては積極的な役割を演じたのである。(12)

サマーリンやチェルカースキーは、おのおのの思想を展開しながら、農民解放の具体的構想を練る過程では、政府から一定の距離をもって、独自の立場を保持しようとつとめていた。だが、彼らが「独自」に到達した結論は、しばしば政府の見解と同一のものであった。彼らは、具体的な政策を遂行する段階においては、政府の政策の積極的な推進者としての役割を担ったのである。

このことは、イヴァーン＝アクサーコフについてもあてはまる。彼の兄コンスタンチーン＝アクサーコフは、スラヴ主義者の立場から、つねに政府の政策に対して批判的な態度を保持していた。それに比較して、イヴァーン＝アクサーコフは、同じスラヴ主義の立場に立ちながら、概してツァーリ政策の支持者であった。彼は、五〇―六〇年代には、農村共同体的生産方法を資本主義経済に対置させて、ロシア独自の発展方向を探求した。こうした観点から、この時期の政府の改革政策がブルジョア自由主義的であるとして鋭い批判を加えた。ところが彼は、熱心な愛国主義者であり、専制主義の擁護者であったので、一八七七年のトルコとの戦争に際しては、積極的にそれを支援したのである。またロシアの民族問題の解決にあたっては、政府の少数民族を「ロシア化」しようとする政策を支持した。さらに、国内問題としては、国教派の分離派《ラスコールニキ》に対する迫害に共感を示している。(13)八〇年代に入り、アレクサーンドル二世が暗殺されたのちには、とくに保守的な立場に立つようになった。彼は、ロシアのツァーリは父であり、指導者であり、国民を代表する魂であると演説している。この時期の彼には、アナキズム、立憲主義、自由主義、西欧主義《ザーパドニチエストヴオ》は、すべてニヒルなテロリズムと同義語として受けとめられていたのである。(14)こうして、この時期以後スラヴ主義者は、ますます政府と友好的関係を保持するようになっていった。

スラヴ主義者の一部が政府と接近したことは、政府の「官許イデオロギー」の変化をもたらすことにもなった。すでにみてきたように、パゴーヂンは、一方では徹底的にスラヴ主義の思想を追求し、それを受けいれようと努力した。彼はまた、他方では、ウヴァーロフによって主張された「官許イデオロギー」を支持した。スラヴ主義者で政府を支持する人びとのなかには、概してパゴーヂンにみられるのと同様の思想的傾向があった。この二つの反発的要素は、徐々に混合され、それに伴って、たとえば国民性《ナロードノスチ》の観念の内容も変化してきた。この言葉は、従来「官許イデオロギー」としては、ロシア国民の従順さを意味するものであった。それがしだいに修正緩和されて、国民性《ナロードノスチ》の観念の中に、国民の公事を公然と論議する性向や、地方自治へ参加しようとする傾向や、農奴の自由への志向が、汎スラヴ主義や「ロシア化」の思想とともに含まれるようになってきた。

ツァーリ政府が改革を推進するにあたって国民の広範な階層の反応を知ろうと試みることは、それだけでスラヴ主義者には、理想的な政府への一歩接近のように思われた。彼らは、「世論に導かれる集中的執行機関」を理想的な政府と考えていた。独裁的支配者ピョートル一世の後継者の立場から、古代の民会《ヴェーチェ》とはいかないまでも、ノーヴゴロト人の招請に応じて王位についたリューリクの後継者の立場へ進むことが理想的政府への前進を意味するものと受けとられていた。

宗教の問題についても同じような変化がみられる。初期のスラヴ主義者は、まず真理を追求し、それを基準として現存の教会制度を改革しようとした。それに比較すると、のちのスラヴ主義者は、現存する正教会を真理の基準として固守することによって、有機的統一、調和、強固さを実現しようとつとめた。教会と国家とを自然的に調和させることは、初期スラヴ主義者の一つの理想であった。ところが、のちのスラヴ主義者にとっては、国教会たる正教会を受けいれ、ピョートル大帝の教会改革を容認することが、重要な任務と考えられるようになったのである。

（1）レーニン『〝農民改革〟とプロレタリア＝農民革命』邦訳レーニン全集　第一七巻　第四版　大月書店　一九七二年　一一一頁。
（2）岩間徹編『ロシア史』　山川出版社　一九五七年　一九六頁参照。
（3）T. Anderson, op. cit., p. 182.
（4）Академия наук СССР Всемирная История т. VI, Соцэкгиз, М., 1959, стр. 486.
（5）Cf. A. E. Adams, Imperial Russia after 1861, vii.
（6）Журнары и Мемории общего собрания Государственного совета по крестьянскому делу с 28 января по 14 марта 1861 г., Лг., 1915, стр. 4. См. История КПСС, т. 1, М., 1964, стр. 5.

（7）См. А. Ф. Костин, От народничества к марксизму, Высш. школа, 1965, стр. 11.
（8）Cf. J. Walkin, The Rise of Democracy in Pre-Revolutionary Russia, pp. Praeger, 1961, 153–163.
（9）Cf. H. Seton-Watson, op. cit., pp. 54–59.
（10）Cf. L. Kochan, The Making of Modern Russia, Jonathan Cape, B., 1961 pp. 156–184.
（11）Академия наук СССР, Всемирная история, т. VI, стр. 502.
（12）Cf. Terence Emmons, The Russian Landed Gentry and the Peasant Emancipation of 1861, Cambridge U. P., B., 1968, pp. 171–175.
（13）Cf. E. C. Thaden, Conservative Nationalism in Nineteenth Century Russia, pp. 127–130.
（14）Cf. T. G. Masaryk, op. cit., pp. 287–291.

四　К・П・ポベドノースツェフ

ロシア「大改革」のツァーリ、アレクサーンドル二世は、一八八一年三月、「人民の意志《ナロードナヤ・ヴォーリヤ》」派のテロリストによって暗殺された。「人民の意志」派の革命家たちは、国家権力の中枢に投げつける爆弾が、文字どおり革命の起爆剤となって、ロシアには変革の嵐が吹きすさぶであろうと期待していた。ところが、ロシアの政治情勢には、かれらの期待していたような変化はなにも起らなかった。ツァーリの殺害が、人民大衆の蜂起を引き起すことはなかった。闘士たちの期待に反して、事件のあと即位したアレクサーンドル三世は、きびしい抑圧政策をすすめ、「人民の意志」派その他の反政府活動家たちには、苛烈な弾圧が加えられた。

ツァーリ政府は、ロシアにある革命の温床を根絶することをねらいとして、『祖国雑記《アテーチェストヴェンヌイエ・ザピースキ》』の発行を禁止し、大学の自治を廃止し、革新的な教授や学生を大学から追放し、女子の高等教育を廃止するなど、学問・文化の統制を強化した。また政府は、「官憲にたいする反抗」事件を陪審制度からはずして別個に裁判することを決めたり、農村自治体《ゼムストヴォ》や都市の自治権を縮小したり、地方長官《ゼームスキー・ナチャーリニク》を置いて農民への監視を強化するなど、旧体制を復活させるような政策を遂行していった(1)。こうして、ロシアにおける一八八〇年代は、暗い反動の時代として特徴づけられることになった。

アレクサーンドル三世のもとにあって、右のような強権政治を実質的に推進し、思想的にも、ツァーリ体制を支える官許保守主義の代表的イデオローグとして強い影響力をもっていたのが、К・П・ポベドノースツェフであった。T・G・マサリクは、ポベドノースツェフが当時のロシアにおいて政治的・思想的に支配的な役割を演じた立場や、彼自身について研究することが必要であるとつぎのように述べている。

「ポベドノースツェフという名前は、〝勝利をもたらす人〟という意味である。実際、この人の意見は長期間にわたって、ロシアの支配階級のあいだで決定的な影響力をもっていたし、この人がロシアの若者やインテリゲンツィヤの進歩的な運動にたいして行った厳しい弾圧は、この国に生じた悲しむべき状態について大いに責任をとらなければならない事柄であった。〝勝利をもたらす人〟とは、迷信深い国の、迷信の流行している宮廷においては幸運な望ましい名前である。しかしながら、ベドノスツェフが〝悪をもたらす人〟を意味し、ドノスツェフは〝告発人〟の意味であることを指摘するものが、ロシアに大勢いることも真実である。アレクサーンドル三世とニコラーイ二世の治下のロシアでなにが問題となってきたかを知りたいと思うものは、ポベドノースツェフの精神的、科学的、またジャーナリスト的相貌を研究しなければならない。彼の活動は広範囲にわたり、当時のもろもろの問題にかかわりをもっていた。[2]」

ポベドノースツェフは、一八二七年モスクワに生まれた。彼の祖父は聖職者であり、父は、モスクワ大学で文学を専攻する教授であった。ポベドノースツェフは、一八四一年から四六年までペテルブルクの法律学校で学んだ。この学校は、一九世紀になって、ツァーリ政府が国家有為の人材を養成することを目的として設立した学校の一つであって、地主貴族の家庭から集められた青少年に法律学を教授して、司法官やその他国の法律関係諸機関の官僚を育成するという特別の課題を担っていた。[3]

ポベドノースツェフは、この学校を卒業してのちモスクワへ帰り、その地で元老院の第八局に勤務した。彼の仕事は、それほど繁忙なものではなかったと推察できる。というのは、彼はこの時期、集中的に、ロシアの民法や法制度の歴史を研究し、五〇年代から六〇年代にかけて、数多くの論文を発表しているからである。元老院第八局に勤務するかたわら、一八五九年[4]から六五年までは、モスクワ大学でロシア民法の講義を担当した。この期間に、ポベドノースツェフは、当時のロシアの指導的な学者の多くと知り合うことができた。

一八六一年に、ポベドノースツェフは、アレクサーンドル二世から、皇太子ニコラーイ＝アレクサンドローヴィチに、一年間法律学について個人教授するよう招来された。六三年には、皇太子の恒例のヨーロッパ・ロシアの巡回旅行に随行したりしている。一八六五年にニコラーイ＝アレクサンドローヴィチが死亡してのち、ポベドノースツェフは、ニコラーイの弟で新しい王位継承者となったアレクサーンドルの傅育官に任命され、この仕事に専念すべくペテルブルクに移り住むこととなった。彼の飾らない生活態度、私心のない振舞いは、アレクサーンドルの精神形成に多大の影響を与えたようである。

同じ年一八六五年に彼は、法務省の顧問を委嘱された。これ以来、ポベドノースツェフは、ロシアの国家中枢の官僚ヒエラルヒーを、急速度でしかも着実に上っていった。つまり、一八六八年には元老院議員に任じられ、七二年からは国務院（Государственный совет）議員となり、そして八〇年には、聖宗務院長（Обер-прокурор синода）に任じられた。聖宗務院長は、ロシア正教会において、世俗の立場の最高の地位であった。彼は、一九〇五年一〇月までこの地位についていた。さらに彼は、聖宗務院長に任命された直後に、閣僚会議の一員に加えられた。この地位は、それまでの聖宗務院長には与えられていないものであった。このようにしてポベドノースツェフは、教会の事象に関しては決定的な権限を行使すると同時に、ツァーリ体制の最高の審議・執行機関である閣僚会議において、教会や信仰に関する問題を足がかりとしながら、国政全般にわたって支配的な役割を演ずるようになった。彼の自認するところによれば、その公的な地位は、彼とツァーリとの個人的なつながりも手伝って、国務大臣の任命、教育、検閲、公共道徳、専制の擁護、さらには外交政策の諸問題についても、権限と責任をもつべきものであった。

もっとも、ポベドノースツェフの国政への影響力は、一八八一年まではまだそれほど大きいものではなかった。「人民の意志」派のテロリスト、И・И・グリネヴィーツキーによるアレクサーンドル二世の暗殺は、アレクサーンドル三世の即位を早めることとなり、それに伴って、ポベドノースツェフの支配的立場も、急速に確立されることになったのである。

一八七七年から七八年にかけての露土戦争の終結後、ナロードニキの運動は過激化し、ツァーリに対するテロ行為も頻発するようになった。国内には他方で、立憲政治こそが過激な革命運動を抑制する効果的な方法であるとする考え方が広まったが、政府はこのような自由主義的傾向をも危険視してこれを弾圧した。(5) だが、一八八〇年二月、С・Н・ハルトゥーリンによって冬宮殿が爆破されるにおよんで、政府も政策転換の必要性を認識し、М・Т・ロリース＝メーリコフを登用した。内務大臣に任命された彼は、テロリストにたいしてはより強硬な処置をとるとともに、テロリストを孤立させるために自由主義的諸勢力を引きつける政策をうちだした。彼は、世論の代表者たちを政府機構のある部門に助言的に参加させる制度や、これまでの反動的政策をある程度転換することなどを織り込んだ法律改革案をアレクサーンドル二世に提出した。アレクサーンドル二世もこの改革案に賛意を表して、一八八一年四月の閣僚会議においては、この改革案が審議されることになっていた。

ポベドノースツェフは、亡君の密接な協力者であった人たちを無念がらせながら、新皇帝アレクサーンドル三世に、即位の詔勅の中で、先帝によって行われようとした国政改革のすべての試みを否認することを進言し、ポベドノースツェフ自身が、この詔勅を起草した。それには、神権政治を確立強化するという基本方針がつぎのように述べられている。

「深い悲しみの真只中で、朕は、勇気をもって統治の仕事を始めよ、神の摂理を信じよ、人民の福祉のためにそれを行使し、あらゆる侵害からそれを防衛することを朕に求められている絶対的権力の効力と真実を信じよ、と命じ給う神の声を聞く。恐ろしい衝撃で落胆した朕の忠実な臣下の心に、勇気をとり戻させよ。祖国と世襲の権力の継承者を愛するすべてのものを、もとの身分に復帰させよ。(6)」

この詔勅の発布によって、アレクサーンドル二世を暗殺した当の「人民の意志」派はもちろんのこと、アレクサーンドル二世の周辺にいた政府官僚の改革への期待は粉みじんに打ち砕かれて、ここに、ニコラーイ一世以上の反動的なツァーリの出現をみることとなったのである。

二〇年以上の長きにわたって、王室と深い結びつきをもってきたポベドノースツェフは、絶対君主制が存続することがロシアにとって最後の希望であり、そしてまた、彼自身にとってもそれに尽瘁することが生涯の使命であるという確信をいだいていた。それ故に、ロリース＝メーリコフが作成したような国民への譲歩案は、それが、これまでツァーリ体制の擁護者たちによって構想された立憲主義の案に比較してみても、はるかに穏健な改革案であったにもかかわらず、ポベドノースツェフにとっては、きわめて危険な思想の表明と受けとめられた。詔勅の発布以来一五ヶ月のあいだに、先帝の改革の計画や国民との約束はすべてその効力が骨抜きにされてしまい、これらの計画の立案に参画した主要な人物はほとんど遠ざけられてしまった。

右にみてきたように、ポベドノースツェフは、新皇帝アレクサーンドル三世の「暗い影」として、かなり徹底した反動政策を推進していった。だが、これらの政策は、たんに衝動的、近視眼的な政治家の思いつきとしてではなく、かれなりの政治哲学に裏うちされて具体化されていったのである。

ポベドノースツェフの政治哲学を、専制礼賛あるいは伝統主義として特徴づける人もいる。(7) ポベドノースツェフ自身は、人間を、利己的で、怠惰で、よこしまで、物分りのわるい存在、一言でいえば「性悪」なる存在であると考えていた。したがって、彼の見解によれば、政治の課題は、人間の苦痛を究極的に解決するところにはなく、むしろ反対に、人間を「性善」なるものとする幻想や人間の精神的活動への信頼を払拭することにあった。

ポベドノースツェフの説くところによれば、西ヨーロッパの近代思想の基礎を構成する合理主義は、古代ギリシアの精神的不安定性から生まれてきたものであり、そして、今度はそれが、階級や民族の争いを生み出す根源となって、西ヨーロッパの文化的発展を枯渇させてしまった。ロシアにも、理性的思惟やその産物を、人間生活の進歩の要因と考えて、それを聖なるロシアへ輸入しようと試みるものがいるが、それは常軌を逸した行為というべきである。理性は、国民生活にとっても個人生活にとっても、問題を引き起す源泉であって、けっしてそれを解決する「溶媒」ではないのである。

西ヨーロッパ的合理主義の政治の面におけるもっとも美しい開花とされている人民主権主義や議会主義の原理も、

ポベドノースツェフによれば、それは理性の分裂や錯覚の産物にほかならなかった。彼は、人民主権の原理を「もっとも虚偽にみちた政治原理」であると考えていた。したがって、そこから導き出されてくる「議会主義」の理論も、現実と適合し得ないことを証明するものであると考えていたのである。

ポベドノースツェフの理解するところによれば、西ヨーロッパにおいては、定期刊行物によって、「世論のもつ大きな価値についての致命的な錯覚」が宣伝された結果、E・バークの説いたような古典的な代表の観念は否定されてしまった。それ以来、国民の代表者や内閣の閣僚たちは、自分の個性を放棄して、ひたすら選挙民の意志を正確に理解し、それを、自分自身の利害や意見にかかわりなく、良心的に決定し執行することが必要とされた。ところが実際には、国民の理想は、特定の党派の訓令によって歪曲され、選挙の過程で組織された少数者や集団の圧力によってつぶされているのである。ポベドノースツェフの言うところを聞いてみよう。

「選挙はけっして選挙人の意志をあらわしてはいない。人民の代表は、けっして選挙人の意志によって拘束されることはなく、自分自身の見解や考慮にしたがって行動するのであり、〔その行動は〕敵対者の戦術によって修正されるのである。実際には、閣僚は専制的であって、かれらは、議会に支配されるというよりはむしろ議会を支配するのである。かれらは、人民の意志によって権力を獲得したり喪失したりするのではなくて、かれらを権力につけたり、そこから追い出したりする、巨大な個人の影響のもとで、あるいは強大な党派の影響のもとでそうするのである。(8)」「人民は、代表者によって再び利用されるときまでは、その重要性を失ったままでいる。そしてその時には、偽善的な、お世辞にみちた、虚偽の言葉が、従来と同じように、惜し気もなく使われることであろう。賄賂によってそそのかされるものもあれば、脅迫されるものもある——策略という長いくさりが議会主義の不変の要素を編み出しているのである。(9)」

ポベドノースツェフは、ロシアにおいてもっともすぐれた統治の形態は、正教信仰と王権神授の原理に基礎をおいた専制であるということを確信していた。言い換えれば、ツァーリの権力とロシア正教会との有機的な相互依存関係が、彼の公共政策を基礎づける根本的要素であった。

「国家がどのように強力であろうとも、その権力は、人民と一致した信仰にのみ依拠しており、人民の信仰がこれを支えているのであるから、ひとたび不調和があらわれてこの一致を弱めるようなときには、国家の基礎は侵蝕され、権力は崩壊してしまうであろう。[10]」

国家は、自身を保持し強化するためにも、明白にして不変な宗教上の真理との結合をいっそう強めることが必要であった。その場合、いろいろ異なった教会が存在しているロシアにおいて、正教会が国教会として優遇されてきたこと、また、優遇されるべきことは、ポベドノースツェフにとってはなんらの疑念も生じないところであった。「国家は、すべての信仰教義の中でただ一つの教義のみを真なるものとして認め、もっぱら一つの教会を支持し、それを庇護する。その他のいっさいの教義や教会は、劣等なものとみなされる。[11]」

ポベドノースツェフの説くところによれば、絶対的真理とは宗教上の真理に他ならなかったが、それは抽象的な真理ではなくて、ロシア教会であり、その教義であった。この真理が、教養もなく、論理学も哲学も知らないロシアの人民大衆に示されるのは、教会の儀式をとおしてである。ロシア教会は絶対的真理をもち、ロシア教会はそれ自体絶対的真理である。したがって、この真理をもつものはロシア民族であり、ロシア民族がそれ自体この真理なのである。いろいろな民族の要求に対応して、いろいろな教会があるように、ロシア民族はロシア民族の教会をもっている。信仰者は異教の教えをけっして認めない。反対に、「必要となれば、信仰者は無理にでも自分の教えを他に押しつけ[12]」なければならないのである。

したがって、人民の魂を救い、人民を世俗教育から防衛するために、国家は積極的に正教信仰の普及を促進することが必要であり、そして、こうした活動を通じて国家自体の基盤を強化することが必要であると考えられた。ポベドノースツェフは、西ヨーロッパにおける、教会と国家との関係を解決しようとするさまざまな試みを検討し、批判した。彼によれば、カトリックの体制においては教会が国家を支配する。これは、国王の専制的権力と相容れないものである。他方において、一八世紀以来、あらゆる信仰の同権、教会からの国家の独立、あるいは、自由な国家における自由な教会といったような、多少とも自由主義的な体制を発展させてきた国ぐににおいては、国家と教会との関係はあいまいであり、中途半端であり、実行不可能なものである。

「かくして、自由国家は、自由教会が国家と係わりをもたないように命ずるであろう。がしかし、自由教会は、それが真に信仰を基盤としているのであれば、この命令を受けいれようとはしないであろうし、自由国家に対して無関心な態度をとり続けることもないであろう。教会は、市民や社会の生活に影響を与えることをやめるわけにはいかず……そして、教会が義務を投げすてたり神に命じられた使命を放棄することができないとすれば、教会のこのような態度も許されえないであろう。[13]」「いずれにしても〔教会の〕このような立場は、不正常なものであって、それは、教会が、外見的には支配的である国家に優越することになるか、さもなければ革命を導くであろう。[14]」

それでは、イギリス国教会の場合はどうか、彼にとっては、この制度も好ましいものではなかった。彼は、ある時期イギリスを訪れ、そこでしばらくのあいだ楽しく過ごしたことがある。そして、この国の政治、社会制度については、かなりの尊敬の念すら抱いていたのである。けれども、イギリス国教会にたいしては、それが冷淡で非人格的な宗教生活を助長しているとして厳しく批判している。[15]

聖宗務院長としての立場にあったポベドノースツェフは、国家と教会との調和は、あくまで、国家が教会を統合し管理する形でなされることが必要であると主張した。彼は、スラヴ主義者であったにもかかわらず、この問題に関しては、ピョートル一世の教会改革を熱心に擁護した。ピョートル一世が一七二一年に聖宗務院を設立したのは、総主教の教会にたいする支配力を弱め、それに代って国家が、教会の組織、方針、財産などに対する支配を確立することを狙いとするものであった。(16) ポベドノースツェフの見解によれば、国家と教会との調和のとれた関係は、絶対主義を弱めることなしに実現されるべきものであった。言い換えるならば、彼の究極的目的は、ロシアの専制を強化することにあった。この目的を達成するために、教会やその他のもろもろの社会・文化的諸制度は、それぞれの機能をはたさなければならなかった。

ポベドノースツェフの宗教観は、しばしば、トルストーイのそれと比較されている。マサリクも両者を比較しながら、ポベドノースツェフが究極的に宗教を国家の手段と考えていたことをつぎのように説明している。

「両者はともに、文明、哲学、科学を嫌悪した。両者にとっては宗教が努力の源であり、目的であるように思われた。トルストーイの議会、民主主義およびその他の多くの制度に対する評価の仕方は、ポベドノースツェフのそれに類似していた。だが、両者の大きな相違は、トルストーイが理性的宗教を欲したのに、ポベドノースツェフは神秘的で、非合理的な宗教を欲した点にある。この点で、ポベドノースツェフは、一九世紀の終り、ドストエーフスキーがその偉大な予言者となり、ロシアのインテリゲンツィヤの大部分に影響を与えた、大神秘主義運動の真只中に立っていた。……トルストーイにとっては、宗教は現世と人生の問題であり、ポベドノースツェフにとっては、宗教は政治的国事の手段である。(17)」

このように考えた、ポベドノースツェフは、ツァーリ専制を強化するという目的を最終的に達成するために、ツァーリ自身が守り行うべき課題を示している。それは、まず、各世代の中から、聡明な、責任感旺盛な知的貴族を、政府の官僚に任命することであった。そしてこれらの官僚が、国民の中に存在するもろもろの利害の対立を調整して、人間のもつすぐれた特性が、平和裏に発揮されるために必要とされる業務を、効果的に執行するように、ツァーリが大所高所から指令を与えることであった。つぎに、国民を正教信仰と民族の伝統を重んずる精神でもって教育し、君主の絶対的権力を核として有機的に結合させるための施策を推進することであった。このためには、すでに触れたように、だんだんと西ヨーロッパの合理主義に染まりつつあったロシアの教育制度を、徹底的にツァーリの支配のもとで再編成することが必要とされたのである。

ポベドノースツェフは、行政的活動と著作の両面において、ロシアの保守主義を維持することに尽力した。彼の学術的な代表作は『ロシア民法教程』(Курс гражданского права)(三巻)である。彼は、この書物によって、学界の名声を得たが、このほかにも法律の分野だけでなく、政治、宗教問題についての多くの論文を書いている。これらは、一八九六年に『モスクワ選集』(Московский сборник)という表題の本にまとめて出版された。ポベドノースツェフについての権威ある伝記を著したR・F・バーンズは、『モスクワ選集』をポベドノースツェフのもっとも重要なもっともよく知られた著作であると述べている。(18)

法律学関係の著作はともかく、政治、宗教関係の論文によって示された彼の思想には、独創性が乏しいという批判が少なくない。彼の政治思想は、「西ヨーロッパおよびロシアの、よく知られている保守主義者や反動主義者の多くの思想が寄せ集められたにすぎない」(19)というきびしい批判もある。

ポベドノースツェフの本領は、自己のものとしてつくり上げた思想を裏づけとして政策を立案し、執行したところにある。この時期、ツァーリ体制は、国の内外に難問を多く抱え、国内のもろもろの勢力から激しい攻撃を受けて、すでにかなりの動揺を示していた。こうした混乱の治世にあって、ポベドノースツェフは、「思考する政治家」として、硬軟両面の術策を巧みに使い分けながら、一九〇五年の第一次革命まで、ツァーリ体制の屋台骨を支えてきた。

（1） См. Академия наук СССР, Всемирная история, т. VII, стр. 157.
（2） T. G. Masaryk, The Spirit of Russia, vol. 2, pp. 197–198.
（3） Cf. E. C. Thaden, op. cit., p. 182.
（4） Cf. The Modern Encyclopedia of Russian and Soviet History, Ed. by J. L. Wieczynski, Academic International Press, 1982, Vol. 28, p. 140.
（5） 岩間徹篇『ロシア史』増補改訂版　山川出版社　一九九三年　三三三―三三五頁参照。
（6） Konstantin Pobedonostsev, L'Autocratie russe (Paris, 1927), p. 56 ; trans., Doris Blaisdell. Quot. from T. Anderson, op. cit., p. 185.
（7） Cf. Artur E. Adams (ed.), Imperial Russia after 1861, D. C. Heath and Company, Boston, 1965, p. 43.
（8） K. Pobyedonostseff, Reflections of a Russian Statesman, trans. Robert Crozier Long (London, 1898), p. 34.
（9） Ibid., p. 36.
（10） Ibid., p. 1.
（11） T. G. Masaryk, op. cit., p. 204.
（12） Ibid., p. 200.
（13） K. Pobyedonostsev, op. cit., p. 23.
（14） Ibid., p. 24.
（15） Cf. J. S. Curtiss (ed.), Essays in Russian and Soviet History, 1963, p. 94.
（16） ピョートル1世の教会制度の改革については、木崎良平『ピーター大帝』清水書院　一九七一年　一八〇―一八二頁参照。
（17） T. G. Masaryk, op. cit., p. 205.　傍点引用者。
（18） R. F. Byrnes, Pobedonostsev, His Life and Thought, Indian U. P., London, 1968, p. 371.

(19) Cf. T. G. Masaryk, op. cit., p. 204.

五　C・Ю・ウィッテ

ツァーリ体制の末期の「官許イデオロギー」を担った代表的人物の一人に、C・Ю・ウィッテがいる。ウィッテは、第一次革命の時期のロシアの内政外交に重要な役割を演じた政治家としてよく知られているが、そればかりでなく、この時期のロシア保守主義を代表するイデオローグの一人でもあった。彼の政治的見解は、上にみてきたポベドノースツェフのそれとは、多くの点で対照的であった。ポベドノースツェフの政治思想は、一口に言って宗教的であり、体制護持的であった。それに比較してウィッテの思想は、現実的であり、楽観主義的であって、その意味において、この時期のロシアの保守主義の「進歩的」側面を代表するものであった。

もっとも、ウィッテの思想や政策の具体的な特徴づけということになると、ソヴィエートにおいても意見がわかれていた。たとえば、レーニンは、ウィッテの財政政策を、ロシアを外国の資本に隷属させるものであると非難し、経済界の代表を国政に参加させようとする政策を、ロシアの政治的変革に抵抗する反革命的行為であると攻撃し、ウィッテの政治的見解を反動的と特徴づけている。(1) これに対して、M・H・ポクロ－フスキ－は、ウィッテの政策を、ロシアに存在していた農奴制遺制を除去するのに効果があったと高く評価し、彼の政治思想を、半農奴体制とはあいいれない進歩的な思想と特徴づけている。(2) また、経済史家П・И・リャーシシェンコは、その代表的な著作の中で、ウィッテによってすすめられた施策の特徴は、ロシアの資本主義経済の発展を促進したところにあるということを実証的に述べている。(3) これらの評価や特徴づけを参考にしながら、ここでは、ウィッテの政治思想について検討を加えてみたい。まず彼の生涯について簡単に目を通しておこう。

ウィッテの生い立ちや思想形成の過程などについては、彼自身の『回想記』（Воспоминания т. 1–3, M., 1960.）によっても、その詳細を知ることができる。(4) 彼は、一八四九年六月に、チフリスで、オランダ貴族の系統をひく高級官僚の家に生まれた。父は、コーカサスの国有財産局の長官であり、母方の祖父もコーカサス総督府に首脳部員として勤めた人であった。

ウィッテはオデッサにあるノヴォロシーィスク大学の物理・数学部を卒業した。当時の多くの官僚志望者が進学し、かれの兄も選んだ法学部を志願せずに物理・数学部に進んだ理由について、彼自身はつぎのように説明している。

「言うまでもなく法学部というものは、ほとんど勉強しなくてもよい学部である。当時そうであったばかりでなく、現今だとて同じである。それに反して物理・数学部は、勉強せざるをえない学部である。なにもしなかった中学時代とは反対に、大学にはいると私は日夜勉学に励んだ。それ故、わたしは大学に在学中、学問の点ではもっとも立派な学生であった。(5)」

これに続いてウィッテは学生時代の自分の思想的立場について、つぎのような興味深い回想をしている。

「学生としてはわたしはもっとも右寄りの学生であった。当時は無神論的傾向が盛んであって、青年の偶像はピーサレフであり、ドブロリューボフであり、チェルヌィシェーフスキーであった。……学生時代わたしはほとんど政治の研究をしなかった。……だが、いくらかでもそれを研究したかぎりにおいて、わたしはつねに当時のそうした傾向に反対であった。というのは、わたしがまったくの帝制主義者に育てられていたからで……ある。(6)」

ウィッテは大学を卒業するとき、大学の数学の講座に残って、学究の道を歩むことを志望していた。けれども、当時のロシアの、とくに伝統を尊ぶ上流社会には、大学教授などは貴族の選ぶ職業ではないとする考え方が残っていて、そうした気分を受け継いでいる家族や親戚のものは、彼がこの道に進むことに反対した。けっきょく、ウィッテは、一八六九年にオデッサ総督府の一員となって鉄道の研究に従事することになり、それ以来ずっと運輸関係の分野で仕事をすることとなった。当時ロシアでは、鉄道の建設や経営の面で官営私営双方の形態が複雑に入り組んではいたが、鉄道部門そのものは、急速に発展する国内経済の中で、重要産業としての基盤を着々と固めつつあった。ウィッテは、そうした情勢を深く洞察し、すぐれた経営の才能をいかんなく発揮して、官・財界の梯子段を駆足でのぼっていった。その間、一八八三年には、『鉄道貨物運賃の原理』(Принципы железнодорожных тарифов по перевозке грузов）という書物も著している。

ウィッテの才能や業績は、ついに皇帝アレクサーンドル三世に認められるところとなった。一八九二年の二月、交通大臣に任命され、ついでその年の八月から一九〇三年まで大蔵大臣をつとめ、一九〇五年には大臣会議議長（首相）として、日露戦争と第一次革命の難局に対処した。

一〇年以上にわたって大蔵大臣の地位にあったウィッテの権力は強大であった。彼は、前任者のH・X・ブーンゲやИ・A・ヴィシネグラーツキーらによって始められた産業発展政策を引き継ぎ、それを強力に推進した。たとえば、輸入関税の増徴策をとって国内の企業全般を保護育成し、外国資本を積極的に導入して国内産業の基盤を強化し、金本位制を確立して貨幣流通の安定をはかり、さらに、シベリア鉄道を中心とする鉄道建設を推進して経済活動をいっそう活発にすることに努めた。彼はまた、近代的な労働関係の法定化をも試み、農民問題については、共同体的土地所有関係から私的所有関係への移行を促進した。こうした一連の政策は、ロシアに近代産業の急速な成長と国民経済の大きな発展とをもたらした。ウィッテ自身、これらの政策を遂行するにあたっては、ロシア内外の巨大な資本家や金融業者との密接な協力関係を維持しながら活動した。このような事情から、彼は、一般的には、西ヨーロッパ的な自由主義経済原理の信奉者であり、経済・社会活動における個人の自発性の尊重者であったというふうに考えられがちである。

しかし、ウィッテが推進した一連の経済発展政策は、自由主義思想によって裏うちされたものではなかった。彼が真に狙いとしていたところは、ロシアに近代産業を発展させることであって、資本主義の体制を樹立することではなかった。そしてまた、国の産業を発展させるのは、人民全体の福祉のためではなくして、あくまでも、外国の圧力や国内の革命の脅威からツァーリ専制を擁護するためであった。

T・アンダソンは、ウィッテが前掲の『鉄道貨物運賃の原理』の中で、「財産の広範な分配こそが、好戦的な社会主義を防ぐ最良の保障である」と述べている箇所をとりあげて、ウィッテは多くの行政的経験を積み重ねたにもかかわらず、初期の著作においては、経済問題について浅薄な道徳的考察しか加えていない、と論評している。アンダソンによれば、この時期のウィッテは、ロシアの上層階級はキリスト教の教義を信奉することによって、倹約や産業発展や社会的正義の模範を呈示することができると考えていたのである。(7)

ウィッテが経済問題について理論的考察を行うようになるのは、一八八五年頃からである。彼がこの時期、И・С・アクサーコフの発行していた新聞『ルーシ』(Русь)に書いた論文にこうした特徴があらわれてくる。といっても、この時期の彼の経済理論から、従来の宗教的色彩が払拭されたわけではなかった。ウィッテは、この頃書いた別の論文の中で、アダム＝スミスを西ヨーロッパに経済的失敗をもたらした元凶であると批判し、その理由として、「この著名な思想家は、富をまったく抽象的な観点から考えている。生産された富を享受する当の人民のことについてはなにも考慮を払っていない」と述べている。つまりウィッテは、アダム＝スミスを引き合いに出すことによって、産業革命以後の西ヨーロッパ社会に現れたもろもろの害悪を批判しようとしたのである。

ウィッテは、西ヨーロッパにおいて、産業革命以後、多くの人びとが、「工場の自動人形」、言いかえれば資本と機械の奴隷となってしまったことを問題とした。そして、ロシアにおいても、すでに同じような社会過程が進行していることを重視する。彼は、ロシアの産業化によってもたらされる伝統的生活様式の破壊を防ぐことが、現下の政府の最大の課題であると考えた。このような考えは、スラヴ主義者やナロードニキの歴史観と共通するものであった。ところがウィッテは、「政府は労働者の精神的必要を満足させることに特別に留意しなければならない」(8)と主張しながら、その具体的方策としては、国民が生活の中で教会の宗教的儀式に、より多くの時間を割くことを提唱するにとどまった。ウィッテが労働者に対して精神的満足を与えるというときには、それは労働者の精神を西ヨーロッパの唯物論的、社会主義的観念から解放することを意味していたのである。

成熟期のウィッテの思想は、家族制的統治主義としての特徴を有していた。これは、ドイツの経済学者フリードリヒ＝リスト（Friedrich List, 1789–1846）の影響によるものであった。

リストは、かなり急進的な自由思想の持主であって、そのため、ドイツの学界からも政界からも攻撃を受け、けっきょくアメリカ合衆国に亡命した。彼は、一八四一年に『政治経済学の国民的体系』（Das nationale System der politischen Ökonomie）をあらわし、このなかで、保護貿易の理論を展開した。これは、いわば農業国で工業を発展させる方策の主張であって、当時興隆しつつあったドイツの工業中産者層の経済的・政治的利益を代弁したものであった。

リストはこの書物の中で、有名な、野蛮状態→牧畜状態→農業状態→農・工業状態→農・工・商業状態という歴史発展段階論を展開した。また、近代国民経済の型を分業構造を軸として分類し、ドイツを国民的分業のゆがめられた国として、それの完全に実現されているアメリカと区別した。彼によれば、前者は後者に比較して、封建制が根づよく残っているために、工業の発達が遅れ、農業人口が工業に移行せずそのまま農村地域に滞留する。そのため、土地の細分化が進行し、農業そのものの発展も阻害されている。彼は、経済的発展の遅れが多くの政治上の危険をもたらすことを強調し、ドイツの後進性をとり戻すための具体策として、国家権力による「上からの」農地改革を推し進め、中産農民層を創出し、それを固定化させることを提唱した。

リストは、会社でなく民族こそがもっとも重要な経済単位となるべきものと考えていた。無統制な経済競争ではなくて民族のなかでの生産者のあいだの計画された協同が、その国を経済的進歩へと導くというのが彼の確信であった。彼はつぎのように述べている。

「民族的統一がなければ、分業や生産力の協同がなければ、個々人の勤勉や経済性や進取の気象や理知や道徳性は、むなしいものとなるであろう。統一や協同なしには、民族は高度の繁栄と力とを獲得することはできないし、知的、社会的、物質的な富を永久に保持することはできないであろう。(9)」

こうした見地に立って、リストは、古典経済学者たちの唯物論的世界観や無秩序な個人主義を批判した。リストの批判するところによれば、これらの経済学者は、全国民が自由に用いることのできる自然の力を活動させ、それに価値を付与する方法を、言い換えるならば、貧しくひよわな民族を繁栄と力とに導く方法を、なにも示さなかったのである。

右にみたようなリストの歴史論や経済政策論は、ウィッテのつよく共鳴するところであった。ウィッテは、リストの理論についてかなり研究し、一八九九年にはリストについての本を書いたりしている。ウィッテにとっては、リストによって展開された理論は、まさに、産業化された諸国の脅威にさらされている遅れた農業国ロシアの苦境を浮彫りにし、その打開策を示しているように思われたのである。ウィッテは、リストにならって、ロシアが生存していくためには工業化が不可欠であると考え、農業経済を擁護しようとする人びとの反対を押しきって、強硬に国の工業化政策を推し進めていった。

ウィッテは、大蔵大臣となって最初に作成した予算報告書の中でも、国民経済を管理する政府の責任についてつぎのように強調している。「ロシア国民の観念の中には、太古から、国民の福祉や要望のあらゆることについての主導権はツァーリの権力に属しているという確信が深く根を下している。」こうした見地に立って彼は、国内の「健全な企業精神」を燃えたたせるために、政府が生産諸力に対して適切な援助を与えることが必要であると主張した。[10]

もっとも、ウィッテの国内産業発展策についての基本的見解は、徹底した政府主導型で一貫していたわけではなかった。彼は、一方では、国民のあいだに企業活動における自発性が育成されることを望みながら、他方では、精力的な官僚の家族制的統治によって、政府が国民の社会・経済活動を指導することが重要であると考えていた。ウィッテは、政府の指導や参加なしに国民が国の経済を発展させ得るとは信じていなかったのである。これは、国民の教育に対する政府の積極的な役割を強調したウヴァーロフの見解に通じる考え方であった。こうした考え方から、ウィッテは、具体的には、銀行、鉄道、鉱山、工場などの建設や買収や経営に政府の基金を投入することによって、私的企業と公共企業を統合する政策を遂行していった。

ウィッテの政治思想や政策について綿密な研究を続けてきた歴史学者T・H・フォン＝ラウエは、ウィッテの思想の体系に矛盾があったことを指摘している。矛盾とはすなわち、ウィッテが、ロシアの国家的発展のために、西ヨーロッパ的な資本主義の条件をロシアにつくり出そうと骨折りながら、同時に資本家を国家の下僕にしようと努めたことであった。フォン＝ラウエは、ウィッテ自身この矛盾の故に苦悩したと述べている。[11]だが、ウィッテにとって守るべきもっとも重要なものは、経済思想の体系的一貫性ではなくして、ロシアの政治組織そのものであった。公営企業の育成こそ急務と考えていた彼は、大蔵大臣の地位を退くまで鉄道の建設と買収を続け、国内の鉄道のほぼ四分の三を国有とした。

すでに触れたように、ウィッテは、彼の育った家庭の伝統的な雰囲気の影響や本人自身の気性から、若い頃より専制の熱烈な支持者であった。官僚として国家の統治機構に参画する経験を通して、この信念はますます強められた。彼は、ロシアの歴史を通じて、社会や政治の改革を指導してきたのはツァーリの政府であったと考えていたので、民主主義や地方自治の原理に対しては、むしろ懐疑的な態度を示していた。

ウィッテの地方自治に対する見解は、おそらく一八九八年以後に書かれ、国外で出版された『専制とゼムストヴォ（農村自治体）』(Самодержавие и земство, Stuttgart, 1901) の中に示されている。この書物のなかで彼は、純粋な地方自治は専制と相容れない制度であると述べている。彼は、国民の世論はつねに十分尊重されなければならず、政府の存続が危機にさらされたとき以外には、それを無視してはならないと考えていた。ウィッテの考えによれば、革命は、政府が国民の必要を充足し、要求を適宜に満足させることに失敗するとき、その結果として起こるものであった。また彼は、他のスラヴ主義者たちと同様に、思想や言論の自由を認め、国民の社会活動における自発性を尊重することは、専制を強化するのに役立つと考えていた。しかしながら、こうした国民の意識の動向を把握するのは、あくまでも中央政府の直接の役割であって、このために地方自治組織が存在することは必要でなかったのである。

ウィッテが地方自治制度の確立に批判的であった理由の一つに、ゼムストヴォの代表者たちが、ウィッテの政策に抵抗したことが挙げられる。ゼムストヴォの代表者の多くは農業保護政策の支持者であって、ウィッテの急速な工業化や増税の政策は、諸経費や生活費の高騰をもたらすのみであるとして反対したのである。

ロシアの国内で、しだいに深刻化してきた農産物不足は、多くの政治家や識者の注意をロシアの農業生産構造そのものに向けさせるようになった。ウィッテも、農業生産の不振は農村の生活様式の後進性に起因しているということを理解した。彼は、専制政府によって国家発展の基本的方針として打ち出されている「生産諸力の国家的協力」の観念と、共同体を通して自由に協同関係をもつ農民の観念とは、相互に矛盾するものであるということを、スラヴ主義者や農業社会主義者たちよりも、さらにあえて比較すればマルクス主義者よりも明確に認識したのである。

こうした認識に立って、ウィッテは、ロシアの農業経済を発展させるために、共同体的に所有管理されている土地を私的所有の形態に移そうと試みた。ウィッテは、農村で経済的な力をもちつつあった富農を、さらに徹底して封建遺制から解放することを意図していた。けれども他方では、それ以上に、ロシアからの西ヨーロッパ諸国に対する穀物輸出量を増加させることをこの改革の目的としていたのである。このように、ウィッテの動機は、農業改革の面においても複合的であった。

ウィッテのこうした動機や試みにもかかわらず、農業改革は実際には容易に進展しなかった。農業改革は、ウィッテの政策を継承したП・A・ストルィピンによって実施された。第一次革命後、議会勢力との抗争の中でストルィピンは、一九〇六年に農業改革の法律を制定し、農民を共同体から離脱させ、土地に対する私的所有制度を確立することによって、自営農民を育成しようとした。彼は、硬軟両面の政策をたくみに駆使してこの改革を強行した。ところが、結果的には、それ以後のロシアの経済構造に多大の変化をもたらしたこの改革も、ストルィピン自身が期待したほどには短期間にその効果を現わしはしなかった。彼が構想していた自営農民は、法律制定後一〇年たってのちでも、全農民の四分の一を超えなかったのである。

ウィッテは、地方自治の発展を促進することに対しては、かなり批判的な見解を有していた。彼は、すでにみてきたように、地方自治は専制とは相容れない傾向をつよくもっていると考えていた。ウィッテ流に言うならば、専制と両立し難いような自治制度は、「その言葉のもっとも広い意味においても」自治ではなかったのである。現在、大方の地方自治制度は、公選の原理に基づいて構成され、全国民の名において、国家の地方行政機能に関与しようとしている。こうした制度は、それがどのような種類のものであっても、たんなる自治の変種にすぎないものであった。

ウィッテは、自発的な結社や任意の団体は社会から排除されなければならないと述べている。なんとなれば、これらの組織は、「心身両面において、あくまでも私的な人間行為」に属するものであって、「全般的な国威の及ぶ領域の外に存する」ものだからであった。第一回帝国議会開会の直前にウィッテが失脚したあと大臣会議議長（首相）に就任したИ・Л・ゴレムィキンは、保守的性格がつよかったために議会からきびしく糾弾された人物である。このゴレムィキンのような保守的な大臣にとってさえも、ウィッテが一貫して示した地方自治にたいする批判的な態度は、驚異のように思われていた。ウィッテは、ロシアの専制を維持するためには無制限な官僚の支配を確立する必要があるということ、またこれと表裏の関係において、国民が「ばらばらの群衆」（безсвязные толпы）、言いかえれば「塵になった人間」（людская пыль）に変えられる必要があるということを確信していたのである。このような信念には、ゴレムィキンや他の閣僚は、とうてい共感をいだくことは困難であった。

もっとも、ウィッテは政治の領域の外で、法の許す範囲で、国民が私的利益を追求する自由は十分に与えられるべきであり、そしてそれは国家の発展のためにも必要であるという考え方には積極的な賛意を示していた。彼はつぎのように述べている。

「……わたしは、自主的に行動できる国民があってはじめて、強力な国家は存在しうるということ、そしてまた、専制帝国の健全な政策は、私法上の利益を追求する領域での、社会的活動のできるかぎり広範な発展にたいして向けられるべきであり、国家機構、あるいはそれの、対内的対外的行政行為に直接関わらない社会活動は、すべて自信をもって助成すべきである、ということをつよく確信している。[12]」

国民の社会・経済活動の自由は、国家の発展にとって必要であるという意味から付与されるべきであるとするウィッテの見解は、とくに、彼の農業政策のなかに貫かれていた。彼は、すでにみてきたように、ロシアを経済的に発展させるために、国の工業化政策を積極的に推し進めてきた。その結果、農村には、貧困者がいちじるしく増大した。結局は、この貧困層の増大が、国の工業化の促進と経済の発展にとって障害となってきたのである。ウィッテは、この障害を除去するためには、ロシアの農業構造を抜本的に改革することが必要であると考えた。彼は一八九〇年代の中頃から、ロシアの農業が以後ますます「資本主義的発展の道」をたどるようになると予想し、その道を開くためには、農村の共同体的構造を早急に改革することが必要であると考えていた。[13]

ウィッテの農業問題についての基本的な考え方は、彼が一八九八年に、ツァーリ・ニコライ二世に提出した『農民問題建白書』の中に端的に示されている。[14] 彼は、この中で、ロシアの担税能力が低いのは、農民が抑圧されているからであると述べている。それによれば、フランスも、オーストリア、ハンガリーも、ロシアに比較して、国民一人あたりの税収入ははるかに高い。それは、これらの国ぐにが、国民に経済活動の自由を与えて、全能力を発揮させるような機構を備えているからである。それにひきかえ、ロシアの農民は、依然として地主や地方行政官庁に隷属しており、「自己を改革しようとする情熱を奪い」とられてしまっている。

課税も裁判も地方官庁の恣意的な裁量に委ねられていて、それらについては、中央政府も干渉することはできなかった。また、農村においては、租税その他の義務を共同体の構成員が共同で分担するといった、いわば相互責任の制度が行われていたが、この制度が、農民一人ひとりの責任感の育成を妨げていた。その結果共同体においては、農民は受身の生活をし無気力になっている。それ故に、官吏や地主の悪徳の横行が放任されている。農村においては、進歩の精神は麻痺してしまっている。このような農民の沈滞のために、ロシアは、「たんにヨーロッパ諸国の後塵を拝しているばかりでなく、アジアや大西洋の彼岸の諸国にも遅れをとっているのである。[15]」

ウィッテはこの『建白書』において、ロシアが前進するためには、農民を共同体から解放するとともに、教育を施して、大いに士気を高めることが必要であると述べている。彼は、国民を教育することは、批判的精神を養うことを意味するものであるから、それは、一面において危険を伴うものであると考えていた。けれども、国家発展という最高の課題を遂行するためには、多少の危険は覚悟しなければならなかった。専横や無法や無知の奴隷にされている農民を、このままにしておくことはもはや許されないことであった。農民は、今日においては、半人間として扱われるべきではなく、人間として生き返らされなければならなかった。そして、それを実現するためには、他のツァーリの臣民が享受しているのと同等の市民的権利が、農民にも与えられなければならなかったのである。

この『建白書』の重要性は、ウィッテがすでにこの時期、ロシアの農業の根本問題が共同体にあると結論づけ、それの廃止に向かって一歩踏み出すことを、ツァーリに進言したところにある。[16] 彼は、ロシアの農業経済を資本主義的構造へと改革することを望んでいた。が、また他方において、自由な意志によって共同体にとどまり、農村の労働市場に参加することを望む農民にたいしては、その条件を確保する必要があると述べている。いずれにしても、農民が自身の創意性を十分に発揮することができるような状態においてのみ、ロシアの農業は花開くと考えられていた。ウィッテは、近代的な工業化された国家は、教育のある、高度の技術を身につけた労働力ばかりでなく、進歩した農業にも大きく依存しているということを、とくと心得ていたのである。

ウィッテはツァーリからこの『建白書』への返答を受けとることはできなかった。けれども、数年のちに、自分で農業問題を具体的に検討する機会をもつことができた。一九〇二年一月「農業調査特別評議会」（Особое совещание о нуждах сельскохозяйственной промышленности）が設置され、彼はその会長に任命された。特別評議会は、「農民問題を審議するにあたって、アレクサーンドル二世の方針を遵守すること」をその任務とし、委員には、内務大臣、農業大臣その他の高官や農業問題の専門家が任命された。

ウィッテは、特別評議会の活動が始まって間もなく、「地方」の協力を得るために、県や郡に支部を設置した。支部は、各種の資料を収集したり、地方経済について討議したり、必要な事項について特別評議会に勧告したりすることをその仕事としていた。だが、これらの支部は、県知事や貴族会長が主宰し、しかも、委員の大半はゼムストヴォの議員や小貴族であって、農民はきわめて少数であった。その結果、特別評議会には、地方の支配層の意向がつよく反映したわけである。

それでも、ロシア国内の約六〇〇の支部から寄せられた報告や提言の多くのものは、農村共同体を廃止するか、あるいは少なくとも農民がそれからの離脱を容易ならしめること、農地の私的所有の制度を確立すること、農民に他の国民と同等の市民的権利を付与すべきことをその骨子として主張していた。

このように、「地方」の勧告は、ウィッテの農業問題についての基本的な考え方をつよく支持するものであった。それにもかかわらず、特別評議会は、農業経済の抜本的な改革を政府に提案することに成功しなかった。ウィッテ自身は、一九〇二年八月大蔵大臣を解任されたため、特別評議会に対して影響力をもつことができなくなり、それに加えて、特別評議会内部においても、改革派と保守派の抗争が激化してきた。こうしたいきさつを経て特別評議会は、一九〇三年二月勅令によって、突然解散させられてしまった。(17)

勅令は、新しい農業立法が「共同体的土地所有制度の不可侵性を基盤とすべきものであり、それと併行して、個々の農民がもっと容易に共同体を離脱できるよう方策を講ずべきである」と教示している。(18) ウィッテや特別評議会の改革派の農業政策は、ウィッテ自身も述べているように、革命的でないのはもちろん、自由主義的でさえもなかった。それは、ロシアの古い伝統と多くの点で密接に結びついていた。それでも、彼らの政策は、ツァーリや保守派の農民観とはかなりの隔たりがあったのである。政府が全体として農業改革の必要性を認識するようになるには、一九〇五年の革命的な高揚の時期をまたなければならなかった。

特別評議会は、結果的に、農業改革の成案をまとめて政府に提言するところまではいかなかったけれども、それ以後の改革のための重要な準備作業を進めることはできた。第一に、地方経済に関する厖大な統計資料を収集することができた。第二に、農業改革の問題について、きわめて短い期間ではあったけれども、「地方」と中央官僚機構の情報交換の管を通すことに成功した。第三に、その存続期間中に、ある種の犯罪や国税に対する農村共同体の連帯責任制を廃止する若干の法律を成立させた。そして第四に、この特別評議会は、農村共同体を廃止し、農民による土地の私的所有を容易にする手段を講ずべきこと、農民の全面的な法律上の平等が保障されるべきことを、その一応の結論としてまとめることができた。(19) このようにして、のちにストルィピンによって遂行された農業改革の基本的な構想は、ウィッテの「農業調査特別評議会」において練られたのである。

それでは、ここでストルィピンによって遂行された農業改革（Столыпинская аграрная реформа）について見ておこう。この農業改革は、第一次革命のあと、一九〇六年から実施された。ストルィピンは、大臣会議議長（首相）の地位についたときから、政治の良否は、遂行する政策がもたらす結果によって判断されるべきであるという信念を固めていた。

彼は早くより、ロシアの「古い秩序は改革されなければならない」と考えていたが、その構想が具体的に示されたのは、第二回帝国議会における演説においてである。ストルィピンはつぎのように述べている。

「大君の聖慮によって改革されるわが祖国は、法に準拠して統治されるようにならなければならない。なんとなれば、成文の法が、ロシアの個々の市民の権利を規定し擁護するようにならなければ、市民の権利や義務は、個人の恣意的な解釈によって左右されるからである……。政府が、ロシアの国家生活を新しく形成するための規範を確立しようとして、上下両院に一連の法律案を提示することを自己の主要な課題としたのは、まさにこのような理由からである。(20)」

「古い秩序の改革」の中心におかれていたのが、農業改革に他ならなかった。ストルィピンによって遂行された農業改革は、つぎの三つの点を主な内容としていた。

第一に、この改革は、共同体的土地所有制度を廃止することを、その基本的な狙いとしていた。一九〇六年一一月の勅令は、共同体の土地のうち、農民が不断に使用している部分をすべて私的に所有することを許可した、というより義務づけた。つまり、共同体の土地は、そこに住む農民が、私有地としてそれを引き受けることが強制的に定められたのである。こうした措置は、貧農から賃借するなどの方法によって、長年のあいだに広大な土地を手に入れてきた富農にとっては、まことに有利であった。富農は、その土地をもって共同体から離脱することができた。一九一〇年、一一年と続いて制定された法律によって、土地の私有化はさらに促進されて、農耕地、放牧地はほとんど私有化されることになった。

第二に、この改革によって、土地の「囲い込み」が推進された。ここにいう「囲い込み」とは、あちこちに散在している共同体の土地を整理統合し、それを富農がオートルプ（отруб）もしくはフートル（хутор）として所有することであった。オートルプとは、一般に共有地から個人農家に移された地所の区画を指し、フートルも同じように地所の区画ではあるが、集落から切り離して設けられた、農業用の建物や住宅のある区画を意味していた。[21]「囲い込み」は、集中した土地を耕作させることによって、農民に生産の意欲をもたせることを狙いとしており、言わば、土地私有化によって生ずる効果をより大きくしようとするものであった。

第三に、この改革によって、土地を家族が共同で所有する制度が廃止された。一九〇六年一一月以後、土地の所有権は家長が保持することとなった。[22]

ストルィピンは、改革を推進するにあたっては、革命運動を抑圧するときに比して、はるかに多くの支持を得た。農民改革を情熱的に推進していった。だが、この改革によって、これまで以上に不安な生活へ押しやられる農民も少なくなかった。農民の中には、新しい法律の定めにもかかわらず、依然として共同体にしがみついているものがかなりいた。彼らは、土地を取得する資力をもたなかったために、共同体なしには生きていくことができなかったのである。政府は、これらの貧困農民を、多くの場合、武力でもって農村から離脱させた。[23]共同体を追われた農民は、ウラルを越えてシベリアへ移住するか、大都市へ流れ込むことを余儀なくされた。ストルィピンの農業改革は、一面において棄民政策でもあったのである。

このように、ストルィピンは強引に改革を推進したけれども、結果はかならずしも彼の期待したほどではなかった。改革の様子をリャーシシェンコはつぎのように説明している。

「一九一六年までに、ヨーロッパロシアにおいて、土地の所有確認の要求を提出したのは全部で二七五万五〇〇〇世帯であった。かれらのうち一、四一二万三〇〇〇デシャチン（メートル法採用以前の地積単位。一デシャチーナは一・〇九二ヘクタール）の面積を有する二〇〇万八〇〇〇世帯主は共同体から分離した。その外、再分割がなかった共同体において、一七九万六〇〇〇デシャチンの面積を有する四六万九〇〇〇世帯主が認可証書を取得した。合計して、共同体から脱退し、土地の個人的所有を確認されたものは、一、一九一万九〇〇〇デシャチンの面積を有する二四七万八〇〇〇世帯主であった。これは、ヨーロッパロシアの四〇県の総戸数の二四パーセントであった。(24)」

ウィッテは、農業改革を推進することによって、工業を発展させる条件を整備し、その結果としてロシアの経済力を伸長することを、政策の至上課題としていた。けれども、ウィッテはその場合、私企業の無制限の自由競争こそが経済発展にとって不可欠の原理であるとする自由主義経済論を、無条件に信奉することはしなかった。彼は、ロシアの農業改革、工業化等の経済的近代化を推進するにあたって、西ヨーロッパの経済をモデルとしてとり入れることはしながら、専制的政治体制を根本的に改革することは、必要とは考えていなかった。ウィッテにあっては、ツァーリ体制を改革することは、ロシアをヨーロッパ化することに他ならず、そのような改革は、そもそも経済的改革の本来の趣旨にもとるものと考えられていたのである。

ポベドノースツェフは、ロシアの将来に対して鋭い洞察力をもった政治家であった。ウィッテとポベドノースツェフは、ともに、ツァーリ体制を護持する保守主義者であった。両者は、現存の社会階層秩序を維持することにつとめ、政治目的のために宗教を利用することが重要であるとの見地から、正教会にも奉仕した。そして両者は、ロシアにとってはツァーリの専制体制こそがもっとも相応しい政治構造であると固く信じていた。このように、ウィッテとポベドノースツェフは、政治上の基本的な問題については見解が一致していたばかりでなく、お互いに尊敬しあってもいたのである。

ところが、ポベドノースツェフは、ウィッテが推進しようとしていた工業化政策には、全面的に反対した。ポベドノースツェフは、ロシアで工業化を推進することは、ロシアの古い生産様式の転覆を招くことに他ならないが故に、それは不要であるばかりでなく危険でさえあると信じていた。それに対してウィッテは、旧体制は、新体制つまり工業化と混合されることによってのみ保持されうると考えていたのである。両者の対立は、よくみれば、政治上の目的をめぐっての対立ではなくして、それを追求する手段をめぐっての対立であったと言うこともできよう。実際そのように解釈する歴史家が少なくない。だが、ポベドノースツェフの保守主義思想が、強権主義、非啓蒙主義に裏うちされていたことを思えば、両者の見解の相違は、やはり、政府の内部の保守主義思想の中に底流として存在していた対立、言いかえれば、「官許イデオロギー」の把握をめぐっての支配層内部における不統一のあらわれとみることができるのである。

わたしたちはこれまで、ロシアにおける保守主義の潮流について検討を加えてきた。ここで、まとめとして若干述べておこう。一九世紀の三〇年代に官許イデオロギーとして形成された保守主義は、ほぼ一世紀にわたって、ロシアの政治思想の分野で確固たる地歩を占め、ツァーリ政府の精神的支柱としての機能を果たしてきた。ツァーリ体制末期の「官許イデオロギー」の担い手であったウィッテは、このイデオロギーの創始者であるウヴァーロフによって提起された正教・専制・国民性の「三位一体論」を熱心にとり入れ、それを政策に具体化しようとつとめた政治家の一人であった。

「三位一体論」の柱の一つである専制の観念は、もともとモンゴルやビザンチンから導入されたものであった。ロシアにおいては、この観念は、建国者リューリクの子孫が先祖の平和的、民衆的な君臨態度を否定して、みずから「大公」の名を冠することによって人民と区別し、民衆の声を統治から遠ざけるために民会《ヴェーチェ》を破壊するといった、選良的態度の結晶として受認されるようになったものである。専制の観念は、旧貴族と正教会の支持によって形成され、その後、イヴァーン四世の親衛隊制度《オプリチニーナ》やピョートル大帝の「官史等級表」、さらには、教会の法令などによって継承発展させられた。

つぎに、国教会は、そもそもその設立において、ロシアに侵入してきた国外の勢力の信仰の形態を模倣したものであり、一九世紀においても、みずからを被支配者から区別するためにフランス語を常用したりしていた。教会は専制の観念の涵養に奉仕し、専制によって教会の権威は高められてきた。

ウヴァーロフが、定式化した「官許イデオロギー」の中では、正教という言葉は二重の意味を含んでいた。すなわちこの言葉は、一方においては、人間生活の根底に横たわる、不変永劫の究極的真理を意味していた。その意味においてこの言葉は、ウヴァーロフの、歴史の流れを押し戻そうとする試みから、ウィッテの、国家の崩壊を防衛するための工業化政策にいたるまでの、ツァーリ政府政策の全般にわたって、保守的、防禦的性格を与える機能を果たしてきた。他方において、正教という言葉は、教会と国家の共生関係を端的に示していた。正教のもつ絶対的性格は、国教会の分離派教徒に対する迫害を正当化した。またそれは、国教会による初等教育の支配を正当化した。神への究極的帰依を説く教会の教育は、個人人格の涵養よりは、現世の絶対者である君主にたいする忠誠心を育てることをその目的としていたのである。

さて、「三位一体論」の三本目の柱である「国民性」の原理は、その中に専制が立脚している国民的特性を内包していた。この定式の中で国民性が強調されるということは、国民の声が統治過程に反映されることが必要だということを意味するものではなかった。それでも、この原理は、予期せぬ勢力が徐々に政治の場に登場してくるのを許した。また一方国民性の強調は、排外主義、汎スラヴ主義、帝国主義などの台頭を導き、やがて国民を戦争にまき込み、革命に道を開くという役割を演じた。

思想としては、それなりの内容と構造を整えた「官許イデオロギー」を、その支柱としてもちながら、権力保持者としてのロシアの政府は、けっして「開明専制」政府ではなかった。政府によって、知識や知性は尊重されることも奨励されることもなかった。大学はつねに疑いの目をもって見られていた。ツァーリ政府によっては、人民のためにはほとんどなにもなされなかった。政府によって推進された改革は、「農民改革」や農業改革にみられるように、国民にとっての正義を追求するためではなくして、あくまでツァーリ政府の威信を保持するためのものであった。価値は文字通り「保守」のなかに見いだされたのであって、建設の中にではなかった。こうした防禦的な性格をもつ政府にとっては、警察と検閲機関が、いかなる思想家よりも頼りになるものであった。徹底して「保守主義」を墨守する政府が永続したということは、やはり一つの驚異であったと言わなければならないであろう。

（1）『ヨーロッパ資本と専制』邦訳レーニン全集　第八巻　第四版　大月書店　二六五―二七二頁や『ゼムストヴォの迫害者たちと自由主義のハンニバルたち』同上第五巻　一九―七二頁などを参照。
（2）См. Советская историческая энциклопедия, т. 3, стр. 514.
（3）П・И・リャーシシェンコ『ロシア経済史』下巻　二一一頁以下参照。
（4）邦訳大竹博吉監修『ウィッテ伯回想記　日露戦争と露西亜革命』第三巻。
（5）前掲書第三巻　四五―四六頁。
（6）同書　四八頁。
（7）T. Anderson, op. cit., p. 189.
（8）С. Витте, « Мануфактурное крепостничество», «Русь», V янв. 19, 1885, стр. 18-19.
（9）Friedrich List, The National System of Political Economy, trans. G. A. Matile（Philadelphia, 1856）, pp. 253, 274.
（10）Русская ведмость, Москва, январь 3, 1893, стр. 5. Quot. from T. Anderson, op. cit., p. 190.
（11）T. H. von Laue, Sergei Witte and the Industrialization of Russia, New York, 1963, pp. 303-305.

(12) С. Витте, По поводу непреложности законов государственной жизни, стр. 52. Quot. from J. Walkin, The Rise of Democracy in Pre-Revolutionary Russia, Thames & Hudson, L., 1963, p. 177.

(13) T. H. von Laue, op. cit., pp. 115–116.

(14) См. Витте, Воспоминания II, М., 1960, стр. 522–528.

(15) Там же.

(16) Cf. H. D. Mehlinger & J. M. Thompson, Count Witte and the Tsarist Government in the 1905 Revolution, Bloomington, 1972, p. 184.

(17) См. Витте, Воспоминания, II, стр. 532–37.

(18) Cited in von Laue, op. cit., p. 176.

(19) H. D. Mehlinger & J. M. Thompson, op. cit., pp. 185–186.

(20) Государственная дума, стенографические отчеты, II, ч. 1, кол. 107–108. Quot. from G. A. Hosking, The Russian Constitutional Experiment, Cambridge : University Press, 1973, p. 150.

(21) См. Академия наук СССР, Всемирная история, т. VIII стр. 458.

(22) Cf. M. Florinsky (ed.), Encyclopedia of Russia and the Soviet Union, McGraw-Hill Book Co., L., 1961, p. 5.

(23) См. Академия наук СССР, Всемирная история, там же.

(24) リャーシシェンコ著、東健太郎訳『ロシア経済史』下巻　慶應書房　一九四〇年　三三六頁。

第一四章　К・П・ポベドノースツェフの議会制批判

——専制擁護の思想——

一　はじめに

皇帝アレクサーンドル二世が一八八一年三月、「人民の意志」派のテロリストによって暗殺された後、帝位を継承したアレクサーンドル三世の治世は、当の「人民の意志」派や多くの知識人たちの期待に反して、専制がいっそう強化される時代となった。事件後政府は、テロリストの組織を撲滅することに全力をあげた。それと合わせて、革命の温床を根絶することをねらいとして、たとえば、『祖国雑記』の発行を禁止し、大学の自治を廃止し、進歩主義的な教授や学生を大学から追放し、女子の高等教育を廃止するなど、教育・文化の分野で厳しい抑圧政策を推し進めた。

また政府は、「官憲に対する反抗」事件は陪審から外して別個に裁判することを決めたり、ゼムストヴォや都市の自治権を縮小したり、さらには、地方長官（земский начальник）制度を設置して農民に対する監視を強化するなど、(1) 農奴制の復活を思わせる程に大幅な、制度的引締めを行った。こうして、ロシアにおける一八八〇年代は、歴史的に、暗い弾圧政治の時代として特徴づけられることになった。アレクサーンドル三世の統治のもとで、強権政治の実質的な推進者としての役割をはたし、また思想的にも、ツァーリ体制を護持する代表的なイデオローグとして多大の影響力を持ったのが、コンスタンチーン＝ポベドノースツェフであった。ポベドノースツェフについては、すでに第一三章の四において、ある程度詳細に考察を進めてきた。そこでは、彼の生い立ち、国政家としての仕事ぶり、正教信仰と王権神授論に基礎づけられた専制礼賛の思想などについて検討が加えられている。これらを受けて本章においては、ポベドノースツェフの議会主義批判に焦点をあてながら、彼の専制擁護の思想をさらに掘り下げて考察してみたいと思う。

（1）Академия наук СССР, Всемирная история, т. VII. стр. 157.

二　政教一致主義

Ａ・Ｅ・アダムズは、ポベドノースツェフの政治思想を、政教一致主義として特徴づけている。(1) ポベドノースツェフは、正教信仰と王権神授の原理に基礎をおいた専制が、ロシアにおいてもっともすぐれた統治の形態である、ということを確信していた。言い換えれば、彼にとっては、皇帝の権力とロシア正教会との密接な、有機的な相互依存関係が、もろもろの施策を基礎づける根本的要素であった。彼はつぎのように述べている。

「いかに強力な国家であろうとも、その権力は、信仰告白と人民との一体化にのみ依拠している。つまり、人民の信仰が国家を支えているのである。ひとたび不調和が現れて、この一体性が弱まるようなときには、国家の基礎

は侵蝕され、権力は崩壊してしまうであろう。」(2)

ポベドノースツェフの考えるところによれば、国家は、自身を保持し強化するためには、明白にして不変の宗教の真理と、いっそう強く結合することが必要であった。その場合、さまざまの宗派や教会が存在しているロシアにおいて、正教会が国教会として優遇されてきたのであるから、これからも優遇されると言うことは疑問の余地もないところであった。「国家はあらゆる宗教の中から一つを真の宗教として承認し、一つの教会をひたすら擁護してこれを、他のすべての教会や宗教の偏見から護る。」(3)

ロシア正教会がこれまで国家によって保護されてき、今後も保護されなければならないのは、それが真理であるが故にであった。ロシア正教会は絶対的真理を保持しており、教会自体が絶対的真理であった。そしてこの真理は、教養もなく、倫理学も哲学も知らないロシアの人民大衆には、教会の儀式を通して示された。それ故にロシア人は、啓示を受けて真理の担い手となり、結局は、ロシア人自身が真理となるのである。世界には、さまざまな民族の要求に対応してさまざまな教会があるように、ロシア人はロシア人の教会をもっている。この教会の信仰者は、異教の教えをけっして認めることはない。それどころか、「必要となれば、信仰者は無理にでも自分の信ずる教えを他のものに押しつけ(4)」なければならないのである。

聖宗務院長の立場にあったポベドノースツェフは、人民の魂を救い、人民を世俗的教育から防衛するために、国家は、積極的に正教信仰の普及に努めることが必要であり、そしてまた、こうした活動を通じて、国家自体の基盤を強化することが肝要であると考えた。彼の考えるところによれば、国家と教会との調和は、あくまで、国家が教会を統合し管理する形でなされることが必要であった。国家と教会との調和のとれた関係は、絶対主義的な国家の体制を弱めることなしに実現されなければならなかった。(5)

このような国家観からすれば、西ヨーロッパの政治の場において、近代的合理主義の見事な開花とされてきた、人民主権や議会主義の原理は、理性の分裂ないしは錯覚から生じたものにすぎないことになる。ポベドノースツェフは、国政の場において、虚偽の原理は正当とはなり得ず、虚偽の原理に基づく制度は、虚偽以外ではあり得ないとの基本的な観念に基づいて、今日の世界においてその最たるものが、主権在民の原理であり、議会主義であると主張した。

彼は、「新しい民主主義」他幾つかの論文で、代表制民主主義について考察を加えているが、中でも「現代の大きな虚偽」においては、厳しくこれを批判している。『モスクワ選集』（一八九六年刊）に収められているこれらの論文は、時をおかず英訳され、『一ロシア政治家の考察』の表題で一八九八年に刊行された。この本に序文を寄せたO・ノヴィコフは、自分たちがやろうとして出来なかった議会主義の衰退についての困難な研究を、ロシアの優れた学者が成し遂げたと書き、これらの論文が次つぎとドイツ、フランス、イタリアの言葉に翻訳され、どこの国でも大きな反響を呼んだことを紹介している。(6)

（1）Cf. A. E. Adams (ed.), Imperial Russia after 1861, 1965, p. 43.

（2）К. П. Победоносцев, "Церковь и государство"; Великая ложь нашего времени, М. «Русская книга» 1993, стр. 205.

（3）Там же, стр. 220.

（4）T. G. Masaryk, op. cit., p. 200.

（5）A. E. Adams, Pobedonostsev's Religious Politics, in Church History, vol. 22, Dec. 1953, p. 314.

（6）K. P. Pobyedonostseff, Reflections of a Russian Statesman, 1898, p. v.

三　議会主義批判

A　議会主義の理論

それでは、ポベドノースツェフの代表的な政治的著作『現代の大きな虚偽』を中心に、彼の議会制批判をみてみよう。(1)

彼は、フランス革命を機として強固に確立された議会主義の理論が、以来今日に至るまで、世界の多くの「知識人」を惑わし、現在では、この思想がロシアにも浸透してきて、多くの人びとが、愚かにも、それに夢中になっていることを憂慮する。議会主義が虚偽であることは、日常はっきりと示されているにも拘らず、彼らは偏見に捕われて、頑固に、熱狂的にこれを支持し続けている。ポベドノースツェフは、こうした状態はロシアにとって大きな災厄であると考え、主権在民や議会主義の誤りを明確に示すことを、自分自身の重要な課題の一つとした。

ポベドノースツェフは、理論と実際の乖離を機軸として議会主義批判を展開する。(2)彼は、所与の条件のもとで採用すべき措置と、理想の条件のもとでの理想的な実践とは明確に区別されるべきだと考えていた。(3)彼は、本来議会主義とは、すべての人民が自らの議会をもって、そこで自らの意思を直接表わす法律を制定し、また、官吏を任命してそれを実現する考え方であると認識し、これは理想的な考え方であると認める。そして、この本来の考え方が歴史の過程で変化したことを、重要な点として指摘する。

社会は歴史的に発展してきた。その過程で必然的に、地域の生活単位はその数を増し、組織も複雑になった。また、異なった人種は同化したり、それぞれの政治体制や言語は残しつつも、一本の国旗のもとに結合したりして、国の領土は際限なく拡大してきた。こうした条件のもとでは、人民による直接統治は不可能となった。それ故に、人民は、選出した少数者に自らの支配権を委託し、執行権を付与する。だが、この選ばれた少数者も、まだ直接統治することは出来ない。結局、さらに少数の人びと、つまり閣僚を選出して、この人たちに、立法や執行、租税の賦課・徴収、下級官吏の任命、軍の指揮などを委任することとなる。[4] ポベドノースツェフは、こうした間接民主主義の理論も、理念としては論理性を有しているとして評価する。

だが、こういった政治機構が適切に機能するためには、いくつかの条件が必要である。間接民主制の機構は、没個性的に、むらなく、不断の活動を続けることが求められる。具体的に言えば、選ばれた代議員は、人民の受託者としては、完全に自分の人格を捨て、人民の命令を機械的に遂行しなければならない。人民の代表者としては、自らに任された行動の綱領を、正しく理解し、誠実に実行しなければならない。国務大臣も同様に、個性を捨てて多数者の意思を執行する責務を負う。こうした条件のもとでのみ、間接民主主義は的確に作動し、その目的を達成するであろう。法律は実質的に人民の意思を体現し、行政措置は実際に議会より発するところとなり、そして、代表制議会が国家の機軸となり、市民はそれぞれに、直接、自覚的に公務に参加することとなる。[5]

（1） К. П. Победоносцев, Великая ложь нашего времени, «Русская книга» 1993.

（2） ポベドノースツェフは、ロシアの市民法の先駆的業績と位置づけられている彼の主著『民法講義』（Курс гражданского права, I（1883), II（1875), III（1880).）においても、抽象的理論や安易な一般化に対しては批判的な態度を示していた。研究と国政の両面の仕事に携わった彼にとっては、理論と現実との関わりがとくに重要な関心事であった。См. Аполлунов, "Политическая индивидуальность К. П. Победоносцева"; Вестн. МГУ. сер. 8, История, 1991, No. 2.

(3) Robert F. Byrnes, Pobedonostsev's Conception of the Good Society : An Analysis of His Thought after 1880. ; THE REVIEW OF POLITICS, April, 1951, p. 175.
(4) См. К.П. Победоносцев, вышеуказ. стр. 32.
(5) См. там же, стр. 33.

B　議会政治の実際

ポベドノースツェフにとって問題なのは、右のような理想的で論理性をもつ議会制の理論が、政治の実際と大きく乖離していることであった。彼によれば、古くから議会政治を有する国においても、右に挙げられた要件を何一つ満たしてはいない。選挙はけっして選挙民の意思を表明してはいない。人民の代表は、選挙民の意思や見解に拘束されることはまったくなく、自分自身の恣意的判断や計算に従って行動する。彼らの行動が修正されるのは、政敵に対する戦術を錬る場合だけである。

大臣は、専制的に振る舞っている。彼らは、議会に監督されることはなく、むしろ議会を支配している。彼らが権力を得たり失ったりするのは、人民の意思によってではなく、強力な個人や党派の指図に従ってである。権力を動かす個人や党派は、自らの一存で国の力や富を動かし、特典や恩恵を分配し、人民を犠牲にして多数の怠惰な人間を養っている。

大臣は、国家から自由な処分を任された盛沢山の御馳走をばらまくことで、議員の多数を掌握する。このようにして配下に置いた多数者に支持されている限りは、自分の行動に対する非難を恐れる必要はなく、なんらの責任も負うことはない。権力の乱用や不法行為や、あるいは過失などは、日常茶飯事でありながら、我われは、大臣の重大な責任問題について聞くことは殆どない。五〇年に一度位、大臣が訴追されることがあるが、「厳粛な」裁判の鳴動に比べれば、その結果はすべて、ねずみ一匹である。(6)

(6)　См. там же, стр. 34.

C　議会制度の実態

ポベドノースツェフは、実態としての議会を、議員の個人的な野心や虚栄心や私的利益を満足させる制度であると定義づけている。このような定義からみれば、人間は、議会制度に対して、果てしない幻想を抱き続けているということになる。社会は幾世紀にもわたり、専制や寡頭制の抑圧を、身をもって体験して来た。知性や学問を備えた人たちは、独裁的統治の欠陥がその社会自体の欠陥に他ならないことを掘り下げて考察しないで、暴政その他の災厄のすべての責任を、支配者や統治制度に帰した。そして、こうした災厄から社会が解放されるのは、専制を代議制に替えることによって可能であると考えた。

その結果はどうであったか。mutato nomine（名を変え）たが、すべては、本質的には従前の通りであった。人民を支配するのは、依然として強力な個人の意思であり、そして支配することは、特権的な人びとの利益である。変わったのは、この個人が君主でなく党派の指導者となり、特権が、貴族にでなく、議会や統治機構を支配する人たちに帰属するようになったところだけである。にもかかわらず、議会の正面玄関の壁には、「すべては公共の善のために」という文言が仰々しく刻んである。これこそ、欺瞞的な定式化の最たるものである。(7)

擬制としての議会制度においては、代表者は、自分の個性を没却し、自分を選出したものの意見の具現者として行動しなければならない。選挙人の前では、候補者は常に、公共の福祉に関する文言を繰り返す。彼は、人民の奉仕者、擁護者以外の何者でもない。彼は公共の利益のために、自分を顧みず、自身の利益を忘れようとする。

実態としての議会は、利己主義が何よりも優先する場である。ここでは、一切が自分自身に奉仕するように仕組まれている。ここでは、公共の善も人民への奉仕も、たんなる言葉に過ぎない。選挙人は投票することで、自分の権利のすべてを代表者に譲渡する。選挙が終わった瞬間に、代表者は社会のために働かなくなる。社会が彼の目的のための手段となる。選ばれた代表者にとっては、大衆は、再び利用するときが来るまでは、すべての意義を失ってしまう。選挙人は票の塊であり、羊の群れである。代表者は富裕な遊牧民の如く、この群れを保持することによって、権力と名声を築いていく(8)。

（7） См. там же, стр. 35.
（8） См. там же, стр. 36.

D　政治家的人間

ポベドノースツェフの見るところでは、人民と連帯しようとする意識をもって、公共の善のために働き、自己を犠牲にする用意のあるような人物は、概して稀である。いれば、それは理想的な人間である。だが、こうした人間が、低俗な生活習慣と接触を保とうとすることは殆どない。本来的に、義務感から、私心なく社会のために奉仕することのできる人物は、選挙集会に罷り出て、騒々しく、粗野な言葉づかいでもって、自画自賛したり、大衆に阿ったりして票を得ようとはしない。

公共のために働こうとする人物は、自分の仕事場か、気の合った仲間の前で自分の能力を示すのであって、騒々しい市場で人気を得るようなことはしない。彼らが大衆に接近することがあるとしても、それは、大衆に諂い、彼らの低俗な執念や本能に取り入るためではなく、ただ、世の慣習の弊害や偽りを暴くためである。責任感が強く、名誉を重んじる人間にとっては、選挙の手続きなどは煩わしいだけのものである。(9)

煩わしさを厭わないのは、選挙によって自分の個人的目的を達成しようとする、私利私欲に満ちた人間である。こうした人物には、人気さえ得られるのであれば、公共の善を望んでいるという仮面を被ることは苦にならない。野心的な冒険家は、しばしば市民の前に現れ、あらゆる手段を用いて、自分が他の誰よりも信用に値することを盛んに吹聴する。彼は謙虚であり得ないし、またあるはずもない。なんとなれば、謙虚は、注目されることもなく、話題にもされないからである。

このような人物はまた、自分の個人的目的を達成するために、反対者に対しても、好意を得ようとして詭弁を弄したり、嘘を言ったりする。近付きとなり、親しくなろうとして愛想を振り撒く。多数の支持者を獲得するために、実行不可能と知りながらも、やたら約束し、大衆の低俗な嗜好や偏見に取り入ろうとする。これが小説として書かれたのであれば、読者は反感を抱くであろうのに、選挙では、同じ読者が、同じ役割を演ずる実在の役者に、自分の一票を投ずるのである。(10)

（9）　См. там же, стр. 37.

（10） См. там же, стр. 38.

E　選挙人

選挙は、軍事技術と同じように、戦略や戦術を伴う技術に関する事柄である。候補者は、自分に投票する人と直接関係をもつわけではない。両者をつなぐ有力な媒体の一つが演説である。演説では、速やかに、巧みに、語句を綴り合わせることの出来るものが、聴くものに感動を与え、評判を高める。世間の風潮や群衆の衝動に、厚かましく諂う候補者の絶叫を聞かされる大衆は、空虚な宣伝の熱気に煽られて、無意識に起こる感情の高まりの中で、とっさに自分の意思を決定してしまう。だが、事態を冷静に振り返ることが出来るときになって、後悔の念が沸いてくるのである。(11)

選挙の当日、自分の見識にしたがって投票する人は僅かである。この人たちは、主体性を持った選挙人であるから、説得するには骨が折れる。大多数の、言わば大衆は、群衆の習性として、選挙を指揮し支配すべく組織された委員会から推薦された候補者に投票する。投票用紙には、投票日前に、みんな耳鳴りがするほどしつこく聞かされていた人の名前が書かれる。(12) 誰も、その候補者をよく知らず、ましてやその性格とか、資質とか、信条について理解しているわけでもない。その候補者の名前をしばしば聞いたという理由だけで、その人の名前を書くのである。

こうした群集心理の昂揚を向うに回して争うのは、空しいことであろう。仮に誰か良心的な選挙人が、重要な行動として、後援組織の横暴に屈することなく、見識をもって振る舞うとしよう。その場合この人は選挙の日、投票を止めるか、自分の確信にもとづいて、これはと思う人に投票することになる。だが、彼がどの行動を選択しても、結局選ばれるのは、軽薄で、無関心で、丸め込まれた選挙人大衆によって支持された候補者なのである。[13]

理論的には、当選した候補者は、多数者のお気に入りのはずである。だが実際には、この人は少数者のお気に入りであり、そしてこの少数者が、組織された力を代表している。それに対して多数者は、砂の如く、相互の結び付きを何らもたないがために、派閥や徒党に対して無力である。

選挙は、知性的で有能な人が有利なはずである。だが実際には、図々しく出しゃばる人にとって都合がよい。候補者に本質的なものとして求められるのは、教養や経験や誠実さであろう。だが実際、選挙においては、こうした資質はまったく必要でない。何よりも重要なのは、能弁であり、ある程度の卑俗な色合をもった大胆さであり、過剰な自信である。選挙には、上品な情操とか、思想に裏打ちされた敬虔な態度などは、何の役にも立たない。[14]

議会主義の現実の機構を形づくっているのは、際限なく長く繋がる策略の糸である。[15] 中でもとくに、重要な行事として国家の殿堂の正面を飾り、人類を騙し続けているのが、選挙なる茶番狂言である。

（11）　См. там же, стр. 38, 39, 42.
（12）　См. там же, стр. 39.
（13）　См. там же, стр. 40.
（14）　См. там же, стр. 41.
（15）　См. там же, стр. 36.

F　党派の指導者

人民の代表はこのようにして生れ育ち、そして権力を獲得する。では、この権力を彼はどのように活用するのであろうか。この人物が精力的であれば、自分の党派を組織するための活動を始めるであろう。凡俗の人間であれば、どれかの党派に入るであろう。

党派の指導者は、まず第一に、強固な意志を必要とする。党派を組織する者に求められる資質は、肉体的な強靭さに似ていて、崇高な道徳観を条件とするようなものではけっしてない。知性は極端に乏しく、利己心と憎悪の感情は限りなく発達し、下劣で破廉恥な動機を抱いた意志強固な人間が、党派の指導者となるに相応しい。そして、こうした人物が指導者となったとき、彼は、道徳的にも知的にも、自分よりはるかに優れた人物を抱える団体や議会を指導し、支配するようになる。議会を支配する力の特質とは、このようなものである。

指導者に求められるもう一つの決定的な力は、雄弁である。雄弁も天性の資質ではあるが、これもまた、確固たる意思と同じく、道徳的資質とか高度の知性を含んでいるものではない。人は、深遠な思想家や詩人、熟達した将軍、鋭敏な法律家、経験豊かな立法者になることは出来るが、これらの人たちが必ずしも雄弁家であるとは限らない。反対に、甚だしく月並みな能力や知識しかもたない人が、特別に雄弁の才能を備えていることはある。(16)

議会活動においては、雄弁の才能が豊かな知性と結び付くことは稀である。経験が教えるところでは、大会議において決定を左右するのは、選挙の場合と同じく、理性的な言葉ではなく、華々しくて活気があり、聴衆受けのする言葉である。事物の本性に深く根ざした、明快で首尾一貫した議論ではなくて、見事に掻き集められ、強引に繰り返されて、聴衆の低俗な本能をくすぐる、騒々しい言葉である。

党派の指導者が、強固な意思と雄弁の才能とを兼ね備えている場合には、この人は、世間全体から見える広い舞台で、自分の役割を演じる。もし指導者がこのような才能をもっていないならば、舞台監督のように、楽屋にいて、そこから、他の人々の役を割り当て、自分に代わって演説する弁士を指名し、党内にいる、明敏ではあるが決断力のない知識人のすべてに自分の考えを代わって実行させ、このようにして、議会の場面すべての動きを指揮するのである。(17)

(16)　См. там же, стр. 42.
(17)　См. там же, стр. 43.

G　議会政党の構造と機能——少数支配

議会政党とは何か。ポベドノースツェフは、「理論的には、考えを同じくする人々が、自分たちの見解を、立法やまた国家生活の方向づけのなかで、共同で実現するために力を結集する同盟」(18)と定義している。だが彼によれば、この概念が当てはまるのは、小さな団体のみである。議会において影響力をもつ大政党は、もっぱら個人的な野心にかられた同類が、一人の支配的な人物の周りに集結して組織された政治集団である。

ポベドノースツェフは、人間は生来的に、二つの型に分けることができるという。一つは、自分の上にいかなる権力も存在することを許さず、代わって自らが他を支配しようとする型であり、もう一つは、自ら決断する行動に不可避的に伴う責任を怯れて、主体的に行動することをためらう型である。この型に属する人間は、服従するために生まれてきたかの如く、集まって群れをなし、意志と決断を備えた少数の人々に従う。

それ故に、優れた才能をもつ人物が、自ら進んで強者に従い、自分の行動の方向や道徳的責任を、喜んで他人の手に委ねるということが起こるのである。これらの人々は、本能的に指導者を求め、自分を勝利に導き、それにしばしば役得を与えてくれるという確信を抱いて、指導者の柔順な道具となる。こうして、議会の重要な仕事は、政党の指導者によって進められる。

指導者はあらゆる決定を取りまとめ、戦いを指揮し、勝利を祝う。公衆の会議とは、大衆に向けた一場の演技に他ならない(19)。演説は、議会主義の擬制を担保するために行われるが、議会が重要な政治問題を決定するに際して、演説自体が影響を与えることは殆どない。演説は弁士に栄誉を与え、彼らの人気を高め、彼らの出世に役立つ。だが、それが重要な政治問題の採決を左右することは稀である。どの政党が多数派になるべきかということは、会議ぬきで決められるのが通常である。

こうした実態からも、議会政党を、したがって議会を支配するのは少数者であるとポベドノースツェフは指摘する。彼によれば、理論上は、議会を支配するのは多数者のはずである。だが実際には、五人か六人の指導者たちが、交代で権力を掌握するのである。理論的には、政策は、議会の討論の過程で、明確な論拠を示して主張し、他者に受け入れられることによって、決まるものである。だが実際には、議論にはよらず、統率者の意志や、私的利益から判断して決められてしまう。

理論上は、人民の代表者はもっぱら人民の福祉のみを考える。実際には、彼らはこれを口実にして、もっぱら自分や仲間の幸福を考える。理論的には、人民の代表者は、選良であるはずだ。実際には、彼らは功名心が強く、鉄面皮な市民である。理論的には、選挙民が特定の候補者に投票するのは、自分がその候補者を知っており、その人を信頼するが故にである。だが実際には、選挙民は、その人物について殆ど知らないけれども、ひいきにする党派の演説や絶叫に影響されて、やむなくその人に投票するのである。理論的には、議会の議事は、経験豊かな良識と無欲の意識によって運営される。実際には、議会を動かす主要な力は、果断な意思と強情と利己心と雄弁である。(20)

(18)　Там же.
(19)　См. там же, стр. 44.
(20)　См. там же, стр. 45.

H　多民族国家の議会制

ポベドノースツェフは、議会主義の哀れな結末は、多民族国家において顕著に現れると、つぎのように論じている。つまり民族の原理は、それが民主主義という新しい政治形態と結び付く時に、能動的、刺激的な力として舞台に登場してきた。この新しい力の本質や、それが追求する目的を見定めるのは容易ではない。だが、それが近い将来の人類の歴史において、重大な、複雑な闘争の要因を含んでいるというのは、疑いないところである。

ポベドノースツェフによれば、今日の多民族国家は、多様な異民族を、いわば虜にする形で一つの体制に結び付けた体制である。それ故に、この国家そのものが、少数民族の反感を生む原因となっている。多民族国家の中では、独自の歴史を有し、自らの政治生活や文化をもっている民族だけでなく、未だ独自の政治生活を経験したことのない少数民族でさえも、独立した自分の政府をもとうとするつよい願望を抱いている。(21)

専制君主政体は、ただ力によるだけでなく、統一権力のもとに諸々の権利や関係を平等にすることによって、少数民族のこのような要求のすべてを、取り除いたり宥めたりすることに成功した。しかし民主主義は、これらの問題を解決するのに失敗し、そのため、民族性の本能は、分裂的要素として作用してきた。それぞれの人種は、最高会議に地域から代表を送るが、それは、共通の利益の代表としてではなく、人種の代表として、支配しているか、あるいは、国家機構のあらゆる部署に関わっている人種に対して、憤激しているものの代表として送っているのである。雑多な人種からなる我がロシアは、神の導きによって同じような不幸から免れてきた。運命が、我が国に、全ロシア議会というが如き破滅的な贈り物を下されたとき、我が国に何が起こるかについては、考えるだに恐ろしいことである。「恐るべき水腫は放任によって増殖する。[22]」

ポベドノースツェフは、以上のように議会主義を考察し、これが、国家機構の目標の極致として喧伝される議会制度の本質であると特徴づける。彼にとって慨嘆に耐えないのは、このような議会主義の虚構を、ロシアに構築しようと夢見るものがいることであった。教授たちは、若い聴講者に向かって、代表政治が国家制度の理想であるかのように唱導している。新聞雑誌は、正義と秩序の名において、論説や世相戯評でこれを繰り返し説いている。彼らは、議会制度の実態を、先入見なしに直視する努力を怠っているのである。それ故に、ポベドノースツェフは、さらに進んで、議会制の虚構を主要な国を取り上げて実証することが必要と考えた。

（21）　См. там же, стр. 51.
（22）　См. там же, стр. 59–60.

四　議会主義の歴史的検証

A　イギリス

ポベドノースツェフは、イギリスの議会制度については、比較的好意的な批判を行っている。彼によれば、最初イギリスにおいて創設された議会制度は、それが成功したことによって世に受け入れられるようになった。一八世紀の中頃、フランスの哲学者たちは、イギリスの制度を、全面的に模倣すべき手本であると賛美しだした(1)。もっとも、当時のフランスの知識人がつよく引かれたのは、制度の根底にある政治的自由の原理よりも、宗教的寛容の原理、もっと適切に言えば、当時のイギリスの哲学者によって流布された無信仰の原理の方であった。いずれにしても、以後この制度は、フランスに続いてヨーロッパの他の諸国に広まっていった。だが、成功をみたと言えるのは、ただアメリカ合衆国のみであった。

ポベドノースツェフは、この制度がイギリスで発達した理由をつぎのように説明する。アングロ・サクソン人種は、歴史の舞台に登場してから今日に至るまで、際立ってつよい個性を発達させてきた。そしてこの特質は、政治・経済の領域においては、古代からの制度の定着、強靭な家族組織、地方自治、精力的な活動によって勝ち得た成功、両半球にまたがる影響力などと不可分に結び付いている。この個性的な精力によって、歴史の初めから、征服者ノルマンの奇妙な慣習を克服し、今日に至るまで不変のものとして保持し得た原理に基づく政体を、強固にすることが出来たのである。

この政体の本質的な特徴は、市民の国家に対する関係に存する。すべてのものは、幼少の頃より独立して自分自身の生活を作り、自身の日々の糧を得るような習慣を身に着けさせられてきた。両親は、子供たちの生涯を準備したり、遺産を残したりする義務に縛られることはなかった。地主貴族は、自分自身の財産を保持し、農耕や手仕事を奨励する。地方自治体は、義務感に鼓吹された住民の自発的な参加によって維持されている。行政機関は、国家によって保持されている官僚群と無関係に機能している。このような条件のもとで、国と密接に結び付いた地方の利益代表からなる、自由イギリスの代表制度は発展した。そしてこのような理由から、議会の声は、広い範囲で人民の声と考えられ、議会は、国民的利益の機関と考えられてきたのである。

だが、この制度は、発祥の地イギリスにおいても、すでに歴史の批判を受ける時期に来ている。代表の観念の本質そのものが修正されて、すでに本来の意義を失っているのだ。

問題はつぎのところにある。すなわち、当初は、厳しい制限選挙制に基づいた有権者の集会が、地域の意見を代表する義務を負った一定数の代表者を議会に送った。しかしこの人たちは、すでに述べたように、自分に投票した人たちから、明示的な指図や制約を何ら受けることはなかった。それは、代表者は選挙民の真の要求を理解し、国の政治を正しく調整できる人物であることが前提とされていたためである。議員は、党派の意見の伝達者ではなく、自由な立場で人民を代表する能力を備えた人と考えられ、したがって、いかなる指令によっても拘束されることはなかった(2)。

時の経過とともに、政党の組織化が進むにしたがって、それぞれの被選挙人は、選挙で勝った所属政党あるいは、党が掌握している地域の意見の代表と見なされるようになる。こうなれば、被選挙人はもはや人民の代表ではなくて、属する政党の指令に拘束された「代理人」にすぎなくなる。また、政党が分裂したり離合集散を繰り返したりすると、選挙は、地域の利益や意見に拘束された個人個人の闘争の性格を帯びてきて、国家の利益のためにという基本的理念とは縁がなくなった。(3)

さらには、議席数も大幅に増加して、大部分の議員は、党派の利益ばかりでなく、社会問題に対しても関心を失い、会議に出席してあらゆる問題の審議に直接参与する習慣を失ってしまった。その結果、立法や、国家にとってもっとも重要な政治の方向づけの仕事は、形式や妥協や虚偽によって組み立てられた演技に変わった。こうして、代表の観念そのものが変化し、代表制度全体を腐食させる潰瘍が高じていった。ポベドノースツェフは、イギリスにおいても、代表制は、結局、事実によって自ら誤りであることを証明したと論じている。

（1）К. П. Победоносцев, там же, стр. 54.
（2）См. там же, стр. 48-49.
（3）См. там же, стр. 49.

B　ヨーロッパの他の国の議会制

ポベドノースツェフは、他のヨーロッパの諸国においては、議会主義は成功しなかったと捉え、その根本的な原因として、社会構造、すなわち市民と国家の関係の相違をあげる。これら諸国の社会は、共同の利益を基礎として組織されてきた。個人は、独立した存在というよりは、自分の属する社会と連帯する特徴を有していた。社会の発展過程で形成される、家族制度、宗教制度、政治制度、その他の社会制度は、個々人の相互依存や社会的繋がりを基礎にしていた。それ故にこれらの制度は、人々の生活や行動を強力に支えてきたし、反面、共同体に生きる人々は、これらの社会・政治的建造物を堅固に守ってきた。

時の流れとともに、地域的な繫がりは、分解したり、古い時代の政治的意義を失ったりしたが、人々はなおこれまでと同様に、自分が出世するために、家族や共同体や、ついには国家からの助力を求め続け、そして、これらの機構が援助を放棄したときには、自分の不幸の責任を国家に負わせ続けてきた。簡単に言うならば、各々の市民は、自分の生涯を決めるにあたって、常にどれかの制度に依存しているのである。

このような社会には、通常、自主・独立の人間つまり、自分の足で立ち、自分の運命を支配し、国家を支える力となるような人間が欠けている。それどころか、国家から援助を求め、その樹液で肥え太り、自分が与えるよりも多くのものを受け取るものが沢山いる。このような社会においては、一方では官僚階級が、他方では、いわゆる自由業者が限りなく増加することになる。

このような社会にあっては、自立的行為の衰退とともに、本来ならば自給自足すべき分野で、行政・立法権力の機関が多くのものを用意しておかなければならなくなり、そのため、これらの組織は肥大し複雑になる。こうした社会は、徐々に社会主義原理の到来に備えるようになる。ポベドノースツェフによれば、結局は、繁栄のための準備を全面的に国家に依存しようとする態度が、国家社会主義という愚かな理論の誕生をもたらすのである。

大陸諸国は、このように、イギリスとは異なった社会条件をもっていながら、この国に倣って代表制度を樹立し、国によっては、普通選挙制までも導入した。だが、こうした社会条件のもとでは、人民は、社会活動にたいしては自発的な関係をもっていないので、真に地域や身近な利益を代表する人を選ぶことは出来ない。その具体的な結果を、ポベドノースツェフは、国の代表議会や、議会と不可分に結び付いている政府権力や、これらの機構に自分の運命を委ねている人民の、絶望的な状態の中に見ることが出来ると述べている。では、主要な国についてのポベドノースツェフの具体的検証を見てみよう。

フランスの場合

アメリカ合衆国の誕生につよい影響を受け、イギリスの制度を——君主制と貴族制を除いて——模倣したフランスの制度は、新しい土壌に、確固たる、実り豊かな根を下ろした。この成功は、フランスの多くの人々を有頂天にさせた。だが、フランス共和国が、政府のさまざまな醜悪と無秩序と暴力を世界に晒すようになるのに、それほどの時間はかからなかった。

フランスにおいては、政治的自由が打ち出されてから、政府は、全力をあげて体制を維持しようと努めたにもかかわらず、一七九二年（八月人民蜂起）、一八三〇年（七月革命）および一八四八年（二月革命）と三回にわたって、パリの群衆によって転覆されている。つぎにあげる三回は、軍隊あるいは軍事的暴動によって転覆された。すなわち、一七九七年九月四日（フリュクチドール一八日）には、軍隊の支援を受けた多数派の執政官によって、四八県の選挙が無効にされ、立法府の五六人の議員が追放された。一七九九年一一月九日（ブリュメール一八日）に起こった二回目の事件では、政府はボナパルトによって転覆され、そして、一八五一年一二月二日には、別のボナパルト、つまりルイ＝ボナパルト（ナポレオン三世）によって倒された。さらに挙げるならば、一八一四年（解放戦争）、一八一五年（ワーテルローの戦い）および一八七〇年（普仏戦争）の三回の場合には、政府は外敵の侵攻によって倒れている。(4)

概算すれば、一七八九年から一八七〇年までの間に、フランスの国民は、約四四年間は自由を享受し、三七年間は厳しい独裁に服したことになる。しかも、この間には、心に留めておくに値する奇妙な出来事があった。すなわち、ブルボン朝の古い係累に属する皇帝は、政治的自由の要求に対して大いに譲歩をしたが、それは一度も、近代的な民主主義の原理に依拠してのことではなかった。ところが一方、専制的にフランスを支配した二人のナポレオンは、際限なくこの呪文を唱えたのである。(5)

（4）См. там же, стр. 55–56.

（5）「ロシア社会主義」の先駆者A・И・ゲールツェンは、ポベドノースツェフとはまったく対蹠的な立場から民主主義を批判している。だが、その理念の欺瞞性を追及する手法はよく似ていた。ゲールツェンはミシュレに宛てた手紙につぎのように書いている。「君らの法律と我々の勅令との相違は、ただ標題の決まり文句だけである。勅令は、『ツァーリは命じ給うた』という威圧的な真理でもって始まる。君らの法律は、言語道断な虚偽、つまりフランス人民の名の皮肉な悪用と『自由・友愛・平等』の言葉でもって始まる。ニコラーイ帝の法典は臣民と対立し、専制の利益となるよう目論まれていた。ナポレオンの法典もまったく同じ性格をもっている」。А. И. Герцен, «Русский народ и социализм», Собрание соч. в 30 томах. том VII, стр. 299

スペインの場合

スペインにおいては、民主政治の起こりは、ナポレオンの侵略に対する民族解放の戦いと結び付いていた。カディスにおける臨時議会（Cortes）が一八一二年憲法を公布し、その第一条に、主権が国民に存することを宣言した。だが、一八一四年に国王に復位したフェルナンド七世は、この憲法を廃止し議会を解散して、専制的な統治を始めた。六年の後、武装反乱を指揮したラファエル＝リエゴ大佐は、君主に強要して、憲法復活の布告を出させた。

一八二三年、神聖同盟の扇動によって、フランスの軍隊はスペインに侵入し、フェルナンドの専制を復興させた。

彼の死後、未亡人マリア＝クリスティーナが摂政職についたが、フェルナンドによって王位継承権を否認されていた弟のドン＝カルロスが反抗し、内乱を起こした。摂政は、自分の娘イザベラの権利を保持するために新たに憲法を承認した。それ以後スペインでは、反乱や暴動が相次いで起こり、比較的平穏な状態が訪れることも稀であった。一八一六年からアルフォンソ一三世の即位（一八八六年）までの間、この国では、ほぼ四〇回の反乱が起こっており、その多くに人民が参加した。(6)

（6） См. там же, стр. 56–57.

ドイツ、オーストリアの場合

ドイツやオーストリアにおいて代表政治が確立したのは、ようやく一八四八年以後のことであった。すでに一八一五年には、ドイツの若い知識人のひそやかな掛け声が聞かれ、解放戦争の時期、諸公に対して、人民に与えた約束を実現せよという要求があったことは事実である。だがドイツには、一八四七年までは、僅かの、些細な例外を除いて、代表制は存在しなかった。そしてこの年、プロイセンの国王が特殊な形態の立憲制を樹立したが、それは、一年ももたなかった。

しかしドイツにおいて、軍隊も参加する大衆の運動が復活するためには、ただ、パリの群衆のフランス憲法の破壊と、立憲君主の追放を成功させることだけで十分であった。ベルリンやウイーンやフランクフルトにおいて、フランスに真似て国民議会が相次いで樹立された。だが一年も経たないうちに、政府は軍隊の力によって、これらの議会を放逐してしまった。ドイツやオーストリアの近代的憲法は、君主の意思に基づいて公布されたところに特徴がある。(7)

（7）　См. там же, стр. 57.

五　ポベドノースツェフの合理主義批判

ポベドノースツェフの議会主義批判の根底には、非開化主義ないし反合理主義が横たわっている。彼の考えるところによれば、西ヨーロッパの近代思想の基礎を構成する合理主義は、古代ギリシアの精神的不安定から生まれたものであり、そしてこの合理主義が、階級や民族の争いを産みだす根源となって、西ヨーロッパの文化的発展を枯渇させてしまった。例えば、ルソーの流れを汲む哲学者たちは、人間はすべて完璧であって、誰もが社会組織の原理を理解し、評価する完全な能力を有しているとする、誤った観念に基づいて議論を進める。(8)

民主主義の原理は完全であるという、今日広く行きわたっている理論も、同様に誤った基礎の上に立っている。こうした完全性は、大衆が、込み入った政治理論を理解する能力を備えていることを前提としている。それだけの知性をもちえるのは、ごく少数の知的貴族だけである。大衆はいつでもどこでも群衆“vulgus”であって、彼らは不可避的に「卑俗」な観念しかもたないのである。

民主主義は、人類の歴史の中で、もっとも複雑で厄介な統治形態である。この形態が、わずかな例外を除いて、どこの国でも長持ちせず、他の形態に席を譲ってしまう理由はここにある。これは、驚くべきことではない。国家権力の義務は、行為することであり、管理することである。国家の行為は、単一の意思の表明である。これなくしては、いかなる統治もありえない。

多数の人々や会議体は、どのような意味で、統一的な意志を表明できるのであろうか。民主主義の美辞麗句は、この問題の解決に時間を割くことをしないで、たとえば「人民の意思」・「世論」・「国民の最高決定」・「人民の声は神の声」といった決まり文句でもって、これに答えようとする。[9] これらの文句はすべて、勿論のこと、多くの人々が多くの問題について、共通の結論に到達し、その結論に合わせて、共通の決定を行うことが出来るということを示すものでなければならない。

こうした僥倖は、時としてあり得るだろう。だがそれは、問題が単純なときに限られている。わずかでも複雑な問題が出てきて、数多くの会議を開かなければならない場合には、問題の解決は、複雑な脈絡を判断してそれを処理する方法を人民に説得し、同意を得ることの出来る人物の働きを通してのみ可能である。このような問題について、多数者の会議での、満場一致を期待するのがほとんど不可能なことは明らかである。よしんばそれが出来たとしても、こうした問題を大衆が決定することは、ただ国家を破滅に導くに等しい。

理性は、国民生活にとっても個人生活にとっても、困難な問題を引き起こす源泉であって、けっしてそれを解決する溶媒ではない。[10] それ故に、国家統治の課題は、人間の苦痛を究極的に解決するところにはなく、むしろ反対に、人間を「性善」なるものとする幻想や人間の精神的活動に対する信頼を払拭するところにある。

このような人間観や理性のとらえ方からすれば、西ヨーロッパの政治の場において、合理主義のもっとも見事な開花とされてきた人民主権主義や議会主義の原理も、けっきょく理性についての錯覚の結果生じたものにすぎなかったことになる。ポベドノースツェフは、人民主権の原理を、もっとも虚偽にみちた政治原理であると考えていた。[11] したがって、そこから導き出されてくる議会主義の原理も、錯覚に基づくものであるが故に、その誤謬がますますはっきりと白日のもとに晒されているにも拘らず、執拗に、多くの人の心を捉え続けているのだと、彼は考えたのである。[12]

（8）К. П. Победоносцев, Там же, стр. 45.
（9）Там же, стр. 46-47.
（10）T. Anderson, op. cit., p. 187.
（11）К. П. Победоносцев, Там же, стр. 66.
（12）K. P. Pobyedonostseff, op. cit., p. 32.

六　おわりに

ポベドノースツェフは、ロシアが強大な国家であるのは専制のためであり、人民と皇帝とのあいだに無限の、親密な信頼関係が存在しているためであると確信していた。彼の目には、ニコラーイ一世の治世が、ロシアの歴史において「もっともよく晴れ渡った、輝かしい時代」と映っていた。なんとなれば、皇帝は明確な政策識見をもち、皇帝の周辺には、有能な補佐人がおり、政府は、ライオンを小羊のようにおとなしく服従するよう説き伏せることができるほど強く、そのために国内には、ほとんど問題が生じなかったからである。アレクサーンドル三世の治世も、完璧とはいかないまでも、きわめて満足すべき時代である。というのは、専制にとって不可欠の王権神授と「最適任者の支配」の原理が保持されているからである。(1)

このように考えるポベドノースツェフは、ツァーリ専制を強化するという目的を最終的に達成するために、ツァーリ自身が守り行うべき課題を示している。それは先ず、各世代にわたって、聡明な、責任感旺盛な知的貴族を政府の官僚に任命することであった。そしてこれらの官僚が、国民の中に存在するもろもろの利害の対立を調整して、人間のもつ優れた特性が平和裡に発揮され、必要な業務が効果的に執行され得るように、ツァーリが大所高所から指令を与えることであった。[2] つぎに、国民を正教信仰と民族の伝統を尊重する精神でもって教育し、絶対的権力を備えた君主の核のもとに有機的に結合させるための施策を推進することであった。このためには、だんだんと西ヨーロッパの合理主義に染まりつつあるロシアの教育制度を、ツァーリの支配のもとで、徹底的に再編成することが必要であるとされたのである。[3]

（1） К. П. Победоносцев, «Письма к Александру III, № 10», Великая ложь нашего времени, Русская книга, М., 1993, стр. 355–356.

（2） К. П. Победоносцев, Курс гражданского правда, I, 1883, стр. 287–289.

（3） R.F. Byrnes, Pobedonostsev's Conception of the Good Society : An Analysis of his Thought after 1880, in THE REVIEW OF POLITICS, vol. 13, Apr. 1951, p. 183.

初出一覧

序章　近代的政治思想の起こり
一　「ロシアにおける解放思想の先駆者―A・H・ラヂーシチェフ―」『白門』第二〇巻一号（一九六八年一月）
二　「マルク・ラエフのスペランスキー研究」『法学新報』第六七巻六号（一九六〇年六月）
第一編　変革思想の展開
第一章　「デカブリストの思想と行動―その試論的考察―（一）」『法学新報』第六七巻二号（一九六〇年二月）
「デカブリストの思想と行動―その試論的考察―（二）」『法学新報』第六七巻三号（一九六〇年三月）
第二章　「A・И・ゲルツェンの政治思想」『法学新報』第六七巻一一号（一九六〇年一一月）
第三章　「H・Π・オガリョーフの政治思想」『法学新報』第六九巻四号（一九六二年四月）
第四章　「ロシア思想史におけるラズノチーネツの登場―B・Γ・ベリンスキーの場合―」『中央大学八〇周年記念論文集』（一九六五年一〇月）
第五章　「H・Γ・チェルヌイシェフスキーによる「ロシア社会主義」の展開」『法学新報』第七七巻一・二・三号（一九七〇年三月）
第二編　ナロードニキ主義
第六章　「M・バクーニンの思想史的評伝（一）」『白門』第二一巻三号（一九六九年三月）
「M・バクーニンの思想史的評伝（二）」『白門』第二一巻五号（一九六九年五月）
「M・バクーニンの思想史的評伝（三）」『白門』第二一巻七号（一九六九年七月）
「M・バクーニンの思想史的評伝（四）」『白門』第二一巻一〇号（一九六九年一〇月）

余録一　「ナロードニキの一人の指導者―P・L・ラヴローフ―」『白門』第二〇巻八号（一九六八年八月）
第七章　「ナロードニキの変革理論―П・Н・トカチョーフの場合―（一）」『白門』第二三巻八号（一九七一年八月）
「ナロードニキの変革理論―П・Н・トカチョーフの場合―（二）」『白門』第二三巻一〇号（一九七一年一〇月）
「ナロードニキの変革理論―П・Н・トカチョーフの場合―（三）」『白門』第二三巻一二号（一九七一年一二月）
「ナロードニキの変革理論―П・Н・トカチョーフの場合―（四）」『白門』第二四巻二号（一九七二年二月）
「ナロードニキの変革理論―П・Н・トカチョーフの場合―（五）」『白門』第二四巻七号（一九七二年七月）
第八章　「「合法的」ナロードニク―Н・К・ミハイロフスキー―（一）」『白門』第二九巻三号（一九七七年三月）
「「合法的」ナロードニク―Н・К・ミハイロフスキー―（二）」『白門』第二九巻九号（一九七七年九月）
「「合法的」ナロードニク―Н・К・ミハイロフスキー―（三）」『白門』第三〇巻五号（一九七八年五月）
「「合法的」ナロードニク―Н・К・ミハイロフスキー―（四）」『白門』第三一巻一一号（一九七九年一一月）
「「合法的」ナロードニク―Н・К・ミハイロフスキー―（五）」『白門』第三二巻六号（一九八〇年六月）
「「合法的」ナロードニク―Н・К・ミハイロフスキー―（六）」『白門』第三四巻五号（一九八二年五月）

第三編　社会と国家
第九章　「「土地と自由」結社における「政治」主義をめぐる論争」『法学新報』第八七巻一・二号（一九八〇年五月）
第一〇章　「ナロードニキの国家観―人民の意志派の場合―」『法学新報』第九四巻一・二号（一九八七年一〇月）
余録二　「П・А・クロポトキン研究ノート」『白門』第二三巻二号（一九七〇年二月）

第四編　マルクス主義への展開
第一一章　「ナロードニ―チェストヴォから社会民主主義へ―ロシアにおける変革思想の展開―」『中央評論』第二四巻二号（一九七二年四月）
余録三　「ロシアにおけるマルクス主義の発展とプレハーノフ」『白門』第一八巻三号（一九六六年三月）

第五編　体制護持の思想

第一二章　「ロシアの自由主義―その一―」『白門』第三五巻五号（一九八三年五月）
「ロシアの自由主義―その二―」『白門』第三六巻六号（一九八四年六月）
第一三章　「ロシアの保守主義（一）」『白門』第二五巻九号（一九七三年九月）
「ロシアの保守主義（二）」『白門』第二六巻一〇号（一九七四年一〇月）
「ロシアの保守主義（三）」『白門』第二七巻一号（一九七五年一月）
「ロシアの保守主義（四）」『白門』第二七巻八号（一九七五年八月）
「ロシアの保守主義（五）」『白門』第二八巻二号（一九七六年二月）
「ロシアの保守主義（六）」『白門』第二八巻八号（一九七六年八月）
第一四章　「К・П・ポベドノスツェフの議会制批判―専制擁護の思想―」『法学新報』第一〇一巻五・六号（一九九五年三月）

著者紹介

一九二九年福山市生れ。一九五八年中央大学大学院法学研究科博士課程単位修得退学。中央大学法学部教授を経て、現在中央大学名誉教授。

ロシア政治思想史、ロシア史、ロシア政治専攻。

主な著述に、『移り行くロシア』（中央大学生活協同組合出版局、第三版一九九九年）などがある。

二〇〇一年一〇月一〇日　初版第一刷印刷
二〇〇一年一〇月二〇日　初版第一刷発行

ロシア　体制変革と護持の思想史

著者　池《いけ》庄《しょう》司《じ》敬《けい》信《しん》

発行者　辰川弘敬

発行所　中央大学出版部
東京都八王子市東中野七四二番地一
電話　〇四二六（七四）二三五一
FAX　〇四二六（七四）二三五四

印刷　株式会社　大森印刷
製本　大日本法令印刷製本

ISBN4-8057-1124-8

本書の出版は，中央大学学術図書出版助成規程による。

中央大学学術図書

1 開発途上経済のモデル分析　今川健著　A5判　価二〇〇〇円

2 イギリス詩論集（上）　岡地嶺訳編　A5判　価三二〇〇円

3 イギリス詩論集（下）　岡地嶺訳編　A5判　（品切）

4 社会政策理論の根本問題　矢島悦太郎著　A5判　価三七〇〇円

5 現代契約法の理論　白羽祐三著　A5判　（品切）

6 The Structure of Accounting Language　田中茂次著　菊判　価四〇〇〇円

7 フランス第三共和政史研究　―パリ＝コミューヌから反戦＝反ファシズム運動まで―　西海太郎著　A5判　（品切）

8 イギリス政党史研究　―エドマンド・バークの〈政党論〉を中心に―　小松春雄著　A5判　（品切）

9 会計社会学　井上良二著　A5判　価三三〇〇円

10 工業所有権法における比較法　桑田三郎著　A5判　（品切）

11 迅速な裁判　―アメリカ民事訴訟法の研究―　小島武司著　A5判　価五〇〇〇円

12 判例の権威　―イギリス判例法理論の研究―　新井正男著　A5判　価一八〇〇円

13 過剰労働経済の発展　吉村二郎著　A5判　価三〇〇〇円

中央大学学術図書

中央大学学術図書

26 フランス近代ソネット考 ―変則の美学― 加納晃著 A5判 価三〇〇〇円

27 五・四運動の虚像と実像 ―一九一九年五月四日 北京― 斎藤道彦著 A5判 価三〇〇〇円

28 地域社会計画と住民生活 武川正吾著 A5判 価三八〇〇円

29 国際商標法の諸問題 桑田三郎著 A5判 価四二〇〇円

30 高分子の統計的性質 ―分子量分布の変化について― 齋藤修著 A5判 価三八〇〇円

31 協同思想の形成 ―前期オウエンの研究― 土方直史著 A5判 (品切)

32 マーク・トウェインのミズーリ方言の研究 後藤弘樹著 A5判 価四〇〇〇円

33 フランス金融史研究 ―〈成長金融〉の欠如― 中川洋一郎著 A5判 価三八〇〇円

34 Correspondance J.-R. BLOCH-M. MARTINET 高橋治男編 菊判 価五〇〇〇円

35 安全配慮義務法理とその背景 白羽祐三著 A5判 (品切)

36 LES TEXTES DES《MEDITATIONS》 所雄章編著 菊判 価一〇〇〇〇円

37 21世紀の環境と対策 安藤淳平著 A5判 価二五〇〇円